"十二五"职业教育国家规划教材
经全国职业教育教材审定委员会审定

北大社 高职高专物流专业"互联网+"创新规划教材

仓储管理实务
（第3版）

李怀湘◎主　编
刘亚梅◎副主编
贾春霞◎参　编

北京大学出版社
PEKING UNIVERSITY PRESS

内 容 简 介

本书根据校企合作、工学结合培养高技能人才的要求，从仓储工作的实际出发，在职业分析的基础上，根据仓储岗位的需要进行编写。本书内容参照《物流师国家职业标准》《仓储从业人员职业资质》，以仓储管理工作过程为线索，由浅入深地编排为 9 个项目：仓储企业认知、仓储入库作业操作、仓储在库作业操作、仓储出库作业操作、仓储库存管理作业操作、仓储经营管理、仓储管理信息技术、仓储安全管理与特种货物安全作业、仓储成本与绩效管理。通过本书的学习，学生可以掌握从事仓储企业经营管理工作的职业技能。

本书可作为高职高专物流管理及相关专业的教材，也可作为继续教育、在职培训和仓储企业管理者的参考用书。

图书在版编目 (CIP) 数据

仓储管理实务 / 李怀湘主编．—3 版．—北京：北京大学出版社，2021.1
高职高专物流专业“互联网 +”创新规划教材
ISBN 978-7-301-31892-8

Ⅰ．①仓…　Ⅱ．①李…　Ⅲ．①仓库管理—高等职业教育—教材　Ⅳ．① F253.4

中国版本图书馆 CIP 数据核字 (2020) 第 248305 号

书　　名　仓储管理实务（第 3 版）
CANGCHU GUANLI SHIWU（DI-SAN BAN）
著作责任者　李怀湘　主编
策 划 编 辑　蔡华兵
责 任 编 辑　蔡华兵
数 字 编 辑　金常伟
标 准 书 号　ISBN 978-7-301-31892-8
出 版 发 行　北京大学出版社
地　　址　北京市海淀区成府路 205 号　100871
网　　址　http://www.pup.cn　新浪微博：@ 北京大学出版社
电 子 信 箱　pup_6@163.com
电　　话　邮购部 010-62752015　发行部 010-62750672　编辑部 010-62750667
印 刷 者　天津中印联印务有限公司
经 销 者　新华书店
787 毫米 ×1092 毫米　16 开本　16.25 印张　375 千字
2011 年 3 月第 1 版　2015 年 5 月第 2 版
2021 年 1 月第 3 版　2021 年 1 月第 1 次印刷
定　　价　42.00 元

第 3 版前言

PREFACE

仓储是现代物流的重要环节。仓储活动及其管理成功与否，直接影响物流系统的质量和效率，也关系供应链、价值链、服务链和企业战略目标的构建。仓储类岗位是物流基础职业岗位群之一，也是就业需求最大的一类物流职业岗位群；仓储管理是大部分高职高专物流管理专业学生毕业后从事的主要工作。因此，仓储管理能力是高职高专物流管理专业学生必备的核心技能之一，仓储管理实务课程是高职高专物流管理专业的核心课程之一。

仓储管理实务是一门实践性和操作性都很强的课程，主要介绍仓储业务流程、仓储业务操作和管理技能，在对学生物流综合职业能力培养和物流职业素养养成方面起主要支撑作用，通过组织货物的仓储业务，培养学生基本的仓储业务操作能力，提升学生仓储业务组织管理能力，并使学生养成良好的责任、安全、服务和成本意识。

本书是高职高专物流管理专业基于校企合作、工学结合的工作过程系统化项目课程教材，也是 2007 年天津市精品课程仓储管理实务建设的配套教材。本书第 1 版于 2011 年出版，第 2 版于 2015 年出版并被评为"'十二五'职业教育国家规划教材"。这门课程于 2016 年通过天津城市职业学院"教学做验收课"验收，其项目化改革还在不断完善。本次改版是在第 2 版的基础上进行调整，除保留第 2 版的特色之外，在呈现形式、内容构建和教学资源上进行了补充和完善。

本书具有以下特点：

（1）以学生为本，能力与素养培养相统一。本书围绕专业人才培养目标和智能仓储发展的新知识、新技术和新方法，将学生职业能力培养和职业素养养成作为教学重点，将创新能力的培育融入项目任务中，引导学生从规范化完成任务逐步走向创造性完成任务，有意识地在项目学习中锻炼发散思维和创造性解决问题的能力。

（2）项目引导，任务驱动，教学做一体化。本书采用项目教学、任务引领的方式组织内容，以完成工作任务为载体，引导学生在做中学、在学中做。本书以仓储物流企业所需要的实际技能为依据，形成理论知识学习与技能训练相结合的内容体系，可以使学生在完成具体项目任务的过程中构建相关理论知识并锻炼职业能力。

（3）教学资源形式更加多样化。本课程已进行精品资源共享课程建设，并于 2013 年入选天津市市级精品资源共享课程。这些教学资源的建设与教材编写内容同步，针对不同的教学内容，用书教师可以选择不同的资源展现形式，利用信息化手段使教学内容和资源碎片化，从而满足不同起点的学生的系统化、个性化的学习需求。

本书内容以仓储管理工作过程为线索，以任务来驱动，安排9个学习项目，并分解为30个工作任务，共74学时。9个学习项目的前后安排逻辑性强，从简单到复杂，由浅入深，可以帮助学生循序渐进地学习。本书各项目的学时分配建议如下：

项　　目	理论板块学时	实践板块学时
项目一　仓储企业认知	4	2
项目二　仓储入库作业操作	4	8
项目三　仓储在库作业操作	4	8
项目四　仓储出库作业操作	4	6
项目五　仓储库存管理作业操作	4	4
项目六　仓储经营管理	4	4
项目七　仓储管理信息技术	2	4
项目八　仓储安全管理与特种货物安全作业	4	4
项目九　仓储成本与绩效管理	2	2
总学时（74）	32	42

本书由天津城市职业学院物流管理专业教学团队编写，由专业带头人李怀湘担任主编，由刘亚梅担任副主编，贾春霞参与编写。该校物流管理专业为天津市高职高专院校“十二五”高水平示范校建设重点专业，团队成员具有丰富的教学和企业实践经验。

本书具体编写分工为：李怀湘编写项目一、项目二、项目三、项目四、项目六、项目八，刘亚梅编写项目五、项目七，贾春霞编写项目九。全书由李怀湘负责总体设计和统稿。

浙江交通职业技术学院物流管理专业带头人孙秋高对全书进行了审读，国家物资储备局天津833处副处长安崇达先生、天津炎黄盛海科技有限公司闫美云总经理对本书修订工作给予了热情指导，在此对他们表示衷心的感谢！

由于编者水平有限，编写时间仓促，书中难免存在不足之处，敬请广大读者批评指正。

编　者

2020年5月

【资源索引】

CONTENTS 目 录

项目一

仓储企业认知

【思维导图】

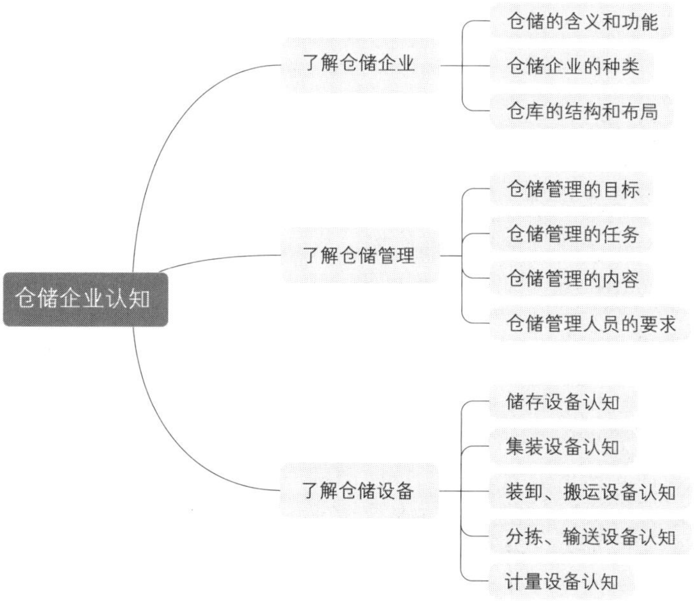

【学习目标】

素养目标	能力目标	知识目标
(1)培养学生职业兴趣和职业认同感，激发学生学习的内在动力，使其明确学习方向。 (2)贴近仓储企业工作岗位，培养学生严谨负责的工作作风，以及执行操作规程、解决实际问题和完成工作任务的能力。 (3)通过项目任务学习，锻炼学生的发散思维和创造性解决问题的能力	(1)能对本区域仓储企业进行调查，分析本区域仓储企业的特点。 (2)能够区分不同类型的仓库，对仓库进行合理的布置、设计。 (3)能够熟练操作仓库的主要设备。 (4)能从规范化完成工作任务逐步走向创造性完成工作任务	(1)了解职业道德、服务意识的基本要求和规范。 (2)掌握仓储的概念和功能，了解仓库的种类、布局和仓储企业的种类，理解仓储在供应链中的地位和作用。 (3)熟悉仓储管理的内容和对仓储管理人员的要求。 (4)了解仓库各种设施设备的结构、性能和操作知识

【任务导入】

城北物流公司是一家专业化的第三方物流公司，以仓储业务为主，同时提供运输、市内配送和流通加工等物流服务。该公司目前在全国拥有北京分公司、上海分公司、天津分公司3家分公司，拥有总面积接近3万平方米的库房，仓库类型有普通综合型仓库、立体化仓库和前置仓（云仓），与全国150多家运输车队、铁路、航空公司建立了良好的合作关系，主要客户有家美超市、清风纸业、冰纯水饮料公司，主要产品涉及日用品、食品、家电等，可为客户提供标准、高效的物流仓储服务。

任务要求

作为一名仓管员，要清楚自己的岗位职责，熟悉和掌握以下内容：

（1）了解仓储的基本业务内容和仓储企业的上下游环境。

（2）熟悉仓储设施设备，掌握现代仓储管理技术。

（3）了解并遵守仓储的职业道德规范，培养和提升物流行业服务意识。

【任务实施】

任务一　了解仓储企业

长期以来，仓储和运输被看作物流活动的两大支柱。仓储是物流系统的一个子系统，在物流系统中起着缓冲、调节和平衡的作用。

一、仓储的含义和功能

（一）仓储的含义

“仓”即仓库，是用以存放、保管和储存物品的建筑物和场地的总称，可以存在于制造商、批发商、运输企业、零售商、消费者等不同的物流环节；“储”即储存，表示收存以备使用，具有收存、保护、管理、交付使用的意思。仓储是指通过特定场所储存和保管物资和商品，并根据需要交付使用的行为。

仓储的形成是适应社会产品出现剩余和产品流通的需要，当产品不能被及时消费、需要专门的场所存放时，就产生了静态的仓储；而将物品存入仓库，以及对存放在仓库里的物品进行保管、控制、加工和提供使用等管理时，则形成了动态的仓储。传统上，仓库被看作用来长期存放货物的场所，其中包括一系列的仓储活动，但是现在，仓储活动发生了变化，仓库的角色也发生了变化。当前，市场对生产的时间要求更加严格，生产需要更加贴近市场，再加上供应链的再造和缩短，许多原来由生产企业完成的环节开始转向仓库；另外，不同的货主、不同的货物和不同的流向，需要在运输工具之间高效地转换、交接。现在更多的是把仓库看作物流尽可能迅速移动的据点（节点），是时速为零的运输，仓库长期储存的角色弱化了，转而成为进行其他一系列工作的便利场所。它们是最好的物品分类、包装、加工和集中配送等活动的地方。

换句话说，现代“仓储”不是传统意义上的“仓库”或“仓库管理”，而是在经济全球化与供应链一体化背景下的仓储，是现代物流系统中的仓储。它表示一项活动或一个过程，在英文中对应的词是“warehousing”，是以满足供应链上下游的需求为目的，在特定的有形或无形的场所，运用现代技术对物品的进出、库存、分拣、包装、配送及其信息进行有效的计划、执行和控制的物流活动。

仓储包含以下5个方面的基本内涵：

（1）仓储是一项物流活动，或者说物流活动是仓储的本质属性。仓储不是生产也不是交易，而是生产与交易服务的物流活动中的一项。这表明仓储只是物流活动之一，而物流还有其他活动，仓储应该融入整个物流系统之中，与其他物流活动相联系、相配合。这一点与过去的“仓库管理”是有很大区别的。

（2）仓储的基本功能包括物品的进出、库存、分拣、包装、配送及其信息处理6个方面。其中，物品的出入库与在库管理是仓储的最基本的活动，也是传统仓储的基本功能，只不过现在管理手段与管理水平得到了提升；物品的分拣与包装，在过去也是有的，只不过现在更普遍、更深入、更精细，甚至已经与物品的出入库和在库管理相结合，共同构成现代仓储的基本功能；之所以将“配送”作为仓储的基本功能之一，是因为配送不是一般意义上的运输，而是仓储的自然延伸，是仓库发展为配送中心的内在要求，如果没有配送，仓储就是孤立的仓库；至于信息处理，已是现代经济活动的普遍现象，当然也应是仓储活动的内容之一，离开了信息处理，就不能称其为现代仓储了。

（3）仓储的目的是满足供应链上下游的需求。这与过去仅仅满足“客户”的需求，在深度与广度上都有很大区别。谁委托、谁提出需求，谁就是客户；客户可能是上游的生产者，可能是下游的零售业者，也可能是企业内部部门，但仓储不能仅仅满足直接“客户”的需求，也应满足“间接”客户的客户需求；仓储应该融入供应链上下游之中，根据供应链的整体需求确立仓储的角色定位和服务功能。

（4）仓储的条件是特定的有形或无形的场所和现代技术。说“特定”，是因为各个企业的供应链是特定的，仓储的场所当然也是特定的；有形的场所当然就是指仓库、货场或储罐等。在现代经济环境下，仓储也可以在虚拟的空间进行，但需要许多现代技术的支撑，离开了现代仓储设施设备和信息化技术，就没有现代仓储。

（5）仓储的方法与水平体现在有效的计划、执行和控制等方面。计划、执行和控制是现代管理的基本内涵，科学、合理、精细的仓储离不开有效的计划、执行和控制。

课堂讨论

你了解仓储企业的客户是谁吗？请举例说明。

（二）仓储的功能

1. 仓储的基本经济功能

（1）储存保管。储存保管是仓储最基本的功能，也是仓储产生的根本原因。仓储要在特定的场所将物品进行收存并妥善保管，储存的目的是确保货物的价值不受损害。保管人有义务妥善保管好货物，仓储的活动就是要完好地保证货物的使用价值和价值。

（2）调节功能。仓储在物流中起着“蓄水池”的作用，根据市场供需关系和流通的需要，货物的存期可长可短：当市场需求增加、交易旺盛时，可缩短货物存期、增加货物的市场投放量；当市场需求减少、交易清淡时，可延长货物存期、减少货物的市场投放量，等待有利的交易机会。

（3）保管检验功能。仓储保管一方面对存货人交付保管的货物的数量和提取货物的数量、质量进行保管，尽量保持与入库时一致；另一方面按照存货人的要求分批收货和分批出货，对储存的货物进行数量控制，配合物流管理的有效实施，同时向存货人提供一定数量的服务信息，以便客户控制存货，提高物品的效用。为了保证物品的数量和质量，分清事故责任，维护各方面的经济利益，必须对物品进行严格的检验，以满足生产、运输、销售和用户的要求。仓储为组织检验工作提供了场地和条件。

（4）养护功能。这是根据收货时货物的质量交还其保管人的基本义务。为了保证货物的质量不变，保管人需要采用先进的技术、合理的保管措施，妥善地保管货物。货物发生危险时，保管人不仅要及时通知存货人，而且要及时采取有效措施减少损失。

知识链接

在中国古代，流传着这样一个故事：有一个妇人，她每天煮饭的时候，总是从锅里抓出一把米，放入一个密封的备用米缸里。家里人都讥笑她这种行为，但她不以为然，我行我素。过了一段时间，天下大旱，颗粒无收，很多人家都无米下锅，只好背井离乡去逃荒。这时那位妇人打开那只备用米缸，全家人靠着那一缸节省下来的米，熬过了饥荒。

2. 仓储的增值服务功能

（1）流通加工。仓储期间可以通过简单的制造、加工活动来延期或延迟生产，提高物品附加值。通过流通加工，可以缩短生产时间、节约材料、提高成品率，保证供货质量，更好地为消费者服务，实现物品从生产到消费之间的价值增值。

（2）配送。根据生产的进度和销售的需要，从仓库不间断、小批量地将物品送到生产线和零售商店的配送已成为仓储企业的基本任务。仓储配送业务的发展有利于生产企业降低存货，减少固定资金的投入；企业减少存货，既能降低流动资金使用量，又能保证销售。

（3）配载。配载是指对使用相同运输工具和运输线路的货物进行合理安排，使少量的货物实现整车运输，是仓储活动的一个重要内容。大多数仓储都提供配载的功能，不同货物在仓库集中，按照运输的方向进行分类仓储，当运输工具到达时出库装运。通过对运输车辆进行配载，可以确保配送的及时和运输工具的充分利用。

（4）交易中介。仓储经营人利用大量存放在仓库的有形物品，以及与各类物品使用部门业务的广泛联系，开展现货交易中介，扩大了物品交易量，加速物品的周转并吸引新的仓储业务，以提高仓储效益。同时，还能充分利用社会资源，加快社会资金周转，减少资金沉淀。交易中介功能的开发是仓储经营发展的重要方向。

（5）逆向物流管理。一般意义的仓储是为商品从原材料到产成品的流通过程提供场所，而现代商品流通向着可持续发展的方向发展，以退换货和商品包装物的回收利用为代表的逆向物流越来越引起人们的重视，仓库是逆向物流必不可少的通道和场所。

（三）仓储在供应链中的角色

供应链是企业之间竞争的一个新的领域。仓储是整个供应链竞争中不可或缺的一部分，是为提高供应链的整体水平而服务的，而不是单纯的货物的存储与分拨。

（1）销售和生产的后援。仓储是销售的后援，销售离不开仓储，生产也离不开仓储。销售、生产、财务都是企业必须拥有的一种职能，企业不能离开销售，也不能离开生产。所以，仓储是它们的后援，是非常重要的后勤支持。

（2）运输的驿站。驿站就是歇脚点，因为运输得有人帮着装、帮着卸，所以装卸的过程必须有仓储的介入。

（3）库存的校准点。库存的数据是否准确，直接来自仓储的盘点，如果盘点出的数据不准，那么整个库存数据都是不准的。

（4）物品的保管。仓库经常叫仓储，就是仓库的储存管理。在保管过程中，不同的物品对保管的要求各不一样，条件也各不相同。

以上4个方面构成了一个供应链：生产为销售服务，销售需要运输，销售过程中需要对库存有精确的把握，库存是销售的后勤支持。因此，从仓储在供应链中的角色可以看出，仓储的作用越来越重要。

知识拓展

仓储的两重性

现代物流是从原材料采购、产品生产到产品销售过程的实物流的统一管理，实现促进产品销售和降低物流成本的管理。这个物流过程需要经过众多环节，其中运输担任改变“物”的空间状态的重任，而“物”的时间状态的改变重任，则是由仓储来担任的。仓储从传统的物资存储、流通中心，发展成为物流节点，作为物流管理的核心环节而存在，发挥着协调整体物流的作用。在社会化再生产过程中，如何以时间换空间，以增值的生产性活动满足生产和消费的需要，是仓储管理作为社会再生产过程中间环节的集中体现。科学的仓储管理已成为企业降低物流成本的重要途径。

仓储既有有利的一面，又有有害的一面，具有两重性。仓储的正作用体现在：仓储是物流的主要功能要素之一，仓储是保证社会再生产进程顺利进行的必要条件，仓储是保持物资原有使用价值和物资使用合理化的重要手段，仓储是加快资金周转、降低物流成本、提高经济效益的有效途径。仓储的负作用体现在：固定费用和可变费用支出；机会损失；陈旧损失与跌价损失；保险费支出。

二、仓储企业的种类

国家市场监督管理总局、国家标准化管理委员会颁布了《物流企业分类与评估指标》这一推荐性国家标准，规定了物流企业的 3 种类型，即运输型、仓储型和综合服务型。其中，仓储型物流企业应符合以下要求：

（1）以从事仓储业务为主，为客户提供货物储存、保管、中转等仓储服务，具备一定规模。

（2）企业能为客户提供配送服务和商品经销、流通加工等其他服务。

（3）企业自有一定规模的仓储设施设备，自有或租用必要的货运车辆。

（4）具备网络化信息服务功能，应用信息系统可对货物进行状态查询、监控。

仓储型物流企业是以从事区域性仓储服务为主，涉及其他物流服务活动的企业。与传统仓储企业相区分，仓储型物流企业不仅可以为客户提供储存、保管等仓储服务，而且可以提供配送、送货上门及相应的信息服务。同时，仓储型物流企业可以有条件地开展经销、加工等增值服务，但其主营业务仍然是仓储服务。

仓储企业按客户使用仓储服务时仓库所有权的归属，可以分为两大类，即自营性仓储企业和营业性仓储企业。自营性仓储企业是指企业自己建造、使用和管理自己的仓库，为自己的物流系统提供仓储服务的仓储企业；营业性仓储企业是指出租属于自己的仓库或一定数量的库位，满足客户的仓储服务需要，并收取相应数量租金的仓储企业。这两种仓储企业各有优缺点，但都是物流活动中不可缺少的一个节点，在整体物流活动过程中发挥着重要的作用。

（一）自营性仓储企业

自营性仓储企业直接控制和负责产品，直到客户得到产品。这使企业能够更容易地将仓储整合进物流系统中，在设计和管理仓库的时候就有较大的灵活性来满足客户的需求，并考虑产品的特性。自营性仓储企业的仓库可以通过扩充或革新来改装，从而适应产品变化，甚至能转变成制造车间或办公部门。当企业通过自营性仓储企业配送产品的时候，它能给消费者一种持久和连续的商业运作的感觉，客户把企业作为稳定的、可依赖的和持续的产品供应商，这会给客户带来无形收益。

同时，对于自营性仓储企业来说，由于涉及较高的成本，所以许多企业不能筹集到足够的资金来建设或购买仓库。而且，仓库建设周期长，还是定制化的设计，所以以后可能很难出售，投资风险较大。雇员的雇用和培训、物料托运设备的购买使得启运成本十分高，并且很耗费时间。自营性仓储企业的经营缺乏灵活性，因为自营仓库的规模是固定的，不管企业的需求水平如何，在短期内都不会迅速扩大或缩小以适应需求的增加或减少。当需求小的时候，企业必须承担未使用的仓库库位的固定成本。

（二）营业性仓储企业

营业性仓储企业通过出租属于自己的仓库或一定数量的库位，来满足客户的仓储服务需要，并收取相应数量的租金，以实现资源共享和规模经济。营业性仓储企业可以同时处理多个客户的需求，通过雇用全职雇员来降低成本，使用更昂贵但更有效率的搬运设备，并提供更专业的服务。同时，营业性仓储企业的经营也更具有灵活性，只需要与客户签订短期合同，就可以调节仓库存储量和存储成本。

但是，许多营业性仓储企业仅仅提供当地服务，这给那些提供区域和全国配送的客户设置了限制。需要对产品进行特殊处理和存储时，营业性仓储企业一般不能满足存储要求，因为营业性仓库大多是按大众化的要求设计的。有效的通信可能是营业性仓储企业和客户沟通的一个难题，因为并不是所有的计算机终端和系统都是兼容的，仓库管理一般不愿给单一客户增加一个终端。

三、仓库的结构和布局

我国国家标准《物流术语》（GB/T 18354—2006）对仓库的定义是“保管、储存物品的建筑物和场所的总称”。仓库的概念可以理解为，用来存放货物（包括商品、生产资料、工具或其他财产）并对其数量和状态进行保管的场所或建筑物（包括用于减少或防止损伤货物而进行作业的土地或水面）。

（一）仓库的分类

1. 按仓库在社会再生产中所处的领域分类

（1）生产领域仓库。生产领域仓库是生产企业为保证生产的连续性建立的仓库。这类仓库主要用于储存生产所需的各种原料、设备、工具，存放在生产过程中处于各生产阶段之间的半成品和在制品，以及存放于生产企业的已经制成的产成品。

（2）流通领域仓库。流通领域仓库包括流通型仓库和国家储备仓库。流通型仓库是流通部门为保证流通过程的正常进行和市场的供应，解决生产和消费时间差异或商品使用的季节性差异，而设立的储存商品的仓库。流通型仓库具有单一品种数量较少、产品存放周期较短等特点。国家储备仓库是国家储备机构所掌握的主要用于调整国家经济计划执行过程中可能出现的重大比例失调或重大变更，以及国家为防止各种自然灾害或意外事件的发生，保证物资及时供应而储存的应急物资的仓库。

2. 按储存物品的种类分类

（1）通用仓库。通用仓库是储存一般工业品、农副产品的仓库。由于它可以存放各种一般的商品，所以适应性强，使用率高，在流通领域仓库中所占比重较大。

（2）专用仓库。专用仓库是专门用于存放某一类商品的仓库，如存放水果、木材、粮食等的仓库。由于某类商品的性质特殊，容易受其他商品的影响或容易对其他商品产生不良影响，所以要用专用仓库储存，以确保该类商品的质量安全。又由于专用仓库存放的物资单一，所以比较容易实现仓库作业的机械化和自动化。

3. 按储存的条件分类

（1）普通仓库。普通仓库一般用来保管没有特殊要求的商品，设备和构造都比较简单，无保温空调等特殊设备，使用范围广。

（2）恒温仓库。恒温仓库又称暖库。这种仓库装有恒温设备，保证仓库始终处于某一温度范围内，专门储存防冻或怕高温的物品，如高精密仪器和设备等，如图 1.1 所示。

（3）冷冻、冷藏仓库。这种仓库安装了低温设备，保证物品在库期间始终处于低温。冷冻仓库温度控制在0℃以下，主要用于储存肉类商品；冷藏仓库温度控制在0～10℃，主要用于储存蔬菜、水果等商品，如图1.2所示。

图1.1　恒温仓库

图1.2　冷藏仓库

（4）危险品仓库。由于危险品随时可能发生意外，所以危险品仓库设有特别防护保障系统，在库房建筑结构方面有特殊要求。这种仓库主要用于储存具有易燃性、易爆性、腐蚀性、有毒和放射性的化工产品、石油及系列衍生品等，如图1.3所示。

4. 按仓库的构造分类

（1）单层仓库。单层仓库是最常见的，也是使用最广泛的一种仓库建筑类型，如图1.4所示。它的主要特点：一是单层仓库设计简单，所需投资较少；二是由于仓库只有一层，所以在仓库内搬运、装卸货物比较方便；三是各种附属设备（如通风设备、供水设备、供电设备等）的安装、使用和维护都比较方便。

图1.3　危险品仓库

图1.4　单层仓库

（2）多层仓库。多层仓库占地面积较小，一般建在人口稠密、土地使用价格较高的地区，如图1.5所示。由于是多层结构，所以多层仓库中的货物一般使用垂直输送设备来搬运。多层仓库有几个特点：一是多层仓库可适用于各种不同的使用要求，如可以将办公室和库房分处两层，在整个仓库布局方面比较灵活；二是分层结构将库房和其他部门自然地进行隔离，有利于库房的安全和防火；三是多层仓库作业需要的垂直运输技术已经日趋成熟。多层仓库一般用来储存城市日常使用的高附加值的小型商品，但使用多层仓库的问题在于建筑和使用中的维护费用较大，商品的存放成本较高。

（3）货场。货场是在露天堆放货物的场所，场面经过适当平整处理，上面没有任何建筑，适合存放不怕风吹、雨淋、日晒的物品，如图 1.6 所示。

图 1.5　多层仓库

图 1.6　货场

5. 按仓库的管理体制分类

（1）自用仓库。自用仓库是指企业建设的供自己使用的仓库，一般由企业自己进行管理。

（2）公用仓库。公用仓库是一种专门从事仓储经营的企业设立的面向社会、独立于其他企业的仓库。

一般来说，自用仓库称为第一方物流仓库或第二方物流仓库，而公用仓库则称为第三方物流仓库。

（二）仓库的结构

仓库的结构对于实现仓库的功能起着很重要的作用，所以在设计仓库的时候要考虑仓库将来的各种需要。一般来说，仓库的结构设计应该从以下几个方面加以考虑。

1. 单层建筑和多层建筑

从出入库作业的合理化方面来看，仓库应该尽量采用单层建筑，以便产品出入库时不必上下移动。因为利用电梯将产品从一个楼层搬到另一个楼层费时费力，而且电梯往往是产品流转中的一个瓶颈，许多产品同时搬运时会挤占数量有限的电梯，影响仓库的作业效率。但在城市内，尤其在商业中心，那里昂贵的地价通常会使企业选择多层建筑作为仓库。因此，在采用多层建筑作为仓库的时候，要特别重视对货物上下楼的通道建设。如果是流通仓库，则应该采用二层立交斜路方式，车辆可直接行驶到二层仓库，这样可以提高仓库进货和卸货的效率。

2. 仓库出入口和通道

仓库出入口的位置和数量是由建筑的开间长度、进深长度、建筑物的主体结构、出入库次数、仓库功能等因素决定的。仓库出入口尺寸的大小是由所使用的卡车、叉车，以及保管的货物的尺寸大小所决定的。作为货车的仓库出入口，要求宽度和高度最低为 4m。作为叉车的仓库出入口，要求宽度和高度最低为 25m。库房内的通道是保证库内作业顺畅的基本条件，通道应延伸至每一个货位，使每一个货位都可以直接作业，通道需要路面平整和平直，减少转弯和交叉。货车的作业通道应大于 3m，叉车的作业通道应大于 2m。

3. 立柱间隔

仓库的立柱是出入库作业的障碍，会导致保管作业效率低下，因而立柱应尽可能减少，但这要考虑到仓库建筑物本身的设计。一般仓库的立柱间隔，应考虑出入库的作业效率。以货车和托盘的尺寸为基准，仓库的立柱的间隔通常在 7m 比较合适，刚好适合 2 台大型货车

（宽 2.5m）或 3 台小型货车（宽 1.7m）通过，不至于在库内被堵住。采用托盘作业的仓库，立柱一般以适合 6 个标准托盘（标准托盘为 1.2m）的间隔为准，宽度略大于 7.2m。

4. 天花板的高度

由于仓库的机械化和自动化发展，所以现在对仓库天花板的高度提出了很高的要求。使用叉车的时候，标准提升高度是 3m；而使用多段式高门架的时候，天花板的高度要达到 6m。另外，从托盘装载货物的高度来看，包括托盘的厚度在内，密度大而不稳定的货物，通常以 1.2m 为标准；密度小而稳定的货物，通常以 1.6m 为标准。所以，从倍数（层数）来看，三四层的仓库的天花板高度最低应为 5m。有的仓库在地板和天花板之间设有夹层楼板，称为临时架，能成倍地利用保管的空间。

5. 地面

地面构造的关键在于地面的耐压强度，地面的承载力必须根据承载货物的种类和堆码的高度来具体考虑。一般平房普通仓库地面承载力为 3～3.5t，二层为 2.5～3t，三层为 2～2.5t，四层为 1.5～2t，五层以上为 1～1.5t 甚至更少。流通仓库的地面承受能力还必须保证重型叉车能正常作业。

地面可以分为低地面和高地面两种形式。为了防止雨水进入，低地面的高度应该高出基础地面 20～30cm，考虑到货车、叉车的特点，出入口的地面应是平稳的坡度。高地面的高度应与出入库的货车车厢的高度相符合，通常大型货车为 1.2～1.3m，小型货车为 0.7～1m，铁路货车站台为 1.6m。一般来说，低地面的仓库适合储存原材料和半成品，而高地面的仓库适合作为流通型仓库。

（三）仓库库区总体布局

仓库库区总体布局是指在已经选定的库址上，根据库区场地条件、仓库的业务性质和规模、储存物品的特性、仓储技术条件等因素，对仓库的各个组成部分，如库房、货棚、货场、辅助建筑物、铁路专用线、站台、库内道路和附属固定设备等所进行的总体安排和配置，以最大限度地提高仓库储存能力和作业能力，降低各项仓储作业费用，更有效地发挥仓库在物流过程中的作用。仓库库区总体布局包括仓库平面规划布局和仓库立体空间规划布局。

1. 仓库平面规划布局

仓库平面规划布局是指将仓库在水平方向上规划出不同的区域，即根据仓库的总体设计，科学、合理地对“两区”（生产库区、生活区）、“四场”（业务场所、辅助业务场所、办公场所、生活场所）和其他设施进行具体布局，最大限度地提高仓库的储存和作业能力，降低各项仓储作业费用。

（1）仓库面积及参数的确定。在进行仓库平面布局时，一般先要确定仓库面积的大小。仓库面积的大小受仓库作业方式的影响，如采用货架堆存，就可以利用库容；而采用机械化搬运、堆码，则比人工作业场所所占面积要小。由于现代仓库的种类和规模不同，其面积构成也不尽相同，所以必须先明确仓库面积的相关概念，再确定仓库的相关面积。

① 仓库总面积。仓库总面积是指从仓库外墙线算起，整个围墙内所占的全部面积。若在墙外还有仓库的生活区、行政区或库外专用线，则应计算在总面积之内。

② 仓库建筑面积。仓库建筑面积是指仓库内所有建筑物所占平面面积之和。若有多层建筑，则应加上多层面积的累计数。仓库建筑面积包括生产性建筑面积（包括库房、货场、货棚等所占建筑面积之和）、辅助生产性建筑面积（包括机修车间、车库、变电所等所占建筑面积之和）和行政生活建筑面积（包括办公室、食堂、宿舍等所占面积之和）。

③ 仓库使用面积。仓库使用面积是指仓库内可以用来存放商品的面积之和，即库房、货棚、货场的使用面积之和。其中，库房的使用面积为库房建筑面积减去外墙、内柱、间隔墙和固定设施等所占的面积。

④ 仓库有效面积。仓库有效面积是指在库房、货棚、货场内计划用来存放商品的面积之和。

⑤ 仓库实用面积。仓库实用面积是指在仓库使用面积中，实际用来堆放商品所占的面积，即库房使用面积减去必需的通道、堆垛、墙距及进行收发、验收、备料等作业区后所剩余的面积。

（2）仓库主体结构及建筑物主要参数的确定。

① 仓库主体结构的确定。仓库主体构造包括基础、地坪、骨架构成、立柱、墙体、屋盖、楼板、地面、窗、出入口、房檐和通风装置等。

② 仓库建筑物主要参数的确定。仓库建筑物主要参数包括仓库建筑物的长宽比、高度、层数、占地面积、梁间距、容积、库容量、站台、库房门窗尺寸等。

（3）仓库总平面规划。现代仓库的总平面规划一般可以划分为生产作业区、辅助作业区和行政生活区三大部分。合理的规划布局应注意适当增大生产作业区中收发货作业区面积和检验区面积，如图1.7所示为某仓库的平面布局图。

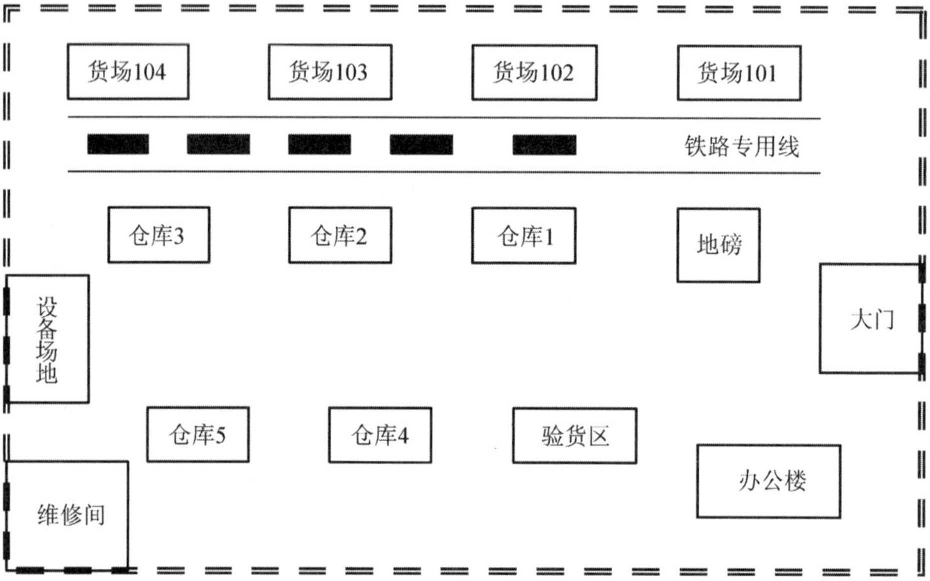

图1.7 某仓库的平面布局图

① 生产作业区。它是现代仓库的主体部分，是商品仓储的主要活动场所，包括储货区、道路、铁路专用线、码头和装卸平台等。

储货区是储存保管、收发整理商品的场所，是生产作业区的主体区域。储货区主要由保管区和非保管区两大部分组成。保管区是主要用于储存商品的区域，非保管区主要包括各种装卸设备通道、待检区、收发作业区和集结区等。现代仓库已由传统的仓储型仓库转变为以收发作业为主的流通型仓库，其各组成部分的构成比例通常为：合格品储存区面积占总面积的40%～50%；通道占总面积的8%～12%；待检区及出入库收发作业区占总面积的20%～30%；集结区占总面积的10%～15%；待处理区和不合格品隔离区占总面积的5%～10%。

仓库库区铁路专用线应与国家铁路、码头、原料基地相连接，以便火车直接进入库区进行货运。库区的铁路专用线最好是贯通式的，一般应顺着库长方向铺设，并应使岔线的直线长度达到最大限度，而且股数应根据货场和库房宽度及货运量来决定。

现代仓库道路的布局，应根据商品流向的要求，结合地形、面积、库房建筑物、货场的位置，来决定道路的走向和形式。仓库道路主要用于起重搬运机械调动和防火安全，同时要考虑保证仓库和行政区、生活区之间的畅通。仓库道路分为主干道、次干道、人行道和消防道等。其中，主干道应采用双车道，其宽度在 6～7m；次干道应为单车道，宽度在 3～3.5m；消防道的宽度不小于 6m，应布局在库区外的周边。

在河网地区建设仓库，应尽量利用水路运输的有利条件。应对河道的水文资料进行调查，以便确定码头的位置、建筑式样和吊装设备。码头位置应选在河床平稳、水流平直、水域堤岸较宽、水位足够深的地方，以便于船舶安全靠离码头和进行装卸作业。

② 辅助作业区。它是为仓储业务提供各项服务的设备维修车间、车库、工具设备库、油库、变电室等区域。值得注意的是，油库的设置应远离维修车间、宿舍等易于出现明火的场所，周围必须设置相应的消防设施。

③ 行政生活区。它是行政管理机构办公和职工生活的区域，具体包括办公楼、保卫室、化验室、宿舍和食堂等。为便于业务接洽和管理，行政管理机构一般布置在仓库的主要出入口，并与生产作业区用隔墙分开。这样既方便工作人员与作业区的联系，又避免非工作人员对仓库生产作业的影响和干扰。职工宿舍楼一般应与生产作业区保持一定距离，以保证仓库的安全和生活区的安宁。

此外，现代仓库的消防水道，应以环形系统布置于仓库全部区域。在消防系统管道上，需要装有室内外消火栓。消火栓应沿道路设置，并靠近十字路口，其间隔不超过 100m，距离墙壁不少于 5m。根据当地气候，消火栓可建成地下式或地上式。

（4）库房内部规划。通常将库房储存区域划分为合格品储存区、待处理区、备货区、设备工具存放区和库内通道等。

① 合格品储存区。合格品储存区是仓库内部的主体区域，所占面积比例较大，用于储存合格的商品。在合格品储存区要根据货物单元的外形尺寸及其质量确定货架的排数、列数和巷道数量等。在划分排位时，要尽量做到排位的方向统一、宽度一致。

② 待处理区。待处理区用于储存退货、破损品等有问题的商品。

③ 备货区。备货区用于储存按订单拣取出来等待发运的商品，应靠近出口。

④ 设备工具存放区。设备工具存放区用于存放仓库内常用的工具和设备，如计量、搬运和清扫工具等，应根据仓库区位的划分选择合适的位置并进行明确标示。

⑤ 库内通道。库内通道是为了作业活动顺利进行所设置的空间，要根据库内储存设备、搬运设备的种类、货物进出库和装卸作业的需要来划分。库内通道分为主通道和支通道，主通道一般宽 1.5～2m，选正对库门位置或仓库中线位置。支通道一般宽 1～1.5m，根据储存货物批量的大小确定数量，货物批量越大，支通道就越少；反之，货物批量越小，则支通道相应增加。通道宽度要满足货物先进先出的需要，以及装卸工具和人员通过的需要，如使用叉车作业时，通道宽度应根据需要适当加宽，通道的划分既要方便作业，又要考虑提高仓库面积利用率。

注意：仓库各大区域职能分析表见表 1–1。

表 1–1　仓库各大区域职能分析表

仓库区域	主要职能
收货（质检入库）区	卸货、验收、搬运、入库、登录等
散货（存储）区	便于零散发货
（订单）分拣区	对搬运到包装区内的指定物品按量分拣

续表

仓库区域	主要职能
包装（刷唛）区	将订单物品装入包装，并在包装外标示目的地等分拣信息
拼箱（装运）区	完成物品从包装区到装运区的移动
办公区	跟踪物品接收、入库、保管、出库的所有管理工作

2. 仓库立体空间规划布局

仓库的立体空间规划布局是指物品在仓库垂直方向上的布置，即仓库建筑高度的规划。

（1）库房、货场、站台标高布局。库房地坪标高与库区路面标高的关系，取决于仓储作业机械化程度和叉车作业的情况。由于机械在载重作业时爬坡能力受到限制，如库房地坪与路面之间的高度相差较大时，会影响叉车作业效率，所以最好使仓库地坪和库区路面在标高上相等；在不得已时，可使两者之间的纵向坡度不超过4%。

货场与铁路专用线标高的关系是，货场一般沿铁路专用线布置，多数跨在铁路专用线两侧。在标高上，应确保铁路专用线的正常运营。

装卸站台一般有货车站台和火车站台之分，其高度和宽度与铁路专用线和道路线标高关系密切，通常因商品批量大小、搬运方式和运输工具而异。装卸站台一般又分为高站台和低站台两种。处理多品种、少批量的商品，一般采用高站台，即站台高度与货车货台高度一样。站台平面应与出入库作业区连成一体，这样进出库的商品可以方便地装入车内。用货车运输时，站台应高出道路路面0.9～1.2m；用火车运输时，站台的高度应与车厢底板持平。

（2）合理利用地坪建筑承载能力。仓库地坪单位面积建筑承载能力因地面、垫层和地基的结构不同而不同。例如，在坚硬的地坪采用300mm厚的片石，地面用200mm厚的混凝土，其建筑承载能力为5～7t/m^2。应当充分利用地坪的承载能力，采用各种货架存货，以充分利用空间；同时，使用各种装卸机械设备配合作业，以加速库存商品的周转。

知识拓展

仓库空间布局六大原则

（1）直线移动。尽量避免迂回，最好是直线。

（2）单层储存。最好避免多层累加。

（3）高效搬运。搬运的效率一定要高，单层储存的速度要快，但这需要很大的面积。从另外一个角度考虑，就是一个托盘进去，一托出来就是一托，也可以理解成为单层。

（4）储存有计划。采购供应商在送货前一定要事先通知仓库，以便仓库有个计划，事先做好安排，可以减少仓库的工作量。

（5）通道要尽量小。通道够用就行，否则就会占用仓库的可利用面积。

（6）有效利用高度。货架是有效利用仓库高度的方法，但货架的数量不一定要很多，够用就可以。

任务二　了解仓储管理

一、仓储管理的目标

仓储管理是对仓库及仓库内储存的货物所进行的管理，是仓储机构为了充分利用仓储资源，提供高效的仓储服务所进行的计划、组织、控制和协调过程。从广义上说，仓储管理是对物流过程中货物的储存，以及由此带来的商品包装、分拣、整理等活动进行的管理；具体来说，仓储管理包括仓储资源的获得、经营决策、商务管理、作业管理、仓储保管、安全管理、人事劳动管理、经济管理等一系列管理工作。

仓储管理的目标是实现储存的合理化，而储存合理化主要通过下列标志加以体现：

（1）质量标志。保证被储存物的质量是完成储存功能的根本要求，只有这样，商品的使用价值才能通过物流得以最终实现。在储存中增加了多少时间价值或得到了多少利润，都是以保证质量为前提的。因此，在储存合理化的主要标志中，最重要的应当是反映使用价值的质量。

现代物流系统已经拥有有效的维护物资质量、保证物资价值的技术手段和管理手段，而且正在探索物流系统的全面质量管理问题，即通过对物流过程的控制、根据工作质量来保证储存物的质量。

（2）数量标志。数量标志即在保证功能实现的前提下，寻求一个合理的数量范围。目前，管理科学的方法已能在各种约束条件的情况下，对合理数量范围做出决策，但是较为实用的还是在消耗稳定、资源和运输可控的约束条件下，所形成的储存数量控制方法。

（3）时间标志。时间标志即在保证功能实现的前提下，寻求一个合理的储存时间。这是和数量有关的问题，储存量越大消耗速率就越慢，则储存的时间必然长；相反，则必然短。在具体衡量时，往往用周转速度指标来反映时间标志，如周转天数、周转次数等。

在总时间一定的前提下，个别物品的储存时间也能反映合理程度。如果少量物品长期储存，成了呆滞物或储存期过长，虽反映不到宏观周转指标中去，但也会表明储存存在不合理的情况。

（4）结构标志。结构标志是从物品不同品种、不同规格、不同花色的储存数量的比例关系中对储存合理性的判断依据。尤其是相关性很强的各种物品之间的比例关系，更能反映出储存合理与否。由于这些物品之间相关性很强，只要有一种物品出现耗尽，即使其他物品仍有一定数量，也会无法投入使用，所以不合理的结构影响面并不仅仅局限于某一种物品，而是具有扩展性。结构标志的重要性也由此可知。

（5）分布标志。分布标志即不同地区储存的数量比例关系，以此判断当地需求比和对需求的保障程度，也可以此判断其对整个物流的影响。

（6）费用标志。仓租费、维护费、保管费、损失费、资金占用和利息支出等，都能从实际费用上判断储存合理与否。

二、仓储管理的任务

（一）仓储管理的原则

1. 质量原则

仓储管理最基本的原则是保证质量。仓储管理中的一切活动，都必须以保证在库商品的质量为主。没有质量的数量是无效的，甚至是有害的，因为这些物品依然占用资金、产生管理费用和仓库空间。因此，为了完成仓储管理的基本任务，仓储活动中的各项作业必须有质量标准，并严格按标准进行作业。

2. 效率原则

仓储管理的核心就是效率管理，即实现最少的劳动量的投入，获得最大的产品产出。劳动量的投入包括生产工具、劳动力的数量及其作业时间和使用时间。效率是仓储其他管理的基础，没有生产的效率，就不会有经营的效益，从而无法开展优质的服务。

3. 效益原则

生产经营的目的是获得最大化利润，这是经济学的基本假设条件，也是社会现实的反映。要实现利润最大化，需要做到经营收入最大化和经营成本最小化。作为参与市场经济活动主体之一的仓储业，也应围绕获得最大经济效益的目的进行组织和经营，但也需要承担部分社会责任，履行环境保护、维护社会稳定和满足社会不断增长的需要等社会义务，实现生产经营的社会效益。

4. 安全原则

仓储管理中不安全因素很多，有的来自仓储物，有的来自装卸搬运作业过程，还有的来自人为破坏等。因此，要特别加强安全教育，提高安全意识，制定安全制度，贯彻执行“安全第一，预防为主”的安全生产方针。

5. 服务原则

仓储管理活动本身就是向社会提供服务产品。服务是贯穿于仓储管理中的一条主线，如仓储定位、仓储作业、对仓储货物的控制等都是围绕服务进行。仓储管理就是围绕服务定位，对如何提供服务、改善服务、提高服务质量所进行的管理，包括直接的服务管理和以服务为原则的生产管理。

仓储服务水平与仓储经营成本存在“背反”关系，服务好，成本高，收费就高。仓储服务管理需要在降低成本和提高服务水平之间找到平衡。

（二）仓储管理的基本任务

1. 宏观方面

（1）设置高效率的管理机构。管理机构是仓储企业开展有效管理的基本条件，是一切管理活动的保证和依托。仓储管理机构的确定需要围绕仓储经营的目标，以实现仓储经营的最终目标为原则，依据管理幅度、因事设岗、责权对等的原则，建立结构简单、分工明确、互相合作和促进的管理机构和管理队伍。仓储管理机构因仓储机构的属性不同，分为独立仓储企业的管理机构、附属仓储机构的管理机构。但是，仓储管理机构一般都设有内部行政管理、商务管理、库场管理、设备管理、安全保卫、财务管理及其他必要的机构。仓储管理机构内部大都采用直线职能管理制或事业部制的组织结构。随着经济的发展，管理机构趋向于向扁平化方向发展。

（2）以市场化手段配置仓储资源。市场经济最主要的功能是通过市场的价格和供求关系调节经济资源的配置。市场配置资源是以实现资源最大利用率为原则，这也是企业经营的目的，配置仓储资源也应以根据所配置的资源获得最大效益为原则。仓储管理需要营造仓储机构的局部效益空间，吸引资源的投入，具体任务包括：根据市场供求关系确定仓储的建设；依据竞争优势选择仓储地址；以生产差别产品决定仓储专业化分工和确定仓储功能；以所确定的功能决定仓储布局；根据设备利用率进行设备配置；等等。

（3）积极开展商务活动。商务活动是指仓储对外的经济联系，包括市场定位（调查、分析）、市场营销（消费者、媒体、政府）、交易和合同关系（消费者、存货人）、客户关系管理（信息反馈、提供查询）和争议处理等。

仓储商务是经营仓储生存和发展的关键工作，也是经营收入和仓储资源得以充分利用的保证。从功能上看，商务管理是为了实现效益最大化，因此仓储管理必须遵循不断地满足社会生产和人民生活需要的生产原则，最大限度地提供仓储产品，满足市场需要。满足市场需要包括数量上的满足和质量上的满足两个方面。仓储管理者还必须根据市场的变化发展，不断开拓创新，提供适合社会经济发展的仓储产品。

（4）合理组织仓储生产。仓储生产包括货物入仓、储存、出仓的作业，仓储物验收、理货交接，在仓储期间的质量保管、质量维护和安全防护等。

仓储生产的组织遵循高效、低耗的原则，充分利用先进的机械设备和保管技术、有效的管理手段，实现仓储快进、快出，提高仓储利用率，降低成本，不发生差、损、错事故，以保证连续、稳定的生产。生产管理的核心在于充分使用先进的生产技术和手段，建立科学的生产作业制度和操作规程，实行严格的监督管理，采取有效的员工激励机制。

（5）树立良好企业形象。企业形象是指企业展现在社会公众面前的各种感性印象和总体评价的整合，包括企业及其产品的知名度、社会的认可程度、美誉度和企业的忠诚度等方面。

企业形象是企业的无形财富，良好的企业形象不仅可以促进产品的销售，而且可以为企业的发展提供良好的社会环境。作为服务产业的仓储业，企业形象所面向的对象主要是生产、流通经营者，企业形象的建立主要通过服务质量、产品质量、诚信和友好合作获得，并通过一定的宣传手段在潜在客户中推广。

（6）努力提高仓储管理水平。任何企业的管理都不可能一成不变，需要随着企业内外环境的变化而不断改变，以适应形势的发展需要，仓储管理也不例外，需要根据仓储企业的经营目的的改变、社会需求的变化而改变。仓储管理也不可能一步到位，一开始就设计出一整套完善的管理制度实施于企业，也要从简单管理到复杂管理、从直观管理到系统管理不断发展，在管理实践中不断补充、修正、完善，以实现动态的仓储管理。

仓储管理的动态化和管理变革，既可能促进管理水平的提高，提高仓储效益，也可能因脱离实际、不同于人们的惯性思维而变革失败，甚至不利于仓储企业的发展。因此，仓储管理的变革需要进行制度性的变革管理，通过科学的论证，广泛汲取先进的管理经验，针对企业的客观实际进行管理。

（7）着力提升员工素质。没有高素质的员工队伍，就没有优秀的企业。员工的精神面貌体现了企业形象和企业文化。仓储管理的一项重要工作就是不断提高员工的素质，根据企业形象建设的需要加强对员工的约束和激励。

员工的素质包括员工的技术素质和精神素质。仓储企业要通过不断的、系统的培训和严格的考核，保证每个员工熟练掌握岗位应知、应会操作，熟练掌握仓储管理技术和理论知识，并力求精益求精，跟上技术和知识发展的步伐。同时，还要使每个员工明确岗位工作制度、操作规程，明确岗位所承担的责任。

良好的精神面貌来自企业和谐的氛围、有效的激励，对劳动成果的肯定，以及有针对性地开展精神文明教育。在仓储管理中，要重视员工的地位，不能将员工仅仅看作生产工具或一种等价交换的生产要素，要在信赖中约束、在激励中规范员工，使员工感受到人尽其才、劳有所得、人格被尊重，最终弘扬热爱企业、自觉奉献、积极向上的企业精神。

2. 微观方面

（1）合理组织收发，保证收发作业准确、迅速、及时，使供货单位和用户满意。

（2）采取科学的保管方法，创造适宜的保管环境，提供良好的保管条件，确保在库物品数量准确、质量完好。

（3）合理规划并有效利用各种仓储设施，通过革新改造，不断扩大储存能力，提高作业效率。

（4）积极采取有效措施，保证仓储设施、库存物品和仓库职工的人身安全。

（5）搞好经济管理，开源节流，提高仓储企业的经济效益。

三、仓储管理的内容

（1）仓储的规划与组织。其中包括构建现代仓储体系、仓储系统的布局与规划、仓库的布置等。

（2）仓储设施设备的选择与配置。其主要是指根据各类仓库作业的特点、储存物资的种类和特性，选择和配置适当数量的机械设备，并对这些机械设备进行现代化的管理等。

（3）仓储资源的获得。其主要是指企业通过什么方式来获得仓储资源。

（4）仓库的业务管理。包括组织入库作业、保管养护作业和出库作业等。

（5）库存控制。根据企业、市场的需求，采用合理的采购方式，储存恰当数量的货物，既不至于因储存过少引起生产、市场的中断而造成缺货损失，又不至于因储存过多而占用流动资金等。

（6）仓储经营管理。其主要是指更加注重企业与外部环境的和谐，运用先进的管理方式和科学的管理方法，对企业的经营活动进行计划、组织、指挥、协调和控制，目的是获得最大经营效益。

（7）仓库安全与特殊货物管理。包括仓库安全消防管理、特殊货物管理等。

（8）仓储管理信息技术。包括仓储管理信息系统、条形码技术、RFID（射频识别）技术、EDI（电子数据交互）技术、EOS（电子订货系统）技术与POS（销售时点信息）技术等。

（9）人力资源管理。包括仓储人员的招聘与后期的培训、建立健全各岗位职责、各岗位人员配置与优化、人机系统的高效组合等。

（10）仓储成本核算与绩效分析。包括仓储成本分析、仓储绩效评价量化指标体系和仓储绩效考核指标的分析等。

课堂讨论

仓库、仓储与仓储管理的关系是怎样的？

四、仓储管理人员的要求

（一）仓储管理人员的职业道德

职业道德是指人们在职业生活中应遵循的基本道德，即一般社会道德在职业生活中的具体体现。职业道德是职业品德、职业纪律、专业胜任能力和职业责任等的总称，是人们在从事职业活动的过程中形成的一种内在的、非强制性的约束机制。职业道德有5项规范，即忠诚信实、爱岗敬业、恪尽职守、公平正义、团结协作。职业道德的5项基本规范与物流行业的特点结合，形成了具体的标准，即忠诚、敬业、责任、公正、合作。

作为一名仓储管理人员，每天要面对大量烦琐的仓库管理工作，涉及人、财、物、信息等，更需要忠诚、敬业、责任、公正和合作的职业道德。忠诚，就是要维护企业利益、企业荣誉，保守企业秘密；敬业，就是要乐业，热爱工作，乐于奉献，认真负责，刻苦勤奋，业务纯熟，精益求精；责任，就是要做好分内之事，以及没有做好分内之事而应当承担的过失；公正，就是要坚持原则，不偏不倚，不计得失，无私无畏，追求真理，明辨是非；合作，就是要为了实现共同的利益和目标，互相帮助，互相支持，彼此合作，共同发展，通过参与与分享、平等与尊重、信任与关怀培养团结精神。

（二）仓储管理人员的服务意识

服务就是满足别人期望和需求的行动、过程和结果，也是工作人员借助一定的设施设备为满足客户需求而提供的行为和过程的总和。服务的核心和灵魂是为了维护买卖双方短期或长期的良好商业关系，让买方对卖方的商业人格留下真实、美好的回忆。实际上，服务是通过人际关系来实现的，通过工作人员的言语和行为让客户获得舒适的感觉，所以工作人员的服务意识非常重要。

物流行业在新的时代背景和市场要求下不断创新发展，而提供优质服务、满足客户需求却是一个不变的需求。优质服务是以客户为导向的服务，要从时间、服务人员、场所、服务内容、服务方式5个方面提升企业的服务水平。作为仓储管理人员，要提升服务态度和行为。提升服务态度是提高服务质量的基础，要提升服务态度就必须提高仓储管理人员的主动性、创造性、积极性要及基本素质和职业道德，使客户在交流互动中的过程感受到亲切、温暖、舒适和美好；要提升服务意识，必须改变内在的思想意识和思维方式，进而真实地改变外在的行为，提升服务水平的等级。

（三）对仓库管理员和仓库保管员的具体要求

1. 对仓库管理员的具体要求

（1）具有丰富的商品知识。仓库管理员应熟悉所经营的商品，掌握其理化性质和保管要求，能根据商品的特点有针对性地采取管理措施。

（2）掌握现代仓储管理的技术。仓库管理员应了解和掌握仓储管理的相关技术和知识，并能熟练运用，特别是对现代信息技术的运用。

（3）熟悉仓储设备及其性能。仓库管理员应能合理和高效地安排和使用仓储设备。

（4）具有较强的办事能力。仓库管理员应能分轻重缓急，有条不紊地处理仓储事务。

（5）具有一定的财务管理能力。仓库管理员应能查阅财务报表，进行经济核算、成本分析，正确掌握仓储经济信息，学会进行成本管理、价格管理和决策。

（6）具有一般的管理者素质。仓库管理员应具备包括组织协调能力在内的一般管理素质，以及评估能力、策划能力和控制能力。

（7）具有现代物流管理的知识和较强的物流运作管理能力。

2. 对仓库保管员的具体要求

（1）认真贯彻仓库保管工作的方针、政策和法规，树立高度的责任感，忠于职守，廉洁奉公，热爱仓库工作，具有敬业精神；树立为客户服务、为生产服务的观念，具有合作精神；树立讲效率、讲效益的思想，关心企业的经营。

（2）严格遵守仓库管理的规章制度和工作规范，严格履行岗位职责，及时做好物质的入库验收、保管保养和出库发运工作；严密各项手续制度，做到收有据、发有凭，及时准确登记销账，手续完备，账物相符，把好收、发、管三关。

（3）熟悉仓库的结构、布局、技术定额；熟悉仓库规划；熟悉堆码、苫垫技术；掌握堆垛作业要求；妥善地安排货位，合理高效地利用仓容，堆垛整齐、稳固、间距合理，方便作业、清数、保管、检查、收发。

（4）熟悉仓储物的特性、保管要求，能有针对性地进行保管，防止和避免货损货差，提高仓储质量；熟练地填写表账、制作单证，妥善处理各种单证业务；了解仓储合同的内容约定，完整地履行义务；妥善处理自然灾害对仓储物质的影响，防止和减少损失。

（5）重视仓储成本管理，不断降低仓储成本；要妥善保管好剩料、废旧包装，收集和处理好地脚货，做好回收工作；用具、苫垫、货板等要妥善保管，细心使用，延长使用寿命；重视研究物质仓储技术，提高仓储利用率，降低仓储物耗损率，提高仓储的经济效益。

（6）加强业务学习和训练，掌握计量、衡量、测试用具和仪器的使用；掌握分管货物的特性、质量标准、保管知识、作业要求和工艺流程；及时掌握仓库管理的新技术、新工艺，适应仓储自动化、现代化、信息化的发展，不断提高仓储的管理水平；了解仓库设备的性能和要求，督促设备维护和维修。

（7）严格执行仓库安全管理的规章制度，时刻保持警惕，做好防火、防盗、防破坏、防虫鼠害等工作；防止各种灾害和人身伤亡事故，确保人身、物资、设备的安全。

课堂讨论

现代仓储管理人员应具备什么样的素质和技能？

知识拓展

新物流时代智能仓储的特点

【智能物流显神威】

（1）自动化、智慧化发展。这主要是指硬件部分（如自动化立体仓库系统、自动分拣设备、分拣机器人）和可穿戴设备〔如VR（虚拟现实）技术〕的广泛应用。例如，自动化立体仓库里面涉及立体存储系统、穿梭车、分拣机器人（如关节机器人、机械手、蜘蛛手）等的应用。

（2）“互联网+”智能仓储设备。这部分偏重于软件，主要是互联网技术，如大数据、云计算、AI（人工智能）技术、深度学习、物联网、机器视觉等的广泛应用。利用这些数据和技术进行商品的销售和预测、进行智能库存的调拨和对个人消费习惯的发掘，能够根据个人的消费习惯进行精准的推销。例如，目前技术比较成熟的企业，如京东、菜鸟等，已运用大数据进行预分拣。

（3）共享化。共享经济出现在仓储领域主要体现在托盘、容器、叉车等仓储物流装备的共享。例如，菜鸟把部分仓库里的运营、硬件设备等一起外包，只负责土地和仓库的建设；又如，京东和达能饮料合作的协同仓、京仓等就是仓库的共享。

（4）海外化。随着国家“一带一路”倡议的推进，国内消费升级，跨境进出口领域迎来发展新机遇，各大企业加速全球化海外布局，因而跨境海外仓需求激增。

任务三　了解仓储设备

对仓库设备进行科学合理的配置，可以为仓储工作打下一个良好的基础。随着现代化仓库的建立，仓储设备也在日益更新，朝着经济、实用、安全、可靠、合理、稳定等方向发展。仓储设备的种类很多，常用的仓储设备见表1–2。

表1–2　常用的仓储设备

设备种类	常见设备	用　　途
存储设备	各种货架	存放货物
集装设备	托盘、集装箱等	承装货物
装卸搬运设备	输送带、叉车、手推车等	装卸搬运货物
计量设备	地磅、电子秤等	称重、计数
分拣设备	各种分拣机械	分类
消防安全设备	防盗系统、消防栓等	确保库存物资安全
保养设备	空调、排风机等	调节仓库环境
管理设备	计算机、网络设备	仓库管理

一、储存设备认知

货架是用来存放物品的结构件，由立柱片、横梁和斜撑等构件组成，是主要的储存设备。货架在物流中必不可少，也无处不在。

（一）货架的作用

货架的作用有几个方面：一是通过增加货架的高度可以更充分地利用仓库空间，扩大仓库储存能力；二是可以使存放在上面的物品相互之间不接触、不挤压、消耗小，可保证物品本身的性能更加完善地体现出来；三是采用货架储存的物品存取方便，便于清点和计量，可实现先进先出的管理模式；四是对于货架本身，可以采取防潮、防尘、防盗、防破坏等措施来提高物品储存质量；五是新型货架的结构和功能有利于实现仓库的机械化及自动化管理。

（二）常用的货架

1. 托盘式货架

托盘式货架（图 1.8）用来储存单元化托盘货物，配以巷道式堆垛机及其他储运机械进行作业。托盘式货架利用率高，存取灵活方便，辅以计算机管理或控制，基本能达到现代化物流系统的要求。托盘式货架广泛应用于制造业、第三方物流和配送中心等领域，既适用于多品种、小批量物品，又适用于少品种、大批量物品。

2. 重力式货架

重力式货架（图 1.9）是组合式结构，每一个货格就是一个具有一定坡度的存货滑道。为减少货箱与货架之间的摩擦力，重力式货架在存货滑道上袋有辊子或滚轮，托盘可先进先出，适用于大批量、少品种物品，空间利用率高。

图 1.8　托盘式货架

图 1.9　重力式货架

3. 贯通式货架

贯通式货架（图 1.10）又称为驶入式货架或通廊型货架，物品存取从货架同一侧进出，先存后取，后取先存。贯通式货架投资成本相对较低，适用于横向尺寸较大、品种较少，数量较多且物品存取模式可预定的情况，常用来储存大批相同类型物品。

4. 阁楼式货架

阁楼式货架（图 1.11）是一种充分利用空间的简易货架，采用货架做楼面支撑，可设计成多楼层（通常有两三层），设有楼梯和货物提升电机等。阁楼式货架适用于库房较高、物品轻小、人工存取、储货量大的情况，可充分利用空间，节约库房面积，广泛应用于汽车、电子、机械等领域。

5. 悬臂式货架

悬臂式货架（图 1.12）是由在立柱上装设悬臂来构成的，悬臂可以是固定的，也可以是移动的，适用于存放长物料、环型物料、板材、管材和不规则物品。悬臂式货架具有结构稳定、载重能力好、空间利用率高等特点，多用于机械制造行业和建材超市等。

6. 抽屉式货架

抽屉式货架（图 1.13）由重型托盘式货架演变而成，主要用于存放模具等重物的特殊场所。

图 1.10　贯通式货架

图 1.11　阁楼式货架

图 1.12　悬臂式货架

图 1.13　抽屉式货架

7. 移动式货架

移动式货架分为轻中型移动式货架和重型移动式货架两种类型。轻中型移动式货架（图 1.14）也称密集架，由轻中型搁板式货架演变而成，呈密集式结构，仅需设置一个通道（宽 1m 左右），密封性好，美观实用，安全可靠，是空间利用率较高的一种货架，主要用于档案馆、图书馆、银行、企业资料室等场所。重型移动式货架由重型托盘式货架演变而成，仅需设置一两个通道，空间利用率极高，主要用于一些仓库空间不是很大、要求最大限度地利用空间的场所，适用于机械制造等行业。

8. 旋转式货架

旋转式货架（图 1.15）分水平旋转和垂直旋转两种，自动化程度、安全性和密封性要求高，适于轻小且昂贵的物品。旋转式货架造价较高，主要用于存放贵重物品的场所。

图 1.14　轻中型移动式货架

图 1.15　旋转式货架

（三）货架的使用

货架的使用范围非常广泛，无论是大型超市还是小型杂货店，无论是大型生产车间还是小作坊，无论是跨国物流公司还是同城物流配送站点，为了节约有限的操作空间，都选择货架来存放货物和产品，以在有限的空间存放更多的物品。一般货架都由专业的货架厂家进行定期维修，所以在货架出现问题而影响正常使用的时候，货架厂家会第一时间帮忙解决问题，但是这种非质量损坏的维修是需要支付额外费用的，所以正确的使用货架既可以减少损坏，延长货架的使用寿命，也可以减少成本开支。货架使用注意事项如下：

（1）木制货架使用中要注意防潮。木制货架如果受潮，要在阳光下晒干，还要注意通风，不然货架容易发霉甚至脱皮。而且，木制货架易燃，使用的时候还要注意防火。

（2）金属货架使用中也要注意防潮。金属货架如果潮湿，要用干净的抹布擦干，否则货架容易生锈。而且，要注意金属货架的油漆和螺丝等的脱落情况。

（3）玻璃货架使用中要注意防震，不能承载重物。

（4）重型货架在使用中，一要防超载，物品存放的每层重量不得超过货架设计的最大承载量；二要防超高超宽，货架层高、层宽已受限制，卡板和货物的尺寸应略小于净空间；三要防撞击，叉车在运行过程中，应尽量轻拿轻放；四要防头重脚轻，应做到高层放轻货、底层放重货的原则。

课堂讨论

仓库在选择和配置货架时，要考虑哪些因素？

二、集装设备认知

集装是将一定数量的散装或零星成件物品组合在一起，在装卸、保管、运输等物流环节中作为一个事件进行技术上和业务上的包装处理方式。集装的实质是将零散的货品组合化、单元化。托盘和集装箱是集装系统的两大支柱，下面主要介绍托盘。

（一）托盘的概念

托盘是为集装、堆放、搬运和运输而制作的作为单元负荷的货物和制品的水平平台装置。在平台上集装一定数量的单件物品，并按要求捆扎加固，组成一个运输单位，便于运输过程中使用机械设备进行装卸、搬运和堆存。托盘的底部有供叉车叉入并将托盘托起的叉入口，叉车与托盘配合可以实现高效的装卸搬运作业，可以缩短货运时间，节约人力，减小劳动强度。

（二）托盘的种类

托盘的种类繁多、结构各异，常见的托盘主要有以下几种：

（1）平板托盘。平板托盘也叫平托盘，是托盘中使用最多的一种，属通用托盘，如图 1.16 所示。

（2）立柱式托盘。立柱式托盘上部的 4 个角有固定式或可卸式的立柱，有的柱与柱之间有连接的横梁，使柱子呈门框形，如图 1.17 所示。

（3）箱式托盘。箱式托盘是指在托盘上面带有箱式容器的托盘，如图 1.18 所示。

（4）轮式托盘。轮式托盘是指在柱式、箱式托盘下部装有小型轮子的托盘。

（5）特种专用托盘。这类托盘是根据产品特殊要求专门设计制造的，如平板玻璃托盘、油桶专用托盘和轮胎托盘等。

图 1.16　平板托盘

图 1.17　立柱式托盘

图 1.18　箱式托盘

（三）托盘标准化

托盘的规格尺寸与搬运的产品、集装箱、货架、运输车辆的货台和搬运设施等有直接关系，是考虑其他物流设施规格尺寸的基点，特别是要建立有效的托盘共用系统，必须使用统一规格的托盘。托盘标准化是托盘作业一贯化的前提。

目前，我国国家标准套用国际标准规定的 4 种托盘规格。国际标准规定的 4 种托盘规格见表 1-3。

表 1-3　国际标准规定的 4 种托盘规格

规格尺寸	普遍适用国家或地区	备　注
1 200mm × 1 000mm	欧洲	长方形
1 200mm × 800mm	欧洲	长方形
1 140mm × 1 140mm	大洋洲	正方形
40in × 48in	美国	长方形

注：表中 in 为英寸（1in=25.4mm）。

以上 4 种托盘规格在海上集装箱标准制定以前就存在。海上集装箱国际统一标准制定以后，日本经过大量调查研究，提出了 1 100mm × 1 100mm 这一新的托盘标准规格。

（四）托盘的使用

要做到托盘的正确使用，必须将包装组合的货物正确码放在托盘上并进行适当的捆扎和裹包，以便于机械装卸和运输，从而满足装卸、运输和储存的要求。

（1）托盘的载重质量。每个托盘的载重质量应不大于 2t。为了保证运输途中的安全，所载货物的重心高度不应超过托盘宽度的 2/3。

（2）托盘货物的码放方式。根据货物的类型、托盘所载货物的质量和托盘的尺寸，合理确定货物在托盘上的码放方式。托盘的承载表面积利用率一般应不低于 80%。对于托盘货物的码放，一般有如下要求：

① 木质、纸质和金属容器等硬质直方体货物应单层或多层交错码放，用拉伸或收缩膜包装。

② 纸质或纤维质类货物应单层或多层码放，用捆扎带十字封合。

③ 密封的金属容器等圆柱体货物应单层或多层码放，用木质货盖加固。

④ 需进行防潮、防水等防护的纸制品、纺织品货物应单层或多层交错码放，用拉伸或收缩膜包装货物以增加角支撑，用货物盖隔板等加固结构。

⑤ 易碎类货物应单层或多层码放，增加木质支撑隔板结构。

⑥ 金属瓶类圆柱体容器或货物应单层垂直码放，增加货框和板条加固结构。

⑦ 袋类货物应多层交错压实码放。

（3）托盘承载货物的固定方式。托盘承载货物的固定方式主要有捆扎、胶合束缚和拉伸包装，并可相互配合使用。

（4）托盘承载货物防护与加固。托盘承载货物固定后，仍不能满足运输要求的，应该根据需要选择防护加固附件。加固防护附件由纸质、木质、塑料、金属或者其他材料制成。

（5）托盘与叉车、货架等配合使用的注意事项。

① 液压车和叉车在使用托盘过程中，叉齿之间的距离应尽量放宽至托盘的进叉口外缘，进叉深度应大于整个托盘深度的 2/3。

② 液压车和叉车在使用托盘过程中，应保持匀速度进退和上下，避免急刹、急转引起托盘受损，造成货物倒塌。

③ 托盘上货架时，应保持托盘在货架横梁上的平稳放置，托盘长度应大于货架横梁外径 50mm。

三、装卸与搬运设备认知

（一）装卸与搬运设备的分类

装卸与搬运设备按作业性质可分为装卸设备、搬运设备和装卸搬运设备三大类。单一装卸功能的设备有固定式起重机等；单一搬运功能设备主要有各种搬运车等；装卸、搬运两种功能兼有的设备可将两种作业操作合二为一，因而具有较好的效果，这类设备有叉车、搬运车、龙门起重机等。

（二）搬运车辆

搬运车辆是指用于企业内部对成件货物进行装卸、堆垛、牵引或推顶，以及短距离运输作业的各种轮式搬运车辆，还包括非铁路干线使用的各种轨道式搬运车辆。广泛应用的物料搬运车辆包括手推车、牵引车和拖车、起升车辆、电动搬运车（俗称电瓶车）、内燃搬运车和无人驾驶搬运车等，其中起升车辆还具有堆码和装卸的功能。

搬运车辆有人力和机动两种。由于搬运车辆往往兼有装卸与搬运作业功能，并可装设各种可拆换的工具，故能机动灵活地适用于多变的物料搬运作业场合，经济高效地满足各种短距离物料搬运作业的要求。搬运车辆已经广泛地应用于港口、车站、机场、仓库、货场、工厂车间等处，并可进入船舱、车厢和集装箱内部进行货物的装卸与搬运作业。

1. 手推车

手推车以人力推动为主，一般为不带动力（不包括自行）在路面上水平运输货物的小型搬运车辆的总称。其特点是轻巧灵活、易操作、转弯半径小，是短距离输送较小物品的一种方便且经济的运输工具。

由于输送货物的种类、性质、重量、形状、道路条件不同，所以手推车的构造形式是多种多样的，如图 1.19 所示。

2. 叉车

叉车即叉式装卸车，又称铲车，在装卸与搬运机械中应用非常广泛，常常在车站、码头、仓库和货场用来承担装卸、搬运、堆码作业。它具有适用性强、机动灵活、效率高等优点，不仅可以将货物叉起进行水平运输，还可以叉取货物进行垂直堆码。

（1）叉车的常见类型。

① 平衡重式叉车（图 1.20）。平衡重式叉车是目前应用较广泛的一种叉车。平衡重式

图 1.19　手推车

叉车的货叉直接从前方叉取货物，对所叉货物的体积一般没有要求；而且，动力较大、底盘较高，具有较强的地面适应能力和爬坡能力，但作业时需要较大的空间，适于室外作业。

② 插腿式叉车（图 1.21）。插腿式叉车前方带有小轮子的支腿能与货叉一起伸入货物底部，由货叉托起货物。它的作业特点是起重量小（通常在 2t 以下）、车速低、结构简单、外形尺寸小、行走轮直径小、稳定性好，但对地面要求较高，适于通道狭窄的仓库和室内堆垛、搬运作业。

③ 前移式叉车（图 1.22）。前移式叉车的货叉可沿叉车纵向前后移动。它有两条前伸的支腿，与插腿式叉车相比，前轮较大，支腿较高，作业时支腿不能插入货物的底部。

前移式叉车又分为门架前移式叉车和叉架前移式叉车两种。前移式叉车一般由蓄电池提供动力，起重量在 3t 以下，特点是车身小、重量轻、转弯半径小、机动性、稳定性好，适于通道较窄的室内仓库作业。

图 1.20　平衡重式叉车

图 1.21　插腿式叉车

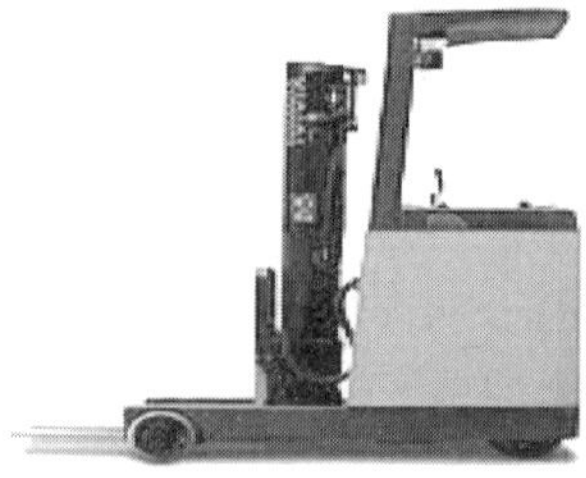

图 1.22　前移式叉车

④ 侧面式叉车（图 1.23）。侧面式叉车的门架和货叉在车体的侧面。侧面式叉车的优点是：货物沿纵向放置，适于搬运条形长尺寸货物；货叉位于侧面，使得叉车在出入库作业的过程中，车体进入通道，货叉面向货架或货垛，这样在进行装卸时不必先转弯后作业；货物放置在货物平台上，叉车行驶时稳定性好；操作时的视野比平衡重式叉车好。侧面式叉车的缺点是：门架和货叉只能向一侧伸出，当需要在对侧卸货时，必须将叉车驶出通道，然后掉头才能卸货。

⑤ 伸臂式叉车（图 1.24）。伸臂式叉车与平衡重式叉车相比，具有以下特点：一是适用的作业范围广，可以跨越障碍进行货物的堆垛作业，并可通过变换叉车属具进行多种作业；二是稳定性有所改善，整车重心后移，通过臂杆的移动而不需要通过车辆的移动来对准货物，有利于提高堆垛的稳定性；三是操作时前方视野良好。

⑥ 托盘式叉车（图 1.25）。托盘式叉车又称托盘式搬运车，是以搬运托盘为主的搬运车辆。托盘搬运车包括手动托盘搬运车和电动托盘搬运车。托盘搬运车与平衡重式叉车相比，体形小，重量轻；采用人工操作时，负载不能太大；当搬运 2t 以上的货物时，搬运

图 1.23　侧面式叉车

图 1.24　伸臂式叉车

（a）全电动托盘式叉车

（b）半电动托盘式叉车

图 1.25　托盘式叉车

起来就比较费力，适于短距离搬运。在物流活动场所，手动托盘搬运车主要用于区域装卸；当搬运距离加大时，应采用电动托盘搬运车。

（2）叉车的操作。叉车属于特种设备，要由专业人员持证操作并定期维护保养。叉车在使用过程中，要注意出车前的检查、出车过程中的规范操作和出车后的日常维护保养。

① 出车前的检查。要认真检查叉车的转向、启动、刹车、起重系统是否正常，有无油泵泄漏等安全隐患；若有，要及时处理后才能出车，不能带病出车。

② 出车过程中的注意事项。

A. 严格按照叉车专用通道线路驾驶叉车，车速应该保持 5km/h，小心驾驶，避免碰伤货物及人员。

B. 叉车行走时，货叉应降低到离地面 15cm 左右的高度。如果太低，遇到爬坡时货叉容易触到地面；如果太高，前方有人时，易来不及避让。倒车时要降速，转弯时注意外侧方向。

C. 叉起货物时，在货物前停车，确认货物和货盘的位置，叉臂要深深插入托盘底部，同时要留有一点空隙，避免起重臂碰伤货物。装货后，将货叉升至距地面 5～10cm 的高度，确认装载的货物无异常。

D. 松散的货物事先用带子等固定好，当货物松散、不正或不稳而需要调整时，必须下车调整。

E. 对超过允许载重、货物不稳或偏心载荷等问题的纠正，要将货物降至地面后进行。

F. 不叉重量超过规定的起重重量的货物（每辆叉车都有自身所能起重的极限重量，详见叉车使用说明书）。

G. 叉车叉起、放下货物时，货叉下不能有人，谨防货物掉落、起重装置失常等导致货物伤人。

H. 严禁单臂叉货。

I. 卸货时，边确认卸货位置，边缓慢卸货，直到货叉完全从货盘上抽出。

J. 起叉和放下货物时，要轻起轻放，避免突起、突放。

K. 叉车不得载人驾驶。

L. 叉车所叉货物若挡住驾驶员视线，要实行倒车行驶，避免因此伤人。

③ 出车后的日常维护保养。作业完毕后，将叉车停放回指定地点，并及时做好日常维护保养，以备下次使用。

3. 自动导向搬运车

自动导向搬运车（Automated Guided Vehicle，AGV）是指装有电磁或光学导引装置，能够按照预定的引导路线行走，具备小车运行和停车、安全保护及各种移载功能的运输小车，如图 1.26 所示。

图 1.26 AGV 小车

AGV 的出现是对传统物料搬运技术的一次革命，它具有机动灵活、可靠性程度高、投资少、操作费用低、安全性好、无地面障碍等优点，提高了物料搬运的效率。特别是近些年来，随着自动化技术的发展，AGV 的应用范围和领域不断扩大，从超市、车间到办公室、宾馆、图书馆、自动化仓库和配送中心，它已成为一种高效、灵活、先进的搬运设备。

四、分拣与输送设备认知

（一）分拣设备

1. 分拣设备的概念

在大型自动化仓库和配送中心中，分拣工作十分繁忙，为了实现大批量货物的高效率、少差错的拣选、分货、分放等作业，必须运用自动化程度较高的分拣设备。随着分拣技术的迅速发展，分拣系统的规模越来越大，分拣能力越来越强，应用范围也越来越广。分拣设备已成为仓储设备中的重要设备之一。

分拣设备具有劳动生产率高、自动化程度高、技术密集、分拣能力强等优点，它是现代仓库不可缺少的先进设备，决定了仓库的作业能力和作业规模，反映了物流技术水平的高低。

2. 分拣设备的主要类型

（1）带式分拣机（图 1.27）。带式分拣机是利用输送带载运完成分拣工作的机械设备。带式分拣机按设备形式分为平带式分拣机和斜带式分拣机两种类型，按输送带的材料又分为胶带式分拣机和钢带式分拣机两种类型。

斜带式分拣机最大优点是利用重力卸载，因而卸载机构比较简单，但可设置较多的分拣滑道。

钢带式分拣机的适用范围较大，除了易碎、超薄货物和木箱外，其余货物都能分拣，最大分拣重量可达 70kg，最小分拣尺寸为 50mm × 150mm × 50mm，分拣能力可达 5 000 箱 / 小时，甚至更高。钢带式分拣机的优点是强度高，耐用性程度较高，但需要设置较多的分拣滑道，使得系统平面布局比较困难。另外，钢带式分拣机对货物冲击较大，运行费用较高，价格较高。

（2）托盘式分拣机（图 1.28）。托盘式分拣机是一种应用十分广泛的分拣设备，主要由托盘小车、驱动装置、牵引装置等构成。其中，托盘小车的形式多种多样，有平托盘小车、“U”形托盘小车、交叉托盘小车等，利用盘面倾翻、重力卸落货物，结构简单，但存在上货位置不准、卸货时间过长的缺点，会导致高速分拣时不稳定和格口宽度尺寸过大等问题。

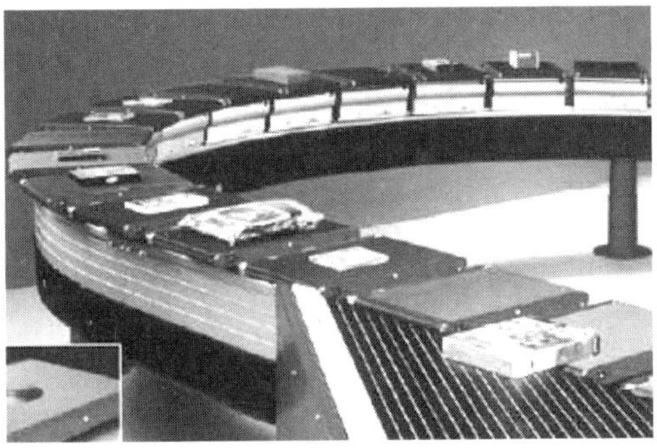

图 1.27　带式分拣机

图 1.28　托盘式分拣机

（3）翻板分拣机（图 1.29）。翻板分拣机是用途较为广泛的板式传送分拣设备，将承载托盘设计为没有边缘的平板形，适用范围大，可分拣箱类、袋类等货物。这种分拣机打破了托盘之间的界线，扩大了对大型分拣物的适用性，分拣能力可达 5 400 箱 / 小时。但是，翻板分拣机分拣席位较少，且只能直线运行，占用场地较长，控制也很复杂。

（4）悬挂式分拣机（图 1.30）。悬挂式分拣机用于分拣、输送货物，具有可悬挂在空中、利用空间进行作业的特点。它适用于分拣箱类、袋类货物，对包装物形状要求不高，分拣货物重量大，一般可达 100kg 以上，但需要专用场地。

（5）滑块式分拣机（图 1.31）。滑块式分拣机常用于分拣单件物品重量小于 50kg 的场合，只要输送物重量小于规定重量，不论物品的大小和形状，对所有袋状物品、长形物品乃至小型轻薄物品，都能够准确地进行分拣。滑块式分拣机可将物品迅速地从主输送机分拣至支线上，常用于邮政、物流配送、图书分拣等行业。

以上几种分拣设备，在运用时具体选择哪种类型，需要综合考虑以下因素才能决定：分拣货物的形状、体积、重量、数量，输送的路线和变动性，单位时间内的处理能力、分拣量，设备费用，占地面积和周围环境等。

图 1.29　翻板分拣机

图 1.30　悬挂式分拣机

图 1.31　滑块式分拣机

3. 自动分拣机的使用

被拣物品经由各种方式，如人工搬运、机械搬运、自动化搬运等送入分拣系统，经合流后汇集到一条输送机上。使用激光扫描器对物品条码进行扫描，或通过其他自动识别方式，如光学文字读取装置、声音识别输入装置等方式，将分拣信息输入计算机中央处理器中。计算机通过将所获得的物品信息与预先设定的信息进行比较，将不同的被拣物品送到特定的分拣道口，完成物品的分拣工作。分拣道口可暂时存放未被拣走的物品。当分拣道口满载时，由光电控制系统阻止分拣物品进入分拣道口。

（二）输送设备

输送设备是指以连续的方式沿着一定的线路从装货点到卸货点，均匀地输送散料或成件包装货物的机械。与起重机相比，输送设备输送货物时沿着一定的线路不停地输送；工作构件的装卸都是在运动过程中进行的，不需要停车，启动和制动少；输送的散货是以连续的形式分布于承载构件上，输送的成件货物同样按照一定的次序以连续的方式移动。

1. 输送机的分类

按照安装方式的不同，输送机分为固定式输送机和移动式输送机。固定式输送机是指整个设备固定安装在一个地方，主要用于固定输送场合，如专用码头、仓库中货物的移动等，具有输送量大、单位电耗低、效率高等特点。移动式输送机是指整个设备安装在车轮上，可以移动，具有机动性强、利用率高、能及时布置输送作业以尽快达到输送要求的特点，但是输送量不大、输送距离不长，适用于中小型仓库。

按照输送货物物力的形式不同，输送机分为机械式输送机、惯性式输送机、气力式输送机、液压式输送机等；按照货物性质的不同，输送机分为连续性输送机和间歇性输送机。连续性输送机主要用于散货货物的输送装卸；间歇性输送机主要用于集装单元货物的输送，所以又称单元负载式输送机。

2. 带式输送机

（1）带式输送机（图 1.32）。带式输送机是用连续传动的无端输送带输送货物的机械。用胶带作为输送带的输送机称胶带输送机，简称胶带机，俗称皮带机。

带式输送机是使用最普遍的一种连续性输送机，可用于输送散货或件货。在各种连续输送机中，它的生产率最高、输送距离最长、工作平稳可靠、能量消耗少、自重轻、噪声小、操作管理容易，是最适于在水平或接近水平的倾斜方向上连续输送散货和小型件货的输送机，但在输送粉末状物料时需采取防尘措施。

带式输送机已成为港口、车站专用机械的主要组成部分。尤其是对于煤炭、矿石、散货的输送来说，它已成为不可缺少的输送设备。

（2）链式输送机（图 1.33）。链式输送机的类型很多，根据所用的链条又可分为滑动链条式输送机、滚动链条式输送机和板条式输送机，常用于港口、货场的主要有链板输送机、刮板输送机和埋刮板输送机。

图 1.32　带式输送机

图 1.33　链式输送机

（3）悬挂式输送机（图 1.34）。悬挂于工作区上方的悬挂式输送机具有很多优点，它把物料挂在钩子上或其他装置上，可利用建筑结构搬运重物。例如，在喷漆作业时，挂在钩子上的物品自动通过喷漆车间，进行喷漆或浸泡作业。

悬挂输送机可用于在制品的暂存，物料可以在悬挂输送系统上暂时存放一段时间，直到生产或装运。这样避免了在车间和地面暂存所造成的劳动力和空间的浪费，但安全性是在悬挂输送系统设计和实施中应考虑的重要因素。

图 1.34　悬挂式输送机

3. 输送机的使用

（1）固定式输送机应按规定的安装方法安装在固定的基础上，移动式输送机正式运行前应将轮子用三角木楔住或用制动器刹住，以免工作中发生走动。在多台输送机平行作业时，各输送机之间、各输送机与墙之间应留1m的通道。

（2）输送机使用前需检查各运转部分、胶带搭扣和承载装置是否正常，防护设备是否齐全。胶带的张紧度必须在启动前调整到合适的程度。

（3）皮带输送机应空载启动，等运转正常后方可使用。

（4）运行中出现胶带跑偏现象时，应停车调整，不得勉强使用，以免磨损边缘和增加负荷。

（5）工作环境和被送物料温度不得高于50℃和低于−10℃，不得输送具有酸碱性油类和有机溶剂成分的物料。

（6）输送带上禁止行人或乘人。

（7）输送机电动机必须绝缘良好，移动式输送机电缆不要乱拉和拖动，电动机要可靠接地。

五、计量设备认知

（一）常用计量设备

1. 计算机自动包装秤

计算机自动包装秤将前方散状物料按照设定量自动分装成质量相等的小包装，根据企业生产现场要求制作。计算机自动包装秤的包装精度较高，适于粉粒体物料的包装，如粮食、饲料、化工等行业，一般适于包装量从10g～2t的颗粒状、粉状和糊状物料。计算机自动包装秤可分为净重式或毛重式、单秤式或多秤式，具有快速和慢速两段加料方式，自动落差修正功能，加料、计量、卸料、夹袋等过程连锁控制功能。

2. 电子秤

电子秤（图1.35）是进行质量计量的电子称重设备。与传统的机械秤不同，电子秤具有以下特点：结构简单、体积小、重量轻、受安装地点的限制小；没有作为支点的刀垫和刀口，没有机械磨损，稳定可靠，维修方便且寿命长；反应速度快，称重数据可以储存、远距离传输，以实现安全报警和作业自动化；有足够的精度，称重值数码显示，避免了人为的读数误差。

3. 地上衡和地中衡

地上衡（图1.36）是一种磅秤，主要用于仓库、车间、工地码头等场地，一般置于地面即可工作，也可根据用户的需要，进行浅基坑安装。地中衡（图1.37）则是一种地下磅秤，是将磅秤的台面安在车辆行驶的路面上，使通过它的车辆能够迅速得到称重。

图1.35　电子秤

图1.36　地上衡

图1.37　地中衡

地上衡和地中衡都包括机械式和电子式两类。机械式地上衡和地中衡需要人工参与操作，计量的误差较大；而电子式地上衡和地中衡则带有自动显示装置，误差较小，准确度高。

4. 轨道衡

轨道衡（图 1.38）是有轨式的地下磅秤，在有轨车辆通过时可以称出车辆的总重量。轨道衡有静态轨道衡和动态轨道衡两类，又可分为机械轨道衡和电子式轨道衡两种。

5. 电子吊秤

电子吊秤（图 1.39）是在吊装物品的过程中就可以直接进行称重的计量设备。它不仅具有称重准确、计量速度快、数字显示直观和可打印称重结果等多种功能，而且可以提高生产效率、降低计量费用、减轻劳动强度，有着比较实用的价值。目前，应用较为广泛且精度较高的电子吊秤是吊钩电子吊秤。电子吊秤可随用随挂，使用方便，灵活性强。

图 1.38　轨道衡

图 1.39　电子吊秤

6. 自动检重秤

自动检重秤（图 1.40）是一种对不连续成件载荷进行自动称重的设备。它能按照预先设定的重量大小对被称物品的重量进行检测，当被称物品不在设定的重量范围内时，自动检重秤能够自动检测出来，并从生产流程中将该物品剔除，同时发出报警信号。

为了保证包装物品的标称重量与实际重量相符，自动检重秤能够对批量包装物品进行全部检测，使不合格的物品不能进入流通领域，从而保护消费者的利益。同时，自动检重秤对生产者提供了保证产品质量的手段，获得了大量有价值的信号，可随时掌握物品包装精度、生产能力等流程状态，能及时控制物品欠重和超重现象的发生。

7. 电子皮带秤

电子皮带秤（图 1.41）根据重力作用对皮带输送机所输送的松散物料进行自动连续计量，

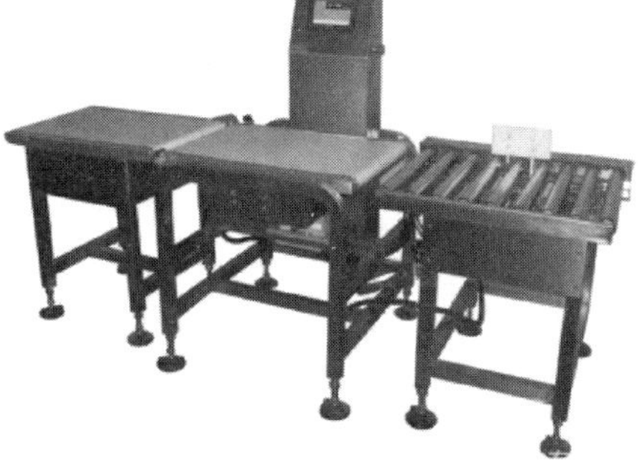

图 1.40　自动检重秤

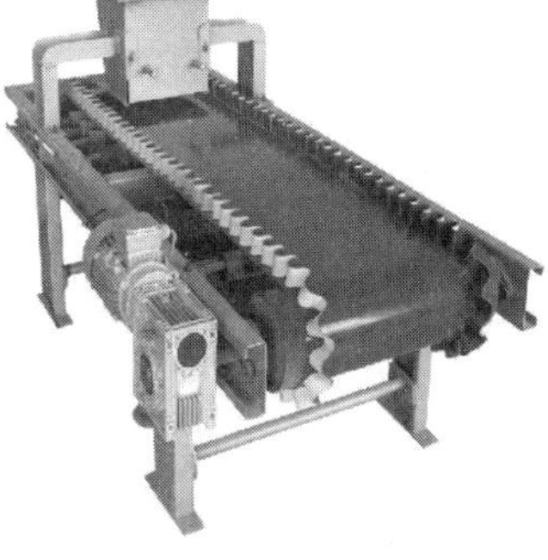

图 1.41　电子皮带秤

广泛应用于电力、矿山、冶金、建材、轻工、港口和交通运输部门的动态计量和控制配料。

电子皮带秤秤架结构简单，不占用空间高度，安装方便；采用全密封处理，防潮防腐性能好，系统稳定性好，且不受外部水、尘污染及物料堆积的影响；适用于各种恶劣工作环境；仪表具有防水、防尘的优良性能，功能齐全，有自动调零、数字修正量程、电子校准、故障自检、数字标定、停电保持（正常情况下能保持 5 年）等功能。

（二）计量设备的使用

（1）计量设备使用时要轻拿轻放，使用后应擦洗干净并上油，防止生锈和量值失准。

（2）对于精、大、稀的计量设备必须严格按照技术说明书和操作规程正确使用。

（3）计量设备在使用过程中发现损坏和量值失准，应停止使用，并立即向质检部门反映情况，以便及时修理。

（4）计量设备应经常维护保养，保持其完好与清洁性。

（5）计量设备应由质检人员专人使用。

课堂讨论

请总结出各种仓储设备在使用时需要注意哪些事项。

项目小结

作为仓储管理员，首先要了解仓储、仓储企业、仓储管理的基础知识，会设计仓库的布局和结构，能够认识、使用仓储设施设备，为进一步学习仓储作业、掌握岗位技能打下基础。

习题与思考

一、单选题

1. 仓储企业应围绕（　　）的目的进行组织和经营。
A. 提高仓库利用率　B. 仓储效率　C. 最大经济效益　D. 提高仓储质量

2.（　　）是仓库装卸搬运机械中应用较为广泛的一种设备。
A. 传输带　B. 叉车　C. 手推车　D. 自动牵引车

3.（　　）是专门用于存放堆码在托盘上的货物的传统货架。
A. 移动式货架　B. 悬臂式货架　C. 托盘货架　D. 旋转式货架

【项目一参考答案】

4.（　　）平时可以密集相连排列，存取货物时货架沿轨道滑出，这样可以将仓库面积利用率提高到 80%，主要在档案管理等重要或贵重物品的保管中使用。
A. 旋转式货架　B. 驶入 / 驶出式货架　C. 移动式货架　D. 重力式货架

5. 尤其适用多品种的小件货物的存储保管的货架种类是（　　）。
A. 自动货架　B. 旋转式货架　C. 移动式货架　D. 托盘货架

二、多选题

1. 仓储管理的基本原则包括（　　）和讲求经济。
A. 保证质量　B. 注重效率　C. 确保安全　D. 快速反应

2. 仓储的功能包括（　　）。
A. 储存功能　B. 保管功能　C. 整合功能　D. 加工功能

3. 仓库库区由（　　）构成。
A. 生产作业区　B. 辅助作业区　C. 货物中转区　D. 行政生活区

4. 货架的基本功能是（　　）。
A. 便于存储规格复杂多样的货物　B. 有效保护货物
C. 提高仓库空间的利用率　D. 减少装卸搬运的投入

5. 重力式货架的缺点是(　　)。
A. 只适用于大批量少品种的配送中心使用
B. 货物进出库作业时，叉车或堆垛机的行程最短
C. 投资成本高
D. 对托盘及货架的加工技术要求高

三、判断题

1. 实行仓储管理可以降低运输成本和运输效率。(　　)

2. 仓储既有积极的一面也有消极的一面，只有考虑仓储作用的两面性，尽量使仓储合理化，才能有利于物流业务活动的顺利开展。(　　)

3. 仓储管理活动与一般的物质生产活动相比，其产品虽然没有实物形态，但有实际内容，即仓储劳务。(　　)

4. 露天式仓库俗称货场，其最大的优点是装卸作业非常方便，适于存放大型的货物。(　　)

5. 驶入/驶出式货架适于大批量多品种配送中心使用，但不适合储存太长或太重的物品。(　　)

四、思考题

1. 仓储管理的内容包括哪几个方面?
2. 仓储在供应链中的四大角色是什么?
3. 简述现代仓储业的发展对仓储管理人员的基本素质要求。
4. 托盘在使用中需要注意哪些事项?
5. 简述货架的种类和特点。

五、实训与考核

实训一　仓储管理思维导图绘制

实训目的

通过实际练习，能绘制仓储管理思维导图。

任务描述

学习总结本项目内容，绘制仓储管理思维导图。

任务驱动

为完成此任务，需要明确以下几个问题：
1. 仓储、仓储企业的含义。
2. 仓储管理的相关内容。
3. 仓储设施的种类和使用管理。

任务操作

1. 熟悉思维导图的绘制方法。
2. 绘制仓储管理思维导图。

任务考评

1. 完成思维导图绘制。(50分)
2. 工作仔细，并具有创意。(50分)

实训二　仓储企业认知调研活动

实训目的

通过网络信息收集和物流企业实地调研等途径撰写调研报告，理解仓储和仓储管理的概念，了解仓库常用设施设备的种类和使用管理，培养观察、交流、协作的意识与能力，提高调研和分析问题的能力。

任务描述

收集、调研物流企业信息，分组到所在地物流企业进行走访并记录它们的规模、布局、设施设备使

用情况、主要业务和经营现状，完成物流企业仓储工作调研和调研报告。

任务驱动

为完成此任务，需要明确以下几个问题：

1. 仓储、仓储管理、仓储企业的概念。
2. 仓库的布局。
3. 仓库常用设施设备的种类和使用管理。

任务操作

1. 收集、调研物流企业信息。
2. 实地走访调研企业。
3. 整理调研资料，撰写调研报告。

任务考评

1. 调研准备充分，分工合理。（20分）
2. 调研记录内容全面，准确性高。（30分）
3. 调查过程纪律表现良好，着装、仪态、礼节合乎要求。（20分）
4. 调研报告总结及时、认真，体现出对仓储工作的认识，具有合理性。（30分）

项目二

●●●● 仓储入库作业操作

【思维导图】

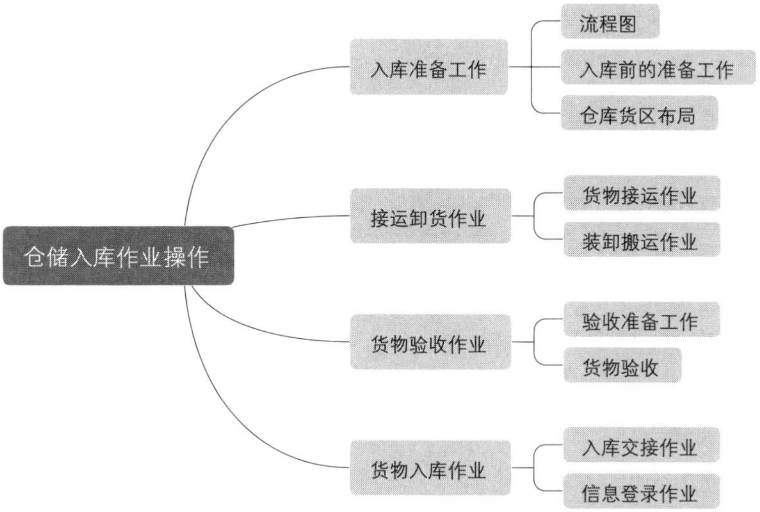

【学习目标】

素养目标	能力目标	知识目标
（1）培养学生爱岗敬业、理解岗位工作职责、执行工作操作规程、完成工作任务的职业素养。 （2）培养学生协作与沟通的意识与能力。 （3）要求学生树立责任、安全、服务、成本控制的理念	（1）能编制入库作业计划并组织实施。 （2）能办理货物的入库验收和交接手续。 （3）能根据货物特性合理选择和使用装卸搬运工具。 （4）能进行货物的入库管理设计，处理货物入库中出现的问题	（1）熟练掌握仓储入库作业的基本流程。 （2）熟悉入库作业计划的内容。 （3）掌握货物接运的主要方式、货物验收的基本要求和程序。 （4）掌握办理货物入库手续的全部环节

【任务导入】

城北物流公司的天津分公司现有仓库面积 10 000m^2，建造费用 6 000 万元，有 4 个独立的仓库，分别是 1 号、2 号、3 号和 4 号仓库，仓库面积分别是 2 000m^2、3 000m^2、2 000m^2 和 3 000m^2。2019 年 6 月 10 日，城北物流公司接到家美超市采购部李经理发来的传真，称有 2 批货物要入库，希望做好货物入库作业。传真内容如下：

第 01 批次　　第 01 张

入库通知单

仓库名称：1 号仓库　　　　2019 年 06 月 10 日

<table>
<tr><td colspan="2">批　次</td><td colspan="6">201906100001</td></tr>
<tr><td colspan="2">客户名称</td><td colspan="6">家美超市</td></tr>
<tr><td colspan="2">采购订单号</td><td colspan="6">201906100101</td></tr>
<tr><td colspan="2">客户指令号</td><td colspan="6">201906100201</td></tr>
<tr><td colspan="2">入库时间</td><td colspan="2">2019-06-11-10:00</td><td colspan="2">质　量</td><td colspan="2">正品</td></tr>
<tr><td colspan="2">入库申请人</td><td colspan="2">陈 × ×</td><td colspan="2">电　话</td><td colspan="2">138 × × × × × × × ×</td></tr>
<tr><td colspan="2">入库方式</td><td colspan="2">送货</td><td colspan="2">入库类型</td><td colspan="2">正常</td></tr>
<tr><td>序号</td><td>货品编号</td><td>名称</td><td>单位</td><td>包装规格 /mm</td><td>申请数量</td><td>实收数量</td><td>备注</td></tr>
<tr><td>1</td><td>000050161</td><td>高级生活用纸</td><td>箱</td><td>220 × 180 × 160</td><td>20</td><td></td><td></td></tr>
<tr><td>2</td><td>980500642</td><td>冰纯水（大）</td><td>箱</td><td>265 × 210 × 240</td><td>10</td><td></td><td></td></tr>
<tr><td colspan="5">合 计</td><td>30</td><td></td><td></td></tr>
</table>

送货员：李 × ×　　　　　　　仓库保管员：

第 01 批次　　第 02 张

入库通知单

仓库名称：2 号仓库　　　　2019 年 06 月 10 日

<table>
<tr><td colspan="2">批　次</td><td colspan="6">201906100002</td></tr>
<tr><td colspan="2">客户名称</td><td colspan="6">家美超市</td></tr>
<tr><td colspan="2">采购订单号</td><td colspan="6">201906100102</td></tr>
<tr><td colspan="2">客户指令号</td><td colspan="6">201906100202</td></tr>
<tr><td colspan="2">入库时间</td><td colspan="2">2019-06-11-10:00</td><td colspan="2">质　量</td><td colspan="2">正品</td></tr>
<tr><td colspan="2">入库申请人</td><td colspan="2">陈 × ×</td><td colspan="2">电　话</td><td colspan="2">138 × × × × × × × ×</td></tr>
<tr><td colspan="2">入库方式</td><td colspan="2">送货</td><td colspan="2">入库类型</td><td colspan="2">正常</td></tr>
<tr><td>序号</td><td>货品编号</td><td>名称</td><td>单位</td><td>包装规格 /mm</td><td>申请数量</td><td>实收数量</td><td>备注</td></tr>
<tr><td>1</td><td>6903760487999</td><td>料理机</td><td>箱</td><td>600 × 400 × 220</td><td>200</td><td></td><td></td></tr>
<tr><td>2</td><td>6903760487001</td><td>手机</td><td>台</td><td>200 × 100 × 100</td><td>20</td><td></td><td></td></tr>
<tr><td colspan="5">合 计</td><td>220</td><td></td><td></td></tr>
</table>

送货员：李 × ×　　　　　　　仓库保管员：

任务要求

要完成这项工作任务，仓库保管员应该如何进行货物入库前的准备、编制入库作业计划、进行组织接运和验收作业，确保快速、安全、准确地将货物存入合适的货位。

【任务实施】

任务一　入库前的准备工作

一般来说，入库作业的完成要经历以下几个步骤，如图 2.1 所示。

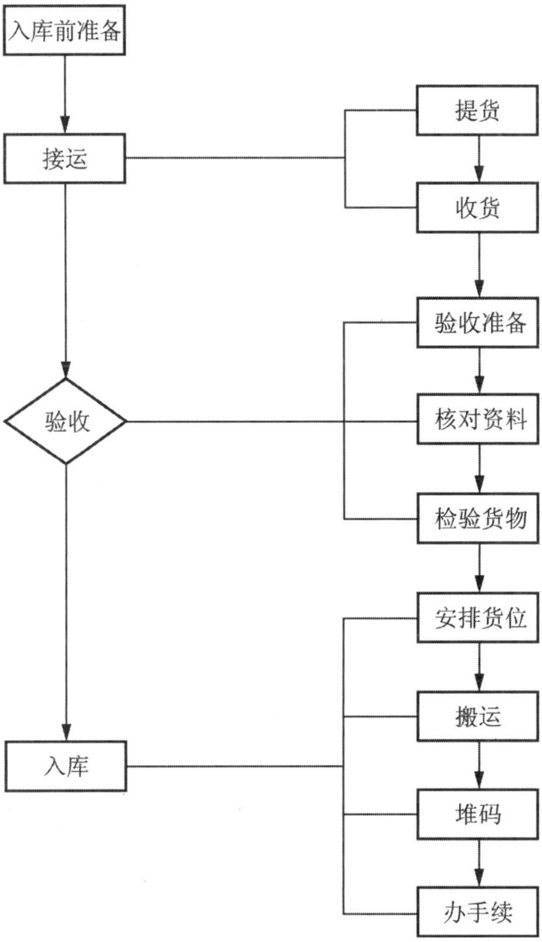

图 2.1　仓储入库作业流程图

一、入库作业计划的编制与分析

对于不同性质的仓库、不同的物品，入库准备工作有所差别，需要根据具体实际和仓库制度做好充分准备。仓库应根据仓储合同、入库单或入库作业计划，及时进行库场准备、人员准备和仓储设备准备，以便货物能按时入库。入库准备工作通常由仓库主管、仓管员和库工分工合作，共同完成。

（一）入库作业影响因素

在进行入库作业组织时，必须搞清楚影响入库作业的主要因素，并对这些因素进行分析。

（1）货品供应商及货物运输方式。仓储企业所涉及的供应商数量、供应商的送货方式、送货时间等因素直接影响入库作业的组织和计划。在进货作业时，主要应掌握 5 个方面的数据：每天的供货商数量（平均数量及高峰数量）、送货的车型及车辆台数、每台车的平均卸货时间、货物到达的高峰时间、中转运场接运方式。

（2）货物种类、特性与数量。不同种类的货物具有不同的特性，需要不同的作业方式与之配合。另外，到货数量的大小也对组织入库作业产生直接影响，在进行具体分析时，应重点掌握几项数据：每天平均到货品种数和最多到货品种数、货物单元的尺寸与重量、货物的包装形态、货物的保存期限、货物的特性（是一般性货物还是危险性货物）、装卸搬运方式。

（3）入库作业的组织管理情况。根据入库作业要求，合理设计作业岗位，确定各岗位所需的设备器材种类和数量，根据作业量大小合理确定各岗位的人员数量，各岗位必须安排合适的人选。整个组织管理活动应以作业内容为中心，充分考虑各环节的衔接与配套问题，合理设计基本作业流程，还要考虑与后续作业的配合方式。

课堂讨论

货物的特性有哪些方面？

（二）入库作业计划及分析

入库作业计划是存货人和仓库部门入库前准备的依据。入库作业计划主要包括到货时间、接运方式、包装单元与状态、存储时间，物品的名称、品种、规格、数量、单件体积与质量，以及物品的物理、化学、生物特性等详细信息。

仓库部门对入库作业计划的内容要进行分析，并根据物品在库时间，物理、化学、生物特性，以及单品体积、重量、包装物等，合理安排货位。仓库部门对入库作业计划做出测评与分析之后，即可进行物品入库前的准备工作。

（三）货物入库前的准备工作

（1）熟悉入库的货物。主要是了解入库货物的品种、规格、数量、包装状态、单件体积、到库确切时间、货物存期、货物的理化特性、保管的要求等，从而精确、妥善地进行库场安排、准备。

（2）掌握仓库的情况。了解存货入库时间、保管期限，以及仓库的库容、设备、人员的变动情况，以便安排工作。对于必须使用重型设备操作的货物，一定要确保设备的货位和装卸搬运空间，必要时对仓库进行清查、清理归位，以便腾出库容。

（3）制订仓储计划。仓库业务部门根据货物情况、仓库情况、设备情况制订仓储计划，并将计划下达到相应的作业单位和管理部门。

（4）妥善安排好货位。仓库部门根据入库货物的性能、数量、类别，结合仓库分区分类保管的要求，核算货位大小；根据货位使用原则，严格验收场地，妥善安排货位，确定苫垫方案、堆垛方法等。对于自动化仓库货位的分类，一般由计算机管理系统自动完成。

（5）做好货位准备。在货物入库前，根据所确定的苫垫方案，准备相应材料及所需物品，并组织衬垫铺设作业。

（6）做好验收准备。仓库理货人员根据货物情况和仓库管理制度，确定验收方法，准备验收所需的点数、称量、测试、开箱、丈量、移动照明等工具。

（7）装卸搬运工艺设定。根据货物、货位、设备条件、人员情况，科学合理地设定卸车搬运工艺，保证作业效率。

（8）文件单证准备。仓库员对货物入库所需的各种报表、单证、记录簿，以及入库记录、理货检验单、料卡、残损单等预填妥善，以备使用。在接货作业之前，还要事先准备好当天要到货的预入库单据（或采购单），将收到的订单在仓储管理信息系统中进行单据预录入并生成作业计划，打印出来交给收货人员，收货人员据此可合理安排收货月台与收货时间。

课堂讨论

你知道仓库货物入库不及时的原因吗？如何才能提高入库准备的作业效率？

知识链接

标准作业程序（Standard Operation Procedure，SOP）就是将某一事件的标准操作步骤和要求以统一的格式描述出来，用来指导和规范日常的工作。SOP 的精髓在于将细节进行量化，用通俗的话来说，就是对某一程序中的关键控制点进行细化和量化。

二、仓库货区布局

仓库货区布局是指对仓库内的存货区、入库检验区、理货区、配货区、备货区、通道及辅助作业区在规定范围内进行全面合理的安排。布局是否合理，对仓库作业效率、储运质量、储运成本和仓库的盈利能力等都将产生重大的影响。

仓库货区布局的目的是在库存物的处置成本和仓库空间之间找到最优平衡：一方面，提高仓库平面和空间的利用率；另一方面，提高货物保管质量，方便进出库作业，从而降低货物的处置成本。

（一）对仓库货区布局的要求

（1）适应仓储作业过程的要求，有利于仓储业务的顺利进行。仓储作业过程是指仓库从接收商品开始直到把这些商品完好地发放出去的全部活动过程，由入库、储存、出库 3 个阶段构成，包括实物流和信息流两个方面。实物流是指库存商品实体在库房内外的空间移动，是仓库作业的最基本的运动过程。信息流是指仓库商品的信息流动。

（2）有利于机械化作业，提高货物的保管质量。机械化作业可以改善劳动环境，减轻劳动强度，增强作业的安全性和提高作业的效率。现代仓储作业大部分使用机械设备进行，可以减少商品的损耗，从而有利于提高商品的保管质量。

（3）有利于节约投资。应充分利用现有的资源和外部协作条件，根据仓库的设计规划和库存商品的性质选择配置设施设备，可以最大限度地节约资金。

（4）有利于保证安全和保护职工的健康。仓库建筑必须按照《建筑设计防火规范》（GB 50016—2014）的规定建设，而且作业环境的安全卫生标准必须符合国家的有关规定。

（5）有利于提高储存的密度和仓库利用率。提高单位储存面积的利用率，其主要目的是减少储存设备的投资，降低储存成本，减少土地占用。

（二）影响仓库货区布局的因素

（1）仓库的专业化程度。仓库的专业化程度与库存货物的种类成反比关系，即库存货物的种类越少，仓库的专业化程度就越高；反之，库存货物的种类越多、越杂，仓库的专业化程度就越低。因此，在进行仓库货区布局时，必须考虑不同的作业要求，按专业分工原则，确定货物的种类、储存货物的要求和作用特点。

（2）仓库的规模和功能。仓库的规模越大，功能越多，需要的设施设备就越多。因此，设施设备之间的配套衔接成为仓库总体布置中的重要问题，仓库设计要从生产和安全两个方面考虑。

（3）环境设施和地质地形条件。仓库设施类型越多，地质地形越复杂，布局就越难；反之，就越容易。

（三）仓库货区的布置形式

1. 仓库货区的内部布置

（1）仓库平面布置。仓库平面布置是指对货区内的货垛、通道、货架、垛间（架间）距、收发货区等进行合理的规划，并正确处理它们的相对位置关系。仓库平面布置包括垂直式布置和倾斜式布置两种。

① 垂直式布置。它是指货架或货垛的排列与库墙和通道相互垂直或平行，包括横列式布置、纵列式布置和纵横式布置 3 种。

A. 横列式布置。它是指货架或货垛的长与库房侧墙互相垂直，如图 2.2 所示。这种布置方式的主要优点是：主通道长而宽，副通道短，整齐美观，方便对商品进行存取查点，通风和自然采光较好，便于机械化作业；缺点是：通道占用面积大，仓库面积利用率低。

B. 纵列式布置。它是指货架或货垛的长与库房侧墙互相平行，即货位的长度与货场的长度方向相同，如图 2.3 所示。纵列式布置的优缺点与横列式布置正好相反。这种布置方式的主要优点是：仓库面积利用率较高，可以根据库存物品在库时间的不同和进出频繁程度安排货位，即在库时间短、进出频繁的物品放置在主通道两侧，在库时间长、进出不频繁的物品放置在里侧；缺点是：通风采光不足，存取商品不便，难以进行机械化作业。

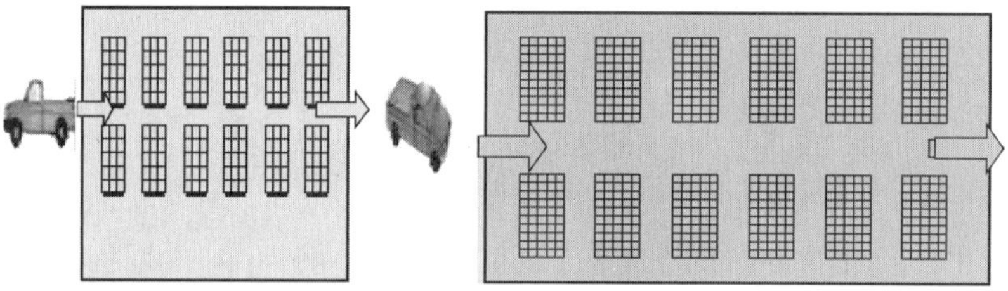

图 2.2　横列式布置

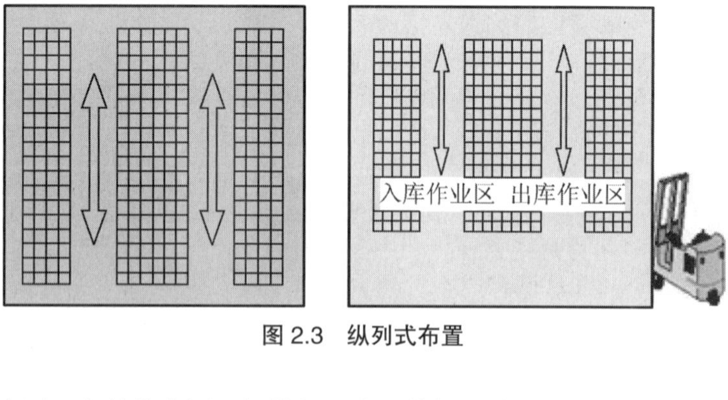

图 2.3　纵列式布置

C. 纵横式布置。它是指在同一保管场所内，货架或货垛的排列既有横列式布置又有纵列式布置，这样可以综合利用两种方式的优点，如图 2.4 所示。

② 倾斜式布置。它是指货架或货垛与主通道或仓库侧墙之间不是互相垂直，而是呈 60°、45° 或 30° 的锐角。倾斜式布置包括通道倾斜式布置和货垛倾斜式布置两种。

A. 通道倾斜式布置。它是指货垛与库墙之间仍垂直，而通道与货垛和库墙之间成锐角，如图 2.5 所示。这种布置的优点是避免了死角，可以充分利用仓库面积，且便于搬运

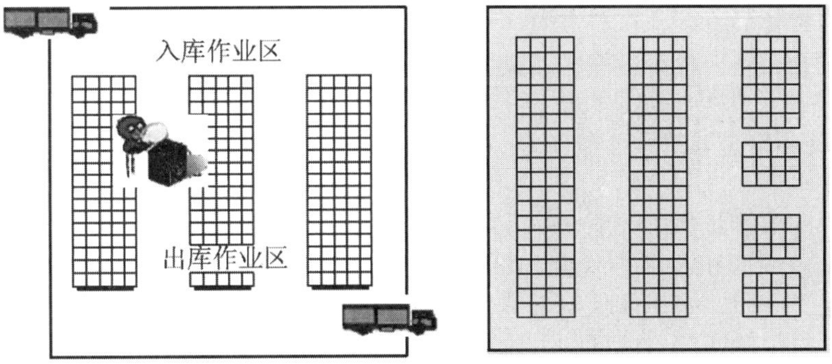

图 2.4　纵横式布置

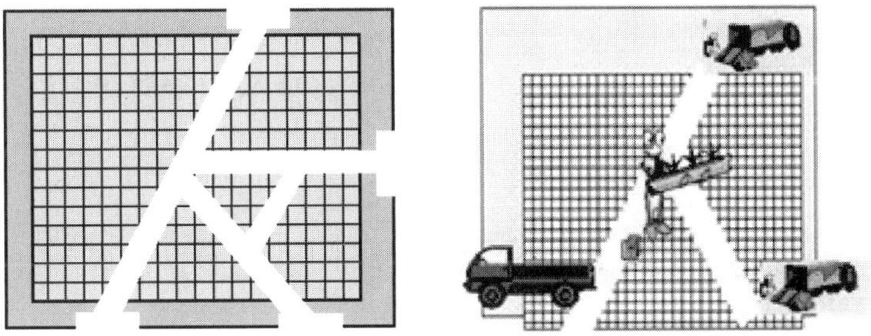

图 2.5　通道倾斜式布置

商品，提高作业效率；缺点是：仓库内形式复杂，货位和进出库路径较多，且只在一定的条件下方可采用，有很大的局限性。

B. 货垛倾斜式布置。它是指货垛的布置与库墙和通道之间成一个锐角，图 2.6 所示。这种布置的优点是叉车配合托盘进行作业，能缩小叉车作业时的回转角度，提高作业效率；缺点是：造成不少死角，不能充分利用仓库面积。

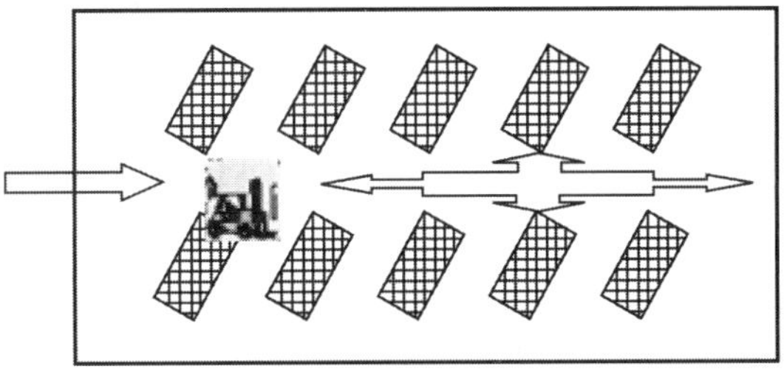

图 2.6　货垛倾斜式布置

（2）仓库空间布置。仓库空间布置也叫仓库内部竖向布置，是指库存商品在仓库立体空间上的布置，其目的在于充分有效地利用仓库空间，便于收发和提高保管质量。仓库空间布置可采取下列方式：

① 就地堆垛。它是指借助于商品的外部轮廓或包装进行堆垛。

② 利用货架存放。商品进行竖向布局的主要手段是利用各种货架。货架的类型和高度决定了竖向布置的形式和高度，有些商品利用原包装直接存入货架，而有些商品可装入货箱或码到托盘上再存入货架。

③ 采用架上平台。在库房净空比较高和货架比较矮的情况下，可以采用架上平台的

方式充分利用有效的空间，即在货架上的顶部铺设一层承载板构成二层平台。这样可以在平台上直接堆放商品，也可以摆放货架。

④ 空中悬挂。它是指将某些商品悬挂在库墙或库房的上部结构上。

⑤ 以托盘和集装箱堆垛。它是指将商品装入集装箱或放在托盘上，然后在集装箱或托盘上进行垛码。

（3）库内非保管场所的布置。库房内墙线所包围的面积（如有立柱，应减去立柱所占的面积）为可使用面积，库内货架和货垛所占的面积为保管面积，其他则为非保管面积。应尽量扩大保管面积，缩小非保管面积。

非保管面积包括通道、墙间距、收发料区、库内办公场所等。

① 通道。库房内的通道分为主通道（运输通道）、副通道（作业通道）和检查通道。

A. 主通道（运输通道）主要是供装卸搬运设备在库内行走，其宽度主要取决于装卸搬运设备的外形尺寸、回转范围和单元装卸货物的大小。主通道又可分为纵向通道和横向通道。库房纵向通道宽度一般在2.5～3m，每隔20～30m设一条横向通道，横向通道的宽度可与门相同。

B. 副通道（作业通道）主要是供作业人员存取搬运商品的通道，其宽度取决于作业方式和货物的大小。一般情况下，作业通道的宽度在1m左右。

C. 检查通道是供仓库管理人员检查库存商品数量和质量时的通道，其宽度只要能使检查人员自由通过即可，一般在0.5m左右。

② 墙间距。墙间距是指货架（垛）与库墙之间必须保持一定的距离，以保证建筑物的安全及商品免受库外温湿度的影响，也可作为检查通道或作业通道。墙间距的宽度一般在0.5m左右，当兼作作业通道时，其宽度需增加一倍（即1m左右）。墙间距兼作作业通道是比较有利的，可以使库内通道形成网络，方便作业。

③ 收发料区。收发料区是供收料、发料前临时存放商品之用的场所，一般可划分为收料区和发料区。如收料区和发料区共用，应注意收发料切勿混淆。

收料区和发料区一般设在库门附近，以便收发料作业，其大小应视每次收发批量的大小、商品外形尺寸等而定。批量越大，外形尺寸越大，则收发料区面积就越大。此外，收发料区面积还与收发料的频繁程度、商品品种规格的多少、仓库的设备情况、发料方向等有关。

④ 库内办公场所。仓库管理人员需要一定的办公场所，办公场所可设在库内，也可设在库外。一般来说，仓库管理人员的办公室设在库内，如果单独隔成房间是不合理的，既不经济又不安全。所以，办公场所最好设在库外，可使库内面积能存放更多的商品。

2. 仓库货区的露天货场布置

仓库货区露天货场的布置一般为横列式，即货垛的长与露天主作业通道垂直。仓库货区露天货场主要存放各种钢材、木材等。

任务二　接运卸货作业

货物接运的主要任务是向托运者或承运者办清业务交接手续，及时将货物安全接运回库。接运人员要熟悉各交通运输部门及有关供货单位的制度和要求，根据不同的接运方式处理接运中的各种问题。

一、货物接运作业

货物入库方式是指仓库货物来源的方式。货物入库方式包括铁路专用线接运、承运单位提货、到供货单位提货、供货单位送货到库等。货物接运作业是货物入库作业的重要环节。

（一）铁路专用线接运

铁路专用线接运是仓库直接与铁路部门在库内发生货物交接的一种方式。

1. 卸车前的准备

（1）接车卸货准备工作。接到预报后，立即确定卸车的位置，力求缩短装卸搬运距离，组织好卸车机械和人力，确保能够按时完成卸车作业。接到确报后，整车运输员要在现场接车引位，根据运单和有关业务凭证进行到货检查。

（2）卸车前的检查。整车运输员接车引位指挥列车停在预定位置后，开始检查车皮和商品。检查的主要内容有：核对车号；核对、检查车皮封闭情况是否良好（即车窗、铅封、苫盖等有无异状）；根据运单和有关资料核对到货品名、规格、标志，并仔细清点件数，查看外观质量和包装捆扎情况是否损坏或有无散包；查看货物是否有进水、受潮、污染或其他损坏情况；查看需要返回的各种物料，要点清件数、查看质量、集中存放、及时送回；在检查中发现异常情况时，应及时请铁路在库值班的司检人员当场复查确认，并当场编制有关记录。

2. 卸车中注意事项

（1）进行商品收卸作业，要遵循“安全、快速、准确、方便”的原则，做到车号、商品品名、规格型号不混乱；不碰坏、不压伤商品；保证包装及捆扎完整；做好临时下垫上盖；在限定时间内卸完到货，不压车压线。

（2）填写到货台账，办理内部交接。接运收货台账是专用线接运情况的原始记录，要准确记明到货品名、规格型号、数量、到货日期、商品发站、发货单位、送货车皮号、商品有无异状等。

3. 卸车后的清理

货物卸完后，整车运输员要及时向车站报空，等待“排空”，并将报空时间和铁路接报时间记录下来备查。整车运输员要及时、准确地做好收卸货物标记，在实物上写明车皮号、件数和卸货日期，以便验收时识别。

（二）承运单位提货

承运单位包括车站、码头、民航、邮局等，提货时要按下列要求办理：

（1）了解货物情况，做好各项准备。了解和掌握所提货物的特性、单件重量、外形尺寸和搬运注意事项，安排好相应的吊装运输设备、人力和储存货物的货位。

（2）对所提货物认真进行核对、查验，提运人员应根据提单、运单和有关资料在承运单位现场详细核对所提货物的品名、规格型号、数量等，认真查看货物的包装、封印、标志，以及有无受潮、沾污、受损等情况。若有短缺、损坏、货票不符等问题，必须当场要求查验确认，并索取相关的证明。

（3）注意货物安全。随车装卸人员要时刻注意货物的安全，严防混号、碰损、丢失等情况的发生。对于腐蚀性物品、易燃易碎物品和放射性物品等，应严格按有关搬运规定办理。精密仪器仪表、贵重物品、怕潮物品、怕冻物品等，不宜露天卸货；若受条件所限必须露天卸货，要采取必要的防护措施并严加管理。

（4）办理货物的内部交接手续。货物到库后，随车装卸人员要将货物逐一点清交给接货的保管员，并配合做好卸货工作，确保货物不受损。如发生数量、质量方面的问题，随车提货人员应当签名作证，不得拒签。

提货人员在现场提运货物应按车开列三联单，随车装卸人员和司机每车均要凭三联单提送货物，收货保管员也要每车凭三联单接收货物。严格执行无三联单不发货、不送货、不收货制度，杜绝错发、错运和错收等事故的发生。

（三）自提货

供货单位包括生产厂商和流通企业。到供货单位提货时，要按下列要求办理：

（1）提运人员在提货前要了解和掌握所提货物入库验收的有关要求和注意事项。当供货单位点交所提货物时，提运人员要负责查看货物的外观质量，点验件数和重量，并验看供货单位的质量合格证、材料码单等有关凭证。

（2）现场点交，办理签收手续。货物提运到库后，保管员、提运员、随车装卸工人要紧密配合，逐件清点交割。同时，核对各项凭证、资料是否相符和齐全。最后，由保管员在送货单上签字，保管员收到货物后要及时组织复检。

（四）送货

这是供货单位将货物直接送达仓库的一种供货方式。送货时，要按下列要求办理：

（1）供货单位送货到库时，保管员直接与送货人在收货现场办理接货手续，凭送货单、订货合同或订货协议等当面点验所送货物的品名、规格型号、件数和数量及有关单证、资料，并查看货物的外观质量。无法当面完成全部验收项目的，要在送货单回执联内注明具体内容待验。

（2）发现问题要分清责任。在验收、检查过程中如发现短缺损坏等问题时，要会同送货人员查实，由送货人员出具书面证明并签章确认，留作处理问题时的依据。

在完成货物接运工作的同时，每一步骤应有详细的记录。接运记录应详列接运货物到达、搬运、交接等各环节的情况。

接运工作全部完成后，所有的接运资料，如接运记录、运单、运输普通记录、货运记录、损耗报告单、交接证、索赔单、提货通知单及其他有关资料等，均应分类输入计算机系统，以备复查。

课堂讨论

对于以上各种入库方式来说，货物初检是入库的关键环节。货物初检的内容主要有哪个几方面？

（五）接运中的差错处理

在接运过程中，有时会发现或发生差错，如被损、短少、变质、错到等。这些差错，有的是发货单位造成的，有的是承运单位造成的，也有的是在接运短途运输装卸中造成的。这些差错，除了因不可抗拒的自然灾害或物资本身性质引起的以外，都应向责任者提出索赔。

1. 破损

（1）货物本身的破损，影响其价值或使用价值，甚至导致货物报废。

（2）包装的破损，影响货物的储存保管。造成破损的原因主要是接运前和接运中的不当处置。

破损责任如属于生产厂商、发货单位或承运单位承担，提运员或接运员应向承运部门索取有关的事故记录，并交给保管员，作为向供应商或承运单位进行索赔的依据。

破损如因接运过程中的装卸不当等原因造成，签收时应写明原因、数量等，报仓库主管处理，一般由责任方负责赔偿。

2. 短少

短少也分接运前和接运中两种情况。因接运前短少的，可按上述办法处理；如因接运中的装载不牢而导致物资丢失的，或因无人押运被窃等原因造成丢失的，在签收时应报告保卫部门进行追查处理。

3. 变质

（1）因生产或保管不善、存期过长等原因导致货物变质，如责任在供货方，可退货、换货或索赔，保管员在签收时应详细说明数量和变质程度。

（2）承运中因受污染、水渍等原因导致货物变质，如责任在承运方，保管员在签收时应索取有关记录并交货主处理。

（3）提运中因货物混放、雨淋等原因造成变质，则是接运人员的责任。

4. 错到

（1）因发运方的责任，如错发、错装等导致错到，应通知发运方处理。

（2）因提运、接运中的责任，如错卸、错装等导致错到，保管员在签收时应详细注明并报仓库主管负责追查处理。

（3）因承运方责任，如错运、错送等导致错到，应索取承运方记录并交货主交涉处理。

（4）对于无合同、无计划的到货，应及时通知货主查询，经批准后才能办理入库手续。同时，货主要及时将订货合同、到货计划送交仓库。

课堂讨论

卸货过程中，发现出现了外观差异，如破损、污渍，应该怎样处理？

二、装卸搬运作业

装卸搬运包括装卸和搬运两个基本作业环节。在物流领域中，常将装卸搬运这一整体活动称作“货物装卸”；在生产领域中，常将装卸搬运这一整体活动称作“物料搬运”。因此，在一些特定场合，单称“装卸”或“搬运”，往往涵盖“装卸搬运”的完整含义。

装卸搬运作业的基本动作包括装车（船）、卸车（船）、堆垛、入库、出库，以及连接上述各项动作的短程输送，是随货物运输和储存保管等作业活动而产生的必要活动。在物流过程中，装卸搬运作业是不断出现和反复进行的，其出现的频率高于其他各项物流活动，每次装卸搬运活动都要花费很长时间，所以装卸搬运作业往往成为决定物流速度的关键；而且，装卸搬运活动所消耗的人力也很多，所以装卸费用在仓储物流成本中所占的比重也比较大。

此外，进行装卸搬运操作时，往往需要接触货物，这也是仓库物流过程中造成货物破损、散失、损耗、混合等损失的主要环节。例如，袋装食品包装袋破损和食品散失主要发生在装卸搬运过程中，玻璃、器皿等产品在装卸搬运时最容易造成损失。由此可见，搬运活动是影响配送中心物流效率、决定物流技术经济效果的重要环节。

（一）装卸搬运作业的种类

（1）按装卸搬运施行的物流设施设备对象，可分为仓库装卸、铁路装卸、港口装卸、汽车装卸、飞机装卸等形式。仓库装卸配合出库、入库、维护保养等活动进行，并以堆垛、上架、取货等操作为主。

（2）按装卸搬运的机械及其作业方式，可分为吊车的“吊上吊下”方式、使用叉车的“叉上叉下”方式、使用半挂车或叉车的“滚上滚下”方式、“移上移下”方式、散装方式等。

（3）按被装物的主要运动形式，可分为垂直装卸、水平装卸两种形式。

（4）按装卸搬运的对象，可分为散装货物装卸、单件货物装卸、集装货物装卸等形式。

（5）按装卸搬运的作业特点，可分为连续装卸、间歇装卸两种形式。

（二）装卸搬运作业的组织

1. 装卸搬运作业劳动组织

装卸搬运作业劳动组织就是按照一定的原则，将有关的人员和设备以一定的方式组合起来，形成一个有机的整体。装卸搬运作业劳动组织大致上分为两种基本形式，即工序制的组织形式和包干制的组织形式。这两种组织形式的定义和特点见表2–1。

表2–1　装卸搬运作业劳动两种组织形式的定义和特点

组织形式名称	定　义	特　点	适用企业
工序制	按作业内容或工序，将有关人员和设备分别组合成装卸、搬运、检验、堆垛、整理等作业班组，由这些班组共同组成一条作业线，共同完成各种装卸搬运作业	作业班组专业化，对提高作业质量、确保作业安全、提高劳动生产率是有益的。每个作业班组作业内容比较固定，可配备比较专用的设备，便于对设备进行管理。但是，工序间的衔接容易出现不紧密、不协调的现象。同时，当装卸搬运作业量不均衡或各工序作业进度不一致时，其综合作业能力容易为最薄弱的作业环节所影响	进出库作业量大、进出库频繁的大型仓储企业
包干制	将分工不同的各种人员和功能不同的设备共同组合成一个班组，将装卸搬运活动的全过程均由一个班组承包到底并全面负责	一个班组承担各种装卸作业内容，对整套作业线自始至终负责，便于对作业班组的实绩进行考核。同时，由于一条作业线由班组长统一指挥，各作业工序间能够较好地配合与协调，便于提高作业的连续性。当作业量出现不均衡的情况，包干制劳动组织适应性较强，可及时调整。此外，在一个作业班组配置几个工种的人员和多种机械设备，不利于实现专业化，对提高人员的技术熟练程度和劳动生产率也不利	进出库作业量较小、进出库不频繁的小型仓储企业

2. 装卸搬运设备运用组织

装卸搬运设备运用组织是以完成装卸任务为目的，并以提高装卸设备的装卸质量和降低装卸搬运作业成本为中心的技术组织活动。它的内容包括确定装卸搬运作业量，合理规划装卸方式和作业过程，根据装卸任务和设备的生产率，确定设备的需用量和技术特征，进而编制作业进度计划，下达给各部门装卸搬运进度计划，安排劳动力和作业班次，统计和分析装卸作业成果，评价装卸作业的经济效益。

3. 装卸搬运作业的组织过程。

（1）掌握作业信息。通过每月入库计划、出库计划、移库计划预测装卸搬运任务量和作业量。

（2）编制作业计划。月计划是对作业任务与作业能力进行大体平衡，如作业能力不足或过剩时，应预先采取的相应措施。日计划是根据前一天掌握的实际情况，对次日作业任务的具体安排。

（3）制订作业方案。对某项具体装卸搬运任务进行人力、设备和作业步骤、作业要求等的全面安排，主要是保证作业安全，提高作业效率。

（4）分配作业班组。分配作业班组简称派工，根据任务的内容和各个班组的特点，扬长避短，使总体作业效率最高。

（5）检查统计分析。调度指挥人员对方案实施过程进行监督，对结果进行检查，以便及时掌握各种情况，协调与其他环节和职能部门之间的关系。

（三）装卸搬运的方法

1. 人力装卸搬运

人力对库内货物既可以进行装卸，又可以进行搬运。人力搬运分为直接采用人力负重搬运和采用人力设备搬运。直接采用人力负重搬运只适合于堆码、拆码、上架、装卸箱、打码成组等作业，或者应急作业。人力负重搬运能力小，人体容易受伤害，作业不稳定，计量不准，持续时间极短，因而效率低，容易损伤货物。正常的作业安排不应依赖于人力负重搬运作业。

人力设备搬运是较为常见的方式，如采用手推车、人力拖车、手动提升机等。采用人力设备搬运应注意控制搬运距离，不能进行长距离搬运；每次搬运负荷控制在适当的范围，如手推车不得超过500kg；搬运线路地面应平坦，避免在坡度较大的场地进行搬运。

2. 叉车装卸搬运

叉车是集装卸与搬运于一体的仓储设备。叉车搬运是仓库近距离搬运的主要方式，是直接利用叉车的水平移动能力所进行的搬运。叉车装卸搬运分为直接对大型货物装卸搬运和利用货板、托盘所进行的装卸搬运。由于叉车具有提升能力，所以能直接进行装卸、搬运、堆垛、上架作业。但是，叉车自重量小，作业较不稳定，容易发生货物滑落，尤其是在地面不平坦和转弯作业时，更不稳定。

3. 拖车搬运

拖车只能进行搬运作业，不具备装卸功能。利用机动拖车和平板车相结合的搬运方式一般适用于较远距离、地面不平坦的场地搬运。拖车搬运量较大，可适用于任何货物包括集装箱在内的搬运，但拖车搬运需要结合装卸设备进行。

4. 输送带搬运

输送带只能进行搬运作业，不具备装卸功能。利用输送带将货物从装卸场传输到仓库的搬运方式，可以实现不间断搬运，是效率较高的搬运方式，且搬运质量最佳。目前，散装货物库场搬运基本上都使用输送带搬运。输送带搬运是自动化仓库最重要的设备。由于输送带固定安装，只能在特定的场合使用，所以一次载货量较小，不适合重量大的货物搬运。

总之，库内装卸和搬运必须充分考虑货物的重量、体积、性质、总量和搬运距离等因素，以此来选择具体的搬运方式。

（四）装卸搬运作业合理化

1. 防止和消除无效作业

无效作业是指在装卸作业活动中超出必要的装卸、搬运量的作业。显然，防止和消除无效作业对装卸作业的经济效益有重要作用。为了有效地防止和消除无效作业，可从以下几个方面入手：

（1）尽量减少装卸次数。装卸次数是指产品生产和流通过程中，发生装卸作业的总次数。在整个作业流程中，都要发生多次装卸搬运作业。减少装卸搬运次数，也就意味着减少装卸作业量，从而能减少装卸作业劳动耗费，降低仓储作业成本，加快物流速度。要使装卸次数降低到最小，避免没有物流效果的装卸作业，可采用集装方式、多式联运等，避免单件货物反复装卸搬运。

（2）提高被装卸物品的纯度。物品的纯度是指物品中含有水分、杂质与物品本身使用无关的物质的多少。物品的纯度越高，装卸作业的有效程度就越高；反之，则无效作业就会增多。

（3）包装要适宜。包装是物流活动中不可缺少的辅助作业手段。包装过大过重，在装卸时消耗就较大，便形成无效劳动。包装的轻型化、简单化、实用化会不同程度地减少作用于包装上的无效劳动。

（4）缩短搬运作业的距离。在物流活动中，由于收发保管作业的要求，货物总要发生一定距离的水平移动，而这种位移是通过搬运完成的，从合理搬运的角度来看，搬运距离应该越短越好。因此，缩短搬运作业的距离成为人们实现搬运合理化的主要目标，其最终效果是节省劳动消耗，缩短搬运时间，减少搬运中的损耗。

2. 提高装卸搬运的灵活性

装卸搬运的灵活性是指从物的静止状态转变为装卸搬运运动状态的难易程度。如果很容易转变为下一步的装卸搬运而不需要过多装卸搬运前的准备工作，则活性高；如果难以转变为下一步的装卸搬运，则活性低。在堆放货物时，事先要考虑物品装卸作业的方便性。

装卸搬运活性指数根据库存货物所处的状态可分为5级，见表2–2。

表2–2 装卸搬运活性指数说明

装卸搬运活性指数	库存货物放置状态	需要进行的作业			
		集中	搬起	升起	运走
0	物品杂乱地堆放在地面上的状态	有	有	有	有
1	物品装箱或经捆扎后的状态	无	有	有	有
2	装在箱子里或被捆扎后的物品，下面放有托盘或其他衬垫，便于叉车或其他机械作业的状态	无	无	有	有
3	物品放在台车上或用起重机吊钩钩住，处于即刻移动的状态	无	无	无	有
4	物品已经置于输送设备上，处于启动或直接作业的状态	无	无	无	无

从理论上讲，装卸搬运活性指数越高越好，但也必须考虑实施的可行性。例如，货物在储存阶段中，装卸搬运活性指数为4的输送带和装卸搬运活性指数为3的车辆在一般的仓库中很少被采用，这是因为不可能把大批量的货物存放在输送带和车辆上。

3. 实现装卸作业的省力化

装卸搬运是使劳动对象发生垂直和水平位移，必须通过做功才能实现。随着生产力的发展和科学技术的进步，装卸搬运机械化程度有了很大提高，少数工厂和仓库向着装卸搬运自动化方向发展。但从国内外的实际情况来看，有相当一部分装卸搬运作业仍是靠人工完成的。因此，实现装卸搬运作业的省力化，也是一个不容忽视的问题。

（1）利用物体本身的重力。如对火车、汽车进行装卸时，利用力学斜面原理，使用滑板、滑槽等，靠货物在斜面上产生的水平分力，使其从高处降到低处，并产生一定的水平位移，从而完成卸车作业。为了减少斜面的摩擦阻力，应选择摩擦系数小的光滑斜面，或变滑动摩擦为滚动摩擦，采用安装滚轮、滚柱或滚动轴承的斜面并通过调节斜面的倾角，控制货物的下滑速度。这种方式不需要复杂的设备，不消耗能源，能大大减轻作业人员的劳动强度，达到省力的目的；在搬运作业中，不用手搬，而是把货物放在台车上，由器具承担物体的重量，人只要克服滚动阻力，使物料水平移动即可。

（2）利用重力式移动货架。利用重力式移动供架也是一种利用重力进行省力化的装卸方式之一。重力式货架的每层格均有一定的倾斜度，利用货箱或托盘，货物可沿着倾斜的货架层板自己滑到输送机械上。为了使货物滑动的阻力更小，货架表面通常处理得十分光滑，或者在货架层上装有滚轮，也有在货箱或托盘下装上滚轮的，这样将滑动摩擦变为滚动摩擦，物品移动时所受到的阻力会更小。

4. 合理组织装卸搬运设备。

物品装卸搬运设备运用组织是以完成装卸任务为目的，并以提高装卸设备的生产率、装卸质量和降低装卸搬运作业成本为中心的技术组织活动，具体包括以下内容：

（1）确定装卸任务量。根据物流计划、经济合同、装卸作业不均衡程度、装卸次数、装卸车时限等，确定作业现场年度、季度、月、旬、日平均装卸任务量。装卸任务量有事先确定的因素，也有临时变动的可能，要合理地运用装卸设备，就必须把计划任务量与实际装卸作业量两者之间的差距缩小到最低水平。

（2）根据装卸任务和装卸设备的生产率，确定装卸搬运设备需用的台数和技术特征。

（3）根据装卸任务、装卸设备生产率和需用台数，编制装卸作业进度计划，通常包括装卸搬运设备的作业时间表、作业顺序、负荷情况等详细内容。

（4）下达装卸搬运进度计划，安排劳动力和作业班次。

（5）统计和分析装卸作业成果，评价装卸搬运作业的经济效益。

随着生产力的发展，装卸搬运的机械化程度在不断地提高。此外，由于装卸搬运的机械化能把人工从繁重的体力劳动中解放出来，尤其对于危险品的装卸作业来说，机械化能保证人和货物的安全，这也是装卸搬运机械化程度不断得以提高的动力。

5. 推广组合化装卸搬运

在装卸搬运作业过程中，一般根据不同物品的种类、性质、形状、重量的不同来确定不同的装卸作业方式。处理物品装卸搬运的方法有 3 种形式：对普通包装的物品逐个进行装卸，叫作“分块处理”；将颗粒状物品不加小包装而进行原样装卸，叫作“散装处理”；将物品以托盘、集装箱、集装袋为单位组合后进行装卸，叫作“集装处理”。对于包装的物品，尽可能进行“集装处理”，实现单元化装卸搬运，可以充分利用机械进行操作。

6. 合理地规划装卸搬运方式和装卸搬运作业过程

装卸搬运作业过程是指对整个装卸作业的连续性进行合理的安排，以减少运距和装卸次数。装卸搬运作业现场的平面布置是直接关系装卸、搬运距离的关键因素，装卸搬运机械要与货场长度、货位面积等互相协调。要有足够的场地集结货场，并满足装卸搬运机械工作面的要求，场内的道路布置要为装卸搬运创造良好的条件，有利于加速货位的周转。因此，使装卸搬运距离达到最小平面布置是减少装卸搬运距离的最理想的方式。

课堂讨论

你能总结出货物装卸搬运时的注意事项吗？

任务三　货物验收作业

一、货物验收准备工作

（一）入库验收的作用与基本要求

验收是指仓库在货物正式入库前，按照一定的程序和手续，对到库货物进行数量和质量的检查，以验证货物是否符合订货合同规定的一项工作。验收的主要任务是查明到货的数量和质量状态，为入库和保管打基础，防止仓库和货主遭受不必要的经济损失，同时对供货单位的货物质量和承运部门的服务质量进行监督。进入仓库储存的货物必须经过检查验收，只有验收合格的货物，方可入库保管。

（1）验收的作用。通过验收不仅可以防止企业遭受经济损失，而且可以起到监督供货单位和承运人的作用，还可以指导保管和使用。

① 为货物保管和使用提供可靠依据。货物到库的形式虽然各有不同（直达、中转），但都要经过运输，特别是长途运输、经过多次装卸的货物，容易发生包装损失、散失、破损、受潮等情况，必将影响货物的保管和使用，必须在货物入库时，将货物的实际状况调查清楚，并予以记录。这样一方面能确保不合格货物不能进入流通和生产领域，另一方面

能在保管中有的放矢地采取措施，为用户提供完好的货物。

② 为货主退货、换货和索赔的依据。货物验收过程中，若发现货物数量不足、规格不符或质量不合格时，仓库检验人员要做出详细的验收记录，据此由有关方面向供货单位提出退货、换货或向承运责任方提出索赔等要求。而在保管过程中，倘若货物入库时未进行严格的验收，或没有做出严格的验收记录，甚至在发货时才发现问题，就会使责任不分而丧失索赔权，造成不必要的经济损失。

③ 避免货物积压，减少经济损失。保管不合格品是一种无效劳动。对于不合格物品，如果不经过检查验收，就按合格物品入库，必然造成物品的积压；对于计重物品，如果不进行检斤计数，就按有关单据的供货数量付款，当实际数量不足时，必然造成经济损失。

④ 有利于维护货主利益。对于进口货物，国（地区）别、产地和厂家等情况更为复杂，必须依据进口物品验收工作的程序与制度，严格认真地做好验收工作；否则，货物数量与质量方面的问题就不能得到及时发现。若超过索赔期，即使发现问题，也难于交涉，就会造成重大经济损失。

（2）验收的基本要求。验收工作是一项技术要求高、组织严密的工作，关系整个仓储业务能否顺利进行，所以必须做到及时、准确、严格、经济。

① 及时。到库货品必须在规定的期限内完成验收任务，只有及时验收，才能保证货品尽快入库，满足用料单位需要，加快货品和资金周转，缩短物流流程时间。同时，及时验收也有利于保证在规定的期限内对不合格的货品提出退货、换货或赔偿的要求。

② 准确。验收的各项数据和验收报告必须准确无误，否则会造成错误的判断，引起保管工作的混乱，严重者还可能危及企业的营运安全。

③ 严格。验收工作的好坏直接关系国家和企业的利益，也关系以后各项仓储作业能否顺利开展，仓库有关各方在验收时必须严格把关。

④ 经济。货品在验收时，多数情况下不仅需要检验设备和检验人员，而且需要装卸搬运机械和设备及相应工种工人的配合。这就要求各工种密切协作，合理组织协调人员和设备，以节省作业费用。

（二）验收准备作业操作

（1）确定验收标准。货物要达到企业的验收标准才允许入库，验收即要求货物符合预定的标准。验收货物时，可根据下列几项标准进行验收：

① 采购合约或订货单位所规定的文件。

② 采购合约中的规格或图解。

③ 以比价或议价时的合格样品为依据。

④ 各种产品的国家品质标准。

（2）确定验收方式及抽检比例。

① 对批量采购的物件，采取抽检的方式进行检验，即从所购物品中按总数的一定比例抽检，对零星采购的物料应执行全检。

② 物料验收根据情况可采用核对数量、外观检查和合格证检查等方式进行。对涉及安全性能的产品，如电器类、水暖器材类、消防用具类、化工原料类，必须要求有合格证；对小五金类、绝缘材料类和其他杂项类，应核对规格、型号、数量与采购文件是否一致，外观与包装有无破损等。

（3）文件准备。收集并熟悉待验物料的有关文件，包括技术标准、采购合同或订单等。

（4）器具准备。准备好衡器、量具等验收用的检验工具并校验准确。

（5）储位准备。根据预计入库的物料特性、体积、数量、质量和到货时间等，结合物料分区、分类和储位管理的要求计算储位，预先确定物料的理货场所和储存位置。

（6）设备准备。大批量物料的数量验收，必须要有装卸搬运机械的配合，应做好设备的申请调用。

（7）人员准备。安排好接运、卸货、检验、搬运货物的作业人员。

（8）防护用品准备。对于有些特殊物料的验收，如毒害性物品、腐蚀性物品、放射性物品等，必须准备相应的防护用具。

知识链接

在确定验收比例时，一般需考虑的因素有货物的性质和特点、货物的价值、货物的生产技术条件、供货单位的信誉、包装情况、运输方式和运输工具、气候条件、储存时间。

二、货物验收作业内容

货物验收的基本内容包括数量验收、质量验收和包装验收。验收工作的进行有 3 种不同的情形：第一种情形是先点验数量、包装，再由质检部门检验货物质量；第二种情形是先由质检部门检验货物品质、检验合格后，再通知仓储部门办理收货手续，填写收货单；第三种情形是由仓储部门直接负责数量验收、质量验收和包装验收。

（一）货物数量验收

货物数量验收是保证货物数量准确不可缺少的重要步骤，是在初验的基础上做进一步的货物数量验收，即所谓的细数验收。在进行数量验收时，必须注意同供货方采取相同的计量方法。采取何种方式计数都要在验收记录中做出记载，出库时也按同样的计量方法，避免出现误差。按货物性质和包装情况，数量验收主要有计件、检斤、检尺等方式。

（1）计件。计件是指对按件数供货或以件数为计量单位的货物，做数量验收时的清点件数。一般情况下，计件货物应全部逐一清点。固定包装物的小件货物，如果包装完好，打开包装对保管不利，则可不拆包检查；国内货物只检查外包装，不拆包检查；进口货物按合同或惯例办理。

（2）检斤。检斤是指对按重量供货或以重量为计量单位的货物，做数量验收时的称重。金属材料、某些化工产品多半是检斤验收。按理论换算重量供应的货物，先要通过检尺，如金属材料中的毛材、型材等，再按规定的换算方法换算成重量验收。对于进口货物，原则上应全部检斤，但如果订货合同规定理论换算重量交货，则按合同规定。所有检斤的货物，都应填写磅码单。

（3）检尺。检尺是指对以体积为计量单位的货物，如木材、竹材、砂石等，先检尺，再求体积所估的数量验收。凡是经过数量检验的货物，都应该填写磅码单。

在做数量验收之前，还应根据货物来源、包装好坏或有关部门规定，确定对到库货物是采取抽验还是全验方式。一般情况下，数量检验应全验，即按件数全部进行计件，按重量供货的全部检斤，按理论重量供货的全部检尺，然后换算为重量，以实际检验结果的数量为实收数。

课堂讨论

举例说明不同的数量检验方式分别适用什么特点的物品。

（二）货物质量验收

货物质量验收是检验货物质量指标是否符合规定。仓储部门按照有关质量标准，检查入库货物的质量是否符合要求。仓库对到库商品进行质量验收是根据仓储合同约定来实施的；合同没有约定的，按照商品的特性和惯例确定。由于新产品不断地出现，而不同货物又具有不同的质量标准，所以仓库应认真研究各种检验方法，必要时要求客户、货主提供检验方法和标准，或者要求收货人共同参与检验。

质量检验方法主要有外观检验、尺寸检验、机械物理性能检验和化学成分检验4种形式。仓库一般只作外观检验和尺寸检验，后两种检验如果有必要，则由仓库技术管理职能机构取样，委托专门检验机构检验。

（1）货物的外观检验。例如，对无包装的货物，直接查看货物的表面，检查是否有生锈、破损、脱落、撞击、刮痕等损害。

（2）货物的尺寸检验。进行尺寸检验的货物，主要是金属材料中的型材、部分机电产品和少数建造材料。不同型材的尺寸检验各有特点，如椭圆材主要检验直径和圆度、管材主要检验壁厚和内径、板材主要检验厚度及其均匀度等。对部分机电产品的检验，一般请用货单位派员进行。尺寸检验是一项技术性强、很费时间的工作，全部检验工作量大，而且有些产品质量的特性只有通过破坏性的检验才能测到，所以一般采用抽验的方式进行。

（3）货物的理化检验。货物的理化检验包括机械物理性能检验和化学成分检验，是对货物内在质量和物理化学性质所进行的检验。理化检验要求具备一定的技术知识和检验手段，而多数仓库不具备这些条件，所以一般由专门的技术检验部门检验后出具检验报告说明货物质量。

（三）货物包装验收

仓库主要是对货物的外包装进行检验，通常是在初验时进行的，检验包装有无被撬、开缝、污染、破损、水渍等不良情况；同时，要检查包装是否符合有关标准要求，包括选用的材料、规格、制作工艺、标志、打包方式等；另外，对包装材料的干湿度也要检查。包装的含水量是影响货物保管质量的重要指标，一些包装物含水量高表明货物已经受损害，需要进一步检验。

在货物验收过程中，如发现货物数量与入库凭证不符，质量不符合规定，包装出现异常情况时，必须做出详细记录，商品检验记录表见表2–3；同时，将有问题的货物另行堆放，采取必要的措施，防止损失继续扩大，并立即通知业务部门或邀请有关单位现场察看，以便及时做出处理。

表2–3　商品检验记录表

编号：__________

供货商		采购订单号		入库通知单号	
运单号		合同号		车号	
发货日期		到货日期		验收日期	

序号	商品名称	商品编码	规格型号	计量单位	应收数量	实际数量	差额

单位负责人：　　　　　　　复核：　　　　　　　检验员：

知识拓展

货物外观质量鉴定技巧

（1）看（视觉）。观看货物外表有无裂痕、砂眼、变色、虫蛀、污痕、霉变、涂层脱落、氧化、渗漏、挥发、沉淀、浑浊和破损等异状。

（2）听（听觉）。对易碎货物，如玻璃器皿等，摇晃容器，听有无破碎杂音，判断其有无破碎。

（3）摸（触觉）。用手触摸货物的含水量程度，或有无黏结、潮湿、干硬、结块和老化等异状。

（4）嗅（嗅觉）。鼻嗅货物是否已失应有的气味，或有无串味和异味（毒害性货物禁止嗅闻）。

（四）验收中发现问题的处理

（1）数量不符。如果经验收后发现货物的实际数量与凭证上所列的数量不一致，应由收货人在凭证上详细做好记录，按实际数量签收，并及时通知送货人和发货方。

（2）质量问题。在与交通运输部门初步验收时发现质量问题，应会同承运方清查点验，并由承运方编制商务记录或出具证明书，作为索赔的依据。如确认责任不在承运方，也应做好记录，由承运者签字，以便作为向供货方联系处理的依据。在拆包进一步验收时发现的质量问题，应将有问题的商品单独堆放，并在入库单上分别签收，同时通知供货方，以划清责任。

（3）包装问题。在清点大件时发现包装有水渍、损坏、变形等情况，应进一步检查内部细数和质量，并由送货人开具包装异状记录，或在送货单上注明；同时，通知保管员单独堆放，以便处理。

① 货物串库。货物串库是指应该送往甲库的货物误送到乙库。当初步检查发现串库现象，应立即拒收；如在验收细数中发现的串库货物，应及时通知送货人办理退货手续，同时更正单据。

② 有货无单。有货无单是指货物先到达而有关凭证还未到达。对此应暂时安排场所存放，及时联系，待单证到齐后再验收入库。

③ 有单无货。有单无货是指存货单位先将单证提前送到仓库，但经过一段时间后，尚没有见到货。对此应及时查明原因，将单证退回注销。

④ 货未到齐。货未到齐是指往往由于运输方式的原因，同一批货物不能同时到达。对此应分单签收。

课堂讨论

验货时发现货物数量、规格、品种和单据不符合，应该如何签收？

任务四 货物入库作业

入仓货物经过仓库的检验后，由仓库保管员根据验收结果，在货物入库单上签收。同时，要在入库单上注明该批货物的货位编号，以便记账、查货、发货。仓库收货员还应在送货人提供的送货单上签名盖章，并留存相应单证。如果验收过程中发现差错、破损等不良情况，必须在送货单上详细注明查错的数量、破损状况等，并由当事人签字，以便与供货方、承运方分清责任。

【普通仓库入库作业操作】

【自动化仓库入库作业操作】

一、货物入库交接

货物入库的手续包括入库交接、登账、立卡、建档等。

（一）入库交接

入库交接是指仓库对收到的货物向送货人进行的确认，表示已接收货物。办理完交接手续，意味着划清了运输、送货部门和仓库的责任。完整的交接手续包括以下几个方面：

（1）接收货物。仓库以送货单（表2–4）为依据，通过理货、查验货物，将不良货物剔出、退回或者编制残损单证等明确责任，确定收到货物的确切数量、货物表面状态良好。

表2–4　送货单

送货单位:________　　日期:________年____月____日　　编号:________

品　名	规　格	单　位	数　量	单　价	金　额	说　明
合　计						

合计金额（人民币大写）:____万____仟____佰____拾____元____角____分
收货单位（盖章）:________________制单人:________________经手人:________________

（2）接收文件。接收送货人送交的货物资料、运输的货运记录、普通记录等，以及随货的在运输单证上注明的相应文件，如图纸、准运证等。

（3）签署单证。仓库与送货人或承运人共同在送货人送来的送货单、到接货交接单（表2–5）上签署和批注，并留存相应单证，提供相应的入库、查验、理货、残损单证、事故报告，由送货人或承运人签署。

表2–5　到接货交接单

收货人	发站	发货人	物资名称	标志/标记	单位	件数	重量	存放地	车号	运单号	提货单号
备　注:											

提货人:________　　经办人:________　　接收人:________

（二）登账

登账是指建立入仓货物明细账。入仓货物明细账动态地反映货物进库、出库、结存等详细情况。仓库物资保管部门负责入仓货物明细账的登记和管理，凭此进行货物的进出业务。

要根据货物入库单（验收单）和有关凭证建立货物保管明细账。登建货物保管明细账要达到以下要求：

（1）根据入库验收凭证立账。仓库的货物保管明细账要根据入库单（验收单）和正式的收发凭证分类记账，要记明货物的类别、品名、规格型号、货主等。

（2）标明货物所有权。仓库的货物保管明细账除了记明货物的类别、品名、规格、型号、批次、材质、产地之外，还要标明货物所有权的货主，以及货物的单价、货物存放的库区货位等。

（三）立卡

货物入库后，仓库保管员应该将各种货物的名称、数量、规格、质量状况等信息编制成一张卡片，即货物的保管卡片，并将卡片插放在货架的支架上或货堆的显著位置。这个过程即为立卡，目的是便于查找和核对货物。货卡又称为料卡、货牌，见表2-6。

表2-6 货卡

货物名称：__________ 规格：__________ 单位：__________ 单价：__________ 编号：__________

年		送（提）货单位	入货量（+）	出货量（-）	库 存	经手人
月	日					

（1）货卡的形式。货卡一般有两种形式：一种仅标明货主、入库单号、规格型号、产地、入库时间等内容，而收发存数量另有明细账卡存放于保管员处供登销账目用；另一种形式除了在货卡上标明以上内容之外，还记载货物收发存的数量和时间。这种形式用于品种规格单一的计件货物比较方便。但是，货卡容易失落、损坏、涂改和漏销（尤其是露天货场），也不宜以卡代账，所以一般推荐采用前一种货卡形式。

（2）有物就应有卡。货物验收完毕，签收入库单后，要及时在货垛上面朝主道方向悬挂货卡，要求有货物就应当有货卡。

（3）货卡的核对与清理。由于货卡容易发生失落、损坏、串挂、错挂等情况，所以在备货、发货时一定要仔细核对货卡，防止张冠李戴地将货备错、发错，造成差错事故。货卡上记载有数量发货，后要及时登销账卡，每月应核对一次账卡，防止出现漏销、错销。对于失散在地面的货卡，要送交保管员核对后方可挂到货垛上去。清卡后的货卡要依照回收制度，经过重新加工整理后再用。

保管货卡的管理办法主要有两种：一种是由保管员集中保存管理，这种方法有利于责任制的贯彻，即专人专责管理，但如果有进出业务而保管员缺勤时就难以及时进行；另一种是将填制料卡直接挂在货物垛位上，挂放位置要明显、牢固，这种方法的优点是便于随时与实物核对，有利于货物进出业务及时进行，可以提高保管员的工作效率。

（四）建档

建档是指将货物入库业务作业全过程的有关资料证件进行整理、核对，建立资料档案，为货物的保管、出库业务活动创造良好的条件。

存货档案应一货一档，将该货物入库、保管、交付的相应单证、报表、记录、作业安排、资料等的原件或者附件存档，存货档案应统一编号，妥善保管，并且长期保留。

存货档案的内容如下：

（1）货物的各种技术资料、装箱单、合格证、送货单、质量标准、发货清单等。

（2）货物运输单据、普通记录、货运记录、装卸图、残损记录等。

（3）入库通知单、验收记录、磅码单、技术检验报告。

（4）保管期间的检查、保养作业、通风除湿、翻仓、事故等直接操作记录，存货期间的温度、湿度、特殊天气的记录等。

（5）出库凭证、交接签单、送出货单、检验报告等。

（6）回收的仓单、货垛牌、仓储合同、存货计划、收费存根等。

（7）其他有关该货物仓储保管的特别文件和报告记录。

二、货物信息登录作业

到达物流中心的货物，经验收确认后一般应填写入库验收单，单据的格式因货物及业务形式的不同而不同，但一般包含以下信息：

（1）供应商信息。如名称、送货日期、送货订单完成情况。

（2）货物信息。如品种、数量、质量验收记录、生产日期或批号。

（3）订单信息。如订单对应号、序号、当日收货单序号。

填写入库验收单后，还需将有关入库信息及时准确地登入库存货物信息管理系统，更新库存货物的有关数据。货物信息登录的目的在于为后续作业提供管理和控制的依据。

对于初次收到的货物，需要严格进行入库检验，并将信息及时输入仓库管理信息系统。入库货物信息需要录入以下内容：

（1）货物的一般特征。如货物的名称、类别、规格、型号，货物的包装单位、包装尺寸、包装容器、单位重量和价格等。

（2）货物的原始条码、内部编号、进货入库单据号码、货物的储位等。

（3）供应商信息。如供应商名称、编号、合同号等。

录入以上信息后，仓库管理信息系统将自动更新和储存录入的信息，特别是货物入库数量的录入将增加在库物资账面余额，从而保证货物账面数目与实际库存数量一致，既为保管货物数量与质量提供依据，也为库存货物数量的控制和采购决策提供参考。对于作业过程中产生的单据和其他原始资料，应注意根据一定的标准，如按不同的供应商或时间顺序等，进行归类整理，留存备查。

课堂讨论

货物入库作业有哪些注意事项？

知识链接

2016年，京东开放了某事业部智慧物流实验室，并在媒体开放日共展出4种类型的仓储作业机器人。这4款仓储机器人均以京东自主设计的机器人本体为基础，融合视觉检测技术和无线通信技术。这4种机器人协同作业，能全自动完成仓储任务，包括搬运、码垛、商品出库和分拣。在京东，无人仓与无人机、无人车并称“三无产品”。无人仓的出现完善了京东智慧物流的环节链条。

这次京东对外的物流演示，是一个由机器人、人工智能算法和数据感知网络打造的全自动仓储场景。这个场景的实现，依靠的是智能搬运机器人AGV、SHUTTLE货架穿梭车、DELTA型分拣机器人、六轴机器人等一系列物流机器人的相互协作。

1. 智能搬运机器人AGV

这个外形酷似扫地机器人的智能搬运机器人AGV非常灵活，一般行驶速度为2m/s，自重为100kg，最大负荷为300kg，可以不间断地运行工作8h，具有电量低时可自动充电的功能。AGV的车身很矮，能够为京东的仓储货架释放更多有效的利用空间。

为了提升AGV的运行速度和稳定性，京东自主研发了运动控制器，通过快速地提取AGV的运动状态来驱动电机的速度，实现差速轨迹控制算法。这个算法使得AGV在运行的时候更加平稳，而且运行轨迹更加准确。AGV的前后车身内嵌入了防撞传感器和无线通信模块，使它在京东仓库复杂的工作环境里能够轻松自如地工作。

AGV的行驶依靠惯性导航和二维码，能够完全自主行走和转弯，可以根据实际情况来调整安全速度，也可以自动避障。AGV是可以与人协作的设备，人或者设备出现它面前的时候，它会自动停止进行保护。两个AGV在仓储里面相遇的时候，它们可以各自重新规划路径。

2. SHUTTLE货架穿梭车

SHUTTLE货架穿梭车用于在货架间存取货物，能够高速行走，空载状态下峰值速度为6m/s，处于全球先进行列（国际最高速度为6.6m/s，为一家日本企业的技术）；能根据货物大小自动适配，宽度在400～630mm；配合高速提升机，吞吐量可达每小时1 600箱，效率是传统人工出入库的10倍。

京东在SHUTTLE货架穿梭车的任务调度算法、速度规划算法、高精度定位系统和容错系统方面都做了自主创新，使得穿梭车在高速运行的过程中，车身结构所受到的冲击力最小，而且安全性能较高。

3. DELTA型分拣机器人

DELTA型分拣机器人是此次京东无人仓技术的重头戏，用于小件商品的分拣环节。京东是国内首家自主研发三维动态拣选技术的公司，在世界范围内也只有几家公司能够掌握这一个技术。

DELTA型分拣机器人的分拣速度可以达到每小时3 600次，合每秒钟1次，是目前人工拣选效率的5～6倍。DELTA型机器人可以拣选5kg以内的小件商品，工作直径最大为1 600mm，可以根据产品的不同的尺寸和种类更换拾取器。

在为不同的产品选择更换不同的拾取器方面，京东与其他公司合作，为DELTA型分拣机器人配备了图像识别设备。在设备的训练方面，京东在其全国的自营仓库中，单独新建了一条标准操作线，来训练这些商品在不同姿态下的识别准确率，将算法的识别度从60%提升到了97%。而京东所要面对的问题是，当新商品入库时，对于这件商品的识别率需要经过一段时间的训练才能提高，如何迅速识别新商品将是京东需要突破的难题。

4. 六轴机器人

六轴机器人普遍应用在汽车制造行业，包括焊接和3C类的行业内，用于拾取大件物品。在京东仓储场景下，六轴机器人主要被用来码垛。六轴机器人高2m左右，重约1.7t，每做一个单次的动作需要8～12s，可以承载165kg以内的大型货物，最大转角速度为每秒200°，最大臂展在2.7m左右，在效率方面相较于人工可以提高30%。

由于在工业内已被普遍使用，所以六轴机器人本体制造的难度不是很大。但对于京东的使用场景来说，由于需要搬运的箱体大小不一，所以在算法层面对该机器人的要求较高，即如何将不同尺寸的箱子组合，达到最高的装载率。京东现在码垛的算法，还没有一个完美的答案。

（资料来源：https://baijiahao.baidu.com/s?id=1549350260760896&wfr=spider&for=pc，有改动）

项目小结

货物入库作业也叫收货作业，它是仓储业务的开始，是指接到入库通知单后，经过接运提货、装卸搬运、商品点验、检查质量、签发入库凭证、办理入库手续等各项作业活动的计划和组织。货物入库作业主要包括商品入库前准备、卸货接运、验收和入库这4个步骤。

习题与思考

一、单选题

1. ( )是仓储作业管理的第一步，也是仓储作业管理的关键环节，直接影响后面的在库、出库作业管理顺畅与否。

A. 物品入库作业　　B. 物品在库作业

C. 物品出库作业　　D. 库存控制

【项目二参考答案】

2. 仓库和供货单位在同城的情况下，合适的接货方式是( )。

A. 专用线接车　　B. 车站、码头接货

C. 仓库自行接货　　D. 库内接货

3. 下列适合于专用线接车的接货方式是( )。

A. 零担货物　　B. 小批量货物　　C. 整车大批量货物　　D. 单元货物

4. 下列各项货物中入库检验时适宜计件方式的是( )。

A. 矿石　　B. 粉煤灰　　C. 电冰箱　　D. 小麦

5. 下列属于仓库接受物品凭证的是( )。

A. 入库申请　　B. 入库计划　　C. 入库通知单　　D. 运单

二、多选题

1. 物品入库前准备工作主要内容包括( )。

A. 货位准备　　B. 苫垫材料准备　　C. 验收及装卸搬运器械准备　　D. 人员准备

2. 以下属于供货商单证的是( )。

A. 送货单　　B. 运单　　C. 原产地证明　　D. 入库通知单

3. 以下属于影响入库作业主要因素的是( )。

A. 供应商的送货方式　　B. 物品的种类、特性与数量

C. 仓库设备及存储方式　　D. 仓库的温度及湿度

4. 下列各项货物中入库检验时适宜检尺方式的是( )。

A. 矿石　　B. 粉煤灰　　C. 家电　　D. 木材

5. 入库商品质量检验包括( )。

A. 外观检验　　B. 尺寸检验

C. 机械物理性能检验　　D. 化学成分检验

三、判断题

1. 在质量验收时，当批量小、规格复杂、包装整齐或要求严格验收时可以采用全验。 ( )

2. 入库通知单和订货合同副本是仓库接收物品的凭证。 ( )

3. 所谓实物检验，就是根据入库单和有关技术资料对实物进行质量检验。 ( )

4. 所谓专用线，就是专门为企业修建或使用的铁路专用线，一般为干线。 ( )

5. 在批量大、规格和包装整齐、存货单位的信誉较高、人工验收条件有限的情况下通常采用全验的方式。 ( )

四、思考题

1. 仓库的接货作业应考虑供应商的哪些信息?
2. 简述影响入库作业的主要因素。
3. 简述入库作业的基本流程。
4. 简述货物验收作业的主要内容。
5. 简述入库作业计划的主要内容。

五、实训与考核

实训一　货物入库作业计划编制

实训目的

熟悉货物入库作业计划内容，能够编制货物入库作业计划并组织实施。

任务描述

入库通知单

仓库名称：城北物流公司仓储中心　　　　2019 年 06 月 26 日

<table>
<tr><td colspan="2">批　次</td><td colspan="6">201902260001</td></tr>
<tr><td colspan="2">客户名称</td><td colspan="6">家美超市</td></tr>
<tr><td colspan="2">采购订单号</td><td colspan="6">201906260101</td></tr>
<tr><td colspan="2">客户指令号</td><td colspan="6">201906260201</td></tr>
<tr><td colspan="2">入库时间</td><td colspan="2">2019-06-27-10:00</td><td colspan="2">质　量</td><td colspan="2">正品</td></tr>
<tr><td colspan="2">入库申请人</td><td colspan="2">陈 ××</td><td colspan="2">电　话</td><td colspan="2">138××××××××</td></tr>
<tr><td colspan="2">入库方式</td><td colspan="2">送货</td><td colspan="2">入库类型</td><td colspan="2">正常</td></tr>
<tr><td>序号</td><td>货品编号</td><td>名　称</td><td>单　位</td><td>包装规格 /mm</td><td>申请数量</td><td>实收数量</td><td>备　注</td></tr>
<tr><td>1</td><td>6903760487999</td><td>料理机</td><td>箱</td><td>600×400×220</td><td>20</td><td></td><td></td></tr>
<tr><td></td><td></td><td></td><td></td><td></td><td></td><td></td><td></td></tr>
<tr><td></td><td></td><td></td><td></td><td></td><td></td><td></td><td></td></tr>
<tr><td colspan="5">合 计</td><td>20</td><td></td><td></td></tr>
</table>

送货员：李 ××　　　　　　仓管员：

任务驱动

完成此任务，需要明确以下几个问题：

1. 货物入库作业计划的主要内容有哪些？
2. 如何编制本次入库作业计划？

任务操作

1. 分析本次入库货物入库通知单。
2. 明确本次入库货物属性及存储要求。
3. 根据入库作业时间和入库作业到货数量编制货物入库作业计划。

任务考评

1. 操作过程中所有涉及的单据应根据要求填写完整、规范。（20 分）
2. 熟悉本次入库货物属性及存储要求。（20 分）
3. 编制货物入库作业计划。（30 分）
4. 实训报告完整。（30 分）

实训二　货物入库及验收作业

实训目的

通过实际操作，熟悉物品入库作业操作流程，掌握物品入库准备、到货后进行物品验收、入库存储等作业方法。

任务描述

根据以下所给货物信息，办理入库业务。

货物信息

货物名称	外包装种类	数量	外包装尺寸（长 × 宽 × 高）/mm	批　　次	毛重	备注
美加净护手霜	箱	32	300 × 250 × 200	07041198885488		
大宝 SOD 蜜	箱	50	300 × 250 × 200	07041115487844		
康师傅红烧牛肉面	箱	50	500 × 320 × 200	07060530311614		
达能闲趣饼干	箱	20	450 × 250 × 200	07061722334533		
奥利奥牛奶饼干	箱	36	450 × 250 × 200	07061179844154		
五谷道场香辣牛肉面	箱	20	500 × 300 × 200	07060454878477		

任务驱动

完成此任务，需要明确以下几个问题：
1. 货物入库准备工作包括哪些内容?
2. 货物入库验收原则与方法有哪些?
3. 货物入库作业操作一般流程是什么？对验收产生差异的物品应如何处理?
4. 办理货物入库交接与登记有哪些手续?

任务操作

1. 信息员需要根据货物送达时间制定入库通知，并下发入库单。
2. 对货物入库信息进行检查和核实。
3. 根据入库通知填写企业内部入库作业计划单，并下发给入库作业相关部门人员。
4. 根据货物信息估计所需存储货位大小，做好适当环境准备和苫垫材料准备。
5. 卸货、理货场地清理，准备所需工具和设备。
6. 根据货物运达方式和时间，安排人员接货，完成接货工作。
7. 入库货物进行验收。
8. 验收合格物品入库存放并登账、立卡。

任务考评

1. 入库信息检查和核实工作仔细，无差错。（20 分）
2. 完成入库准备工作。（20 分）
3. 完成物品入库存储作业操作。（30 分）
4. 实训报告完整。（30 分）

项目三

仓储在库作业操作

【思维导图】

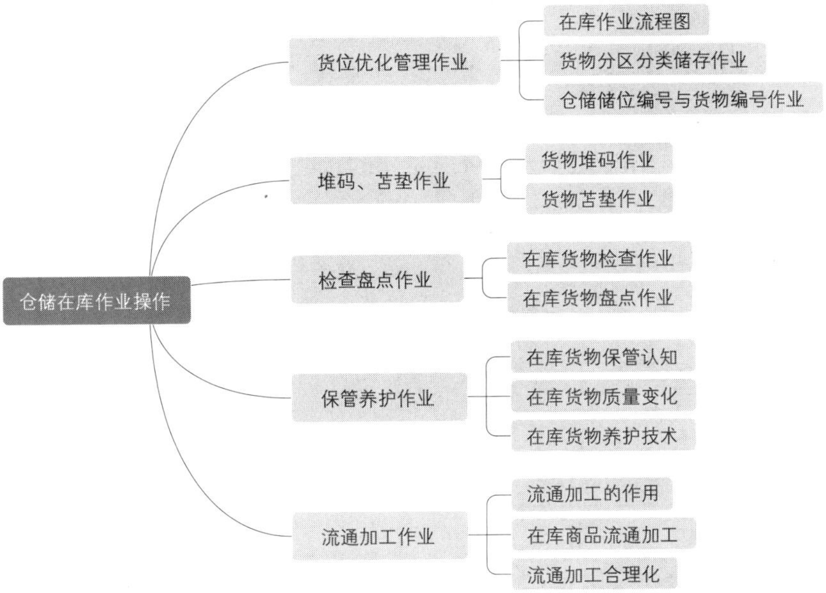

【学习目标】

素养目标	能力目标	知识目标
（1）培养学生爱岗敬业、理解岗位工作职责、执行工作操作规程、完成工作任务的职业素养。 （2）培养学生协作与沟通的意识与能力 。 （3）要求学生树立责任、安全、服务、成本的理念	（1）能根据仓库场地条件、业务性质和规模、货物储存要求等因素，熟练地进行货物分区分类和货位编号。 （2）能根据货物的自然属性、保管要求、包装状况、仓库自身条件等因素确定入库货物的堆存方式。 （3）能根据在库货物发生质量变化的速度、危害程度、空气温湿度变化，制定相应的货物保管养护措施。 （4）能根据盘点作业流程和基本操作步骤进行盘点作业操作	（1）熟练掌握仓储在库作业的基本流程。 （2）熟悉分区分类的原则和方法。 （3）理解货物码垛、苫盖设计的内容，掌握货物堆码、苫盖的基本方法。 （4）理解影响货物质量变化的因素，掌握货物保管养护基本方法。 （5）明确盘点的目的和内容，掌握盘点的方法

【任务导入】

城北物流公司 1 号仓库占地面积 2 000m^2，高 6m，分为 2 个货区，每个货区面积为 1 000m^2。现该库房为客户存储一批生活日用品，且存储量较大。请你为该库房进行储存场所布置，并采取相应措施提供在库物品保管、养护及盘点作业服务，保障在库物品的安全。

任务要求

作为仓库保管员，需要组织哪些相关仓储活动、办理哪些手续，才能完成在库物品储存场所安排、在库物品保管、养护及盘点作业？

【任务实施】

任务一　货位优化管理作业

在库作业流程图如图 3.1 所示。货物经验收合格入库后，就进入了在库保管养护作业流程。货物在库保管养护作业是指仓库针对货物的特性，结合仓库的具体条件，采取科学手段对货物进行合理的保管养护，以确保货物的质量完好和数量无误。这项工作是仓储三大主要业务之一。作为仓库保管员，要掌握相关的货物养护知识，贯彻“预防为主，防治结合”的方针，根据不同性质的货物、不同的储存条件采取不同的保管养护措施，防止和延缓货物发生质变。

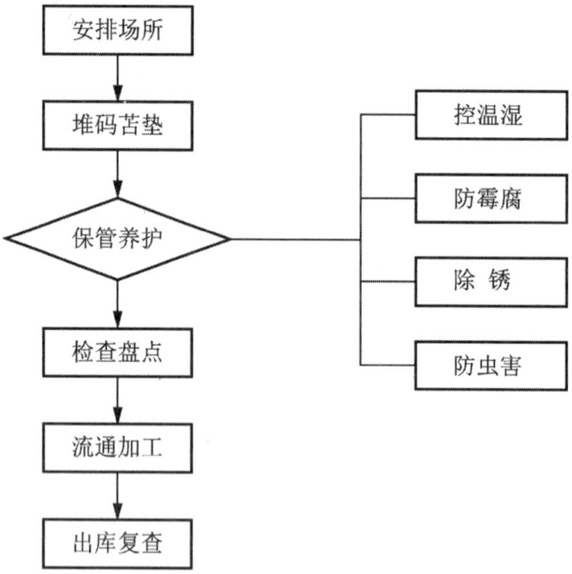

图 3.1　在库作业流程图

一、货物分区分类储存作业

（一）货位优化管理的作用

货位优化管理是指对仓库存放货物的货位进行的规划、分配、使用、调整等项工作。其作用是充分有效地利用空间，尽可能提高人力资源和设备的利用率，有效地保护好物料的质量和数量，维护良好的储存环境，使所有在储货物处于随存随取状态。

（二）货物分区分类的方法

货物入库验收完毕，就要根据货物的性质、保管保养要求等，结合仓库存储区域情况，采用适当的货位储存策略，为货物安排一个合适的储位，以减少出入库移动的距离，缩短作业时间，充分利用储存空间。

货物入库采取分区分类的办法是仓库保管业务的要求，也是一种科学的保管方法。所谓分区，就是根据仓库的建筑、设备条件，将库房、货棚、货场划分为若干保管货物的区域以适应货物储存的需要。仓库划分区域的目的是保障货物的分类管理。分类则是根据货物的自然属性及其消费上的连带性分为若干类别，以便于分类集中管理。例如，危险品和一般物品、食品和有毒物品、养护方法和灭火方法不同的物品不能混杂存放，应采取分区分类的方法存放，便于查找、检查、养护，确保货物储存安全。

仓库货物的分区分类储存要坚持“四一致”的原则（性能一致、养护措施一致、作业手段一致、消防方法一致），把仓库划分为若干保管区域，把储存货物划分为若干类别，以便统一规划储存和保管。

1. 按库存货物理化性质不同进行划分

这是指将库存商品按其理化性质分成若干大类，每一大类划定一个保管区，如化工品区、金属材料区、机电产品区、危险品区等。这种划分方法便于仓库对货物采取相应的、有针对性的保养措施，便于对库存货物进行清查盘点，以提高仓容的利用率。从空间利用情况来看，同种货物集中存放时可以进行集中堆码，便于提高仓库货位的利用率。

2. 按不同货主进行划分

这是综合性仓库常采用的方法，在仓库中经常有同样的商品分属于不同的货主，需要根据货物的所有权关系来进行分区分类管理，以便于仓库发货或货主提货。这种划分的目的是方便与货主对口衔接，防止不同货主的货物混淆，也便于联系核对。但是，其缺点也是显而易见的，即非常容易造成货位的交叉占用，以及货物之间相互产生影响；而且，在具体存放时，还应按货物的性质划分为若干货区，以保证货物储存安全。

3. 按货物的使用方向不同进行划分

这是指按货物的使用方向和用途将货物分成若干大类，每类货物划定一定的储存保管区。这种划分方法便于仓库发货，便于对基层用料单位配送物品。但是，这种方法的缺点是用于同一方向的货物品种多、性质各异，需要采取不同的保管措施，所以会给保管带来困难。

4. 混合分区法

由于上述各种分区分类的方法各有优缺点，所以在通常情况下多采用混合分区法，通用货物多按理化性质分类保管，专用货物多按使用方向分类保管。

（三）选择与确定货位的原则

（1）根据货物的尺寸、货量、特性、保管要求选择货位。

① 货位的通风、光照、温度、排水、防雨等应满足货物保管要求。

② 货位尺寸与货物尺寸配合，特别是大件、长件货物存入所选货位时，其周围应有足够的装卸空间，货位的容量与货量应接近。

③ 选择货位时要考虑相近货物的情况，要防止其与相近货物相忌和相互影响。

④ 对需要经常检查的货物，要存放在能经常检查到的货位，如靠近入口的货位。

（2）根据保证“先进先出”“缓不围急”的原则选择货位。“先进先出”是仓储的重要原则，能避免货物超期储存而引起变质。在货位安排时，要避免后进货物围堵先进货物，存期较长的货物围堵存期较短的货物。

（3）根据出入库频率高低和储存期的长短选择货位。出入库频率高的货物应安排在靠近出口的货位上，以方便出入。流动性差的货物可以安排在离入口较远处，而存期短的货物宜安排在出入口附近。

（4）根据“小票集中”“大不围小”“重近轻远”的原则选择货位。多种小批量货物，应合用一个货位或者集中在一个货位区，避免夹存在大批量货物的货位中，以便查找。重货应离装卸作业区最近，可减少搬运作业量或者方便直接采用装卸设备进行作业。重货放在货架或货垛的下层，轻货则放在货架或货垛的上层。

（5）根据操作的便利性原则选择货位。所安排的货位应能保证搬运、堆垛等作业的方便，有足够的机动作业场地和装卸空间，能使用机械进行直接作业。

（6）根据作业量分布均匀的原则选择货位。所安排的货位应尽可能避免同一作业线路上有多项作业同时进行，以避免相互妨碍，尽量实现各货位的同时并行装卸作业，以提高效率。

课堂讨论

储位管理的矛盾是什么？

知识链接

货物分区分类储存的作用是：可缩短货物拣选及收、发作业的时间；能合理使用仓容，提高仓容利用率；有利于仓管员熟悉货物的性能，提高保管养护的技术水平；可合理配置和使用机械设施，有效提高机械化、自动化操作程度；有利于仓储货物的安全，减少损耗。

（四）货位存货方式

货位存货方式是指各个货位如何存放货物，主要有固定货物的货位、不固定货物的货位和分类固定货物的货位3种。

1. 固定货物的货位

固定货物的货位是一种利用管理信息系统事先将货架进行分类、编号，并贴附货架代码，对各货架内装置的物品事先加以确定的货位存货方式，通常称为“对号入座”。这种存货方式规定好每一个货位存放货物的规格品种，每一种货物都有自己固定的货位，即使货位空着也不能存放其他商品。在采用这种货位存货方式时，必须注意每一个货位的容量都应该大于在该货位存放物品的最大在库量，否则会出现货位不足、物品不能及时入库的情况。

这种存货方式适用于非季节性、重点用户的物品，以及库存物品种类比较多且性质差异较大的情况。

固定货物的货位的优点是：各种商品存放的位置固定不变，仓库管理人员容易熟悉货位并记住货位，便于拣选、查找商品；缺点是：不能充分利用每个货位，仓容利用率低。由于是固定货物，货位可以有针对性地进行装备，有利于提高货物保管质量。

2. 不固定货物的货位

不固定货物的货位也叫流动型货位、自由货位或随机货位，是指不事先确定各类物品专用的货架，每个货位可以存放任意一种商品，只要货位空闲，入库的各种商品都可按顺序摆放在空的货架中，通常称为“见缝插针”。这种存货方式由于各货架内装载的物品是不断变化的，所以在物品变更登录时出错的可能性较高。

这种存货方式适合于周转较快、出入库频繁的物品，以及存放季节性物品或物流量变化剧烈的物品。

不固定货物货位的优点是：能充分利用每一个货位，提高仓容利用率；缺点是：每种商品没有固定的位置，仓库内显得混乱，不便于查找和管理，影响作业效率。对于周转极快的专业流通仓库和大型配送中心来说，物品保管时间较短，大都采用不固定货物的货位方式。

3. 分类固定货物的货位

对货位进行分区分片，同一区类只存放一类货物，但在同一区内的货位则采用不固定使用的方式。这种方式有利于货物保管，方便查找货物，仓容利用率也可以大大提高，所以大多数储存仓库都使用这种方式。分类固定货物的货位管理经常采用计算机管理的方式，以便于查找和提高效率。

从发展趋势来看，仓储行业将来主要采取自由货位的方式，并采用计算机对货位进行管理。

（五）货物储位分配策略

1. 定位储存

每一项存储的货物都有固定储位，不同货物不能互用储位，所规划的每一项货物的储位容量不得小于其可能的最大在库量。

（1）优点：每种货物都有固定储放位置，拣货人员容易熟悉货物储位；货物的储位可按周转率大小或出货频率来安排，以缩短出入库搬运距离；可针对各种货物的特性做储位安排，将不同货物特性间的相互影响减至最小。

（2）缺点：储位必须按各项货物的最大在库量设计，储区空间平时的使用效率较低。

定位储存容易管理，能缩短搬运时间，但存储空间利用率较低，适用于厂房空间大、多种少量商品的储存。

2. 随机储存

在这种储存方法下，货物存储位置的指派都是随机的，而且可经常改变，任何货物可以被存放在任何可利用的位置。

（1）优点：由于储位共用，所以只需要按所有库存货物的平均库存量设计，储区空间使用率较高。

（2）缺点：货物的出入库管理及盘点工作较难；周转率较高的货品可能被储存在离出入口较远处，增加了出入库的搬运距离；具有相互影响特性的货品可能相邻储存，造成对货品的伤害或发生危险。

与定位储存相比较，随机储存可节省 35% 的移动储存时间及增加 30% 的储存空间，但由于厂房空间有限，要求尽量利用储存空间和货物种类较少或体积较大的情况，所以不利于货物的拣取作业。随机储存能使货架空间得到最有效的利用，可减少储位数目，适用于厂房空间有限、需求尽量利用储存空间和货物种类较少或体积较大的情况。

3. 分类储存

在这种储存方法下，所有货物按照一定特性加以分类，每一类货物都有固定存放的位置，而同属一类的不同货物又按一定的规则来指派储位。分类储存通常按产品的相关性、流动性、产品尺寸、重量、产品特性等进行分类。

（1）优点：便于畅销品的存取，具有定位储存的各项优点；各分类的储存区域可根据货物特性再作设计，有助于货物的储存管理。

（2）缺点：储位必须按各项货品的最大在库量设计，储区空间的平均使用效率较低。

分类储存较定位储存具有弹性，但也有与定位储存同样的缺点，适用于产品相关性大且经常被同时订购的货物、产品周转率差别较大的货物、产品尺寸差别较大的货物。

4. 分类随机储存

在这种储存方法下，每一类货物有固定的存放位置，但在各类的储区内，每个储位的指派是随机的。

（1）优点：具备分类储存的部分优点，可以节省储位数量，提高储区利用率。

（2）缺点：货物出入库管理和盘点工作较难。

分类随机储存兼具分类储存和随机储存的特点，需要的存储空间量介于两者之间，适用于品种数目多、仓库面积相对不足的情况。

5. 共同储存

在确定各种货物进出仓库时间的情况下，不同的货物可共用相同的储位。

（1）优点：节省空间，缩短搬运时间。

（2）缺点：管理比较复杂。

共同储存在管理上虽然较复杂，但所占用的存储空间及搬运时间却更经济，适用于品种数目较少、快速流转的货物。

知识拓展

储位指派法则

储存策略是储区规划的大原则，必须配合储位指派原则才能决定储存作业运作的模式。储位分配法则是储存策略的衍生物，与储存策略相适应。储位指派的原则可归纳如下。

1. 可与随机储存、共用储存策略相配合的储位指派原则

这类原则主要是靠近出口原则，即将刚到达的货物指派到离出入货口最近的空储位上。

2. 可与定位储存、分类（随机）储存策略相配合的储位指派原则

（1）周转率原则。按照货物的周转率（销售量与存货量之比）来指定储位。先依照周转率从大到小排成一个序列，再将此序列分为若干段，通常分为 3～5 段。同属于一段中的货物列为同一级，然后依照定位或分类储存法的原则，指定储存区域给每一级的货物。周转率越高，距离出入就货口就越近，如图 3.2 所示。

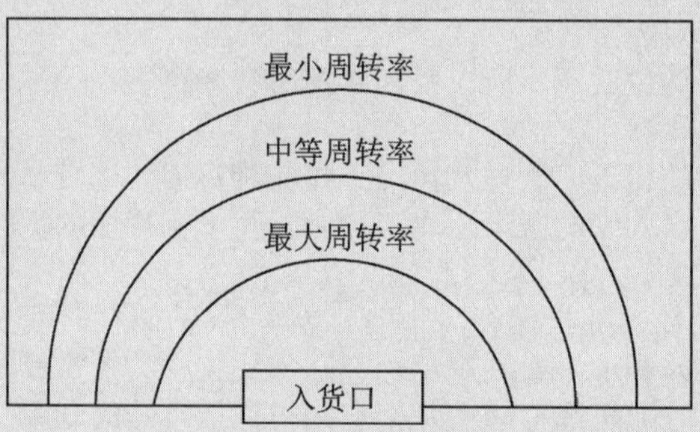

图 3.2　依周转率划分储区

另外，当入货口与出货口不相邻时，可依据货物进出仓库次数来做储存空间的调整，见表 3-1。表中数据为 8 种货物进出仓库的情况，当出入货口分别在仓库的两端时，可依货物入仓及出仓的次数比率来指定其储存位置，如图 3.3 所示。

表 3-1　8 种货品进出仓库的情况

产　品	进货量	进仓次数	出货批量	出仓次数	进仓次数 / 出仓次数
A	40 托盘	40	1.0 托盘	40	1.0
B	200 箱	67	3.0 箱	67	1.0
C	1 000 箱	250	8.0 箱	125	2.0
D	30 托盘	30	0.7 托盘	43	0.7
E	10 托盘	10	0.1 托盘	100	0.1
F	100 托盘	100	0.4 托盘	250	0.4
G	800 箱	200	2.0 箱	400	0.5
H	1 000 箱	250	4.0 箱	250	1.0

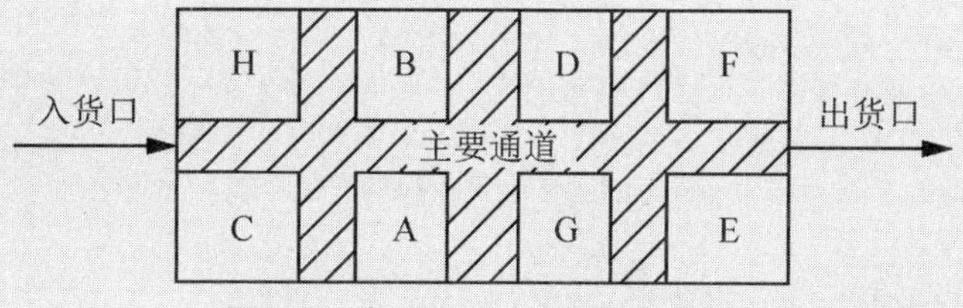

图 3.3　出入货口分离的储位指派

（2）产品相关性原则。产品相关性大的货物经常被同时订购，所以应尽可能存放在相邻位置。根据产品相关性原则来指派储位有诸多优点，如可以缩短提取路径、简化货物清点工作等。产品相关性的大小可以利用订单的历史数据来分析。

（3）产品同一性原则。即把同一类货物储存在同一保管位置的原则。作业人员对于货物的保管位置比较熟悉，可以提高仓库的作业效率。

（4）产品类似性原则。即将类似货物比邻保管的原则。

（5）产品互补性原则。即互补性高的货物也应存放在邻近位置，以便缺货时可迅速以另一品项替代。

（6）产品相容性原则。相容性低的货物绝不可以放置在一起，以免损害货物的品质，如香烟、香皂、茶叶等不可放在一起。

（7）先进先出原则。即率先保管的货物率先出库。此原则一般适用于寿命周期较短的货物，如感光纸、软片、食品等。需要注意的是，作为库存管理的手段，先进先出是必需的；但如果货物的品项较少、寿命周期较长、保管时的损耗又不易产生时，则需要在综合考虑先进先出的管理费用及采用先进先出所得到的利益之间的优劣后，再来决定是否要采用先进先出的原则。另外，对于食品或易腐败变质的货物，应重点考虑先到期先出货的原则。

（8）叠高原则。即像堆积木一样将货物叠高储存，仓库通常使用托盘等工具来实现。需要注意的是，若货物的库存管理一定要先进先出，一味地叠高并非最佳选择，应考虑使用合适的货架或积层架等保管设备，以保证叠高原则不至于影响出货效率。

（9）面对通道原则。即货物面对通道保管，并将可识别的标志、名称等面向通道设置，以便于作业人员识别。这也是使仓库内能流畅作业及作业活性化的基本原则。

（10）产品尺寸原则。在仓库布置时，应考虑货物单位大小及相同货物所形成的整批形状，以便能提供适当空间满足特定需要。所以，在储存货物时，必须要有不同大小位置的变化，用以容纳一切不同体积的货物。此原则的优势在于，物品储存数量和位置适当，拨发迅速，搬运工作及时间较少。

（11）重量特性原则。即按照物品重量的不同来决定储存货物位置的高低。一般来说，重物应保管在地面上或货架的下层位置，而重量轻的货物则保管在货架的上层位置；若以手工搬运，人的腰部以下的高度用于保管重物或大型货物，而腰部以上的高度则用来保管重量轻的货物或小型货物。此原则对于采用货架及手工搬运作业的安全性有重大意义。

（12）产品特性原则。产品特性不仅涉及货物本身的危险及易腐性质，而且可能影响其他货物，在仓库布置设计时必须予以考虑。有关货物特性的基本储存方法见表 3-2。

表 3-2　有关货物特性的基本储存方法

类　别	储存方法
易燃货品	储存在具有高度防护作用的建筑物内
	储存在安装适当防火设备的空间内
	最好在独立区隔离放置
易失窃货品	储存在加锁的笼、箱、柜或空间内
易腐货品	储存在冷冻、冷藏或其他特殊的设备内，且由专人作业与保管
易污损货品	可使用帆布套等覆盖
一般货品	储存在干燥和管理良好的库房内，以便随时提取

（13）储位表示原则。即把保管货物的位置给予明确表示。此原则的主要目的在于存取简单化，减少错误。尤其在临时人员、高龄作业人员较多的仓库中，此原则更为必要。

（14）明白（表示）性原则。即是指利用视觉，使保管场所及保管货物能够容易识别的原则。此原则对于前文所述的储位表示原则、同一性原则和叠高原则等皆能顾及，如颜色看板、布条、标示符号等方式，能让作业人员一目了然，且能使其产生联想形成记忆。

二、储位编号与货物编号作业

（一）储位编号作业

储位编码如同建筑物内房间的编号一样，为管理者和作业者提供具体和明确的地址，以方便查找。储位编码管理方法是在分区分类和划好货位的基础上，将仓库的库房、货场、货棚和货架等存放货物的场所划分为若干货位，然后按储存地点和位置排列，采用统一标记编列货位的顺序号码，并做出明显标志，以方便仓库作业的管理方法。储位编码在货物储存保管业务中具有重要的作用，它能提高收发货作业效率，避免差错。按编号收发货，便于识别货垛，缩短进出库作业时间，减少串号和错收、错发等现象的发生；同时，有利于货物在库检查、盘点、对账等作业，以保证仓库账、货相符。

1. 储位编号的要求

在品种、数量很多，进出库频繁的仓库里，保管人员必须正确掌握每批货物的存放位置。储位的编号就好比货物在仓库中的住址，必须符合“标志明显易找，编排循规有序”的要求。具体编号时，必须符合以下要求：

（1）标志设置。储位编号的标志设置，要因地制宜，采取适当的方法，选择适当的地方。例如，仓库标志，可在库门外挂牌；多层建筑库房的走道、支道、段位的标志，一般都刷置在水泥或木板地坪上；存放粉末类、软性笨重类货物的库房的标志，也有印刷在天花板上的；泥土地坪的简易货棚内的货物标志，可利用柱、墙、顶、梁刷置或悬挂标牌。

（2）标志制作。仓库货物编号的标志制作如果不规范统一，就很容易造成单据串库、货物错收、错发等事故，但如果统一使用阿拉伯字码制作标志，就可以避免以上弊病。为了将库房、走道、支道和段位等加以区别，可在字码大小、颜色上进行区分，也可在字码外加上括号、圆圈等符号加以区分。

（3）编号顺序。仓库范围的库房、货棚、货场及库房内的走道、支道和段位的编号，基本上都按照进门的方向左单右双或从左向右顺序编号的规则进行。

（4）段位间隔。段位间隔的宽窄，取决于储存货物的种类及批量的大小。

2. 储位编号的方法

储位的编号方法有地址式、区段式、商品群别式和坐标式4种。一般来说，储位编码方法是由货物特性、货物的储存量、仓库的空间布置等因素决定的。在实际工作中，较多地采用地址式编号方法。

（1）地址式编号方法。地址式编号方法是参照建筑物的编号方法，利用保管区域的现成参考单位，如建筑物第几栋、排、行、层、格等，按照相关顺序来进行编码。

（2）区段式编号方法。区段式编号方法是把保管区域分成几个区段，然后对每个区段进行编码的一种方法。每个区段代表的储存区域较大，适合大量或保管周期短的货物保管。

（3）商品群别式编号方法。商品群别式编号方法将需要储存的货物按照一定的类别区分成几个商品群，对每个商品群进行编码。

（4）坐标式编号方法。坐标式编号方法是利用空间概念，采用数学上的坐标方法来编排储位的一种方法。这种方法由于储位切割较小，所以在管理上较为复杂，适用于流通率较小、长时间存放的货物。

3. 储位编号的使用

（1）货物入库后，应将货物所在货位的编号及时登记在保管账、卡的“货位号”栏中，采用计算机管理的要输入计算机。货位输入的准确与否，直接决定出库货物的准确性，应认真操作，避免差错。

（2）当货物所在的货位变动时，账、卡的货位号应同时调整，做到“见账知物”和“见物知账”。

（3）为提高货位利用率，一般同一货位可以存放不同规格的货物，但必须采用具有明显区别的标识，以避免造成差错。

（4）走道、支道不宜经常变动，否则不仅会打乱原来的货位编号，而且需要调整库房照明设备。

课堂讨论

生活经验告诉我们，衣服分类放置，方便查找。同理，在货物仓储管理过程中也需要对货物进行分类甚至编号，从而更好地储存和管理货物。你能具体说说货物编号的原因吗？

（二）货物编号作业

货物编号是指用一组有序的代表符号来表示分类体系中不同类目货物的过程。编号中所使用的标识性的代表符号即称货物代码。物流仓库在进货时，货物本身大部分已有商品代码及条码，但有时为了物流和存货管理，配合自备的物流信息系统，而将货物重新编一个商品代码和物流条码，以方便储位管理系统运作，并能掌握货物的动向。

1. 货物编号原则

货物的编号必须符合某些规则后才能真正产生效果。一般来说，货物编号时应遵循的原则如图 3.4 所示。

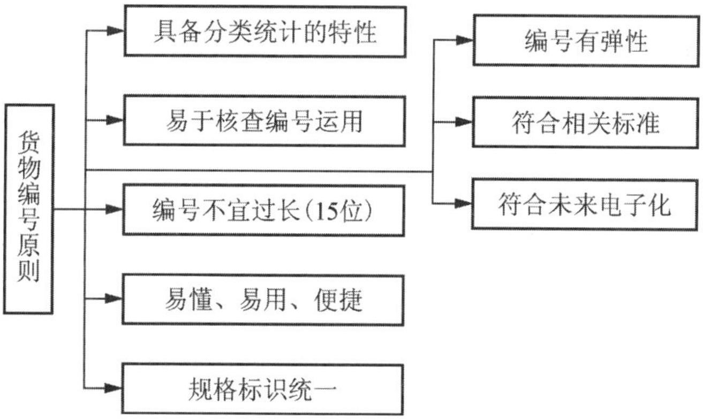

图 3.4　货物编号原则

2. 货物编号的方法

货物编号的方法有数字顺序编号法、数字分段编号法、分组编号法、实际意义编号法、后数位编号法、暗示编号法、混合编号法等。

任务二　货物堆码与苫垫作业

一、货物堆码作业

堆码也称堆垛、码垛，是根据货物的特性、形状、规格、重量和包装质量等情况，同时综合考虑气候季节、地面的负荷及储存的要求，将货物按一定的规则分别整齐、规则地摆放成各种垛型的方法。货物的堆码操作是物品管理的基础性工作。采用科学的堆码技术进行合理的码垛，对提高入库货物的储存保管质量、提高仓容利用率、提高收发作业和养护工作的效率，起着重要的作用。

（一）货物堆码的实施原则与基本要求

1. 货物堆码的实施原则

（1）分类存放。不同类别的物品要分类存放，甚至分区分库存放；不同规格、批次的物品要分位、分堆存放；残损物品要与原货分开；对于需要分拣的物品，在分拣之后，应分位存放，以免混串；不同流向、经营方式的物品也要分类分存。

（2）选择适当的搬运活性。为了减少作业时间、次数，提高仓库物流速度，应根据物品作业的要求，合理选择物品的搬运活性。对搬运活性高的入库存放物品，也应注意摆放整齐，以免堵塞通道，浪费仓容。

（3）面向通道，不围不堵。这包含两层含义：一是所有物品的货垛、货位都有一面与通道相连，处在通道旁，以便能对物品进行直接作业；二是货垛及存放物品的正面，尽可能面向通道，以便查看。

（4）尽可能地向高处码放，提高保管效率。有效利用库内容积应尽量向高处码放，为了防止破损、保证安全，应当尽可能使用货架等保管设备。

（5）注意上轻下重，确保稳固。当货物重叠堆码时，应将重的货物放在下面，将轻的货物放在上面。

（6）根据出库频率选定位置。出货和进货频率高的货物应放在靠近出入口、易于作业的地方；流动性差的货物放在距离出入口稍远的地方；季节性货物则依其季节特性来选定放置的场所。

（7）同一品种在同一地方保管。为提高作业效率和保管效率，同一货物或类似货物应放在同一地方保管。员工对库内货物放置位置的熟悉程度直接影响出入库的时间，将类似的货物放在临近的地方也是提高效率的重要方法。

（8）便于识别。将不同颜色、标记、分类、规格、样式的商品分别存放。

（9）便于计数。每垛商品可按5或5的倍数存放，便于清点计数。

（10）依据形状选择保管方法。依据物品形状来保管也是很重要的，如标准化的商品应放在托盘或货架上来保管。

2. 货物堆码的基本要求

（1）对堆码场地的要求。堆码场地可分为3种，即库房内堆码场地、货棚内堆码场地、露天堆码场地。不同类型的堆码场地，进行堆码作业时，会有不同的要求。

① 库房内堆码场地。用于承受商品堆码的库房地坪，要求平坦、坚固、耐摩擦，一般要求 $1m^2$ 的地面承载能力为5～10t。堆码时货垛应在墙基线和柱基线以外，垛底须适当垫高。

② 货棚内堆码场地。货棚是一种半封闭式的建筑，为防止雨雪渗漏、积聚，货棚堆码场地四周必须有良好的排水系统，如设置排水沟、排水管道等。货棚内堆码场地的地坪应高于棚外场地，并做到平整、坚实。堆码时，货垛一般应垫高20～40cm。

③ 露天堆码场地。露天货场的地坪材料可根据堆存货物对地面的承载要求，采用夯实泥地、铺沙石、块石地或钢筋水泥地等，应坚实、平坦、干燥、无积水、无杂草，四周同样应有排水设施。堆码场地必须高于四周地面，货垛必须垫高40cm。

（2）对堆码货物的要求。

① 货物的名称、规格、数量、质量已全查清。

② 货物已根据物流的需要进行编码。

③ 货物外包装完好、清洁、标志清楚。

④ 部分受潮、锈蚀和发生质量变化的不合格商品，已加工恢复或已剔除。

⑤ 为便于机械化作业，准备堆码的商品已进行集装单元化。

（3）对堆码操作的要求。

① 安全。堆码的操作工人必须严格遵守安全操作规程；使用各种装卸搬运设备，严禁超载，同时必须防止建筑物超过安全负荷量。码垛必须不偏不斜，不歪不倒，牢固坚实，以免倒塌伤人、摔坏商品。

② 合理。不同商品的性质、规格、尺寸不相同，应采用各种不同的垛形。不同品种、产地、等级、单价的商品，必须分别堆码，以便收发和保管。货垛的高度要适度，不压坏底层的商品和地坪，与屋顶、照明灯保持一定距离；货垛的间距、走道的宽度、货垛与墙面、梁柱的距离等都要合理、适度。垛距一般为 0.5～0.8m，主要通道为 2.5～3m。

③ 方便。货垛行数、层数，力求成整数，便于清点、收发作业。若过秤商品不成整数时，应分层表明重量。

④ 整齐。货垛应按一定的规格、尺寸叠放，排列整齐、规范。商品包装标志应一律朝外，便于查找。

⑤ 节约。堆垛时应注意节省空间位置，合理地安排货位的使用，以提高仓容利用率。

（二）货物堆垛设计的内容

为了达到货物堆码的基本要求，必须根据保管场所的实际情况、货物本身的特点、装卸搬运条件和技术作业过程的要求，对货物堆码进行总体设计。

1. 垛基

垛基是货垛的基础，其主要作用是：承受整个货垛的重量，将货物的垂直压力传递给地坪；将货物与地面隔离，起防水、防潮、通风的作用；垛基空间为搬运作业提供方便条件。

（1）将整垛货物的重量均匀地传递给地坪。垛基本身要有足够的抗压强度和刚度，为了防止地坪被压陷，应扩大垛基同地坪的接触面积，衬垫物要有足够的密度。

（2）保证垛基上存放的货物不发生变形。露天场地应平整夯实，衬垫物应放平摆正，所有衬垫物要同时受力，且受力均匀，大型设备的重心部位应增加衬垫物。

（3）保证良好的防潮和通风。垛基应为敞开式，有利于空气流通。可适当增加垛基的高度，特别是露天货场的垛基，其高度应为 300～500mm。必要时可增设防潮层，露天货场的垛基应保持一定的坡度，以利排水。垛基分为固定式和移动式两种，移动式又分为整体式和组合式，组合式垛基机动灵活，可根据需要进行拼装。

2. 垛形

垛型是指仓库场地码放的货物外部轮廓形状。按垛底的平面形状可分为矩形、正方形、三角形、圆形、环形等。按货垛立面的形状可分为矩形、正方形、三角形、梯形、半圆形，还可以组成矩形－三角形、矩形－梯形、矩形－半圆形等复合形状，如图 3.5 所示。

各种不同的立面货垛各有优缺点。矩形垛、正方形垛易于堆码，盘点计数方便，库容整齐，能充分利用仓库空间，但稳定性较差。梯形垛、三角形垛、半圆形垛的稳定性好，易苫盖，排水性能好，但不易堆码，不便于计数，不能充分利用仓库空间。矩形－三角形、矩形－梯形等复合形货垛恰好兼有两者的优点，多用于露天存货的堆垛。

垛型的确定需要根据商品的特性、保管的需要，遵循实施作业方便、迅速和充分利用

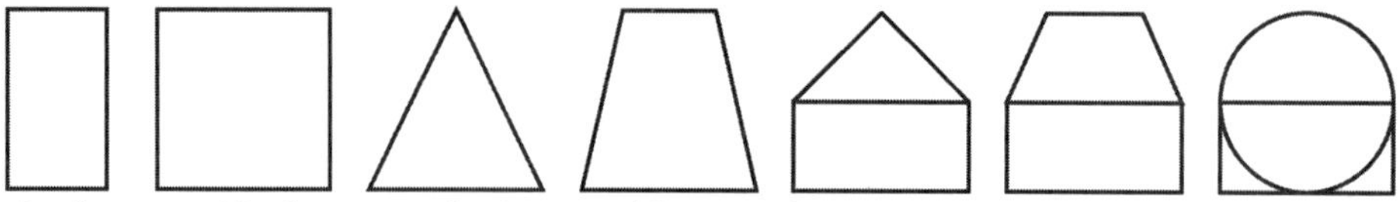

图 3.5　货垛立面形状示意图

仓容的原则。仓库常见的垛形有平台垛、起脊垛、行列垛、立体梯形垛、井形垛、梅花形垛等。

（1）平台垛。平台垛先在底层以同一个方向平铺摆放一层货物，然后垂直继续向上堆积，每层货物的件数、方向相同，垛顶呈平面，垛形呈长方体，如图 3.6 所示。在平台垛实际操作中，并不都是采用层层加码的方式，往往从一端开始，逐步后移。平台垛适用于同一包装规格整份批量货物，包装比较规则、能够垂直叠放的方形箱装货物，大袋货物，规则的软成组货物，托盘成组货物等。平台垛适用于仓库内和不需要遮盖的堆场货物码垛。

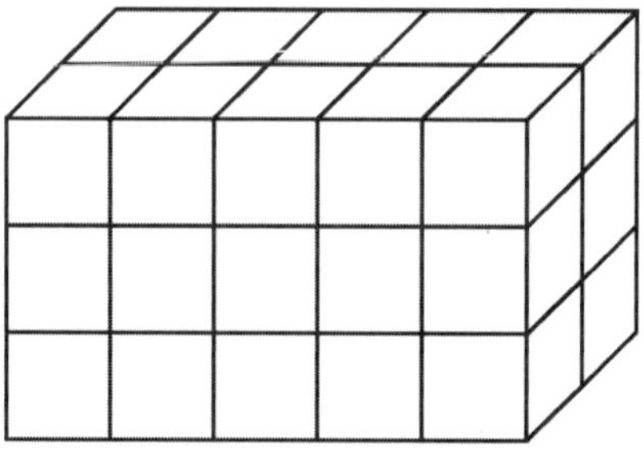

图 3.6　平台垛示意图

平台垛具有整齐、便于清点、占地面积小、方便堆垛操作的优点，但不具有稳定性，特别是硬包装、小包装的货物有货垛端头倒塌的危险，所以在必要时（如太高、长期堆存、端头位于主要通道等）要在两端采取一定的加固措施。对于堆放很高的轻质货物，往往在堆码到一定高度后，向内收半件货物后再向上堆码，从而使货垛更加稳固。

（2）起脊垛。起脊垛先按平台垛的方法码垛到一定的高度，以卡缝的方式将每层逐渐缩小，最后使顶部形成屋脊形，如图 3.7 所示。起脊垛是堆场场地堆货的主要垛形，货垛表面的防雨遮盖从中间起向下倾斜，方便排泄雨水，防止水湿货物。有些仓库由于陈旧或建筑简陋有漏水现象，仓内的怕水货物也应采用起脊垛堆垛并遮盖。

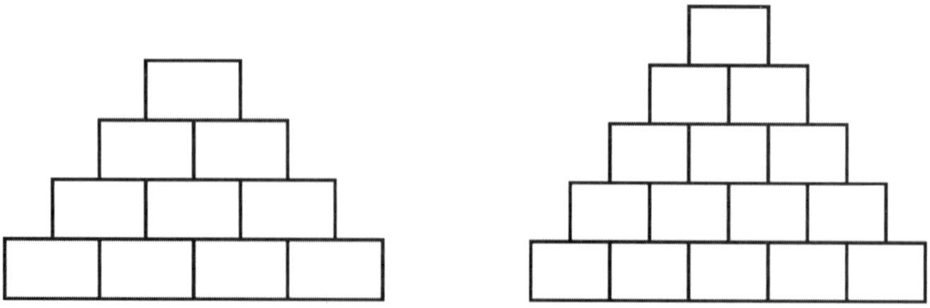

（a）4321式起脊垛　　（b）54321式起脊垛

图 3.7　起脊垛示意图

起脊垛是平台垛为了适应遮盖、排水需要而做的变形，故具有平台垛操作方便、占地面积小的优点，适用平台垛的货物同样可以适用起脊垛堆垛。但是，起脊垛由于顶部压缝缩小及形状不规则，会造成清点货物不便，顶部货物的清点需要在堆垛前以其他方式进行；另外，由于起脊的高度使货垛中间的压力大于两边，所以采用起脊垛时库场使用定额要以脊顶的高度来确定，以免中间底层货物或库场被压损坏。

（3）行列垛。行列垛将每批次货物按行或列的方式进行排放，每行或列为一层或数层高，货垛呈长条形，如图 3.8 所示。行列垛适用于批量小的货物的码垛，如零担货物为了避免混货，每批货物单独码放。长条形的货垛使每个货垛的端头都延伸到通道边，作业方便而且不受其他阻挡，但每垛货量较少，垛与垛之间都需留空，垛基小而不能堆高，因此占用较大的库场面积，库场利用率较低。

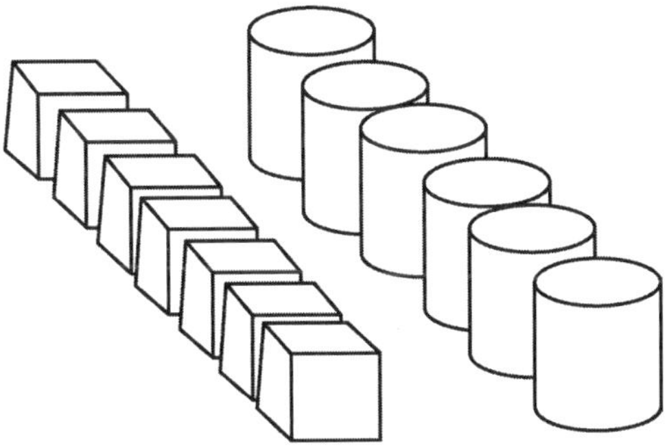

图 3.8 行列垛示意图

（4）立体梯形垛。立体梯形垛是在最底层按同一方向排放货物的基础上，向上逐层同方向减数压缝堆码，垛顶呈平面，整个货垛呈下大上小的立体梯形状，如图 3.9 所示。立体梯形垛适用于包装松软的袋装货物和上层面非平面而无法垂直叠码的货物的堆码，如横放的卷形，桶装、捆包货物。立体梯形垛极为稳固，可以堆放得较高，充分发挥仓容利用率。露天堆放的货物可采用立体梯形垛，为了排水需要也可以起脊变形。

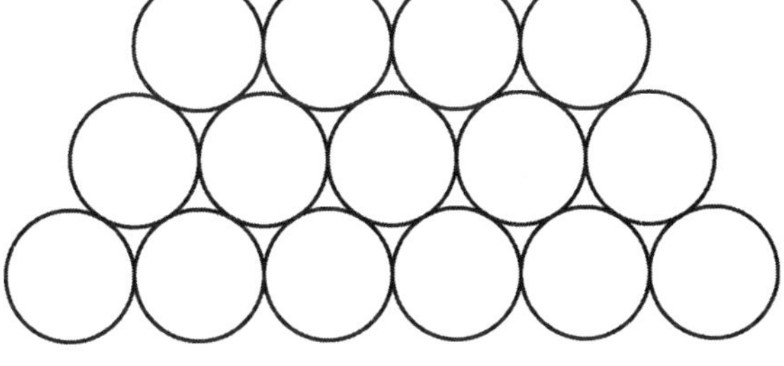

图 3.9 立体梯形垛示意图

为了增加立体梯形垛的空间利用率，在堆放可以立直的筐装、矮桶装货物时，底部数层可以采用平台垛的方式堆放，在码列一定高度后再使用立体梯形垛。

（5）井形垛。井形垛用于长形的钢管、钢材和木方的堆码，在按一个方向铺放一层货物后，以垂直方向进行第 2 层的码放，货物横竖隔层交错逐层堆放，垛顶呈平面，如图 3.10 所示。但是，井形垛不方便作业，需要不断改变作业方向。

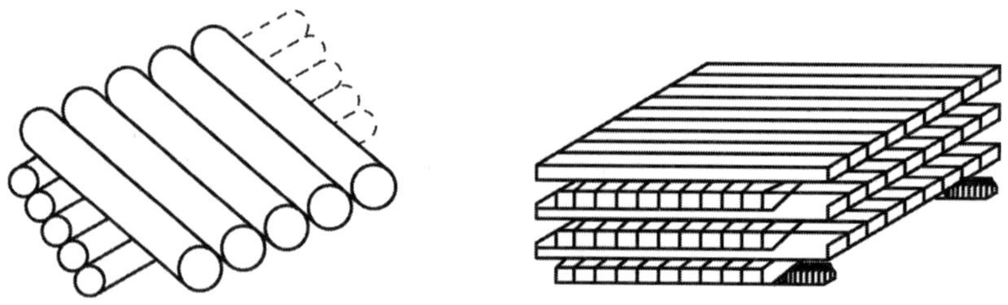

图 3.10 井形垛示意图

（6）梅花形垛。对于需要立直存放的大桶装货物，将第 1 排（列）货物排成单排（列），第 2 排（列）的每件靠在第 1 排（列）的两件之间卡缝，第 3 排（列）同第 1 排（列）一样，然后每排（列）依次卡缝排放，形如梅花，如图 3.11 所示。这种垛形较为紧凑，充分利用了货件之间的空隙，很好地利用了仓容面积。

对于能够多层堆码的桶装货物，在码放第 2 层时，将每件货物压放在下层的 3 件货物之间，四边都缩少半件，形成立体梅花形垛。

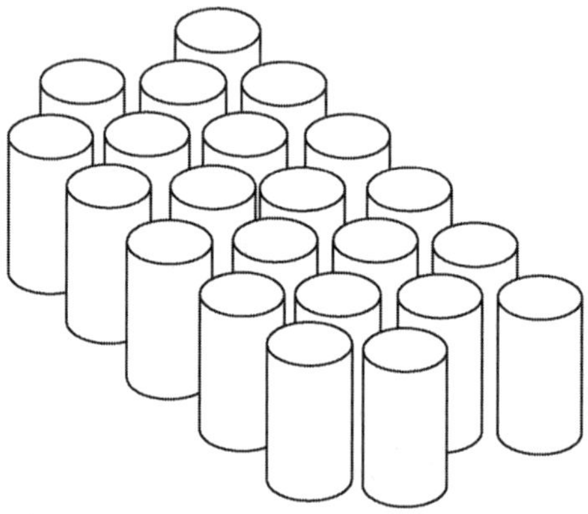

图 3.11 梅花形垛示意图

3. 货垛参数

货垛参数是指货垛的长、宽、高，即货垛的外形尺寸。在通常情况下，要先确定货垛的长度，如长形材料的定尺长度就是其货垛的长度，包装成件货物的垛长应为包装长度或宽度的整数倍。货垛的宽度应根据库存货物的性质、要求的保管条件、搬运方式、数量多少和收发制度等确定，一般多以 2 个或 5 个单位包装为货垛宽度。货垛高度主要根据库房高度、地坪承载能力、货物本身及包装的耐压能力、装卸搬运设备的类型和技术性能、货物的理化特性等确定。

货垛的 3 个参数决定了货垛的大小，每个货垛不宜太大，以利于先进先出和加速货物的周转。

（三）货物堆码的技术和方法

1. 货物堆码的技术要求

货物堆码的技术要求主要是指“五距”，即垛距、墙距、柱距、顶距和灯距。叠垛时，不能依墙、靠柱、碰顶、贴灯；不能紧挨旁边的货垛，必须留有一定的间距。

2. 货物堆码的方法

（1）散堆方式。散堆方式是指将无包装的散货在库场上堆成货堆的方式。这种方式特别适用于大宗散货，如煤炭、矿石、散粮和散化肥等。这种堆码方式简便，便于采用现代化的大型机械设备，可以节省包装费用，提高仓容的利用，降低运费。散堆方式是目前货物库场堆码的一种趋势。

（2）货堆方式。货堆方式是指对包装货物或长、大件商品进行堆码的方式。这种堆码方式应以增加堆高、提高仓容利用率、有利于保护商品质量为原则。为适应不同商品的性能、外形和保管的要求，货垛的形式可以各异。箱形商品的堆码通常有 4 种基本形式，如图 3.12 所示。

① 重叠式。重叠式是指商品各层排列方式、数量完全相同，层间无交叉搭接，垛形整齐，如图 3.12（a）所示。这种垛形的优点是操作简单、计数容易、收发方便，缺点是稳定性差、易倒垛，因而常采用绳子、绳网、塑料弹性薄膜等辅助材料来防塌。

② 砌砖式。砌砖式是指货垛上下两层排列的图谱正好旋转 180°，层间互相搭接，如图 3.12（b）所示。因而稳定性较好，但是要求货物的长宽比为 2 ∶ 3 或 3 ∶ 4。

③ 纵横交错式。纵横交错式是指货垛上下两层的商品的图谱正好旋转 90°，层间互相搭接，如图 3.12（c）所示。这种垛形的优点是稳定性较好，缺点是只能用于正方形托盘，是机械化作业的主要垛形之一。

④ 中心留空通风式。这种堆码方式用于需通风防潮的商品堆码，商品之间需留有一定的空隙，上下两层图谱方向对称，矩形、方形图谱均可采用，如图 3.12（d）所示。其优点是有利于通风、透气，适宜商品的保管养护，缺点是空间利用率较低。

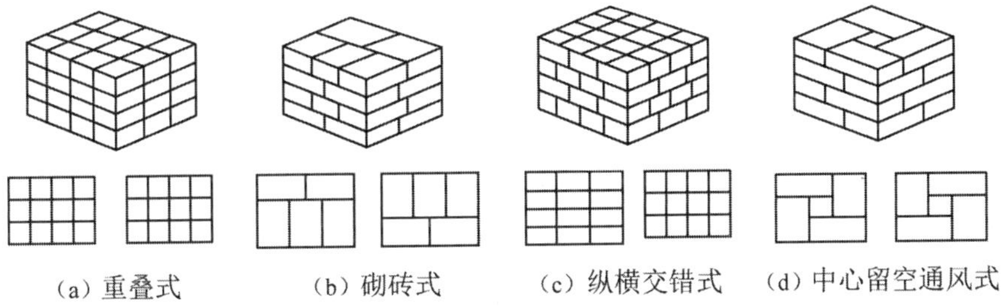

图 3.12　箱形商品的堆码形式

此外，还有压缝式，即货垛底层成正方形、长方形或圆形，然后在两件货物的缝间上码。以正方形、长方形为垛底的货垛纵横截面为“人”字形，适用于建筑陶瓷、阀门、桶形商品的堆码。而常见的“五五化”堆码是我国人工堆码中常用的一种简便的堆码方式，以五为基本的计数单位，一个集装单元或一个货垛的货物总量是五的倍数，如梅花五、重迭五等，堆码后作业人员可根据集装单元数或货垛数直接推算商品总数，大大加快了点数的速度，并有效地减少了计数的差错。

在货物堆码的实际作业中，通常将以上 4 种基本堆码形式和“五五化”堆码方法的结合起来运用。

（3）货架存放方式。货架存放方式是指采用通用或者专用的货架进行商品堆码的方式，适合于存放小件货物或不宜堆高的货物。通过货架能够提高仓库的利用率，减少货物存取时的差错。

（4）成组堆码方式。成组堆码方式采用成组工具使货物的堆存单元扩大，常用的成组工具有货板、托盘和网络等。成组堆码一般每垛三四层，这种方式可以提高仓库利用率，实现货物的安全搬运和堆存，提高劳动效率，加快货物流转。

3. 特殊货物的堆码

（1）需要经常通风的货物堆码时，可在每件或每层的前后左右留出一定的空隙，码成通风垛，以散发货物的温度或水分，如潮湿的木板等。

（2）堆码怕压的货物时，应根据商品承压力的大小，适当控制垛的高度，为了充分利用库容，最好利用架子摆放。

（3）容易渗漏的货物堆码时，为了便于检查，货垛不宜过大，适宜排列成行，行与行之间留出适当空隙，如油漆及桶装化工产品等。

（4）危险品（如易燃、易爆及爆炸物等）储放场所应干燥、阴凉、通风，库内电器、照明等设备要采用防爆装置，并设有安全消防设施，堆码不宜过高。

（5）毒害品（如氰化钾、氰化钠等）都应单独存放，严密保存，切忌与酸类相遇，储放场所也必须干燥、阴凉、通风，堆码不宜过高。

（6）腐蚀品（如各类酸、碱等）应单独存放，避免露天存放，适宜在干燥、阴凉、通风场所，堆码不宜过高，还要经常检查，防止渗漏、腐蚀，切忌水浸。

课堂讨论

堆码不好会出什么问题？

二、货物苫垫作业

（一）货物苫盖

1. 苫盖目的

为了防止货物直接受到风吹、雨打、日晒、冰冻的侵蚀，存放在露天货场的货物一般都需要苫盖。货物在堆垛时必须堆成易苫盖的垛形，如屋脊形、方形等，并选择适当的苫盖物。对于某些不怕风吹、雨淋、日晒的货物，如果货场排水性能较好，可以不进行苫盖，如生铁、石块等。

2. 苫盖材料

通常使用的苫盖材料有塑料布、席子、油毡纸、苫布等，也可以利用一些货物的旧包装材料改制成苫盖材料。若货垛需苫盖较长时间，一般可用两层席子，中间夹一层油毡纸作为苫盖材料，这样既通风透气，又可防雨雪、日晒；若货垛只需要临时苫盖，则可用苫布。为了节省苫盖成本，还可以制成适当规格通用型的苫瓦，既方便实用，又可以反复利用。

3. 苫盖方法

（1）垛形苫盖法。根据货垛的形状进行适当的苫盖，适用于屋脊形货垛、方形货垛及大件包装商品的苫盖，常使用塑料布、苫布、席子等。

（2）鱼鳞苫盖法。鱼鳞苫盖法即用席子、苫布等苫盖材料，自下而上呈鱼鳞式逐层交叠围盖的一种苫盖方法，从外形看酷似鱼鳞，适用于怕雨淋、日晒的商品。若商品需要通风透气的储存条件，可将席子、苫布等苫盖材料的下端反卷起来，使空气流通。

（3）隔离苫盖法。隔离苫盖法用竹竿、钢管、旧苇席等，在货垛四周及垛顶隔开一定空间打起框架进行苫盖，既能防雨，又能隔热。

（4）活动棚架苫盖法。根据常用的垛形制成棚架，棚架下装有可以推动的滑轮，活动棚架需要时可以拼搭，并放置在货架上，用作苫盖；不需要时，则可以拆除，节省空间。

（二）货物垫垛

垫垛就是在货物堆垛前，根据货垛的形状、底面积大小、货物保管养护的需要、负载重量等要求，预先铺好货垛物的作业。

1. 垫垛目的

垫垛是为了使堆垛的商品免受地坪潮气的侵蚀，使垛底通风透气，提高储存商品的保管养护质量，是仓储保管作业中不可缺少的一个环节。

2. 垫垛材料

垫垛材料通常采用枕木、石墩、水泥墩、木板、防潮纸等。根据不同的储存条件、商品的不同要求，可采用不同的垫垛材料。

3. 垫垛方法

（1）码架式。码架式采用若干个码架，拼成所需货垛底面积的大小和形状，以备堆垛。码架是用垫木为脚，上面钉着木条或木板的构架，专门用于垫垛。码架规格不一，常见的有长 2m、宽 1m、高 0.2m 或 0.1m。对于不同的储存条件，所需码架的高度不同：楼上库房使用的码架，高度一般为 0.1m；平库房使用的码架，高度一般为 0.2m；货棚、货场使用的码架高度一般在 0.3～0.5m。

（2）垫木式。垫木式采用规格相同的若干根枕木或垫石，按货位的大小、形状排列，作为垛垫。枕木和垫石一般都是长方体的，其宽和高相等，约为 0.2m，枕木较长约 2m，而垫石较短约 0.3m。这种垫垛方法最大的优点是拼拆方便，不用时节省储存空间，适用于底层库房及货棚、货场垫垛。

（3）防潮纸式。防潮纸式是指在垛底铺上一张防潮纸作为垛垫的方法，常用芦席、油毡、塑料薄膜等防潮纸，适用于地面干燥的库房。如果储存的商品对通风要求不高，可在垛底垫一层防潮纸防潮。

当然，若采用货架存货，或采用自动化立体仓库的高层货架存货，则货垛下面可以不用垫垛。

任务三　货物检查与盘点作业

一、在库货物检查作业

为了摸清货物在储存期间的变化情况，掌握库存动态、及时发现和解决保管中的问题，必须对库存货物进行检查和盘点。

（一）检查的内容

（1）查质量。检查仓库的温湿度是否超过标准，检查在库商品是否发生锈蚀、霉变、渗漏、老化、过期、虫蛀、鼠咬等质量变化情况。

（2）查数量。核对实物账、货卡与商品实物的数量是否一致，做到账、卡、物相符。

（3）查保管的条件与状况。看货垛、货架是否牢固，苫垫是否妥善完好，库房有无漏雨，场地有无积水、杂物，温度、湿度是否符合要求等。

（4）查设备器具。检查各种仓储设备是否完好，养护是否合理；检查计量工具是否准确；货位、货架的标识是否清楚明白。

（5）查安全。检查各种安全措施是否落实到位，防火、防盗等设备是否齐备、有效、符合要求。

对检查发现的商品质量、数量、保管条件、设备与安全等问题，应及时上报，按规定的程序进行调整、处理、维修。

（二）检查的方法

（1）日常检查。仓库保管员在每天上下班时，对所管货物的安全情况、保管状况、计量工具的准确性、库房和货场的清洁整齐程度等进行重点检查。

（2）定期检查。定期检查是指按照规定的时间，由仓库领导组织有关方面的专业人员，对在库物品进行全面检查。

（3）临时检查。在出现特殊情况前后，对受到影响的相应仓库、商品、设备进行重点检查。例如，在灾害性天气前后，临时组织的检查，或者根据工作中发现的问题而决定进行的临时性检查；灾害性天气来临之前，应检查建筑物、水道、电路是否能经受灾害性天气袭击；灾害性天气或发生事故之后，应检查损失情况，并及时维修。

（三）检查中发现问题的处理

（1）货物有变质迹象或发生变质时，应按维护保养要求处理，查明原因，提出改进措施，通知存货单位。

（2）对于超过保管期，或没有超过保管期但由于质量要求不能继续存放的，应通知货主及时处理。

（3）对于货物包装已经出现破损的，应查明原因，协商处理。

（4）货物数量有出入的，应弄清情况，查明原因，分清责任。造成短少、溢余的原因主要有磅差、计量方法不对、自然损耗、责任损溢等。

二、在库货物盘点作业

货物在库房中因不断地搬运和进出库，其库存账面数量容易产生与实际数量不符的现象。企业损溢的多寡与货物库存量有密切关系。在库货物盘点作业是指将仓库内储存的货物实际数与财务账簿数目（金额）进行核对，通过核对货物账、卡、货是否相符，以检查库存货物数量损溢和库存货物结构合理性的仓储管理工作。

（一）货物盘点的目的

（1）确定现存量。通过盘点可以查清实际库存数量，并确认库存商品实际数量与库存账面数量的差异。账面库存数量与实际库存数量不符的主要原因通常是收发作业中产生的误差，如记录库存数量时多记、误记、漏记，作业中导致的商品损坏、遗失，验收与出库时清点有误，盘点时误盘、重盘、漏盘等。如发现盘点的实际库存数量与账面库存数量不符时，应及时查清问题原因，并做出适当的处理。

（2）确认企业损益。库存商品的总金额直接反映企业库存资产的使用情况，库存量过大，将增加企业的库存成本。通过盘点，可以定期核查企业库存情况，从而提出改进库存管理的措施。

（3）核实商品管理成效。通过盘点，可以发现呆品和废品及其处理情况，以及存货周转率、商品保管、养护、维修情况，从而采取相应的改善措施。

（二）货物盘点的内容

（1）查数量。通过盘点查明库存商品的实际数量，核对库存账面数量与实际库存数量是否一致。这是盘点的主要内容。

（2）查质量。检查在库商品质量有无变化，包括受潮、锈蚀、发霉、干裂、鼠咬，甚至变质情况；检查有无超过保管期限和长期积压现象；检查技术证件是否齐全，是否证物相符；必要时，还要进行技术检验。

（3）查保管条件。检查库房内外储存空间与场所利用是否恰当；储存区域划分是否明确，是否符合作业情况；货架布置是否合理；商品进出是否方便、简单、快速；工作联系是否便利；搬运是否方便；传递距离是否太长；通道是否宽敞；储区标志是否清楚、正确、有无脱落或不明显；有无废弃物堆置区；温湿度是否控制良好。检查堆码是否合理稳固、苫垫是否严密、库房是否漏水、场地是否积水、门窗通风洞是否良好等，即检查保管条件是否与各种商品的保管要求相符合。

（4）查设备。检查各项设备使用和养护是否合理；是否定期保养；储位、货架标志是否清楚明确，有无混乱；储位或货架是否充分利用；检查计量器具和工具，如皮尺、磅秤及其他自动装置等是否准确，使用与保管是否合理，检查时要用标准件校验。

（5）查安全。检查各种安全措施和消防设备、器材是否符合安全要求；检查使用工具是否齐备、安全；药剂是否有效；商品堆放是否安全，有无倾斜；货架头尾防撞杆有无损坏变形；检查建筑物是否损坏而影响商品储存；对于地震、水灾、台风等自然灾害有无紧急处理对策；等等。

课堂讨论

仓库为什么经常要进行盘点？

（三）盘点作业的程序

1. 盘点前的准备工作

盘点前的准备工作是否充分，关系到盘点作业能否顺利进行。事先对可能出现的问题、盘点工作中易出现的差错，进行周密的研究和准备是相当重要的。

（1）决策准备。明确盘点的程序和方法，配合会计决算进行盘点时，库存资料必须确实结清。

（2）人员准备。由于盘点作业必须动用大批人力，所以通常在盘点当日应停止所有休假，并于一周前安排好出勤计划。经过训练的人员必须熟悉盘点用的表单。

（3）环境整理。环境整理工作一般应在盘点前一日做好，包括检查各个区位的商品陈列或仓库存货的位置和编号是否与盘点配置图一致；清除不良品，并装箱标志，进行账面记录；清楚作业场死角；将各有关设备、用品及工具存放整齐。

（4）准备好盘点工具。若使用盘点机盘点，需要先检查盘点机是否可做正常操作；如采用人员填写方式，则需要准备盘点表及红、蓝色圆珠笔。盘点用的表格必须事先印制完成。

（5）盘点前指导。盘点前一日最好对盘点人员进行必要的指导，如盘点要求、盘点常犯错误及异常情况的处理办法等。盘点、复盘、监盘人员必须经过训练。

2. 确定盘点时间

在一般情况下，盘点的时间选择在月末或财务决算前。从理论上讲，在条件允许的情况下，盘点的次数越多越好，但每一次盘点都要耗费大量的人力、物力和财力，所以应根据实际情况确定盘点时间。存货周转率比较低的企业，可以半年或一年进行一次货物的盘点。存货周转量大的企业，库存品种比较多的企业可以根据商品的性质、价值大小、流动速度、重要程度来分别确定不同的盘点时间。盘点一次的时间可以是每天、每周、每月、每季、每年不等。

3. 确定盘点方法

不同的储存场所对盘点的要求不尽相同，盘点方法也会有所差异。为尽可能快速、准确地完成盘点作业，必须根据实际需要确定盘点的方法。

4. 培训盘点人员

盘点的结果取决于作业人员的认真程度和程序的合理性。为保证盘点作业顺利进行，必须对参与盘点的所有人员进行集中培训。培训的主要内容是盘点的方法及盘点作业的基本流程和要求。通过培训，必须使盘点工作人员对盘点的基本要领、表格及单据的填写事项十分清楚。

5. 盘点作业

盘点工作开始时，先要对储存场所及库存商品进行一次清理。

（1）对尚未办理入库手续的商品，应予以标明，不在盘点之列。

（2）对已办理出库手续的商品，要提前通知有关部门，运到相应的配送区域。

（3）账卡、单据、资料均应整理后统一结清。

（4）整理商品堆垛、货架等，使其整齐有序，以便于清点计数。

（5）检查计量器具，使其误差符合规定要求。

（6）确定在途运输商品是否属于盘点范围。

盘点人员按照盘点单到指定库位清点商品，并且将数量填入盘点单中实盘数量处。使用盘点机进行盘点，可以采用输入商品编码及数量、逐个扫描商品条形码这两种方式。

（四）货物盘点的方法

（1）动态盘点法。动态盘点法又称永续盘点，是指对有动态变化的商品（即发生过收发的商品）即时核对其余额是否与账、卡相符的一种盘点方法。动态盘点法有利于及时发现差错和及时处理。

（2）重点盘点法。重点盘点法是指对商品进出动态频率高的，或者易损耗的，或者昂贵商品的一种盘点方法。

（3）全面盘点法。全面盘点法是指对在库商品进行全面的盘点清查的一种方法，多用于清仓查库或年终盘点。全面盘点法盘点的工作量大，检查的内容多，将数量盘点、质量检查、安全检查结合在一起进行。

（4）循环盘点法。循环盘点法是指在每天、每周按顺序一部分一部分地进行盘点，到了月末或期末则每项商品至少完成一次盘点的方法。循环盘点法要求按照商品入库的前后顺序，无论是否发生过进出业务，都必须有计划地循环进行盘点。

（5）期末盘点法。期末盘点法又称定期盘点法，是指在期末一起清点所有商品数量的方法。期末盘点法必须关闭仓库做全面性的商品清点，对商品的核对十分方便和准确，可减少盘点中的不少错误，简化存货的日常核算工作。期末盘点法的缺点是关闭仓库停止业务会造成损失，并且动员大批员工从事盘点工作，加大了期末的工作量；不能随时反映存货收入、发出和结存的动态，不便于管理人员掌握情况；容易掩盖存货管理中存在的自然和人为的损失；不能随时结转成本。

期末盘点法与循环盘点法的比较见表3–3。

表3–3　期末盘点法与循环盘点法的比较

比较内容	盘点方式	
	期末盘点法	循环盘点法
时间	期末，每年仅数次	日常，每天或每周一次
所需时间	长	短
所需人员	全体动员或临时雇用	专门人员
盘点差错情况	多且发现很晚	少且发现很早
对营运的影响	需停止作业数天	无
对商品的管理	平等	A类商品：仔细管理 C类商品：稍微管理
盘点差错原因追究	不易	容易

课堂讨论

仓库货物品种多如何才能盘点清楚？

（五）盘点结果的处理

1. 盘点差异因素分析

当盘点结束后，发现账货不符时，应追查发生差异的原因，可以从以下几个方面着手：

（1）是否因记账员素质较低、记账及账务处理有误，或进出库的原始单据丢失、盘点不佳，导致账货不符。

（2）是否因盘点方法不当，导致漏盘、重盘或错盘。

（3）是否因盘点制度的缺点导致账货不符。

（4）是否因货账处理制度的缺点，导致商品数目无法表达。

（5）是否在容许范围之内，是否可事先预防，是否可以降低货账差异的程度。

2. 盘点结果的处理

商品盘点差异原因追查清楚后，应针对主要原因进行调整，想出解决方法。

（1）依据管理绩效，对分管人员进行奖惩。

（2）对废次品、不良品减价的部分，应视为盘亏。

（3）存货周转率低，占用金额过大的库存商品宜设法降低库存量。

（4）盘点工作完成以后，所发生的差错、呆滞、变质、盘亏、损耗等结果，应进行迅速处理，并防止以后再发生。

（5）若呆滞品比率过大，应设法研究以降低比率。呆滞品是百分之百的可用品，但是由于库存周转率极低，特别容易被忽视，久而久之积少成多，不仅耗损商品价值、积压营运资金，而且占据可利用的库存空间。呆滞品可采取打折出售、与其他企业进行以物易物的相互交易、修改再利用、调拨给其他单位利用等措施进行处理。

（6）商品除了盘点时产生数量的盘亏以外，有些商品在价格上会产生增减，这些差异经主管部门审核后，必须利用商品盘点盈亏及价格增减更正表修改，见表 3–4。

表 3–4　商品盘点数量盈亏及价格增减更正表

年　月　日

商品名称	单位	账面资料			盘点实存			数量盈亏				价格增减				差异原因	责任人	备注
		数量	单价	金额	数量	单价	金额	盘盈		盘亏		增价		减价				
								数量	金额	数量	金额	单价	金额	单价	金额			

任务四　货物保管与养护作业

在库货物的保管、养护是根据货物在储存期间的质量变化规律，按照货物保管、养护的操作规程和技术要求所进行的一系列货物的保养、维护工作，以确保货物的质量完好和数量无误。

一、在库货物保管的内容

（一）在库货物保管的意义

保管是对物品进行保存和数量、质量管理控制的活动。物质资料的生产和消费之间，在时间、空间、数量、品种等方面总是存在一定的差异。为了消除这些差异，必须要建立一定的储备。有了商品储备，必然要求进行相应的商品保管。商品保管是物流的主体，它包括对商品进行合理的储存和科学的养护。商品储存是将商品按照一定的原则存放在适宜的场所和位置；商品养护是按照一定的要求对商品进行必要的保养和维护。商品的储存和养护是相互联系、相互制约的统一体，必须辩证地处理好两者的关系，既要搞好储存又要重视养护，只储存不养护或重储存轻养护都是不对的。

库存商品变化的原因，有内因和外因两个方面：内因是指商品本身所固有的特性，主要是物理和化学性质；外因是指外界自然因素的影响，如温度、湿度等。

库存商品的变化是有规律的，不以人的主观意志为转移，但其规律是能够被人们所认识的。商品保管就是在认识和掌握库存商品变化规律的基础上，灵活有效地运用这些规律，采取相应的技术和组织措施，削弱和抑制外界因素的影响，最大限度地减缓库存商品的变化，以保存商品的使用价值和价值。

如果对库存商品不能进行合理的存储和科学的养护，就会使商品发生质量上的变化和数量上的损耗，降低甚至丧失使用价值，就会给企业造成经济上的损失。特别是由于对库存商品保管不当或失误而引起燃烧、爆炸等重大事故时，损失更大。这种损失绝不仅限于仓储设施和商品本身的价值，还会直接损害消费者利益，尤其是生产资料的变质和损失，会影响物资供应，致使生产单位的生产不能正常进行，甚至停工待料。这种间接损失远远大于商品本身的损失。

此外，加强商品保管更具有特殊意义。由于库存商品数量大、在库时间长、周转比较缓慢、仓储设施陈旧落后、保管条件差，加上我国幅员辽阔、地理气候条件复杂，都对商品保管不利，商品保管的任务更为艰巨，所以加强商品保管就显得更为重要。

（二）在库货物保管的基本要求

1. 合理存储

（1）仓库分类、库房分区、货区分位，按商品的性能及其对保管条件的要求，科学地安排商品的存储地点，以便于机械化、自动化作业。

（2）根据商品的性能、体积、重量、包装及周转量，正确运用货架、堆码技术和苫垫技术，最大化利用仓库空间，合理存放商品。

2. 科学养护

商品养护的目的在于维护商品的质量，保护商品的使用价值，避免和减少商品损失。

（1）按商品的性能，建立科学的商品养护制度，保护好商品的质量。

（2）妥善地运用苫垫技术，避免商品受到外界不良因素的损害。

（3）根据商品性能的要求，通过密封、通风、吸潮等方法，控制和调节好仓库的温湿度，创造适宜的储存条件。

（4）贯彻“以防为主、防治结合”的方针，做好金属防锈、除锈，商品防霉、防腐、防治害虫工作，保护好商品的使用价值，减少损耗。

3. 账物相符

（1）认真做好商品入出库的点验工作，防止发生数量差错。

（2）设置齐全的商品实物账、货卡，正确记录商品进出动态，确保商品数量准确，做到物卡相符、账卡相符。

（3）对库存商品进行检查和盘点，掌握库存商品的数量和质量状况，做到账卡相符、卡货相符。

（4）有条件的仓库，实行商品条码管理和计算机管理。

4. 安全保管

（1）严格遵守仓储作业规范，安全进行仓库装卸、搬运、堆垛作业。

（2）对危险品妥善地专门存放保管。

（3）严格遵守仓库安全制度，做好防火、防盗、防漏、防自然灾害、防事故等工作，确保人员、仓库、设备、商品安全。

二、在库货物的质量变化

（一）在库货物质量变化的类型

货物在储存期间，由于货物本身的成分、结构和理化性质等特点，以及受到日光、温度、湿度、空气和微生物等客观外界条件的影响，会发生质量变化，造成货物的损耗和损失。在库货物质量变化的形式归纳起来有物理机械变化、化学变化、生物变化和生理生化变化。

（1）货物的物理机械变化。即货物的挥发、溶化、熔化、干燥、变形、串味、沉淀。

（2）货物的化学变化。即货物的锈蚀、分解、氧化、老化、风化。

（3）货物的生物变化及生理生化变化。即货物的呼吸作用、发芽、后熟作用及被霉腐、虫蛀或鼠咬。

（二）影响在库货物质量变化的主要因素

（1）影响货物质量变化的内在因素。即货物的化学成分、货物的结构、货物的性质。

（2）影响货物质量变化的外在因素。即氧气、日光、空气温度、空气湿度、微生物和仓虫。

三、在库货物的养护

（一）控制仓库温度、湿度的方法

1. 空气温度及变化规律

（1）空气温度。空气温度是指空气的冷热程度，简称气温。距地面越近气温越高，距地面越远气温越低。衡量空气温度高低的尺度称为温标。常用的温标有摄氏温标和华氏温标两种，都以水沸腾时的温度（沸点）与水结冰时的温度（冰点）作为基准点。

摄氏温标的结冰点为 0 度，沸点为 100 度，中间分成 100 个等份，每一等份为 1 度，用符号“℃”来表示。华氏温标的结冰点为 32 度，沸点为 212 度，中间分成 180 个等份，每一等份为 1 度，用符号“T”来表示。

在仓库日常温度管理中，我国规定采用摄氏度表示。摄氏温标和华氏温标可以互相换算。测量库内外温度时，需要使用温度计。经常使用的温度计都是根据水银或酒精热胀冷缩的原理制成的。

（2）空气温度的变化规律。空气的温度处于经常的、不断的运动变化中，其变化有周期性变化和非周期性变化两种类型，其中周期性变化又有日变化和年变化。

① 气温的日变化。气温的日变化是指一昼夜间气温的变化。一天中气温的最高值和最低值的差叫气温日较差。气温的日较差的大小受纬度、季节、地形等因素的影响很大。

② 气温的年变化。气温的年变化是指气温在一年内有规律的变化。一年之中，内陆地区最低气温出现在 1～2 月份，最高气温出现在 7～8 月份；沿海地区最低气温出现在 2 月份，最高气温出现在 8 月份。影响气温变化因素有纬度地形和海拔高度等。

③ 气温的非周期性变化。气温的非周期性变化是指时间上没有像周期性变化那样有规律的气温变化。它是不正常的、偶然性的变化，如霜冻、寒流、暖流、风、雪、雾、雨等，都会造成气温的突然变化。

（3）库内空气温度的变化规律。库内空气温度的变化主要受大气温度变化的影响，随着大气温度的变化也相应地发生规律性变化。一般情况下，库内温度变化滞后于库外，夜间库内温度比库外高，白天库内温度比库外低。有的地区的仓库采取夜间通风的措施便是基于这一原理的。

2. 空气湿度及变化规律

（1）空气湿度。空气湿度是指空气中水汽含量的多少，简称湿度。空气湿度的表示方法有绝对湿度、饱和湿度、相对湿度等。

① 绝对湿度。绝对湿度是指单位体积的空气中实际所含的水汽量。温度对绝对湿度有直接影响。温度越高，水分蒸发越多，绝对湿度就越大；反之，温度越低，水分蒸发越少，绝对湿度就越小。

② 饱和湿度。在空气中虽然经常含有水蒸气，但也不能无限制地容纳水蒸气。在一定的温度下，一定体积的空气中所容纳的水汽量是有限度的。空气的饱和湿度是随着空气温度的变化而变化的。温度越高，空气中所容纳的水汽量越多，饱和湿度就越大；反之，温度越低，饱和湿度就越小。不同温度有相应的饱和湿度值。

③ 相对湿度。相对湿度是指在同温度下，空气的绝对湿度与饱和湿度的百分比。相对湿度是表示空气中实际含有的水汽量（绝对湿度）距离饱和状态（饱和湿度）的程度。要了解空气的干湿程度，主要看空气的相对湿度高低，即相对湿度越大，表示空气越潮湿；相对湿度越小，表示空气越干燥。

（2）空气湿度的变化规律。空气湿度的变化规律包括绝对湿度和相对湿度的变化规律两方面。

① 绝对湿度的变化规律。一般来说，绝对湿度是随着温度的升高而增加，随着温的降低而减小的。绝对湿度的变化有日变化和年变化两种情况。

② 相对湿度的变化规律。相对湿度是随气温的升高而减小，随气温的降低而增大。相对湿度也有日变化和年变化两种情况。

（3）库内湿度的变化规律。库内的空气湿度主要是受库外空气湿度的影响。但是，库房建筑结构和储存货物的状况等，对库内湿度也有一定的影响。

绝对湿度不足以完全说明空气的干湿程度，相对湿度却能正确反映空气的干湿程度。相对湿度一方面取决于绝对湿度，另一方面取决于空气湿度。在同样的绝对湿度条件下，温暖地区和季节的相对湿度往往偏低。库内的湿度通常是随库外湿度变化而变化，但是密封良好的库房受到的影响较小，且库内各部位的湿度也因库内具体情况而有差距。部分常规商品的存储温湿度见表 3-5。

表 3-5　部分常规商品的存储温湿度

商　品	温度 /℃	相对湿度 RH/（%）	商　品	温度 /℃	相对湿度 RH/（%）	商　品	温度 /℃	相对湿度 RH/（%）
搪瓷制品	≤35	≤80	卷烟	≤25	55～70	粉笔	≤35	≤75
竹木制品	≤30	60～75	食糖	≤30	≤70	干电池	-10～25	≤75
纸制品	≤35	≤75	棉织品	≤35	≤75	打火石	≤35	≤75
糨糊	0～25	65～80	毛织品	≤30	≤75	火柴	≤25	≤75

续表

商　品	温度 /℃	相对湿度 RH/（%）	商　品	温度 /℃	相对湿度 RH/（%）	商　品	温度 /℃	相对湿度 RH/（%）
墨汁	0～25	65～80	丝织品	≤35	≤75	鞋油	-5～30	70～85
墨水	0～25	65～80	麻织品	≤35	≤75	肥皂	≤25	60～80
修正液	≤20	70～80	涤纶织品	≤35	≤80	洗衣粉	≤25	≤75
广告色	0～25	65～80	锦纶织品	≤35	≤80	牙粉	-5～30	≤75
广告粉	≤30	≤75	腈纶织品	≤35	≤80	牙膏	-5～25	≤80
打字蜡纸	5～25	≤75	氯纶织品	≤35	≤80	雪花膏	≤30	60～80
鱼肉罐头	-5～25	≤75	毛皮	≤30	≤75	香脂	≤30	≤80
青菜罐头	0～25	≤75	毛皮制品	≤30	≤75	蛤蜊油	≤25	≤80
糖浆罐头	-10～25	≤75	皮革制品	≤30	≤75	发蜡	≤25	≤80
糖水罐头	-5～15	≤75	乳胶制品	-10～25	≤80	香水	≤20	70～85
炼乳罐头	-5～15	≤75	橡胶制品	≤25	≤80	花露水	≤20	70～80
白酒	≤30	≤75	人造革制品	-10～25	≤75	香粉	≤25	≤75
果酒	-5～20	≤75	玻璃制品	≤35	≤80			
黄酒	-5～20	≤75	金属制品	≤35	≤75			

3. 仓库温、湿度控制和调节的方法

仓库的温度和湿度是货物储存条件中最重要也是最基本的因素。为保持库存货物质量完好，最有效的手段就是使仓库的温度和湿度始终维持在适宜的范围。

（1）空气温度的控制方法。库房内空气的防热措施主要有：利用夜间通风；使用空调机降温；屋顶搭凉棚；屋顶喷水。

库房内的防冻措施主要有：利用暖气设备保温；对需要冬暖夏凉的货物，可选择建筑良好、地坪干燥的小型库房；库房内密封，库房门外挂厚门帘，能起到隔热防冻的作用。

（2）空气湿度的控制方法。采取通风、密封与吸潮相结合的办法，是控制与调节库内湿度行之有效的办法。

① 密封。密封就是利用一些导热性差、隔热性较好或透气率较小的材料，把库房、货垛或货物可能地密闭起来，以防止或减弱外界空气条件的影响，达到防潮、防热、防干裂、防冻、防溶化、防腐蚀、防锈蚀等目的，保证货物安全储存。常见的密封材料包括防潮纸、塑料薄膜、油毡纸、稻谷壳、纤维板、芦席、河沙等。密封的主要形式包括整库密封、整垛密封、整柜（货架、厨）密封、整箱密封等。

② 通风。通风可使仓库内外空气产生对流，达到调节库内温度湿度的目的。常用的通风方法包括自然通风和机械通风。

③ 吸湿。吸湿是与密封相结合，用以降低库内空气湿度的一种有效方法。在梅雨季或阴雨天，当库内湿度过高时，不适宜货物的保管；而库外湿度也过大，不宜进行通风散潮时，可以在库房密封的条件下，采用吸潮的办法降低库内的湿度。通常采用的吸湿方法有吸潮剂吸湿（如生石灰、氯化钙、硅胶和木炭等）和机械吸湿（如去湿机等）两种。

（二）金属制品防锈、除锈处理技术

金属的锈蚀是指金属表面在环境介质的作用下，发生化学与电化学作用而遭到破坏的现象。影响金属及其制品锈蚀的因素既有金属组织结构、成分和性质的因素（内因），又有金属周围的环境因素（外因），其中环境因素中又以空气相对湿度和腐蚀性气体（主要是二氧化硫）对金属有较大的威胁。

1. 金属制品的除锈方法

（1）手工除锈。即利用砂纸、砂布、钢丝刷等对生锈的金属表面进行除锈。

（2）机械除锈。即利用专门的机械设备将金属表面锈蚀除去，如摩擦轮除锈、滚筒式除锈、抛光机除锈和喷砂机除锈等。

（3）化学除锈。即利用除锈液与金属表面的锈蚀物发生化学反应，将锈迹除去。

2. 金属制品的养护方法

（1）涂油防锈。即在金属表面涂（浸或喷）一层防锈油脂薄膜。

（2）气相防锈。气相防锈是一种常用的防锈方法，主要有以下几种：

① 粉末法。把气相防锈粉末撒在产品表面，或用器皿盛装后置于包装物内，或用纱布包好后悬挂于产品四周。

② 浸涂纸（布）法。将气相缓蚀溶剂溶解于蒸馏水中或有机溶剂中制成溶液，然后浸涂或刷涂在防锈纸或防锈布上，干燥后即成为气相防锈纸或气相布，含量一般为 5～30g/m^2。使用时直接用其包装金属制品即可，然后在它的外面加石蜡纸或塑料袋包装。

③ 溶液法。用上述方法先把防锈剂制成溶液，喷涂在金属表面，再用石蜡纸或塑料袋包装。

（3）可剥性塑料封存防锈。可剥性塑料是以塑料为基体的一种防锈包装材料，一般配方中加有矿物油、防锈剂、增塑剂、稳定剂及防霉剂等。可剥性塑料涂覆于金属表面上成膜后，并不直接黏附于金属表面，而是做一层析出的油膜与金属隔开，故启封时不需借助溶剂就能用手轻易剥除。

（三）在库货物防霉、除霉处理技术

霉腐是仓储商品的主要质量变化形式，但并非任何商品在任何情况下都能发生霉变。霉变必须具备 3 个条件：一是商品受到霉腐微生物污染，二是商品中含有可供霉腐微生物利用的营养成分（如有机物构成的商品），三是商品处在适合霉腐微生物生长繁殖的环境条件下。

了解霉腐微生物的生长规律和易霉腐商品的特点，对于采取有效措施防治商品霉腐具有指导作用。商品霉腐的预防可以采取加强管理和药物预防相结合的方法，其中温湿度管理是重要的一环，还可以采用气调防霉腐法、气相防霉腐法、低温防霉腐法、干燥防霉腐法和辐射防霉腐法等。

（四）在库货物防治虫害技术

仓库害虫简称“仓虫”，是指能在仓库环境中生长，危害在库商品、包装物和仓库设备的昆虫。仓虫种类很多，现已发现危害仓储商品的仓虫就有 60 多种，严重危害仓储商品的达 30 多种。仓虫不仅蛀蚀商品，造成商品减量、变质，而且损坏仓库建筑、设备。

防治仓库害虫的措施，主要从 4 个方面着手：杜绝仓库害虫的来源，改变害虫的生存环境，提高商品的抵御能力，直接杀灭害虫。具体防治仓库害虫的方法是多种多样的，如物理防治法、化学防治法、生物防治法等。

课堂讨论

分组讨论货物在库保管环节的操作过程中要注意哪些事情。

任务五　货物流通加工作业

在库商品的流通加工是指根据需要对客户生产过程的一种补充加工，或商品在库储存时，根据需要施加包装、分割、计量、分拣、刷标志、拴标签、组装等简单作业的总称。流通加工是现代仓储所特有的环节。

一、流通加工的作用

（一）提高原材料利用率

通过流通加工进行集中下料，将生产厂商直接运来的简单规格产品，按用户的要求进行下料。例如，将钢板进行剪板、切裁，将木材加工成各种长度及大小的板、方等。集中下料可以优材优用、小材大用、合理套裁，显著地提高原材料的利用率，具有有很好的技术经济效果。

（二）进行初级加工，方便用户

用量小或满足临时需要的用户，不具备进行高效率初级加工的能力，通过流通加工可以省去进行初级加工的投资、设备、人力。例如，目前发展较快的初级加工有将水泥加工成生混凝土，将原木或板、方材加工成门窗，钢板预处理，整形等加工。

（三）提高加工效率及设备利用率

在分散加工的情况下，加工设备由于生产周期和生产节奏的限制，设备利用时松时紧，使得加工过程不均衡，从而使得设备加工能力不能得到充分发挥。而流通加工面向全社会，加工数量大、范围广、任务多。这样可以通过建立集中加工点，采用一些效率高、技术先进、加工量大的专门机具和设备，既提高了加工效率和加工质量，又提高了设备利用率。

（四）充分发挥各种运输手段的最高效率

流通加工环节将实物的流通分成两个阶段。在第一阶段，由于流通加工环节通常设置在消费地，所以从生产厂到流通加工的第一阶段是在数量有限的生产厂与流通加工点之间进行定点、直达、大批量的远距离输送，输送距离长。因此，第一阶段可以采用船舶、火车等大量输送的手段。在第二阶段，则从流通加工到消费环节利用汽车和其他小型车辆来输送经过流通加工后的多规格、小批量、多用户的产品。这样可以充分发挥各种输送手段的最高效率，加快输送速度，节省运力运费。

（五）改变功能，提高收益

在流通过程中进行一些改革产品某些功能的简单加工，其目的除了上述几点以外，还在于提高产品销售的经济效益。例如，许多制成品（如玩具、轻工纺织产品、工艺美术品等）在深圳进行简单的装饰加工，改变了产品的外观功能，从而使产品的售价提高。因此，在仓储环节，流通加工可以成为高附加值的活动。这种高附加值主要着眼于满足用户的需要，提高服务功能，是贯彻物流战略思想的表现，也是一种低投入、高产出的加工形式。

二、常见在库商品的流通加工

（1）钢材的流通加工。包括对圆钢、角钢、带钢、盘条、钢板等材料的剪、裁、切、割。

（2）木材的流通加工。根据不同客户的需求，将原木加工成枕木、方材、板材、辅料、下脚料和锯末等，可使木材得以充分利用。

（3）平板玻璃的流通加工。它是指为了方便运输，提高玻璃的利用率，减少玻璃的边角下料，简化玻璃生产厂家的生产程序而进行的加工。

（4）食品的流通加工。包括鸡、鱼、牛、羊肉分割等。

（5）分装、灌装流通加工。包括化妆品的分装、药粉的分装、油漆的分装、各种油脂的分装等。

（6）组装产品的流通加工。包括自行车、家具、玩具等的组装加工等。

三、在库商品流通加工合理化

在库商品流通加工合理化是实现在库商品流通加工的最优配置，也就是对是否设置流通加工环节、在什么地方设置、选择什么类型的加工、采用什么样的技术装备等问题做出正确抉择。这样做不仅可以避免各种不合理的流通加工形式，而且可以做到最优。

（一）不合理的流通加工形式

1. 流通加工地点设置得不合理

流通加工地点设置即布局状况，它是决定整个流通加工是否有效的重要因素。一般来说，为衔接单品种大批量生产与多样化需求的流通加工，加工地点设置在需求地区，才能实现大批量的干线运输与多品种末端配送的物流优势。如果将流通加工地设置在生产地区，一方面，为了满足用户多样化的需求，会出现多品种、小批量的产品由产地向需求地的长距离的运输；另一方面，在生产地增加了一个加工环节，也会增加近距离运输、保管、装卸等一系列物流活动，在这种情况下，不如由原生产单位完成加工而不需要设置专门的流通加工环节。

另外，流通加工环节应该设置在产出地，并设置在进入社会物流之前。如果将其设置在物流之后，即设置在消费地，则不但不能解决物流问题，反而在流通中增加了中转环节，因此是不合理的。

即便产地或需求地设置流通加工的选择是正确的，还存在流通加工在小地域范围内的正确选址问题。如果处理不善，仍会出现不合理，如交通不便、流通加工与生产企业或用户之间距离较远、加工点周围的社会环境条件不好等。

2. 流通加工方式选择不当

流通加工方式包括流通加工对象、流通加工工艺、流通加工技术、流通加工程度等。流通加工方式的确定实际上是与生产加工的合理分工。分工不合理，把本来应由生产加工完成的作业错误地交给流通加工来完成，或者把本来应由流通加工完成的作业错误地交给生产过程去完成，都会造成不合理。

流通加工不是对生产加工的代替，而是一种补充和完善。一般来说，如果工艺复杂，技术装备要求较高，或加工可以由生产过程延续或轻易解决的，都不宜再设置流通加工。如果流通加工方式选择不当，就可能会出现生产争利的现象。

3. 流通加工作用不大，形成多余环节

有的流通加工过于简单，或者对生产和消费的作用都不大，甚至有时由于流通加工的盲目性，不但不能解决品种、规格、包装等问题，反而增加了作业环节。这也是流通加工不合理的重要表现形式。

4. 流通加工成本过高，效益不好

流通加工的一个重要优势就是有较大的投入产出比，能有效地起到补充、完善的作用。如果流通加工成本过高，则不能实现以较低投入实现更高使用价值的目的，势必会影响其经济效益。

（二）实现在库商品流通加工合理化的途径

1. 加工和配送结合

加工和配送结合是指将流通加工设置在配送点中。按配送的需要进行加工是配送作业流程中分货、拣货、配货的重要一环，加工后的产品直接投入配货作业，不需单独设置一个加工的中间环节，而使流通加工与中转流通巧妙地结合在一起。同时，由于配送之前有必要的加工，可以使配送服务水平大大提高，这是当前对流通加工做出合理选择的重要形式。

2. 加工和配套结合

配套是指将在使用上有联系的用品集合成套地供应给用户使用。当然，配套的主体来自各家生产企业，如方便食品中的方便面，就是由其生产企业配套生产的。但是，有的配套不能由某家生产企业全部完成，如方便食品中的盘菜、汤料等。而在物流企业进行适当的流通加工，可以有效地促成配套，大大提高流通作为供需桥梁与纽带的能力。

3. 加工和合理运输结合

流通加工能有效衔接干线运输和支线运输，促进两种运输形式的合理化。利用流通加工，在支线运输转干线运输或干线运输转支线运输等这些必须停顿的环节不进行一般的支转干或干转支，而是按干线或支线运输合理的要求进行适当加工，可以大大提高运输及运输转载水平。

4. 加工和合理商流结合

流通加工也能起到促进销售的作用，进而使商流合理化，这也是流通加工合理化的方向之一。加工和配送相结合，通过流通加工，提高了配送水平，促进了销售，使加工与商流合理结合。此外，通过简单地改变包装加工增加用户的购买量，通过组装加工解除用户使用前进行组装、调试的难处，都是有效促进商流的例证。

5. 加工和节约结合

节约能源、节约设备、节约人力、减少耗费是流通加工合理化重要的考虑因素，也是目前我国设置流通加工并考虑其合理化的普遍形式。

知识链接

某药业公司 ABC 库存循环盘点制度

（1）目的。保证公司财产安全，为公司决策提供真实数据。通过盘点检查，监督按批号出入库。

（2）根据 ABC 库存分析法进行分类，每季部分调整。目前约有 5 600 个品种。

① A 类定为 600 个品种，销售金额占 70% 以上，50 个品种 / 排。每周周二、周四、周六固定盘点，下班前上缴盘点数据，结账后保存结存数据；第二天录入统计差异，交库管员查找差异原因；第三天盘点时还出现差异，上报分拣中心部长处理。

② B 类定为 1 100 个品种，销售金额占 20% 以下，90 个品种 / 排。每周六固定盘点，第二天录入统计差异，每周一将 1 700 个品种（品种占 30%，销售金额占 90% 以上）、150 个品种 / 排的盘点结果上报分拣中心备案。

③ C 类为余下品种，约 3 900 个品种，销售金额占 10% 以下，320 个品种 / 排。每季度循环盘点，1 300 个品种 / 月，110 个品种 / 排每月；每月末结账日，共盘点 3 000 个品种，260 个品种 / 排每月，每季度完成一次循环盘点。

（3）每周由公司财务和开票员、验收员负责按 2% 的品种安排抽盘，分拣中心协助盘点，每年完成一次循环；确保达到以上人员熟悉公司产品、监控公司资产的目的。

（4）每半年由公司组织相关部门对分拣中心进行大盘点，检查公司财产的安全情况。

（5）当月发生的报损报溢，在盘点前由分拣中心申请，由财务部审核，由人事部奖惩，由信息部调账，确保账实相符、实物与系统库存数据一致、销售采购工作进行顺畅。

（6）分拣中心建立差异台账，登记出现的差异、差异处理结果、奖惩结果。每周二由信息部负责在系统上调整差异。

（7）盘点要求。按货位和按批号盘点，确保准确无遗漏。

项目小结

仓库的主要作业是货物的入库、在库管理和出库作业，入库、出库作业时间一般较短，而货物在库时间较长。货物在库保管养护作业是指仓库针对货物的特性，结合仓库的具体条件，采取科学手段对货物进行合理的保管养护，以确保货物的质量完好和数量无误。其主要包括货物分区分类储存、货物堆码、苫垫作业，货物检查、盘点作业，货物保管养护作业及流通加工作业等各项作业活动。

习题与思考

一、单选题

1. 在仓储管理中，根据物品重量来安排存储保管的位置来看，下列说法正确的是（　　）。
A. 重的物品放上，轻的物品放下　　B. 重的物品在下，轻的物品在上
C. 轻重无所谓，以放得整洁为准　　D. 轻重应夹杂着放，以保持平衡

2.（　　）堆码是在商品保管过程中运用最广的方式。
A. 垛堆法　　B. 货架堆码法　　C. 行列法　　D. 散堆法

3. 商品的保管卡用于具体货垛进、出、结数量的记录，一般由（　　）。
A. 会计使用管理　　B. 门卫使用管理
C. 统计使用管理　　D. 保管员使用管理

【项目三参考答案】

4. 在仓储保管中，保管的一条重要原则是（　　）。
A. 先进先出　　B. 先进后出　　C. 后进先出　　D. 均可

5. 影响仓储商品质量变化的环境因素很多，其中最重要的是（　　）。
A. 仓库的空气　　B. 仓库的布局　　C. 仓库的温湿度　　D. 仓库的光照

二、多选题

1. 仓储的保管原则除了面向通道保管、向高处码放、根据出入库频率选定位置以外，还应（　　）。
A. 将同一品种在同一地方保管　　B. 根据物品重量安排保管位置
C. 依据物品形状安排保管方法　　D. 依据先进先出原则保管

2. 根据出入库频率选定位置是指（　　）。
A. 出货和进货频率高的物品应放在靠近出入口的地方
B. 流动性差的物品放在距离出入口稍远的地方
C. 特殊危险物品放在保管位置安全的地方
D. 季节性物品依据季节特性选定放置的位置

3. 货物堆垛的形式主要有（　　）。
A. 重叠式　　B. 纵横交错式　　C. 仰伏相间式　　D. 压缝式

4. 仓库盘点前，仓管员应做的工作包括（　　）。
A. 清理整顿，摆放整齐　　B. 结出库存余额，编制库存报表
C. 先自行盘点，寻找差异原因　　D. 盈时多送，亏时补扣

5. 商品养护的目的是（　　）。
A. 提高商品的价格　　B. 加快商品的销售
C. 维护商品的质量　　D. 保护商品的使用价值

三、判断题

1. 采取通风、密封与吸潮相结合的办法是控制与调节库内湿度行之有效的办法。（　　）
2. 货位的设置，可以方便仓库中对货物的组织，以及出入库时对货物的管理。（　　）
3. 对库区内的所有货物，都应该执行同样的盘点方法。（　　）
4. 散堆法在商品堆码中应用最广。（　　）

四、思考题

1. 简述货物分区分类的方法。
2. 简述货物堆码操作的要求。

3. 货物盘点的目的是什么?
4. 简述影响在库货物质量变化的主要因素。
5. 储位管理的矛盾是什么? 如何解决?

五、实训与考核

实训一　货物编码作业实训

实训目的

通过实际操作，掌握货物编码原则、编码方法。

任务描述

根据所给货物信息，完成货物编码作业。

客　户	商品品牌	商品名称	商品编号
宝洁	潘婷	乳业修复润发精华素	
宝洁	潘婷	滋养防掉发洗发露	
宝洁	沙宣	深层水养洗发露	
宝洁	沙宣	焗油去屑洗发露	
宝洁	佳洁士	盐白牙膏	

任务驱动

完成此任务，需要明确以下几个问题:
1. 货物编码的原则与方法有哪些?
2. 货物编码有什么作用?

任务操作

1. 能够按照货物编码原则确定货物编码方法。
2. 能够对货物进行编码。

任务考评

1. 确定货物编码方法。（30 分）
2. 完成货物编码作业。（40 分）
3. 实训报告完整。（30 分）

实训二　绘制货物托盘码货图

实训目的

根据 3 种货物的基本信息，按照托盘码货图的绘制方法和要求，绘制货物托盘码货图。

任务描述

3 种货物的基本信息如下所列。

3 种货物的基本信息

序　号	商品名称	包装规格（长 × 宽 × 高）/mm	实收数量 / 箱	最大堆码层数
1	沃尔特舒汽车维修专用工具	330 × 235 × 180	40	4
2	诚诚油炸花生仁	395 × 245 × 180	24	6
3	康师傅方便面	595 × 325 × 180	24	6

任务驱动

完成此任务，需要明确以下几个问题：
1. 了解托盘码货方法及码货形式。
2. 分析托盘、长宽尺寸和托盘尺寸的配合关系。
3. 考虑商品码放层数与商品自身高度、货位高度和托盘高度的关系。

任务操作

1. 用 Word 绘图工具将所给货物码放在托盘上。
2. 绘制托盘奇数层和偶数层的俯视图。
3. 在图中托盘的下侧和右侧标出托盘的长宽尺寸。
4. 用文字说明每种货物托盘的码货层数及每层的码货箱数。

任务考评

1. 确定货物托盘码货图绘制方法。（20分）
2. 货物托盘码货图绘制规范，符合要求。（40分）
3. 实训报告完整。（40分）

实训三　在库货物盘点作业实训

实训目的

根据盘点作业流程，进行在库货物盘点作业，掌握盘点作业的基本技能。

任务描述

要求根据库存货物账面数量一览表，在规定的库存区域内，对库存货物进行盘点检查，对比实际数量和账面数量的差异，并进行处理。

库存货物账面数量一览表

序　号	品　名	规　格	数　量	包　装	重　量
1	力士香皂	200克/块	500块	50块/箱	11.5千克/箱
2	佳洁士牙膏	120克/支	6 000支	100支/箱	13.3千克/箱
3	雕牌洗衣粉	500克/袋	1 000袋	10袋/箱	6.5千克/箱
4	熊猫洗洁精	500克/瓶	1 000瓶	20瓶/箱	10.5千克/箱

任务驱动

完成此任务，需要明确以下几个问题：
1. 货物盘点前准备工作包括哪些内容？
2. 货物盘点的内容与程序是什么？
3. 货物盘点的方法是什么？对盘点差异结果应如何处理？

任务操作

1. 设计盘点单据，完成库存冻结。
2. 进行账面及实物盘点。
3. 核对盘点结果，分析差异原因。
4. 盘点结果处理。

任务考评

1. 盘点前准备工作充分。（30分）
2. 盘点操作流程正确。（40分）
3. 实训报告完整。（30分）

项目四

仓储出库作业操作

【思维导图】

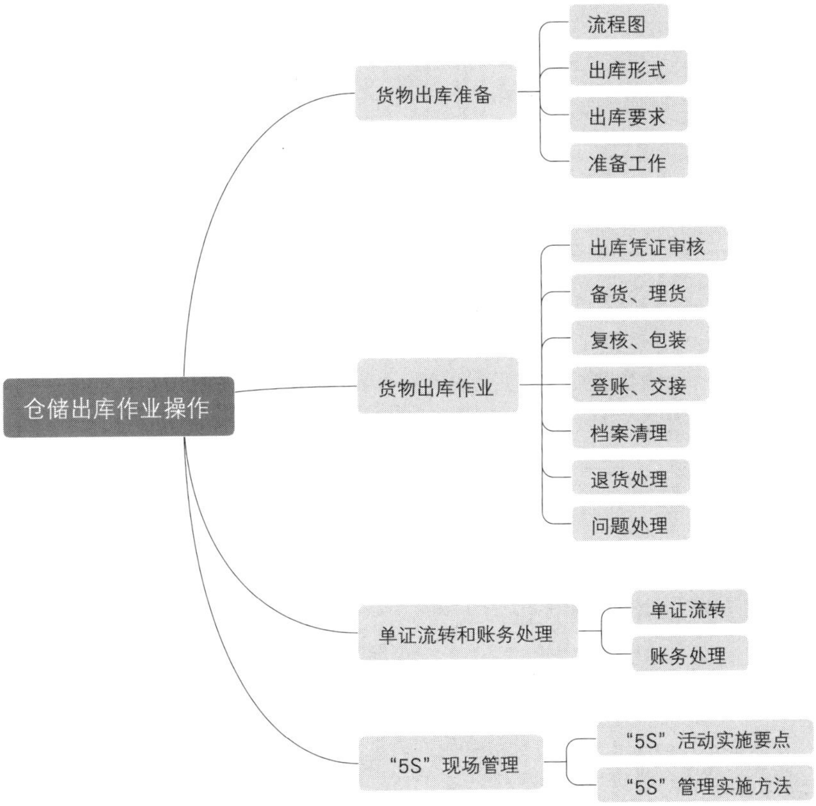

【学习目标】

素养目标	能力目标	知识目标
(1)培养学生爱岗敬业、理解岗位工作职责、执行工作操作规程、完成工作任务的职业素养。 (2)培养学生协作与沟通的意识与能力 。 (3)要求学生树立责任、安全、服务、成本的理念	(1)能做好货物出库前的各项准备工作。 (2)能完成货物出库各项作业，并正确填写出库作业中的各种单证。 (3)能进行货物的出库管理设计，处理货物出库中出现的问题。 (4)能根据仓库现场的情况，进行现场"5S"管理	(1)熟练掌握仓储出库作业的基本流程。 (2)掌握出库准备作业的内容。 (3)掌握办理货物出库手续的全部环节。 (4)理解"5S"管理的理念及推行"5S"的主要方法

【任务导入】

城北物流公司通过电子邮件的方式收到来自客户的出库通知，其中包括1 000箱康师傅红烧牛肉面、400箱农夫山泉矿泉水、500箱达能闲趣饼干、600箱可口可乐饮料、100箱美加净护手霜、200箱雕牌洗衣粉等商品。5月8日上午9：00，有司机到仓库提货。5月8日上午8：30上班后，商务人员将出库任务通知交给仓库保管员。

出库通知单

出库单位：家美超市　　　　　出库时间：2019年5月8日

编号	货号	货品名称	单位	数量	包装 /mm	批次	备注
1	3568022	康师傅红烧牛肉面	箱	1 000	190 × 370 × 270	0704119885487	
2	3568023	农夫山泉矿泉水	箱	400	285 × 380 × 270	0704119885488	
3	3568024	达能闲趣饼干	箱	500	320 × 480 × 200	0706119885489	
4	3568025	可口可乐饮料	箱	600	380 × 570 × 220	0706119885490	
5	3568026	美加净护手霜	箱	100	350 × 350 × 245	0706119885491	
6	3568027	雕牌洗衣粉	箱	200	265 × 210 × 240	0706119885492	

审核：　　　　记账：　　　　提货人：　　　　制单：

任务要求

要完成这项工作任务，仓库保管员需要做好哪些出库准备工作，组织哪些相关仓储活动，办理哪些出库手续，才能保证出库货物按质、按量、及时、安全地发给用户，满足其生产经营的需要。

【任务实施】

任务一　货物出库准备作业

货物出库作业是指仓库根据业务部门或存货单位开出的货物出库凭证（提货单、调拨单等），按其所列货物编号、名称、规格、型号、数量和接货方式等条件，进行的核对凭证、备料、复核、点交、发货等一系列作业和业务管理活动。货物出库作业是仓储作业过程当中的最后一个环节，既涉及仓库与货主或收货企业、承运部门的经济联系，又涉及仓库各有关业务部门的作业活动，其作业质量的高低直接影响仓储管理及其服务水平。仓储企业应尽可能地以合理的物流成本保证出库货物按质、按量、及时、安全地发给用户，满足其生产经营的需要，只有这样才能赢得客户的信任和长期合作。货物出库作业流程图如图4.1所示。

一、货物出库的形式

（一）客户自提

客户自提是指客户自派车辆和人员，持提货单（领料单）到仓库直接提货的一种出库方式。这种方式就是仓库通常所称的提货制，具有“提单到库，随到随发，自提自运”的特点。为划清交接责任，仓库发货人与提货人在仓库现场对出库商品当面交接清楚并办理签收手续。这种方式适用于运输距离近、提货数量少、单件货品和临时订货的客户。

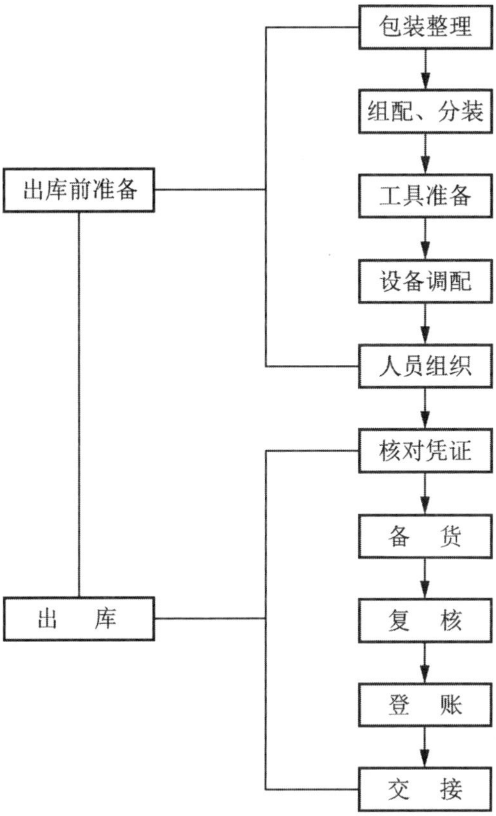

图 4.1　货物出库作业流程图

（二）送货上门

送货上门是指仓储单位派自己的车辆和人员，根据用户的要求，把出库凭证所开列的商品，直接运送到客户指定地点的一种出库方式。这种方式就是通常所称的送货制。

仓库自行送货要划清交接责任，仓储部门与运输部门的交接手续是在仓库现场办理完毕的。运输部门与收货单位的交接手续根据货主单位与收货单位签订的协议，一般在收货单位指定的到货目的地办理。

送货上门具有“预先付货、按车排货、发货等车”的特点，具有很多好处：仓库可预先安排作业，缩短发货时间；收货单位可避免因人力、车辆等不便而发生的取货困难问题；在运输上，可合理使用运输工具，减少运费。

（三）代办托运

代办托运是指仓库接受客户的委托，为客户办理商品托运时，依据货主开具的出库凭证上所列商品的品种、规格、质量、数量、价格等办理出库手续，通过公路、铁路、水路、航空等运输部门把商品发运到用户指定地点的一种出库方式。这种方式较为常见，也是仓库推行优质服务的措施之一，适用于大宗、长距离的商品运输。

（四）过户

过户是一种就地划拨的形式，商品虽未出库，但所有权已从原有的货主转移到新的货主。仓库必须根据原有货主开出的正式过户凭证，才予以办理过户手续。

（五）转仓

货主单位为了业务方便或改变商品储存条件，需要将某批库存商品从甲库转移到乙库，这就是转仓的出库方式。转仓只是在同一仓储企业不同仓库间进行，仓库必须根据货主单位开出的正式转仓票，才予以办理转仓手续。

（六）取样

取样是指货主根据商品质量检验、样品陈列等需要，到仓库取货样，仓库必须根据正式取样凭证才予以发给样品，并做好财务记录。

二、货物出库的基本要求

（一）严格贯彻先进先出、推陈储新的原则

先进先出就是根据商品入库的时间先后，先入库的商品先出库，以保持库存商品质量完好状态。尤其对于易变质、易破损、易腐败的物品和机能易退化、老化的物品来说，应加快周转，对变质失效的商品不准出库。

（二）出库凭证和手续必须符合要求

出库凭证的格式不尽相同，但不论采用何种形式必须真实、有效。出库凭证如不符合要求，仓库都不得擅自发货。特殊情况需要发货的，必须符合仓库有关规定。

（三）严格遵守仓库有关出库的各项规章制度

（1）物品出库必须遵守各项制度，按章办事。发出的物品必须与提货单、领料单或调拨单上所列的名称、规格、型号、单价、数量相符合。

（2）未验收的商品及有问题的物品不得发放出库。

（3）物品入库检验与出库检验的方法应保持一致，以免造成人为的库存盈亏。

（4）超过提货单有效期尚未办理提货手续的，不得发货。

（四）提高服务质量，满足用户需要

物品出库要求做到及时、准确、保质、保量地将商品发放给收货单位，防止差错事故发生；工作尽量一次完成，提高作业效率；为用户提货创造各种方便条件，协助用户解决实际问题。

（五）贯彻"三不""三核""五检查"的原则

（1）"三不"。即未接单据不翻账、未经审单不备货、未经复核不出库。

（2）"三核"。即在发货时，要核实凭证、核对账卡、核对实物。

（3）"五检查"。即对单据和实物要进行品名检查、规格检查、包装检查、件数检查、重量检查。

三、货物出库前的准备工作

（1）对货物原件的包装整理。货物经过多次装卸、堆码、翻仓和拆检，会使部分包装受损，不适宜运输要求。仓库必须视情况事先进行整理、加固或改换包装。

（2）零星货物的组配、分装。根据货主需要，有些货物拆零后出库，仓库应为此事先做好准备，备足零散货物，以免因临时拆零而延误发货时间；有些货物则需要进行拼箱，为此应做好挑选、分类、整理和配套等准备工作。

（3）包装材料、工具、用品的准备。对从事装箱、拼箱或改装业务的仓库，在发货之前应根据性质和运输部门的要求，准备各种包装材料及相应的衬垫物，以及刷写包装标志的用具、标签、颜料、打包等工具。

（4）待运货物的仓容及装卸机具的安排调配。商品出库时，应留出必要的理货场地，并准备必要的装卸搬运设备，以便运输人员提货发运或装箱送箱，及时装载货物，加快发送速度。

（5）发货作业的合理组织。发货作业是一项涉及人员较多、处理时间较紧、工作量较大的工作，进行合理的人员组织和机械协调安排是完成发货的必要保证。

由于出库作业细致复杂，工作量也大，事先对出库作业进行合理组织，安排好作业人员和机械，保证各个环节的紧密衔接，也是十分必要的。

知识拓展

“六不”改善法

（1）不让等。即使员工和设备闲置时间为零，通过正确地安排作业流程和作业量，使其连续工作。

（2）不让碰。即员工与物品的接触机会为零，利用机械化和自动化的物流设备，减轻劳动强度。

（3）不让动。即缩短移动距离和减小次数，科学规划，优化物品设备的位置，减少物品和人员的移动，或者物品移动人员不动。

（4）不让想。即使操作简便，按照专业化、简单化和标准化的原则，分解作业活动和作业流程，或大量应用计算机和自动化控制设备等现代化手段。

（5）不让找。即通过现场“5S”管理，使工具、物品、文件等放置的位置一目了然，或通过简单的查询记录马上能够找到。

（6）不让写。即进行无纸化作业，应用条形码、射频识别等信息技术，使作业记录自动化。

任务二　货物出库作业

【普通仓库出库作业操作】

在做好货物出库前的各项准备工作后，正式开始出库作业。

一、出库凭证审核

货物出库凭证不论领（发）料单或调拨单，均应由主管分配的业务部门签章。出库凭证应包括收货单位名称（用料单位名称）、发货方式、货物名称、规格、数量、单价、总价、用途或调拨原因、调拨单编号、有关部门和人员签章、付款方式和银行账号。

仓库接到出库凭证后，由业务部门审核证件上的印章是否齐全相符，有无涂改。审核无误后，按照出库单证上所列的货物品名、规格、数量与仓库料账再做全面核对。在料账上填写预拨数后，将出库凭证移交给仓库保管员。保管员复核料卡无误后，即可做货物出库的准备工作，包括准备随货出库的货物技术证件、合格证、使用说明书、质量检验证书等。

凡在证件核对中，有货物名称、规格型号不对的，印鉴不齐全、数量有涂改、手续不符合要求的，均不能发货出库。

二、出库货物备货与理货作业

（一）备货作业

保管员对会计转来的货物出库凭证复核无误后，按其所列项目内容和凭证上的批注，与编号的货位对货，核实后进行配货。

（1）销卡。大多数仓库的货卡是悬挂在货垛上的，但也有采用集中保管的，在货物出库时应先销卡、后付货。

（2）理单。根据出库单的货位，按出库单顺序排列，以便迅速找位付货。

（3）核对。按照货位找到应付货物时，要“以单对卡，以卡对货”，进行单、卡、货三项核对。

（4）点数。要仔细点清应付的数量，防止差错。

（5）批注地区代号。在多批货物同时发货需要理货时，为方便下道作业环节，保管员在货物的外包装上还必须批注地区代号。

（6）签单。应付货物按单付讫后，保管员逐笔在出库凭证上签名和批注结存数，前者以明责任，后者供账务员（业务会计）登账时进行账目实数的核对。

（二）理货作业

理货是针对实行送货制的出库货物，将货物按地区代号搬运到备货区号，再进行核对、置唛、复核和待运装车等。

（1）核对。理货员根据货物场地的大小、车辆到库的班次，对到场货物按照车辆配载、地区到站编配分堆，然后对场地分堆的货物进行单货核对，核对工作必须逐车、逐批地进行，以确保单货数量、品唛、去向完全相符。

（2）置唛。搞好理货工作，必须准确置唛。实行送货制的出库货物，为方便收货方的收转，理货员必须在应发货物的外包装上刷置“收货单位”简称。置唛应在货物外包装两头，字迹清楚，不错不漏；复用旧包装，必须刷除原有标志；如系粘贴标签，必须粘贴牢固，便于收货方收转。

（3）待运装车。车辆到库装载待运物时，理货员要亲自在现场监督装载全过程。要按地区到站逐批装车，防止错装、漏装。对于实际装车件数，先必须与随车人员一起点交清楚，再将送货通知单和随货同行单证交付随车人员一起送达车站码头。

三、复核作业

货物备好后，为了避免和防止备货过程中可能出现的差错，工作人员应按照出库凭证上所列的内容进行逐项复核。复核的具体内容如下：

（1）怕震、怕潮等物资的衬垫是否稳妥，密封是否严密。

（2）每件包装是否有装箱单，装箱单上所列各项目是否和实物、凭证等相符合。

（3）收货人、到站、箱号、危险品或防震防潮等标志是否正确、明显。

（4）是否便于装卸搬运作业。

（5）能否承受装载物的重量，能否保证在物资运输装卸中不致破损，保障物资的完整。

物资出库的复核查对可以由保管员自行复核，也可以由保管员相互复核，还可以设专职出库物资复核员进行复核或由其他人员复核等。如经反复核对确实不符，应立即调换，并将原错备物品上刷的标记除掉，退回原库房；同时，复核结余物品数量或重量是否与保管账目、商品保管卡片结余数相符，发现不符应立即查明原因，及时更正。

四、包装作业

出库货物的包装必须完整、牢固，标记必须正确清楚，如有破损、潮湿、捆扎松散等不能保障运输中安全的，应加固整理，如包装破损则不能出库。各类包装容器上若有水渍、油污、污损，也均不能出库。

（一）对包装的要求

（1）对于同一种货物，包装尽量做到标准化，应统一材料、统一规格、统一容量、统一标识和统一封装方法。

（2）根据货物的外形特点，选用适宜的包装材料，使其重量和尺寸便于装卸和搬运。

（3）包装要符合运输要求，做到牢固、稳固，并采取适当的防潮、防震措施。

（4）在不影响运输及搬运效率的前提下，尽量做到只对同一类货物进行混合包装，严禁将互相影响或性能互相抵触的货物混合包装。

（5）充分利用包装的容积，节约包装材料。

（二）包装储运指示标志识别

包装储运指示标志是根据产品的某些特性（如怕湿、怕震、怕热、怕冻等）确定的。包装储运指示标志是指印刷、粘贴和书写在货物包装上，以文字、符号和图形等形式标明的标记，用以指明包装内货物的特征和收发事项，以及在运输、装卸、交接、保管和配送等物流过程中的安全要求。包装标志主要有货物包装识别标志、货物包装储运标志、危险货物包装标志。

1. 货物包装识别标志

（1）收发货标志。收发货标志是指在运输包装的一定位置上书写或拴挂，供收发人识别货物的标志，主要包括货物的品名、规格、型号、数量、重量、体积、生产日期、生产厂家、有效期限、收发货单位、地点、运单号和件数等。

（2）运输标志。运输标志由承运部门书写，主要标明货组、确定配载顺序的标志，包括运单号码、货物总件数、收发货方名称和地址等。

2. 货物包装储运标志

根据货物性质，在包装的一定位置上，货物包装储运标志以简单醒目的图案和文字显示货物在运输、搬运、装卸、储存、堆码和开启时应注意的事项。该标志一般由生产厂家在货物出厂前标打；如改换包装，则由改换包装单位标打。

（1）包装储运标志的图形。我国国家标准《包装储运图示标志》（GB 191—2008）对该标志的名称、图形、尺寸、颜色和使用方法等进行了明确规定，适用于各种货物的运输包装。

（2）包装储运标志的颜色。该标志颜色应为黑色。如果包装的颜色使得黑色标志显得不清晰，则应在印刷面上用适当的对比色，最好以白色作为图示标志的底色。

应避免采用易于同危险品标志相混淆的颜色。除非另有规定，一般应避免采用红色、橙色或黄色。

包装储运标志的尺寸一般有 4 种，见表 4–1。如遇特大或特小的运输包装件，标志的尺寸可以比表中的规定适当扩大或缩小。

表 4–1　包装储运标志的尺寸

尺寸号别	长 /mm	宽 /mm
1	70	50
2	140	100
3	210	150
4	280	200

（3）包装储运标志的使用方法。

① 标志的打印。可采用印刷、粘贴、拴挂、钉附及喷涂等方法打印标志。印刷时，外框线及标志名称都要印上；喷涂时，外框线及标志名称可省略。

② 标志的数目和位置。一个包装件上使用相同标志的数目，应根据包装件的尺寸和形状决定。标志在各种包装件上的粘贴位置规定为：箱类包装，位于包装端面或侧面；袋类包装，位于包装明显处；桶类包装，位于桶身或桶盖；集装单元货物，位于4个侧面。

③ 标志的文字书写。标志的文字部分应与底边平行。

3. 危险货物包装标志

危险货物包装标志也叫包装警告性标志。根据各类危险货物的特性，在运输包装表面上粘贴、拴挂、钉附特定图示标记，必要时还可加上文字说明。这些图示标记采用不同颜色的图案和文字，表明危险货物的类别和性质，以便物流过程各环节有关人员严格按要求作业，采取防护措施，保证安全。危险货物包装标志由生产厂家在货物出厂前根据国家标准式样印刷。我国国家标准《危险货物包装标志》（GB 190—2009）对标志的类别、名称、尺寸、图案、颜色和使用方法等都进行了明确规定。

五、登账作业

在仓库发货业务中，有先登账后付货和先付货后登账两种做法。

（1）先登账后付货。核单和登账的环节连在一起，由账务员一次连续完成。这种登账方法，可以配合下道保管员的付货工作，起到预先把关作用。因为根据出库单登账时，除了必须认真核单之外，还可根据货账（仓储账页），在出库单上批注账面结存数，配合保管员付货后核对余数；对于移动货物，需要随即更正货位，方便保管员按位找货。

（2）先付货后登账。在保管员付货后，还要经过复核、放行才能登账。它要求账务员必须做好出库单、出门证的全面控制和回笼销号工作，防止单证遗失。按照日账日清的原则，在登账时，逐单核对保管员批注的结存数，如与账面结存数不符时，应立即通知保管员，直至查明原因。发现回笼单证中有关人员未曾签章的，应将原单退回补办签章手续，再进行账务记载。虽然保管员付货之前缺少预先把关的机会，但是对于发货频繁、出库单较多的仓库，为了提高服务质量、缩短零星客户提货等候时间和充分发挥运输能力等，采用这种做法也是可以的。

六、交接与清点作业

如果是用户自提方式，需要向提货人当面点清货物和证件，办理交接手续；如果是代运方式，则应办理内部交接手续，即由货物保管人员向运输人员或包装部门人员点清交接，由接收人签章，以划清责任。

运输人员根据货物的性质、重量、包装、收货人地址和其他情况选择运输方式后，应将箱件清点，做好标记，整理好发货凭证、装箱单等运输资料，向承运单位办理委托代运手续。对于超高、超长、超宽和超重的货物，必须在委托前说明，以便承运部门计划安排。

承运单位同意承运后，运输人员应及时组织力量，将货物从仓库安全无误地点交给承运单位，并办理结算手续。运输人员应向承运部门提供发货凭证样本、装箱单，以便和运单一起交收货人。运单应由运输人员交财务部门作为货物结算资料。

如果是专用线装车，运输人员应于装车后检查装车质量，并向车站监装人员作交接手续。

七、现场与档案清理作业

经过出库的一系列工作程序之后，实物、账目和库存档案等都发生了变化，应按下列几项工作彻底清理，使保管工作重新趋于账、物、资金相符的状态。

（1）按出库单，核对结存数。

（2）如果一批货物全部出库，应查实损耗数量，在规定损耗范围内的进行核销。超过损耗范围的查明原因，进行处理。

（3）一批货物全部出库后，可根据该批货物入出库的情况，采用的保管方法和损耗数量，总结保管经验。

（4）清理现场，收集苫垫材料，妥善保管，以待再用。

（5）代运货物发出后，收货单位提出数量不符时，属于重量短少而包装完好且件数不缺的，应由仓库保管机构负责处理；属于件数短少的，应由运输机构负责处理；若发出的货物品种、规格、型号不符，由保管机构负责处理；若发出货物损坏，应根据承运人出具的证明，分别由保管和运输机构处理。在整个出库业务程序过程中，复核和点交是两个最为关键的环节。复核是防止差错的重要和必不可少的措施，而点交则是划清仓库和提货方责任的必要手段。

（6）由于提货单位任务变更或其他原因要求退货时，可经有关方同意，办理退货。退回的货物必须符合原发的数量和质量，要严格验收，重新办理入库手续。当然，未移交的货物不必检验。

八、退货作业

人们通常只考虑物品的正向运动，即从生产者到最终消费者的运动过程，但对经过物流活动送达各个客户的物品不太重视，无论物流过程多么完善，最终还是存在一定的物品损毁问题。而现在，越来越多的企业认识到退货管理对客户关系、品牌忠诚度和净收益的重要性。退货管理不仅包括需要快速地再储存和再销售的产品，而且包括需要修理、整修的产品，以及根据环保要求需要安全处理的产品。由于所有的退货不能以同样的方式处理，而且退货占所有售出产品的20%，所以退货管理对于大多数企业来说还是一个棘手的问题，退货在所难免，如何处理才能使损失最小，退货过程值得去研究。

（一）物品退货的原因

物品退货是指仓库按订单或合同将货物发出后，由于某种原因，客户将物品退回仓库。通常发生退货或换货的原因主要有以下几点：

（1）协议退货。与仓库订有特别协议的季节性商品、试销商品、代销商品等，协议期满后，剩余商品仓库予以退回。

（2）有质量问题的退货。对于不符合质量要求的物品，接收单位提出退货，仓库将予以退换。

（3）搬运途中损坏的退货。物品在搬运过程中造成产品包装破损或污染，仓库将予以退回。

（4）商品过期退回。食品及有保质期的物品在送达接收单位时或销售过程中超过商品的有效保质期，仓库予以退回。

（5）物品送错退回。送达客户的物品不是订单所要求的物品，如物品条码、品项、规格、重量、数量等与订单不符，都必须退回。

无论哪种原因造成的退货业务，都应该及时填写退货单，退货单见表4-2。

表 4-2　退货单

客户名称：　　　　　　　　传真单：　　　　　　　　退货日期：

No.	货　号	品　名	规　格	数　量	出货单号	退货原因

（二）退货作业处理的原则与方法

1. 退货作业处理的原则

（1）责任原则。物品发生退货问题，首先要明确产生问题的责任方是谁，是仓库配送产生的问题，还是客户使用产生的问题。

（2）费用原则。退货的物品在退货过程中会耗费一定的人力、物力、财力，若是仓库的原因造成的退货，费用由仓库承担；若是客户的原因造成的退货，产生的费用应该由客户承担。

（3）条件原则。为了更好地做好退货管理，由仓库决定应该接收哪种程度的退货，或者在何种情况下接收退货，并要有时间规定，如“七天内，退换货”。

（4）凭证原则。仓库应规定客户凭何种凭证作为退货商品的证明，并说明该凭证得以有效使用的方法。

（5）计价原则。退换货的计价原则与购物价格不同。仓库应对退换货的作价方法进行说明，通常是按客户购进价与现行价的最低价进行结算。

2. 退货作业处理的方法

（1）无条件重新发货。对于因仓库发货错误而造成的退货，应该由仓库重新调整后发货，中间造成的费用应该由仓库承担。

（2）运输单位赔偿。对于运输单位造成的退货，如果运输单位是仓库内部部门，由内部按照相应政策处理；如果运输单位是外部运输机构，则由运输单位承担所有损失。

（3）收取费用，重新发货。对于客户原因造成的退货，如客户申请，仓库可以重新发货，但产生的费用应由客户承担。

（三）退货作业的程序

1. 接收退货

仓库接收退货要有规范的程序与标准，如什么样的货品可以退，由哪个部门来决定，信息如何传递等。仓库的业务部门接到客户传来的退货信息后，要尽快将退货信息传递给相关部门，运输部门安排取回货品的时间和路线，仓库人员做好接收准备，质量管理部门人员确认退货的原因。一般情况下，退货由送货车带回，直接入库。批量较大的退货，要经过审批程序。

2. 重新入库

对于客户退回的物品，仓库的业务部门要进行初步的审核。由于质量原因产生的退货，要放在为堆放不良品而准备的区域，避免和正常物品混淆。退货物品要进行严格的重新入库登记，及时输入企业的信息系统，核销客户应收账款，并将物品退货信息通知给供应商。

3. 财务结算

退货发生后，会给整个供应系统造成很大影响，如对客户端的影响、仓库在退货过程中发生的各种费用、物品供应商要承担相应货品的成本等。如果客户已经支付了物品费用，财务要将相应的费用退给客户。同时，由于销货和退货的时间不同，同一货物价格可能出现差异，而且同质不同价、同款不同价的问题时有发生，故仓库的财务部门在退货发生时要进行退回物品货款的估价，将退货物品的数量、销货时的物品单价及退货时的物品单价信息输入企业的信息系统，并依据销货退回单办理扣款业务。

4. 跟踪处理

退货发生时，要跟踪处理客户提出的意见，统计退货发生的各种费用，通知供应商退货的原因并退回生产地或履行销毁程序。退货发生后，首先要处理客户端提出的意见，因为退货所产生的物品短缺、客户对质量不满意等问题是业务部门要重点解决的。退货所产生的物流费用比正常送货高得多，所以要认真统计、及时总结，将此信息反馈给相应的管理部门，以便提出改进措施。退货仓库的物品要及时通知供应商，退货的所有信息要传递给供应商，如退货原因、时间、数量、批号、费用、存放地点等，以便供应商能将退货物品取回，并采取改进措施。

九、出库时发现问题的处理

（一）出库凭证（提货单）上的问题及处理

（1）凡出库凭证超过提货期限，用户前来提货，必须先办理手续，按规定缴足逾期仓储保管费，然后方可发货。任何白条子，都不能作为发货凭证。提货时，用户发现规格开错，保管员不得自行调换规格发货，必须通过制票员重新开票方可发货。

（2）凡发现出库凭证有疑点，或者情况不清楚，以及发现出库凭证有假冒、复制、涂改等情况时，应及时与仓库保卫部门、出具出库单的单位或部门联系，妥善处理。

（3）商品进库未验收，或者期货未进库的出库凭证，一般暂缓发货，并通知货主，待货到并验收后再发货，提货期顺延。

（4）如客户因各种原因将出库凭证遗失，客户应及时与仓库发货员和账务人员联系挂失；如果挂失时货已被提走，保管人员不承担责任，但要协助货主单位找回商品；如果货还没有被提走，经保管人员和账务人员查实后，做好挂失登记，将原凭证作废，缓期发货。

（二）提货数与实存数不符

若出现提货数与商品实存数不符的情况，一般是实存数小于提货数。出现这种问题的原因主要有以下几点：

（1）物品入库时，由于验收问题，增大了实收物品的签收数量，从而造成账面数大于实存数。

（2）仓库保管人员和发货人员在以前的发货过程中，因错发、串发等差错形成实际商品库存数小于账面数。

（3）货主单位没有及时核减开出的提货数，造成库存账面数大于实际储存数，从而开出的提货单数量过大。

（4）仓储过程中造成的货物的毁损。

当遇到提货数量大于实际商品库存数量时，无论是何种原因造成的，都需要和仓库主管部门及货主单位及时取得联系，之后再作处理。

（三）串发货和错发货

所谓串发货和错发货，主要是指发货人对商品种类规格不是很熟悉的情况下，或者由于工作中的疏漏，将错误规格、数量的商品发出库的情况。在这种情况下，如果商品尚未离库，应立即组织人力重新发货。如果商品已经提出仓库，保管人员要根据实际库存情况，如实向本库主管部门和货主单位讲明串发和错发货的品名、规格、数量、提货单位等情况，会同货主单位和运输单位共同协商解决。一般在无直接经济损失的情况下，由货主单位重新按实际发货数冲单（票）解决。如果形成直接经济损失，应按赔偿损失单据冲转调整保管账。

（四）包装破漏

包装破漏是指在发货过程中，因商品外包装破散、砂眼等现象引起的商品渗漏、裸露等问题。这种问题主要是在储存过程中因堆垛挤压、发货装卸操作不慎等情况引起的，发货时都应经过整理或更换包装，方可出库；否则，造成的损失应由仓储部门承担。

（五）漏记和错记账

漏记账是指在商品出库作业中，由于没有及时核销商品明细账而造成账面数大于或小于实存数的现象。错记账是指在商品出库后核销明细账时没有按实际发货出库的商品名称、数量登记，从而造成账实不符的情况。无论是漏记账还是错记账，一经发现，除及时向有关领导如实汇报情况外，还应根据原出库凭证查明原因调整保管账，使之与实际库存保持一致。如果漏记和错记账给货主单位、运输单位和仓储单位造成经济损失，应予以赔偿，同时追究相关人员的责任。

课堂讨论

货物出库要注意哪些事项？

知识拓展

如何让仓库动起来

首先是“有序的流动”。即能够让货物根据既定的规则、流程有条不紊地流动起来。货物预计什么时间来？从哪里来？去向哪里？预计什么时间离开？在仓储中心里的最佳移动路径如何？有效堆放规则如何？异常如何处理？增值活动（如分拣、包装）如何操作？需要哪些过程控制流程？

其次是“快速的转动”。对于库存，“转”即是“赚”。前面一个“转”指的是“库存周转”，后面一个“赚”指的是“赚钱”。库存的快速周转，可以帮助企业提高资金的利用效率，获得更大的利润。

最后是“高效的联动”。仓库与仓库之间如何联动，很多人想到的是通过信息化来解决这个问题。仓库的联动，其核心在于信息的共享流程，而这一流程一定是以业务需求为导向的。单纯的仓库与仓库的联动是没有多大意义的，只有当仓库成为供应链上的一个个关键节点，这种联动才具有真实的价值。

（资料来源：施云，2016. 供应链架构师——从战略到运营 [M]. 北京：中国财富出版社，有改动）

任务三　出库单证流转与账务处理

出库单证包括提货单、送货单、移库单和过户单等。不同的出库方式，其单证流转与账务处理的程序也有所不同。

一、提货方式下的出库单证流转

自提方式下的出库单证流转和账务处理流程图如图 4.2 所示。

第一步，提货人把货主单位或仓储业务部门开具的提货单交仓储部门的业务会计，业务会计认真核对印鉴、背书提货单上的有效期及开列的各个项目，审核无误后，在提货单上签注结存数并签字，然后根据提货单记载保管账。

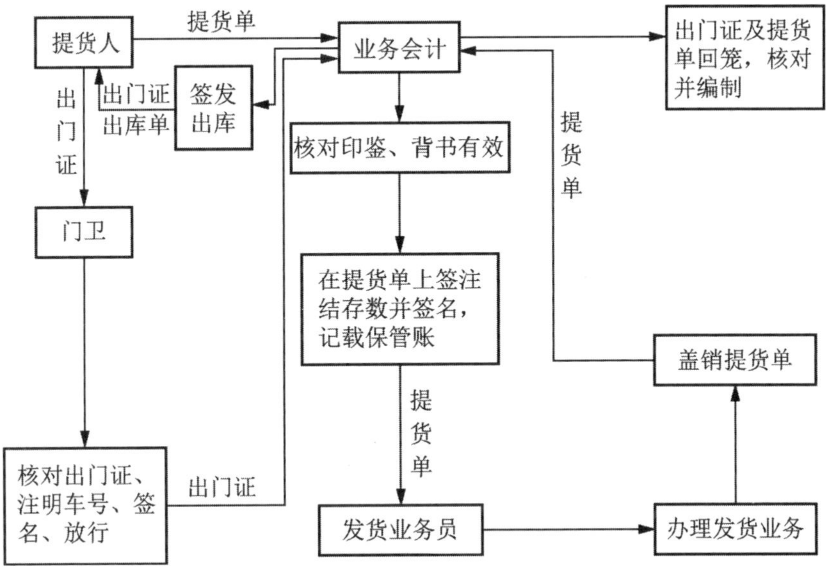

图 4.2　自提方式下的出库单证流转和账务处理流程图

第二步，将提货单传递给发货业务员，当发货业务员接到经会计批注的提货单后，办理发货业务。待发货业务结束后，在提货单上加盖货物付讫章并签名，将提货单交回会计。

第三步，当业务会计收到发货业务员的提货单后，向提货人开具出库凭证和出门证。

第四步，出门时，提货人员将出门证交给门卫，门卫验证无误后才能放行。

第五步，当日出库工作结束后，门卫将出门证交回业务会计，业务会计将出门证与已经回笼的提货单逐一核对。如果发现提货单或出门证不符，应该立即追查原因，进行妥善处理。

二、送货方式下的出库单证流转

送货方式下的出库单证流转和账务处理流程图如图 4.3 所示。

在送货方式下，一般是采用先发货后记账的形式。提货单随同送货单位内部流转送达仓库后，一般直接送给理货员，而不先经过财会人员，理货员接单后，经过理单、编写储区代号，分送仓管员发货，待货发讫后再送交财会人员记账。

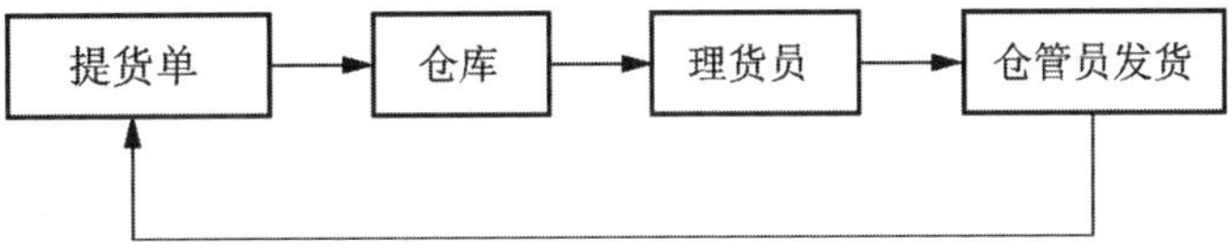

图 4.3　送货方式下的出库单证流转和账务处理流程图

课堂讨论

Excel 电子表格在仓储管理中的应用有哪些？

知识拓展

仓库的储存形式和出库形式

物料或商品的形状、大小、质量是多种多样的，这就给运输、装卸、存储作业的机械化、自动化带来困难。但是，如果把物料或商品汇集成一标准的单元——集装单元，就给物料搬运的机械化、自动化创造了条件。这就是现代新的物料搬运形式——“单元化运输”或“单元化搬运”。

最常见的集装单元形式有集装箱单元、托盘单元和柔性集装袋单元，箱盒单元、单体也是企业常用的形式。下面介绍 3 种最常见的储存和出入库形式：托盘单元（P）、箱盒单元（C）和单体（B）。根据实际需要，它们在储存和出入库时，经常有表 4–3 中所列几种状态的变化，这是仓库和配送中心设计的重要根据。尤其是储存和出入库形式不同时，就会出现拣选和分拣作业，这就增加了仓库的作业内容和作业机械。拣选和分拣作业常需要花费大量时间和劳动力。

表 4–3　储存形式和出库形式不同带来的变化

序　号	储存形式	出库形式	变　化
1	P	P	P → P
2	P	P+C	P → P+C
3	P	C	P → C
4	C	C	C → C
5	C	C+B	C → C+B
6	C	B	C → B
7	B	B	B → B

任务四　“5S”现场管理技术的应用

“5S”是一种生产现场的管理技术，是为了使生产现场管理形成一种良好的习惯。“5S”现场管理技术是对生产、仓储、办公等各种环境进行控制的一种先进的科学管理系统。

【“5S”自评测试：你能拿 80 分吗？】

一、“5S”现场管理技术认知

（一）“5S”的定义和效用

1.“5S”的定义

“5S”是指整理（Seiri）、整顿（Seiton）、清扫（Seiso）、清洁（Seiketsu）和素养（Shitsuke）这一系列活动，简称“5S”活动，是现代企业行之有效的现场管理理念和方法。

2.“5S”的效用

（1）“5S”是最佳推销员。被顾客称赞为干净的企业，顾客便会增强对企业产品品质和服务水平的信心，乐意下订单；经过口碑相传，会有很多同行来企业参观学习；增强企业员工的自豪感和对企业的认同感；清洁明朗的环境也会促使员工享受工作，关爱企业。

（2）“5S”是节约家。推行“5S”活动可以降低很多不必要的事务、材料和工具的浪费；降低内耗，节省大量的资源及宝贵的时间；确保秩序正常、交货不会延迟。

（3）推行“5S”对安全有保障。宽敞明亮、视野开阔的现场，能使物流状态一目了然；遵守物品放置规则，减少意外事件发生；通道明确，不会因杂乱情形而影响工作次序通畅。

（4）“5S”是标准化的推动者。员工都正确地按照规定事项去执行任务；建立全能工作的机制，使任何员工进入现场即可展开工作；秩序稳定，品质有保证，成本持续降低。

（5）推行“5S”可形成令人满意的现场。拥有明亮、清洁的工作现场，提高了满意度；员工动手整理现场，人人自律，可激发员工的创造性；形成全体员工持续改进工作的氛围。

（二）“5S”活动的内容与目的

1. 整理

内容：区分物品的必要和不必要性，把不必要的按规定清理掉。

目的：腾出空间，提高利用率。

2. 整顿

内容：必要的东西依据“三定”原则（定品、定位、定量）摆放整齐、明确标示。

目的：消除寻找的空间、杜绝浪费时间。

3. 清扫

内容：清除现场内的脏污及其污染源，做到随时清扫。

目的：消除脏污，保持现场干净、明亮。

4. 清洁

内容：保持“5S”的做法，并制度化、规范化。

目的：通过制度化来维持成果，持之以恒。

5. 素养

内容：人人依规定自觉行事，从心态上养成良好习惯。

目的：提高人员素质，养成认真、负责的习惯。

二、“5S”活动的实施要点

（一）整理的推进要点

在仓储现场，必须理清必需品、非必需品。对于必需品，一般放在工作台附近；对于非必需品，可以把它存到仓库里，并且定期检查；而对于过期的物品，则应迅速变卖或丢弃。同时，要清楚商品的使用频率，根据不同的使用频率确定物品的处理方法，见表4-4。

表4-4　根据使用频率确定物品的处理方法

<table>
<tr><th>类　别</th><th colspan="2">使用频度</th><th>处理方法</th><th>备　注</th></tr>
<tr><td rowspan="3">必需品</td><td colspan="2">每小时</td><td>放在工作台上或随身携带</td><td></td></tr>
<tr><td colspan="2">每天</td><td>工作台附近存放</td><td></td></tr>
<tr><td colspan="2">每周</td><td>现场存放</td><td></td></tr>
<tr><td rowspan="8">非必需品</td><td colspan="2">每月</td><td rowspan="3">仓库存放</td><td rowspan="6">定期检查</td></tr>
<tr><td colspan="2">3个月</td></tr>
<tr><td colspan="2">半年</td></tr>
<tr><td colspan="2">1年</td><td rowspan="2">仓库封存</td></tr>
<tr><td colspan="2">2年</td></tr>
<tr><td rowspan="2">不确定</td><td>有用</td><td>仓库存储</td></tr>
<tr><td>无用</td><td>变卖/丢弃</td><td>定期清理</td></tr>
<tr><td colspan="2">不能用</td><td>及时处理</td><td>立即进行</td></tr>
</table>

整理的步骤包括现场检查、区分必需品与非必需品、随时清理非必需品、非必需品的处理、定期循环整理。

（二）整顿的推进要点

整顿是把需要的人、事、物加以定量和定位。通过上一步整理后，对生产现场需要留下的物品进行科学合理的布置和摆放，以便需要时能在最快速的情况下取得所要之物，在最简捷和有效的规章、制度、流程下完成事务。

生产现场物品的合理摆放有利于大幅度提高工作效率和产品质量，保障生产安全。对这项工作的专门研究被称为定置管理，又称为工作地合理布置。

在整顿的过程中，要注意人机联系、人物结合和场物结合，见表4–5。人机联系指的是在物流程序、工艺设计、作业空间、材料及制品、岗位器具、质量安全、搬动运输、设备运转、摆放情况等各种过程中，要通过计算机来规划各个流程。

表4–5　整顿的推进重点

人机联系	物流程序、工艺设计、作业空间、材料及制品、岗位器具、质量安全、搬动运输、设备运转和摆放情况等
人物结合	现场物流、搬运情况、现场标示、空间利用等
场物结合	厂区、车间、作业区、仓库设备、流水线、箱柜、物架、半成品、成品、辅助设施等

（三）清扫的推进重点

清扫的推进重点是将仓库彻底清扫，杜绝污染源，及时维修异常的设备并使之恢复正常。清扫过程是根据整理、整顿的结果，将不需要的部分及时清除，或标示出来放在仓库之中。一般来说，清扫主要集中在以下几个方面：

（1）清扫从地面到墙板、天花板的所有物品。需要清扫的地方不仅仅是人能看到的地方，在机器背后看不到的地方也需要进行认真彻底的清扫，从而使整个工作场所处处保持整洁。

（2）彻底修理机器工具。各类机器和工具在使用过程中难免会受到不同程度的损伤，在清扫的过程中还需要彻底修理有缺陷的机器和工具，尽可能地降低突发的故障。

（3）发现脏污问题。发现脏污问题也是为了更好地完成清扫的工作。机器设备上经常会污迹斑斑，需要工作人员定时清洗上油，这样在一定程度上可以稳定品质，减少工业伤害。

（4）杜绝污染源。污染源是造成清扫无法彻底的主要原因。粉尘、刺激性气体、噪声、管道泄漏等污染都存在源头，只有查清并解决了污染源，才能够彻底解决污染问题。

（四）清洁的推进重点

清洁是指在整理、整顿、清扫之后，认真维护，保持完美和最佳状态。在产品的生产过程中，永远会伴随着无用物品的产生，这就需要不断加以区分，随时将它们清除掉。

需要清洁的地方包括过道、仓储货位、货架、运输工具、安全工具、文件资料等。清洁是对前3项活动的坚持和深入，从而消除发生安全事故的根源，创造一个良好的工作环境，使员工能愉快地工作。清洁对于帮助企业提高生产效率、改善整体的绩效是很有帮助的。

（五）素养的推进重点

仓库管理能否贯彻实施，能否长时间地持续下去，和员工的素养有很大的关系。素养的推进重点就是让员工得到“5S”方面的训练，让员工有一种责任感，让他们对于仓库的管理成为一种习惯。

在这一步骤中，需要做的是：对员工进行教育培训，让他们了解“5S”的内容；实行奖励制度，激发员工的热情和责任感；制定仓储管理相关的规章制度，使管理规范化、制度化；实行人性化的管理，对于不同的情况不能一概而论，要实事求是，奖罚分明。

员工素养的提高是一家企业生存的根本，没有高素养的员工，任何事情都很难做下去。

三、“5S”管理的实施方法

（一）红牌作战

在“5S”管理活动开展的过程中，红牌作战是重要的活动工具之一，运用醒目的红色标签标明问题之所在。挂红牌的对象可以是材料、产品、机器、设备、空间、办公桌、文件、档案，但“人”不要挂红牌。红色标签上的不合格项有整理不合格、整顿不合格、清洁不合格，应配合查检表一起使用。对“5S”实施不合格物品贴上红色标签，限期改正，并且记录。

（二）目视管理

目视管理即全体员工能够用眼睛看出工作的进展状况是否正常，并迅速作出判断，想出对策。为了保证目视管理的顺利进行，企业一般必须具备以下几项条件：

（1）全员参加。这是持续提高效果和不断进行改良的必要条件。

（2）让正常与否一目了然。

（3）充分利用五官，使其有助于提高管理效率。

（4）重视源头管理。

（5）描绘出理想状况（愿景）。

（6）进行具体的钻研和创意。

为了让全体员工，甚至是不了解现场的人，也能判断现场的状况正常与否，目视管理通常需要借助一些管理道具，如显示灯、图表、工作标准、账票、手册、标签、警示灯、公告板、标示牌等，以帮助员工识别工作进展状况。

（三）查检表

根据不同的场所制定不同的查检表，如“货仓查检表”“办公室查检表”“宿舍查检表”“餐厅查检表”等，以提供不同的“5S”操作规范。通过查检表，进行定期或不定期的检查，发现问题，及时采取纠正措施。

项目小结

货物出库作业也叫发货作业，它是货物储存阶段的终止，是仓库作业的最后一个环节。要掌握仓库出库业务，就必须了解货物出库的基本形式，做好货物出库前的准备工作。货物出库应严格按照程序办理，处理好货物出库中出现的问题。

习题与思考

一、单选题

【项目四参考答案】

1. 下列属于出库方式的是（　　）。

A. 送货、代提代运、仓库发货　　B. 托运、配送、自提

C. 自提、送货、代提代运　　D. 先进先出、动态出库、代提代运

2. 商品出库要求做到“未接单据不翻账，未经审单不备货，未经复核不出库”，这是指（　　）出库要求。

A. “三不”　　B. “三核”　　C. “五检查”　　D. “五落实”

3. 仓库管理部门备完货后，到运输单位办理货运手续，通过承运部门将货物运送到货物需用部门所在地，然后由其去提取，这种出库方式是（　　）。

A. 送货　　B. 托运　　C. 过户　　D. 转仓

4. 商品退货清点的内容不包括（　　）。

A. 商品数量　　B. 商品质量　　C. 商品包装　　D. 商品细数

5. 漏记账是指（　　）。

A. 在货物出库后核销明细账时没有按实际发货出库的货物名称、数量登记，从而造成账实不相符的情况

B. 在货物出库后核销明细账时没有按账面出库的货物名称、数量登记，从而造成账实不相符的情况

C. 在货物出库作业中，因没有及时核销货物明细账，从而造成账面数量大于或小于实存数的情况

D. 以上都不是

二、多选题

1. 商品出库的形式有（　　）。

A. 送货　　B. 自提　　C. 过户　　D. 取样

2. 商品出库中常见的问题有（　　）。

A. 商品品种混串　　B. 商品型号、规格错误

C. 商品内在质量问题　　D. 保管员发现账物不符

3. 货物出库复核的具体任务和步骤是（　　）。

A. 复核货位　　B. 复核单据　　C. 复核实物　　D. 做好复核记录

4. 退货产生的原因有协议退货及（　　）。

A. 有质量问题的退货　　B. 搬运过程中造成的退货

C. 物品送错退货　　D. 滞销退货

5. 商品退货清点的内容包括（　　）。

A. 商品数量　　B. 商品质量　　C. 商品包装　　D. 商品细数

三、判断题

1. 仓库拣货出库的时候，由于先入库的货物被压在下面，所以遵循的出库原则是“先上后下”。（　　）

2. 客户在提货时发现货物规格开错，仓库保管员可自行调换规格发货，以节省时间。（　　）

3. “5S”现场管理技术是对生产、仓储、办公等各种环境进行控制的一种先进的科学管理系统。（　　）

4. 货物出库凭证不论领（发）料单或调拨单，均应由主管分配的业务部门签章。（　　）

5. 漏记账是指在货物出库后核销明细账时没有按实际发货出库的货物名称、数量登记，从而造成账实不相符的情况。（　　）

四、思考题

1. 仓库常用的出库方式有哪几种？
2. 简述货物出库“三不”“三核”“五检查”原则的内容。
3. 货物出库的基本要求是什么？
4. 简述货物退货产生的原因。
5. 简述退货作业的处理方法。

五、实训与考核

实训一　货物出库作业操作

实训目的

通过实际操作，熟悉物品出库作业操作流程，掌握货物出库准备，熟悉出库操作顺序和步骤，掌握办理货物出库手续的作业方法。

任务描述

仓库收到客户出库作业通知单，根据以下货物信息，办理出库业务。

货物信息

货物名称	外包装种类	数量	外包装尺寸（长 × 宽 × 高）/mm	批　次	毛　重	备　注
美加净护手霜	箱	32	300 × 250 × 200	07041198885488		
大宝 SOD 蜜	箱	50	300 × 250 × 200	07041115487844		
康师傅红烧牛肉面	箱	50	500 × 320 × 200	07060530311614		
达能闲趣饼干	箱	20	450 × 250 × 200	07061722334533		
奥利奥牛奶饼干	箱	36	450 × 250 × 200	07061179844154		
五谷道场香辣牛肉面	箱	20	500 × 300 × 200	07060454878477		

任务驱动

完成此任务，需要明确以下几个问题：

1. 货物出库的基本要求有哪些？
2. 如何做好货物出库作业的准备安排工作？
3. 货物出货作业处理的一般流程是什么？

任务操作

1. 完成出库作业的准备安排工作。
2. 根据出库通知单，核对司机的提货证明，判断各项信息是否相符合，并进行库存确认。
3. 按照出库单中所包含的内容进行货物出库作业。
4. 进行货物出库账务处理。

任务考评

1. 货物出库前准备作业充分，分工合理。（20 分）
2. 认真核对出库凭证，准确备货、理货，保证包装、置唛正确。（20 分）
3. 完成货物出库作业操作。（30 分）
4. 实训报告完整。（30 分）

实训二　货物退货作业实训

实训目的

通过实际操作，熟悉货物退货作业方法。

任务描述

根据以下退货信息进行退货作业处理，完成实训报告。

退货信息

商品类别	商品名称	外包装种类	每箱数量 / 个	每个零售价 / 元	供应商	退货数量 / 个	退货金额 / 元	批　次
食品类	奥利奥牛奶饼干	箱	60	6	奥利奥食品公司	21	126	07061179844154
食品类	五谷道场庖丁鲜蔬面	箱	40	3.5	中粮集团	7	24.5	07060454878484

续表

商品类别	商品名称	外包装种类	每箱数量/个	每个零售价/元	供应商	退货数量/个	退货金额/元	批　次
化妆品	60mL高夫经典古龙香水	箱	20	120	高夫公司	5	600	07041115487844
化妆品	80g美加净护手霜	箱	30	12	上海家化	11	132	07041198885488

任务驱动

完成此任务，需要明确以下几个问题：

1. 仓库货物退货的原因有哪些？
2. 退货作业操作流程是什么？

任务操作

1. 仓管员根据退货原因，填写退货单。
2. 根据退货作业操作流程进行退货作业操作。

任务考评

1. 核实退货通知。（20分）
2. 完成退货单编制，签收退货单。（20分）
3. 完成退货作业操作。（30分）
4. 实训报告完整。（30分）

项目五

●●●●· 仓储库存管理作业操作

【思维导图】

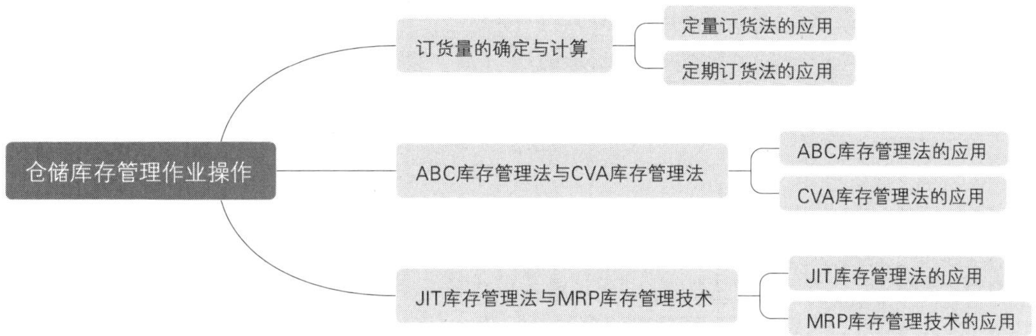

【学习目标】

素养目标	能力目标	知识目标
（1）培养学生爱岗敬业、理解岗位工作职责、执行工作操作规程、完成工作任务的职业素养。 （2）培养学生协作与沟通的意识与能力 。 （3）要求学生树立责任、安全、服务、成本控制的理念	（1）会比较各种库存管理方法的优缺点，并根据不同情况选用。 （2）能够选用合适的库存管理方法进行库存控制。 （3）制订库存管理计划	（1）掌握定量订货法和定期订货法的原理及应用。 （2）掌握 ABC 库存管理法的原理及实施方法，并了解 CVA 库存管理法的内容。 （3）理解 JIT、MRP 的基本原理及实施步骤

【任务导入】

城北物流公司 2 号仓库主要存货有摩托车、自行车及其零配件。以该仓库中的摩托车为例，每台摩托车的售价为 3 200 元，去年的销售量为 3 110 台，每台摩托车的进货成本是售价的 70%，每次订货费用包括通信费、手续费等共计 1 600 元，订货提前期约为 30 天，每台摩托车每月库存费用大约是进货成本的 0.5%。销售部门预测，今年摩托车销售量有可能比去年增加 20%。对仓库货物进行 ABC 分类后得知，摩托车为 A 类货物，自行车为 B 类货物，零配件为 C 类货物。

任务要求

假设你是库存管理专员，请对仓库存货管理提出有效的库存控制方法。

（1）分析库存，制订库存管理计划。
（2）选择合适的方法进行库存管理和控制。

【任务实施】

任务一　订货量的确定与计算

库存是为了满足未来需要而暂时闲置的资源 。人、财、物、信息各方面的资源都存在库存问题 。库存水平是指企业处于某段时间内保存在仓库里的产品数量，其高低与顾客的需求量密切相关。库存是一把双刃剑，库存水平太低，可能造成缺货，不能满足顾客的需求，从而出现中断供应；库存水平太高，又会增加仓储成本，降低经济效益。库存管理的目的是在满足客户服务要求的前提下，通过对企业的库存水平进行控制，力求尽可能降低库存水平，提高物流系统的效率，以强化企业竞争力。因此，为了保持适当的库存水平要确定两个问题：一是订货数量；二是何时订货，即订货点。

一、定量订货法的应用

（一）定量订货法的基本原理

定量订货法是指当库存量下降到预定的最低库存量（订货点）时，按规定数量（一般以 EOQ 为标准，EOQ 是 Economic Order Quantity 的缩写，即经济订货批量）进行订货补充的一种库存决策方法。定量订货法的基本原理是：预先确定一个订货点，在仓库管理中连续不断地监控库存水平，当库存水平降低至订货点时，发出订货通知，执行订货任务，当采购的物品到达时，库存品的数量就得到补充，如图 5.1 所示。

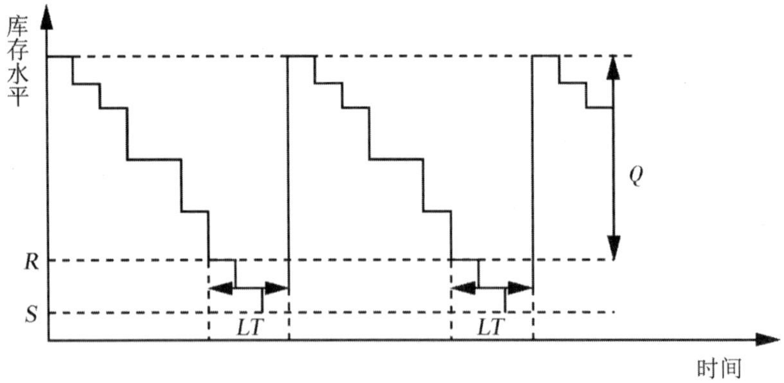

图 5.1　定量订货法的基本原理

当库存量下降到订货点 R 时，即按预先确定的订购量 Q 发出订货单，经过交纳周期（订货至到货间隔时间）LT，库存量继续下降，当到达安全库存量 S 时，收到订货 Q，库存水平上升。

该方法主要靠控制订货点 R 和订货批量 Q 两个参数来控制订货，订货点解决什么时候订货的问题，订货批量则解决一次订货多少合适的问题。另外，还要确定订货的具体实施及库存系统中的安全库存问题，这样既能较好地满足库存需求，又能达到总费用最低的目的。

（二）定量订货的类型

在实际应用中，定量订货法需要解决 3 个关键问题：一是确定订货点，即解决什么时候订货的问题；二是确定订货批量，即解决一次订货多少合适的问题；三是确定订货的具体实施及库存系统的安全库存问题。

定量订货法可以按照企业的需求进度，确定每次进货数量，见表 5–1。

表 5–1　企业需求时段分配及采购计划表

时间 / 周	1	2	3	4	5	6	7	8	9	10	11	12	合计
需求量		12	10		13		8	12	30	7	15	14	121
采购计划	25			25			25	25		25		125	

注：订货提前期为 1 周。

但是，企业每次采购物品数量的多少，直接影响企业库存总成本的高低，一般情况下是以 EOQ 为标准进货。

由于决定定量订货的 3 个关键问题的存在，而且这些问题与企业生产实际直接相关，所以就延伸出一系列的定量订货类型。按照企业对物品需求量的知晓程度，可以把定量订货法分为确定型定量订货和概率型定量订货。

（三）不同条件下定量订货法的应用

1. 经济订货批量

EOQ 是简单、理想状态的一种。通常订货点的确定主要取决于需要量和订货交纳周期这两个因素。在需要固定均匀、订货交纳周期不变的情况下，不需要设安全库存，这时订货点的库存量为

$$R=\frac{LT\cdot D}{365}$$

式中，R——订货点的库存量；

LT——交纳周期，即从发出订单至该批货物入库间隔的时间；

D——该商品的年需求量。

但在实际工作中，常常会遇到各种波动的情况，如需要量发生变化、交纳周期因某种原因而延长等，这时必须设置安全库存 S，这时订货点的库存量为：

$$R=\frac{LT\cdot D}{365}+S$$

式中，S——安全库存量。

订货批量 Q 依据经济批量的方法来确定，即总库存成本最小时的每次订货数量。通常，年总库存成本的计算公式为

年总库存成本 = 年购置成本 + 年订货成本 + 年保管成本 + 缺货成本

假设在不允许缺货的条件下，年总库存成本 = 年购置成本 + 年订货成本 + 年保管成本，即

$$TC=D\cdot P+\frac{D\cdot C}{Q}+\frac{Q\cdot H}{2}$$

式中，TC——年总库存成本；

D——年需求总量；

P——单位商品的购置成本；

C——每次订货成本，元/次；

H——单位商品年保管成本，元/年（$H=P\cdot F$，F 为年仓储保管费用率）；

Q——批量或订货量。

经济订货批量就是使库存总成本达到最低的订货数量，是通过平衡订货成本和保管成本两个方面得到的，计算公式为

$$EOQ=\sqrt{\frac{2C\cdot D}{H}}=\sqrt{\frac{2C\cdot D}{P\cdot F}}$$

此时的最低年总库存成本为

$$TC=D\cdot P+H\cdot EOQ$$

年订货次数为

$$N=\frac{D}{EOQ}=\sqrt{\frac{D\cdot H}{2}}$$

平均订货间隔周期为

$$T=\frac{365}{N}=\frac{365EOQ}{D}$$

【例5-1】甲仓库A商品年需求量为30 000个，单位商品的购买价格为20元，每次订货成本为240元，单位商品的年保管费为10元。如果你是库存控制专员，如何确定该商品的经济订购批量，最低年总库存成本，每年的订货次数及平均订货间隔周期。

解：经济批量为

$$EOQ=\sqrt{\frac{2\times240\times30\ 000}{10}}=1\ 200（个）$$

每年总库存成本为

$$TC=30\ 000\times20+10\times1\ 200=612\ 000（元）$$

每年的订货次数为

$$N=\frac{30\ 000}{1\ 200}=25（次）$$

平均订货间隔周期为

$$T=\frac{365}{25}=14.6（天/次）$$

2. 批量折扣购货的订货批量

供应商为了吸引顾客一次购买更多的商品，往往会采用批量折扣购货的方法，即对于一次购买数量达到或超过某一数量标准时给予价格上的优惠。这个事先规定的数量标准，称为折扣点。在批量折扣的条件下，由于折扣之前购买的价格与折扣之后购买的价格不同，所以需要对原经济批量模型做必要的修正。

在多重折扣点的情况下，先依据确定条件下的经济批量模型，计算最佳订货批量（Q^*），然后分析并找出多重折扣点条件下的经济批量，见表5-2。

表5-2　多重折扣价格表

折扣区间	0	1	…	t	…	n
折扣点	Q_0	Q_1	…	Q_t	…	Q_n
折扣价格	P_0	P_1	…	P_t	…	P_n

其计算步骤如下：

（1）用确定型经济批量的方法，计算出最后折扣区间（第 n 个折扣点）的经济批量 Q_n^*，并与第 n 个折扣点的 Q_n 比较。如果 $Q_n^* \geqslant Q_n$，则取最佳订购量 Q_n^*；如果 $Q_n^* < Q_n$，则转入下一步骤。

（2）计算第 t 个折扣区间的经济批量 Q_n^*。如果 $Q_t \leqslant Q_t^* < Q_t+1$，则计算经济批量 Q_t^* 和折扣点 Q_{t+1} 对应的总库存成本 TC_t^* 和 TC_{t+1}，并比较它们的大小；如果 $TC_t^* \geqslant TC_{t+1}$，则令 $Q_t^*=Q_{t+1}$，否则就令 $Q_t^*=Q_t$。

（3）如果 $Q_t^*<Q_t$，则令 $t=t+1$ 再重复步骤（2），直到 $t=0$，其中 $Q_0=0$。

【例 5-2】A 商品供应商为了促销，采取以下折扣策略：一次购买 1 000 个以上打 9 折，一次购买 1 500 个以上打 8 折。若单位商品的仓储保管成本为单价的一半，求在这样的批量折扣条件下，甲仓库的最佳经济订货批量应为多少？（根据资料：D=30 000 个，P=20 元，C=240 元，H=10 元，$F=\frac{H}{P}=\frac{10}{20}=0.5$）

表 5-3　多重折扣价格表

折扣区间	0	1	2
折扣点 / 个	0	1 000	1 500
折扣价格 /（元 / 个）	20	18	16

解：

（1）计算折扣区间 2 的经济批量。

$$Q_2^*=\sqrt{\frac{2C\cdot D}{P\cdot F}}=\sqrt{\frac{2\times240\times30\ 000}{16\times0.5}}\approx 1\ 342\text{（个）}$$

（2）计算折扣区间 1 的经济批量。

$$Q_1^*=\sqrt{\frac{2C\cdot D}{P\cdot F}}=\sqrt{\frac{2\times240\times30\ 000}{18\times0.5}}\approx 1\ 265\text{（个）}$$

因为 1 000<1 265<1 500，所以还需计算 TC_1^* 和 TC_2 对应的年总库存成本，即

$$TC_1^*=D\cdot P+H\cdot Q_1^*=30\ 000\times18+18\times0.5\times1\ 265=551\ 385\text{（元）}$$

$$TC_2=D\cdot P_2+\frac{D\cdot C}{Q_2}+\frac{Q_2\cdot P\cdot F}{2}=30\ 000\times16+30\ 000\times\frac{240}{1\ 500}+1\ 500\times16\times\frac{0.5}{2}=490\ 800\text{（元）}$$

由于 $TC_1^*>TC_2$，所以在批量折扣的条件下，最佳订购批量 Q^* 为 1 500 个。

3. 分批连续进货的进货批量

在连续补充库存的过程中，有时不可能在瞬间就完成大量进货，而是分批、连续进货，甚至是边补充库存边供货，直到库存量最高。这时不再继续进货，而只是向需求者供货，直到库存量降至安全库存量，又开始新一轮的库存周期循环。分批连续进货的经济批量仍然是使存货总成本最低的经济订购批量，如图 5.2 所示。

设一次订购量为 Q，商品分批进货率为 h（千克 / 天），库存商品耗用率为 m（千克 / 天），并且 $h>m$。一次连续补充库存直至最高库存量需要的时间为 t_1，停止进货并不断耗用库存直至最低库存量的时间为 t_2。由此可以计算出以下指标：

（1）$t_1=\frac{Q}{h}$；

（2）在 t_1 时间内的最高库存量为 $(h-m)\ t_1$；

（3）在一个库存周期 (t_1+t_2) 内的平均库存量为 $(h-m)\ \frac{t_1}{t_2}$；

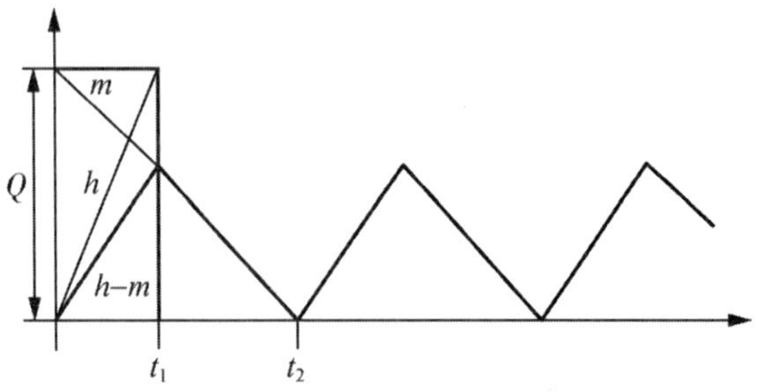

图 5.2　分批连续进货的进货批量

（4）仓库的平均保管费用为$\left[\frac{(h-m)}{2}\right]\cdot\left[\frac{Q}{H}\right]\cdot(P\cdot F)$；

（5）经济批量为 $Q^*=\sqrt{\frac{2C\cdot D}{P\cdot F\left(1-\frac{m}{h}\right)}}$；

（6）在按经济批量 Q^* 进行订货的情况下，每年最小总库存成本 TC^* 为 $TC^*=D\cdot P+\sqrt{2C\cdot D\cdot P\cdot F\left(1-\frac{m}{h}\right)}$；

（7）每年订购次数为 $N=\frac{D}{Q^*}$；

（8）订货间隔周期为 $T=\frac{365}{N}=365\times\frac{Q^*}{D}$。

【例 5-3】甲仓库 B 种商品年需要量为 5 000kg，一次订购成本为 100 元，B 商品的单位价格为 25 元，年单位商品的保管费率为单价的 20%，每天进货量 h 为 100kg，每天耗用量 m 为 20kg。试计算在商品分批连续进货条件下的经济批量、每年的库存总成本、每年订货的次数和订货间隔周期。

解：经济批量为

$$Q^*=\sqrt{\frac{2C\cdot D}{P\cdot F\left(1-\frac{m}{h}\right)}}=\sqrt{\frac{2\times5\,000\times100}{0.2\times25\times\left(1-\frac{20}{100}\right)}}=500\text{（kg）}$$

每年的库存总成本为

$$\begin{aligned}TC^*&=D\cdot P+\sqrt{2D\cdot C\cdot P\cdot F\left(1-\frac{m}{h}\right)}\\&=5\,000\times25+\sqrt{2\times5\,000\times100\times0.2\times25\times\left(1-\frac{20}{100}\right)}\\&=127\,000\text{（元）}\end{aligned}$$

每年订货次数为

$$N=\frac{D}{Q^*}=\frac{5\,000}{500}=10\text{（次）}$$

订货间隔周期为

$$T=\frac{365}{N}=\frac{365}{10}=36.5\text{（天）}$$

二、定期订货法的应用

（一）定期订货法的基本原理

定期订货法是按预先确定的订货时间间隔按期进行订货，以补充库存的一种库存控制方法。其决策思路是：每隔一个固定的时间周期检查库存项目的储备量，根据盘点结果与预定的目标库存水平的差额确定每次订购批量。这里假设需求为随机变化，每次盘点时的储备量都是不相等的，为达到目标库存水平 Q_0 而需要补充的数量也随之变化。其决策变量应是：检查时间周期 T、目标库存水平 Q_0。这种库存控制系统的储备量变化情况，即定期订货法的基本原理，如图 5.3 所示。

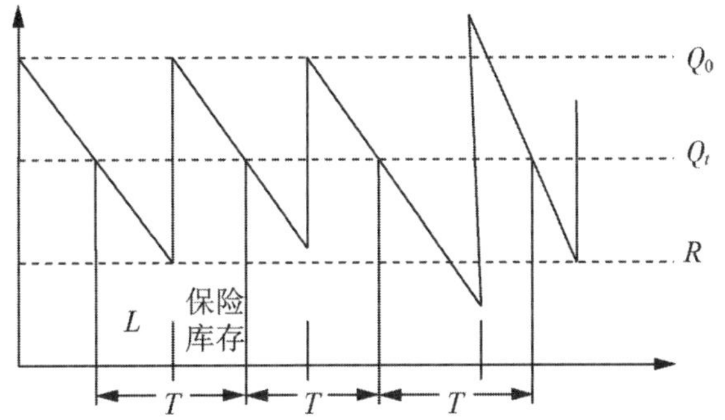

图 5.3　定期订货法的基本原理

1. 订货周期的确定

订货周期一般根据经验确定，主要考虑制订生产计划的周期时间，常取月或季度作为库存检查周期，但也可以借用经济订货批量的计算公式来确定使库存成本最有利的订货周期。

$$订货周期=\frac{1}{订货次数}=\frac{Q}{D}$$

2. 目标库存水平的确定

目标库存水平是满足订货期加上提前期的时间内的需求量。它包括两个部分：一部分是订货周期加提前期内的平均需求量，另一部分是根据服务水平保证供货概率的保险储备量。

$$Q_0=(T+L)r+Z\cdot S$$

式中，T——订货周期；

L——订货提前期；

r——平均日需求量；

Z——服务水平保证的供货概率查正态分布表对应的 t 值。

S 是订货期加提前期内的需求变动的标准差。若给出需求的日变动标准差 S_0，则

$$S=S_0\sqrt{T+L}$$

依据目标库存水平可得到每次检查库存后提出的订购批量为

$$Q=Q_0-Q_t$$

式中，Q_t——在第 t 期检查时的实有库存量。

3. 定期订货法的前提条件

（1）直接运用只适用于单一品种的情况，但稍加处理，也可以用于几个品种的联合订购。

（2）不仅适用于随机型需求，而且适用于确定型需求。对于不同的需求类型，可以导

出具体的运用形式，但其应用原理都是相同的。

（3）一般多用于 A 类物资，即品种少、价值高且比较重要的物资。

（二）定期订货法的应用

【例 5-4】某货品的需求率服从正态分布，其日均需求量为 200 件，标准差为 25 件，订购的提前期为 5 天，要求的服务水平为 95%，每次订购成本为 450 元，年保管费率为 20%，货品单价为 1 元，企业全年工作 250 天，本次盘存量为 500 件，经济订货周期为 24 天。试计算目标库存水平与本次订购批量。

解：（$T+L$）期内的平均需求量为

$$(T+L)\,r=(24+5)\times 200=5\,800\text{（件）}$$

（$T+L$）期内的需求变动标准差为

$$S=S_0\sqrt{T+L}=25\times\sqrt{24+5}\approx 135\text{（件）}$$

目标库存水平为

$$Q_0=(T+L)\,r+Z\cdot S=5\,800+1.65\times 135\approx 6\,023\text{（件）}$$

由于服务水平为 95%，查正态分布表得到标准正态偏差 $Z=1.65$。

订购批量为

$$Q=Q_0-Q_t=6\,023-500=5\,523\text{（件）}$$

从上例的计算结果可以看出，在同样的服务水平下，定期订货系统中保险储备量和订购批量都要比固定量订货系统的保险储备量和订购批量大得多，因为在定期订货系统中，需要满足订货周期加提前期内的需求量，以及防止在上述期间发生缺货所需的保险储备量。这就是为什么一些关键且价格高的物品不采用定期订货法，而采用定量订货法的原因。

（三）定量订货法与定期订货法的区别

1. 提出订购请求时点的标准不同

定量订货法提出订购请求的时点标准是，当库存量下降到预定的订货点时，即提出订购请求；而定期订货法提出订购请求的时点标准则是，按预先规定的订货间隔周期，到了订货的时点即提出请求订购。

2. 请求订购的商品批量不同

定量订货法每次订购商品的批量相同，都是事先确定的经济批量；而定期订货法每到规定的请求订购期，订购的商品批量都不相同，可根据库存的实际情况计算后确定。

3. 库存商品管理控制的程度不同

定期订货法要求仓库作业人员对库存商品进行严格的控制、精心的管理，经常检查、详细记录、认真盘点；而采用定量订货法时，对库存商品只要求进行一般的管理和简单的记录，不需要经常检查和盘点。

4. 适用的商品范围不同

定量订货法适用于品种数量少、平均占用资金大、需重点管理的 A 类商品，而定期订购库存控制法适用于品种数量大、平均占用资金少、只需一般管理的 B 类和 C 类商品。因为定量订货方式需要每次订货的时候，检查库存是否减少到了订货点，所以需要经常了解和掌握库存的动态，也就是经常进行检查和盘点。正因为如此，定量订货方式的工作量大且花费大量时间，如果对于每种商品都经常进行检查盘点，就会增加库存保管成本，因此这种方式适合于少量的重要商品，即 A 类商品；而定期订货法则反之。

课堂讨论

定量订货法和定期订货法有什么不同？

知识拓展

库存管理的 1.5 倍原则

库存管理的 1.5 倍原则是库存管理的主要内容之一，是经过很多企业的销售实践总结出来的安全存货原则，是主动争取客户订货量并时刻掌握客户销售情况的营销策略。它建立在提高客户销量和利益基础之上，因而能赢得客户信任，客户也容易采纳。但是，必须灵活掌握和应用 1.5 倍原则，避免生搬硬套。1.5 倍原则用好了以后，可以保证客户有充足的存货，减少断货、脱销的可能性，保证客户随时都能买得到所需产品，帮助客户不漏掉每次成交的机会。

1. 1.5 倍库存原则与做订单的关系

在销售人员做销售拜访时，要向客户建议合理的订货量，这就是“做订单”，是销售人员在拜访客户时必做的工作之一。所谓做订单，就是根据客户前一阶段的销售量，结合新的促销活动、季节时机或天气等因素，向客户建议合理的订货量，并动员客户按建议订货。在做订单时，要用到客户卡上所记录的资料，所以做好订单的前提，就是正确地填写好客户卡。只有这样，才能够有效地利用 1.5 倍原则进行库存管理，提高拜访的效率和效益，尽最大可能扩充销售。这也是销售人员的关键职责之一，是直接作用于销售的。

也有销售人员是以“拿订单”的思想从事工作的。拿订单与做订单是不同的，一个被动，一个主动。拿订单意味着主动权掌握在客户手中，而做订单则是主动的，它是根据客户的销售和研究库存以后的结果做出的订单计划。显而易见，这两种工作方法会取得完全不同的效果，做订单能保证对客户销售情况的准确掌握，也能保证客户的资金、空间、精力和时间等得到高效的利用，从而创造最大利润。

2. 利用 1.5 倍原则做订单的步骤

第一步，检查客户记录卡上的数据。

第二步，计算自上次拜访客户后的实际销量。

例如：上次拜访时的库存数；上次拜访时的订货量；本次拜访时客户的现有库存数。对于以上数据，销售代表在拜访客户时都已填入客户卡，在计算自上次拜访后的销量时，销售代表将使用这些数据，因此客户卡上的这些数据应正确无误。

第三步，建议新的订货量。

在建议新的订货量时要强调 1.5 倍原则，具体计算方法为

$$\text{安全存货量} = \text{上次拜访后的实际销量} \times 1.5$$

$$\text{建议的订货量} = \text{安全存货量} - \text{现有库存}$$

3. 怎样让客户接受 1.5 倍原则下的订货计划

在实际工作中，由于很多销售人员也十分清楚上面的步骤，并且能够准确计算出按照 1.5 倍原则得出的订单数，但却得不到符合该原则的订单。怎样才能够避免这类情况发生呢？

关键在于在做订单的时候，要注意掌握让客户接受建议的技巧。有些客户并不了解按照 1.5 倍原则做订单的好处，销售人员必须要让客户明白以下关键点：

（1）按照 1.5 倍原则建议的订货量是比较合理的，保证客户维持合适的存货数量，避免断货，货架空间可以得到高效的利用。

（2）有了一定的存货量，可以满足消费者的购买需求，不会遗漏任何成交机会。

（3）1.5 倍原则可以帮助客户有效地利用空间和资金，不至于造成货物积压、资金、空间无效占用等损失。

（4）1.5 倍原则再加上存货周转可以保证客户提供给消费者的永远是新鲜的产品，这可以很好地改善售点形象，带动其他商品的销售。

（5）让客户了解销售人员所做的工作就是帮助客户更好地满足消费者的需求，可以提高客户的销量和利润。

（6）销售人员必须利用自己所掌握的知识和技巧取得客户的信任，这种信任一旦建立，客户就会接受 1.5 倍原则做订单的建议。

如果销售人员是严格按照拜访路线和频率进行销售的，对每一个客户的拜访都应该有一定的周期，还可以告知客户 1.5 倍原则可以有效保证客户在这一拜访周期内既不断货又不压货。

任务二　ABC库存管理法与CVA分类法

【ABC库存管理法的应用例题及参考答案】

一、ABC库存管理法的应用

（一）ABC库存管理法的定义

ABC库存管理法（Activity Based Classification）是根据事物在技术或经济方面的主要特征，进行分类排队，分清重点和一般，从而有区别地确定管理方式的一种分析方法。ABC库存管理法是帕累托80/20法则衍生出来的一种法则，不同的是，帕累托80/20法则强调的是抓住关键，而ABC库存管理法强调的则是分清主次，并将管理对象划分为A、B、C这3类。

在20世纪50年代，管理学家戴克首先将ABC库存管理法应用于库存管理。在库存管理中，这一法则的运用可以使工作效率和效益大大提高。

面对纷繁杂乱的处理对象，如果分不清主次，结果可想而知，其效率和效益是不可能提高的。而分清主次，抓住主要的对象，却可以事半功倍。例如，在一家大型企业中，库存存货的种类通常会很多，动辄就是十几万种甚至几十万种，如果采用“一把抓”的管理方式可能出现混乱，进而造成重大损失。

（1）盘点清查非常困难，而且难以确保准确性。对于非重要的材料，如低值易耗品，可能影响还不大；但对于重要材料，如产品关键部件，如果计数错误，可能导致缺料，生产自然也就不可避免地受到影响，从而丧失市场机会，失去客户。

（2）存量控制困难。重要材料的存量应该作为重点监控，确保不断料又不积压；非重要材料由于其重要性不高和资金占用量小，则可以按一定的估计量备货。如果采用“一把抓”的管理方式，就可能将目光集中在大量非重要材料上，而忽视了对重要材料的控制。

俗话说的“捡了芝麻，丢了西瓜”，说的就是不会应用ABC库存管理法的情况。在处理日常事务上，ABC库存管理法的效率和高回报也是显著的。面对众多问题，如果先进行ABC分类，然后处理主要问题，次要的和不重要的问题常常也会迎刃而解。

（二）ABC库存管理法的基本原理

库存商品品种繁多、数量巨大，有的商品品种数量不多但市值很大，有的商品品种数量多但市值却不大，因此，需要按库存商品重要程度的不同，进行不同的分类管理和控制。首先将库存物品按品种和占用资金的多少分为特别重要的库存（A类）、一般重要的库存（B类）、不重要的库存（C类）3个等级，然后针对不同等级分别进行管理和控制。对于怎样划分各物品在每年消耗的总金额的比例，ABC库存管理法没有一个统一的标准，一般遵循下面的规律，见表5-4。

表5-4　ABC库存分类比重表

类　别	品种比例	年消耗金额比例
A类	5%～15%	60%～80%
B类	15%～25%	15%～25%
C类	60%～80%	5%～15%

1. A类物品的管理方法及应用

A类物品是关键的少数，是需要重点管理的库存。在保证安全库存的前提下，小批量、多批次物品应按需储存，尽可能地降低库存总量，减少仓储管理成本，减少资金占用成本，提高资金周转率。降低 A 类物品库存不代表不科学地降低库存总量。不科学地降低库存量，会导致缺货风险，导致生产与经营中断，会产生重大经济损失。重点管理 A 类物品，目的就是要通过科学的管理，不仅要降低库存，而且要保证供给，防止缺货，防止出现异常情况。

（1）按照需求、小批量、多批次地采购入库，最好能做到准时制管理，提高资金周转率，能够使库存保持最佳有效期，能够降低仓储管理费用，能够及时获得降价的收益。当然，季节储备和涨价前的储备也是不可避免的。

（2）按照看板订单、小批量、多批次地发货，最好能做到准时制出库，避免物品长时间储存在生产线或客户手中，造成积压损耗、虚假需求和超限额库存，不利于均衡生产和经营。

（3）随时监控需求的动态变化，分析预测哪些是日常需求，哪些是临时集中需求，使库存与各种需求相适应。尽可能缩短订货提前期，对交货期限加强控制。

（4）科学设置最低定额、安全库存和订货点报警点，防止缺货的发生；了解大客户的库存，在需要的时候临时调剂；监控供应商的在途物资品种数量到货时间；与供应商和用户共同研究替代品，尽可能降低单价；制订应急预案，补救措施。

（5）每天都要进行盘点和检查。A 类物货品位应处于物流出口。

（6）ABC 库存管理法对 MRP（物料需求计划）系统控制的物料需求并不适用，它面对的是最终产品。对于连续均衡的生产，每一个相关物品都具有同样的重要作用，即使是一颗螺丝钉也能够让生产中断。因此，也要注意一些关键物料的管理，不能一味地强调对 A 类物品的管理。

2. B 类物品的管理方法及应用

B 类物品的品种比例和年消耗金额比例大体近似，是需要常规管理的库存。一般来说，对 B 类物品采用次重点管理的常规管理。具体做法为：一是采用定量订货方法，前置期时间较长；二是每周要进行盘点和检查；三是中量采购。

3. C 类物品的管理方法及应用

C 类物品只占用了非常小的年消耗金额比例，但由于数量巨大，实际上占用了大量的管理成本，是需要精简的部分，也是需要一般管理的库存。具体可采用下列方法进行管理：

（1）大量采购，获得价格上的优惠。由于所消耗金额非常小，即使多储备，也不会增加太多金额。

（2）简化库存管理。如果还像 A 类物品那样管理，成本效益将十分有限，还会影响对 A 类物品的管理。

（3）可以多储备一些关键物料，少报警，避免发生缺货现象。

（4）每月循环盘点一遍。

课堂讨论

ABC 库存管理法在企业库存管理中应用的真正目的是什么？其在库存管理上存在的不足之处有哪些？应如何改进这些不足之处？

（三）ABC 库存管理法的基本程序

下面通过例题介绍 ABC 库存管理法的基本程序。

【例 5-5】某仓库共有库存商品 20 类 400 种，其物品的品种及库存占用资金额的具体情况见表 5-5。假如你是库存管理专员，应如何对产品进行 ABC 库存管理法？

ABC 库存管理法需要企业各部门的协调和配合，并且建立在库存品各种数据完整、准确的基础之上。

【ABC 分类法的计算】

表 5-5　物品品种及库存占用资金额情况表

序　号	各类商品名称	所含品目数量 / 种	各类物品占用资金额 / 万元
1	a	10	6
2	b	16	4.5
3	c	22	1.5
4	d	18	160
5	e	20	1
6	f	22	190
7	g	18	3.5
8	h	24	2.5
9	i	28	2
10	j	32	1.5
11	k	12	12
12	l	26	3
13	m	20	18
14	n	16	8
15	o	28	30
16	p	8	7
17	q	20	40
18	r	16	5
19	s	24	4
20	t	20	0.5
合　计		400	500

1. 开展分析

（1）收集数据。在对库存品分类之前，首先要按分析对象和分析内容收集关于库存品的信息和有关数据。例如，打算分析产品成本，则应收集产品成本因素、产品成本构成等方面的数据；打算分析针对某一系统搞价值工程，则应收集系统中各局部功能、各局部成本等数据。一般情况下，根据年资金占用额的大小进行分析，收集与此相关的数据。在例中确定针对物品资金占用额为依据进行 ABC 分类，已经收集了相关数据信息。

（2）处理数据。对收集来的数据资料进行整理，按要求计算和汇总。在例中，物品的资金占用额已经计算出，不需要计算。在很多情况下，库存商品的资金占用额需要计算汇总，即“物品的平均资金占用额 = 单价 × 年需求量”。在此之前收集数据时，要对各类物品的单价、年需求量进行收集和统计。

（3）制作 ABC 分析表。ABC 分析表（表 5-6）的栏目构成为：第一栏为物品名称；第二栏为所含品目数量（如果物品只含一种品目，即为1）；第三栏为品目数累计，即每一类物品中的品目数累计相加；第四栏为品目数累计百分数，即累计品目数对总品目数的百分比；第五栏为各种物品平均资金占用额；第六栏为平均资金占用额累计；第七栏为平均资金占用额累计百分数；第八栏为分类结果。

制表步骤为：将第（2）步中已算出的平均资金占用额，从高到低填入第五栏；以此栏为准，将相当物品名称、所含品目数量填入第一栏、第二栏；计算品目数累计、品目数累计百分数，填入第三栏、第四栏；计算平均资金占用额累计，填入第六栏；计算平均资金占用额累计百分数，填入第七栏。

表 5–6　ABC 分析表模板

物品名称	所含品目数量 / 种	品目数累计 / 种	品目数累计百分数 /（%）	各种物品平均资金占用额 / 万元	平均资金占用额累计 / 万元	平均资金占用额累计百分数 /（%）	分类结果

（4）根据ABC分析表确定分类。根据ABC分析表，观察第四栏品目数累计百分数和第七栏平均资金占用额累计百分数，将品目数累计百分数为5%～15%而平均资金占用额累计百分数为60%～80%的前几类物品，确定为A类；将品目数累计百分数为20%～30%，而平均资金占用额累计百分数也为20%～30%的物品，确定为B类；其余为C类，C类情况正和A类情况相反，其品目数累计百分数为60%～80%，而平均资金占用额累计百分数仅为5%～15%。

根据上述步骤对例中20种物品的数据进行填表、分类，见表5–7。

表 5–7　制成后的 ABC 分析表

物品名称	所含品目数量 / 种	品目数累计 / 种	品目数累计百分数 /（%）	各种物品平均资金占用额 / 万元	平均资金占用额累计 / 万元	平均资金占用额累计百分数 /（%）	分类结果
f	22	22	5.5	190	190	38	A
d	18	40	10	160	350	70	A
q	20	60	15	40	390	78	B
o	28	88	22	30	420	84	B
m	20	108	27	18	438	87.6	B
k	12	120	30	12	450	90	B
n	16	136	34	8	458	91.6	C
p	8	144	36	7	465	93	C
a	10	154	38.5	6	471	94.2	C
r	16	170	42.5	5	476	95.2	C
b	16	186	46.5	4.5	480.5	96.1	C

续表

物品名称	所含品目数量 / 种	品目数累计 / 种	品目数累计百分数 / (%)	各种物品平均资金占用额 / 万元	平均资金占用额累计 / 万元	平均资金占用额累计百分数 / (%)	分类结果
s	24	210	52.5	4	484.5	96.9	C
g	18	228	57	3.5	488	97.6	C
l	26	254	63.5	3	491	98.2	C
h	24	278	69.5	2.5	493.5	98.7	C
i	28	306	76.5	2	495.5	99.1	C
c	22	328	82	1.5	497	99.4	C
j	32	360	90	1.5	498.5	99.7	C
e	20	380	95	1	499.5	99.9	C
t	20	400	100	0.5	500	100	C

因此，对例中 20 种物品的 ABC 分类见表 5-8。

表 5-8 对例中 20 种物品的 ABC 分类

类 型	A	B	C
所含物品种类（品目数）	f、d	q、o、m、k	n、p、a、r、b、s、g、l、h、i、c、j、e、t
品目所占比重	10%	20%	70%
资金所占比重	70%	20%	10%

（5）绘制 ABC 分析图。以品目数累计百分数为横坐标，以累计资金占用额百分数为纵坐标，按 ABC 分析表第四栏和第七栏所提供的数据，在坐标图上取点，并用曲线连接各点，绘成 ABC 曲线。按 ABC 分析曲线对应的数据，根据 ABC 分析表确定 A、B、C 这 3 个类别的方法，在图上标明 A、B、C 这 3 类，制成 ABC 分析图，如图 5.4 所示。

2. 实施对策

这是“分类管理”的过程。根据 ABC 分类结果，权衡管理力量和经济效果，编制 ABC 分类库存管理具体策略表，对 3 类对象进行有区别的管理，见表 5-9。

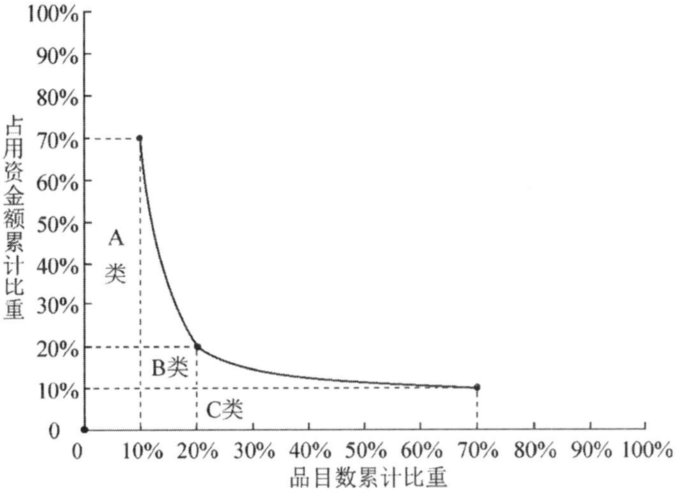

图 5.4　ABC 分析图

表 5–9　ABC 分类库存管理具体策略表

类　别	A	B	C
价　值	高	中	低
管理重点	（1）准确的需求预测和详细的采购计划； （2）严格的库存控制； （3）严格的物流控制和后勤保障； （4）对突发事件的准备； （5）供应商的合作	（1）供应商选择； （2）建立采购优势； （3）目标价格管理； （4）订购批量优化； （5）最小库存； （6）供应商的竞争与合作	（1）物品标准化； （2）订购批量优化； （3）库存优化； （4）业务效率； （5）供应商的竞争与合作
订货量	少	较多	多
订货方式	定期经济批量订货	定量订货	按经验订货，可采用订货双堆法管理库存
检查方式	经常检查和盘存	一般检查和盘存	按年度或季度检查盘存
记　录	最准确、最完整	正常记录	简单记录
统计方法	详细统计，按品种规格等细项进行统计	按大类进行统计	按金额进行统计
保险储备量	较低	允许较高	高

（四）ABC 库存管理法注意事项

1. 单价对仓储管理的影响

年销售额相同的两个品种，一个可能单价低、数量多，另一个可能单价高、数量少。这时要重点关注单价高、数量少的品种，不仅因为单价高，在数量上货损货差一点点就会造成大的损失，而且因为单价高，库存数量增加一点点就会使占用总金额的比重急剧上升。对于单价高的品种，要求每天盘点检查；要求与用户积极沟通，保证供应，控制库存总量；要与用户研究替代的方法和可能，尽量减少高单价的商品库存。因此，有必要将单价排序，对贵重物品严格管理和控制；必要时，需要单独进行仓库保管，防止丢失被盗。

2. 关键因素对仓储管理的影响

一些关键的商品物料对于生产和经营具有重要意义，缺货会严重影响正常生产经营，也会导致停产，甚至会危及安全生产。而且，季节或战略物资短缺时，在短期内不易补充。尤其是 B 类物品和 C 类物品在管理中如果不被重视，其中的关键商品就会产生类似问题，给企业带来不必要的风险；而对于重点管理的 A 类物品，这种问题就不明显，只需要增加关键商品的安全系数、提高管理的可靠性就可以了。

二、CVA 库存管理法的应用

由于 ABC 库存管理法有不足之处，通常表现为 C 类物品得不到应有的重视，而 C 类物品往往也会导致整个装配线停工，所以有些企业在库存管理中引入了关键因素分析法（Critical Value Analysis，CVA），一般称为 CVA 库存管理法。关键因素分析法相对适用于生产性的企业。对于销售型企业，进行关键因素分析就需要做出必要的调整，可以根据商品的月销售天数（即这种商品一个月中有多少天都在销售）作为划分的依据。

CVA 库存管理法的基本思想是把存货按照关键性分成以下 4 类：

（1）最高优先级。这是经营的关键性物资，不允许缺货。

（2）较高优先级。这是经营活动中的基础性物资，允许偶尔缺货。

（3）中等优先级。这是属于比较重要的物资，允许合理范围内缺货。

（4）较低优先级。这是经营中需要的物资，可替代性高，允许缺货。

表 5-10 中列示了按 CVA 库存管理法所划分的库存类型及其管理策略。

表 5-10　CVA 库存管理法库存类型及其管理策略

库存类型	特　　点	管理措施
最高优先级	经营管理中的关键物品，或 A 类客户的存货	不允许缺货
较高优先级	生产经营中的基础性物品，或 B 类客户的存货	允许偶尔缺货
中等优先级	生产经营中比较重要的物品，或 C 类客户的存货	允许合理范围内缺货
较低优先级	生产经营中需要但可替代的物品	允许缺货

CVA 库存管理法比起 ABC 库存管理法有着更强的目的性，在使用中要注意，人们往往倾向于制定高优先级，结果高优先级的物品种类很多，最终哪种物品都得不到应有的重视。CVA 库存管理法和 ABC 库存管理法结合使用，可以达到分清主次、抓住关键环节的目的。

ABC 库存管理法和 CVA 库存管理法都是用一个因素来对库存的物资进行划分的。事实上，只用一个因素并不能完全客观地反映出库存物资在生产或在价值方面的作用。例如，有的 C 类物品，尽管它的价格较低，但如果这种物品的缺货风险大，在市场上不容易采购，如果仍进行一般的管理控制，那么可能会造成误判而不能及时供应，会给生产经营带来影响。

因此，如果能用 ABC 库存管理法和 CVA 库存管理法两个指标对库存物资进行划分，并在此基础上进行管理，可以取得更好的效果。

知识链接

发现一个很有趣的现象，许多看似不相关的两件事务，可能在道理上竟然会惊人的相似。比如说吃饭与库存管理，或许有人认为把这两件“风马牛不相及”的事放到一起类比，有点牵强附会。但假如我们把人的胃看作仓库，把下订单收货看作进食吃饭，把销售行为看作人体的消化吸收，把处理沉淀库存看作排泄的话，那么吃饭和库存管理是不是有很多共通之处呢？库存管理无论是对采购、供应商来说，还是对仓库的经营来说，库存管理都必须要做好，其意义毋庸赘述。但是，我们在实际操作中却往往容易犯下一些低级的错误，无意中增加了企业的经营成本。

误区一：暴饮暴食，导致库存积压。

吃饭不能暴饮暴食，这是常识。但在实际的库存管理过程中，却经常存在“暴饮暴食”的现象，比如说某啤酒品牌商品月销售 100 万件，很多人根据库存管理的 1.5 倍原则会一次性订货 150 万件，不用说这势必会导致积压。导致这种情况的原因也是多面，可能是采购人员为了省事，可能是受到供应商的压力，更多的可能是对危害的认识不够：“现在卖不完，明天可以接着卖。”其实，一旦积压产生后，一系列的问题会出现：首先，会导致企业资金占用成本增加，而本来这些钱是可以放在银行赚取利息的；其次，会导致库容压力增加，仓库管理员会打电话抱怨仓位不够，申请外租仓库；再次，会导致仓库管理成本增加，拣货的速度和准确率都会下降；最后，还有保质期商品存在灭失风险……避免吃撑的办法就是要清楚自己的饭量到底有多大。对于库存管理来说，避免积压首先要清楚自己能销售多少，对销售量的预测是最基本的要求。我们应该仔细对历史销售数据进行分析，而不是凭借大概的印象来判断。就像不能把一天三顿饭合到一顿吃一样，也不能一次下一个很大的订单，一劳永逸。因此，设定合适的订货频率是非常有必要的。当然，凡事不能绝对，特殊情况也要特殊对待，比如说节日备货、批量采购会导致采购成本的减少、供应商存在短期货源不足时的抢货等情况。此外，我们往往会认为“积压之后供应商可以退货”，实际上这确实有一定作用，但只是一个补救的办法，应该尽量少用。这个道理就像我们吃饭吃撑了就想办法“呕吐”出来一样，那滋味肯定很不好受，而且伤身体。

误区二：因噎废食，进入“饥饿状态”。

或许我们过于强调避免库存积压，很多人自然而然地认为减少积压要减少订货和库存量，这往往会导致缺货情况的存在。人体长期吃不饱而处于饥饿状态，自然会导致营养不良、肌体活动能力下降。货源不足，则会丧失交易的机会，引起顾客满意度降低，必然导致销售业绩的下滑。那应该如何避免缺货呢？我们还是应该对销售量有个预测，然后按库存管理的 1.5 倍原则订货。上面提到按库存管理的 1.5 倍原则订货会导致积压，但实际上并不矛盾。比如说那个月销售 100 万的某啤酒品牌商品，周销售预计在 25 万左右，假如每周订一次货，则仓库用于周转的库存应该为 $25 \times 1.5=37.5$ 万，而不是 150 万。

误区三：偏食，导致“隐性饥饿”。

吃饭不能仅仅满足于吃饱，还要吃得好，消除偏食。比如说动物性食物及脂肪摄入过高，谷类食物消费偏低并过于精细，钙、铁、维生素 A、维生素 C 等微量营养素摄入不足，容易导致肥胖，间接引起高血压、高血脂、糖尿病等。库存管理也同样讲求“膳食搭配，营养均衡”，这就是库存结构的合理性问题。同样以上面的例子说明，该啤酒品牌月销售 100 万件，假如已经备了 150 万件的库存，可能还会有很多门店投诉货源不足。我们可能会惊讶和困惑，但经过分析才会发现原来订了 120 万件的熟啤酒，而销售比较好的生啤酒却只订了 30 万件，现在生啤酒已经脱销。表面上看库存绝对充足，甚至已经积压，却仍然存在缺货问题。这就是库存结构不合理导致的“隐性饥饿”。为解决这个问题，在销售预测上还不能仅仅满足于对总体销售量的预测，还应该细分一下。假如所负责的单品确实比较多，可以分成小类规划确定库存结构，如果单品数量不多的话甚至可以细分到单品。目前比较先进的方法就是 ABC 库存管理法。

误区四：没有及时“排毒排泄”。

在库存管理过程中，往往会出现一些不适销商品、坏损商品或亚健康状态商品。这些是库存管理中的垃圾，往往会成为沉淀库存，长期积压在仓库中。而影响库存周转的最大因素往往就是这些沉淀库存，这些正如人体无法消化的垃圾一样。医学常识告诉我们，如果长时间人不将这些垃圾排泄出体外，人体内的毒素将会大大的累积，直至演变成致癌物，而沉淀库存如果不及时处理，同样会成为企业经营的“毒素”。

任务三　JIT库存管理法与MRP库存管理技术

一、JIT库存管理法的应用

（一）JIT的基本原理

JIT（Just in Time）意为及时或准时，也有译为精练管理的。JIT是20世纪70年代出现的一种库存管理和控制的现代管理思想，在丰田集团得到广泛实施，并取得巨大的成效。

众所周知，传统的生产系统采用的是由前向后推动式的生产方式，即由原材料仓库向第一道生产工序供应原材料，进行加工和生产，由此向后推，直到制成成品转入产成品仓库，等待销售。在这种生产系统中，大量原材料、在制品、产成品的存在，必然导致大量生产费用的占用和浪费。

而JIT的基本思想正好与传统生产系统相反，它以顾客（市场）为中心，根据市场需求来组织生产。JIT是一种倒拉式管理，即逆着生产工序，由顾客需求开始，从“订单→产成品→组件→配件→零件和原材料”最后到供应商。具体来说，就是企业根据顾客的订单组织生产，根据订单要求的产品数量，上道工序就应该提供相应数量的组件，更前一道工序就应该提供相应的配件，再前一道工序提供需要的零件或原材料，由供应商保证供应。整个生产是动态的、逐个向前推进的。上道工序提供的正好是下道工序所需要的，且时间上正好、数量上正好。JIT系统要求企业的供、产、销各环节紧密配合，大大降低了库存，从而降低了成本，提高了生产效率和效益。

JIT不仅是一种旨在降低库存，消除整个生产过程中的浪费，优化利用企业资源，全面提高企业生产率的管理哲学，而且是一种先进的生产组织方式。它一环扣一环，不允许有任何一个环节挡道。JIT对浪费的解释与我们通常意义上讲的浪费不同，它认为凡是不增加价值的任何活动都是浪费，如搬运、库存、质量检查等；或者说，凡是超出增加产品价值所必需的绝对最少的物料、机器和人力资源的部分都是浪费。零库存和零缺陷是JIT生产追求的目标。JIT的理念认为，一家企业中所有的活动只有在需要进行的时候进行，才不至于造成浪费；而库存是万恶之源，它将许多矛盾掩盖起来，使问题不被发现而得不到及时解决。

1. JIT是库存管理的一场革命，也是整个企业管理思想的一场革命

（1）JIT把物流、商流、信息流合理组织到一起，成为一个高度统一、高度集中的整体。

（2）JIT体现了以市场为中心、以销定产、牢牢抓住市场的营销观念，而不是产品先生产出来再设法向外推销的销售观念。

（3）使生产活动组织严密，平滑通畅，既没有多余的库存，也没有多余的人员。

（4）实现库存成本大幅度下降。

2. JIT的目标是彻底消除无效劳动和浪费

（1）废品量最低（零废品）。JIT要求消除各种引起不合理的原因，在加工过程中每一工序都要求达到最好水平。

（2）库存量最低（零库存）。JIT的理念认为，库存是生产系统设计不合理、生产过程不协调、生产操作不良的证明。

（3）准备时间最短（零准备时间）。准备时间长短与批量选择相联系，如果准备时间趋于零，准备成本也趋于零，就有可能采用极小批量。

（4）生产提前期最短。短的生产提前期与小批量相结合的系统，应变能力强，柔性好。

（5）减少零件搬运，降低搬运量。零件配送搬运是非增值操作，如果能使零件和装配件运送量减小，搬运次数减少，则可以节约装配时间，减少装配中可能出现的问题。

（6）机器损坏低。

（7）批量小。

（二）JIT 的实施条件

在理想的 JIT 系统中，不存在提前进货的情况，因而可使库存费用降至零点。JIT 如要实施成功，需要具备以下条件：

（1）完善的市场经济环境，信息技术发达。

（2）可靠的供应商，按时、按质、按量地供应，通过电话、传真、网络即可完成采购。

（3）生产区域的合理组织，制定符合逻辑、易于产品流动的生产线。

（4）生产系统要有很强的灵活性，为改变产品品种而进行的生产设备调整时间接近于零。

（5）要求平时注重设备维修、检修和保养，使设备失灵为零。

（6）完善的质量保证体系，无返工，次品、不合格品为零。

（7）人员生产高度集中，各类事故发生率为零。

实施 JIT 系统订货与传统的订货有不同的方式和要求。物料购买过程也就是与供应商打交道以获取企业生产产品所需材料的过程。购买的关键就是将选择好供应商，同时考虑价格、质量、交货期等问题。传统的购买最关心的是价格，而忽视了质量和及时交货的要求。JIT 采购系统的成功经验是选择较少的供应商，这比从多家供应商那里采购具有更多优势。从长远的角度来看，厂家与供应商建立长期合作关系将有利于双方达成共识，促进双方共同获得成功。尽管价格仍然是一个不容忽视的因素，但质量和可靠性已成为现代购买方式中越来越重要的因素。在 JIT 系统中，如果物料质量和可靠性出现问题，将导致整个系统处于停顿状态。

（三）JIT 的实施步骤

（1）进行准备工作。实施 JIT 系统，首先要进行人员培训。企业高级管理人员对 JIT 系统的支持是实施 JIT 的首要条件，必须要让企业的高层人员深刻理解和领会 JIT 思想的实质，明确各自的职责；其次，要是对工人进行培训和激励，使所有人员都参与 JIT 系统的建设。

（2）实行全面质量管理。全面质量管理是与 JIT 系统紧密联系的。JIT 系统的各个环节需要在全面质量管理的思想指导下，才能协调一致。也只有在全面质量管理的作用下，才能在每一个环节上把好质量关，使之尽力实现“零缺陷”，进而实现“零库存”。

（3）对现行系统进行分析。在实施 JIT 系统之前，要对现行的制造系统进行仔细分析，找出现行系统存在的缺陷与不足，明确改进目标。

（4）工艺和产品设计。运行 JIT 要求企业的生产工艺流程具有很强的柔性。目前，一些高科技企业成功地把 JIT 与柔性制造系统结合在一起，产生了巨大的经济效益。JIT 要求尽可能地采用标准件，以降低 JIT 生产系统的复杂性。

（5）使供应商成为 JIT 系统的一部分。供应商能否及时向企业提供优质的材料是 JIT 系统运行的条件。把企业 JIT 系统与供应商的 JIT 系统连接在一起，使供应商成为企业 JIT 系统的一部分，将有利于保证物料供应的及时性和可靠性。

（6）不断改善生产过程。JIT 生产系统是一个生产过程，是一个需要不断改进完善的过程。理想的 JIT 系统的最高目标是“零机器调整时间”“零库存”“零缺陷”“零设备故障”，而这些目标的实现是以企业各项工作不断改进和完善为前提的。

JIT 是一种先进的管理方式，随着现代企业管理能力的逐步提高，推行 JIT 在我国有着非常广阔的前景。它一方面可以大大降低库存，提高企业的经济效益；另一方面可以在实践中发现问题，找出不足，从而不断改进和消除掩盖的各种矛盾，提高企业的管理水平。

知识链接

JIT 与传统的库存概念相反。传统的库存概念认为库存是一种安全保障，是企业的资产。JIT 则认为库存是浪费，是企业的负债，“零库存”是企业的最佳状态，是仓储管理的最终目标，是通过把自己的库存向上转移给供应商、向下转移给零售商，实现自己的“零库存”。许多管理不善的问题被库存所掩盖，通过逐步减少库存去发现问题、解决问题，通过持续的循环改进，管理水平就能提高。JIT 的提出可以解决库存管理中的部分浪费现象，因此是一种特殊的库存概念，其对工业企业和商业企业来讲是个重要的分类概念。

“零库存”的含义是以仓库储存形式的某种或某些种物品的储存数量为“零”，即不保持库存。不以库存形式存在就可以免去仓库存货的一系列问题，如仓库建设、管理费用、存货维护、保管、装卸、搬运等费用、存货占用流动资金，以及库存物的老化、损失、变质等问题。库存管理是企业管理系统四大流（物流、资金流、信息流和工作流）中的物流部分，对物料进、存、出进行台账管理，也就是管理各物料供应和需求的关系，达到供需间的平衡，而且尽量压低物料的库存量，因为它会占用（积压）企业宝贵的流动资金。“零库存”对具体企业、商店、车间而言，是在有充分社会储备保障前提下的一种特殊形式。

二、MRP 库存管理技术的应用

（一）MRP 的定义

物资需求计划（Material Requirement Planning，MRP）是指根据产品结构各层次物品的从属和数量关系，以每个物品为计划对象，以完工日期为时间基准倒排计划，按提前期长短区别各个物品下达计划时间的先后顺序，是一种工业制造企业内物资计划管理模式。MRP 是根据市场需求预测和顾客订单制订产品的生产计划，然后基于产品生成进度计划，组成产品的材料结构表和库存状况，计算所需物资的需求量和需求时间，从而确定材料的加工进度和订货日程的一种实用技术。

企业怎样才能在规定的时间、规定的地点，按照规定的数量得到真正需要的物料，换句话说，就是库存管理怎样才能符合生产计划的要求，这是 MRP 所需要解决的。

MRP 是一种以计算机为基础的编制生产与实行控制的系统，它不仅是一种新的计划管理方法，而且是一种新的组织生产方式。MRP 的出现和发展，引起了生产管理理论和实践的变革。MRP 是根据总生产进度计划中规定的最终产品的交货日期，规定必须完成各项作业的时间，编制所有较低层次零部件的生产进度计划，对外计划各种零部件的采购时间与数量，对内确定生产部门应进行加工生产的时间和数量。一旦作业不能按计划完成，MRP 系统就可以对采购和生产进度的时间和数量加以调整，使各项作业的优先顺序符合实际情况。

MRP 通用的计算公式为

净需求 = 毛需求 + 已分配量 + 安全库存 − 计划在途 − 实际在途 − 可用库存

（二）MRP 的基本原理

在传统的库存管理模式中，一般把库存物品当作相互独立的。因此，对于企业内部大量的非独立性需求库存来说，传统的经济订货点很难处理特定时间的未来需求。MRP 针对相关性需求库存的生产，在需要的时间内，向需要的部门提供其恰好需要的物料（品种、数量和质量）。

1. MRP 的基本逻辑

MRP 主要厘清以下问题：

（1）要生产什么产品（时间、品种、数量和质量）？

（2）需要哪些组件或成分？

（3）这些物品已在手头的有多少？

（4）已经订货的有多少？它们将在何时到达？

（5）何时需要更多？需要多少？

（6）这些物品应何时订货？

在上述 6 个问题中，问题（1）是指出厂产品，由产品出产计划确定；问题（2）是指产品结构，一般用产品结构文件来表示；问题（3）和问题（4）指的是库存信息；问题（5）指的是 MRP 的计算过程；问题（6）指的是 MRP 发出的计划订货指令。

MRP 的基本任务是从最终产品的生产计划（独立需求）导出相关物料（半成品、原材料等）的需求量和需求时间（相关需求），根据物料的需求时间和生产（订货）提前期来确定其开始生产（订货）的时间和数量。由此，可以确定 MRP 的基本内容是编制物料的生产计划和采购计划。然而，要正确编制物料计划，首先要确定产品的生产进度计划，也就是所谓的主生产计划，这是 MRP 展开和分解的根源；其次，MRP 还需要知道产品的组成结构，也就是物料清单，才能把主生产计划展开成物料计划；最后，还必须知道库存数量，才能准确计算出物料的采购数量及生产数量。

2. MRP 的基本依据

MRP 的基本依据包括主生产计划（Master Production Schedule，MPS）、物料清单（Bill of Material，BOM）、库存信息。MPS 所代表的含义是生产什么及什么时候生产，BOM 所代表的含义是需要什么及需要多少，库存信息所代表的含义是所需物料还有多少。

（1）主生产计划。MPS 是指制定每一件具体的产品在指定的时间段内的生产数量，一般其时间段以月为单位。按照 MTS 模式进行生产时，其生产量和生产时间根据企业进行市场预测及企业经营大纲而定；按照按单生产模式进行生产时，其生产量和生产时间必须满足客户订单的需求，一切由客户确定主生产计划并根据客户合同和市场预测把经营计划或生产大纲中的产品系列具体化，使之成为展开物料需求计划的主要依据。不管采用何种生产组织方式，主生产计划必须确定计划月内的产品、数量和生产日期（生产日期可按照生产完工日期和生产提前期进行逆推）。

（2）产品结构与物料清单。MRP 系统要正确计算出物料需求的时间和数量，特别是相关需求物料的数量和时间。首先要使系统能够知道企业所制造的产品的结构和所有要使用到的物料。例如，在离散行业中，BOM 表一般称为产品结构树，按构成成品的所有部件、组件、零件等的组成、装配关系和数量要求构成层次结构关系；在流程行业中，BOM 表以产品配方及消耗定额表示，一般以扁平的方式表示，按成品生产的工艺顺序描述其组成配制。不管何种行业的 BOM，需求数量、提前期是必不可少的。

（3）库存信息。库存信息是指企业所有产品、半成品、在制品、原材料、辅料等存在状态的数据信息。在 MRP 系统中，将产品、半成品、在制品、原材料、辅料、能源动力等统称为物料。这些物料在 ERP 或 MRP 系统中均有一个唯一的标示码，一般称其为物料编码。在进行物料编码时，还需要定义其提前期、安全库存和批量等信息。库存信息所包含的内容为现有库存量、订购量和已分配量。

（三）MRP 的基本计算步骤

一般来说，MRP 的制订遵照先通过主生产计划导出有关物料的需求量与需求时间，再根据物料的提前期确定投产或订货时间的计算思路。其基本计算步骤如下：

（1）计算物料的毛需求量。即先根据主生产计划、物料清单得到第一层级物料品目的毛需求量，再通过第一层级物料品目计算出下一层级物料品目的毛需求量，依次往下展开计算，直到最低层级原材料毛坯或采购件为止。

（2）净需求量计算。即根据毛需求量、可用库存量、已分配量等计算出每种物料的净需求量。

（3）批量计算。即由相关计划人员对物料生产做出批量策略决定，不管采用何种批量规则或不采用批量规则，净需求量计算后都应该表明是否有批量要求。

（4）安全库存量、废品率和损耗率等的计算。即由相关计划人员来规划是否要对每个物料的净需求量进行这3项计算。

（5）下达计划订单。即指通过以上计算后，根据提前期生成计划订单。MRP所生成的计划订单，要通过能力资源平衡确认后，才能开始正式下达计划订单。

（6）再一次计算。MRP的再次生成大致有两种方式，第一种方式会对库存信息重新计算，同时覆盖原来计算的数据，生成的是全新的MRP；第二种方式则只是在制订、生成物料需求计划的条件发生变化时，才相应地更新MRP有关部分的记录。这两种生成方式都有实际应用的案例，至于选择哪一种要看企业实际条件和状况。

知识链接

牛鞭效应是在下游企业向上游企业传导信息的过程中发生信息失真，而这种失真被逐级放大的结果。牛鞭效应会波及企业的营销、物流、生产等领域。供应链的有效运作是受很多因素制约的，如组织结构、信息渠道、地域分布、行业特征等。但是，其中最根深蒂固的影响因素当属牛鞭效应。

1. 牛鞭效应的内涵

在一条供应链中，消费市场需求的一点点变化都会被一级级放大到制造商、首级供应商、次级供应商那里。简单来说，当经营者接到消费者发出的订单后，会根据本期从下游经销商收到的订单发出货物，并以此为依据参考销售记录预测未来需求的变化，结合本期期末库存量向上游供应商发出订单。订单的传递和货物的运送都需要2个经营周期，那么每个经营者从发出订单到得到该订单的订货需要4个经营周期。当消费者需求出现变化，零售商、批发商、分销商的订单及库存量自发出现波动，而且，越是处于供应链的后端，需求变化幅度越是会正数级放大。根据形状而言，这就像挥舞的牛鞭，鞭子轻轻一抖，鞭梢便会大幅度抖动，这就是供应链管理中所谓的“牛鞭效应”。

2. 牛鞭效应的影响

牛鞭效应成因于系统原因和管理原因，它们共同作用提高了企业经营成本，对产品供应链造成消极影响，导致对市场变化的过激反应。当市场需求增加时，整个供应链的产能增加幅度超过市场需求增加幅度，超出部分则以库存形式积压在供应链不同节点。一旦需求放缓或负增长，大量资金和产品将以库存形式积压，整个供应链便可能资金周转不良，严重影响供应链的良好运作，甚至导致企业倒闭，尤其是对处于供应链末端的小企业影响较大。对众多的次级、次次级供应商而言，则意味着没有新订单，没有新的营业收入，无法维持运营。这样一来，大批供应商处于崩溃边缘，企业大幅裁员，甚至难逃破产的厄运。

对市场的响应速度而言，越是处于供应链后端，企业响应速度越慢。其结果是，当市场需求增加的时候，供应商往往无法支持制造商；而当市场需求放缓时，供应商则往往继续过量生产，造成库存积压。由于牛鞭效应，伴随着过量生产的是整个供应链的生产能力过度膨胀。

对整个宏观经济而言，牛鞭效应可以解释为什么有些行业比另一些行业提前衰退，或滞后复苏。而对于单个企业而言，当经济复苏的时候，不仅仅要动员自身的生产能力，更重要的是动员各级供应商。由于牛鞭效应，后端供应商往往受到更大的经济影响，面临更大的财政压力，从而更难也更不愿意扩张生产能力。在经济景气时，往往由于后端供应商没法及时扩张而影响整个供应链的销售业绩。

3. 牛鞭效应的解决方法

（1）订货分级管理。

（2）加强出入库管理，合理分担库存责任。

（3）缩短提前期，实行外包服务。

（4）规避短缺情况下的博弈行为。

（5）参考历史资料，适当减量修正，分批发送。
（6）提前回款期限。

项目小结

库存管理的重点在于确定如何订货、订购多少、何时订货，要会选择运用定量订货法、定期订货法、ABC 库存管理法、CVA 库存管理法、JIT 库存管理法、MRP 库存管理技术等方法及时补充库存。

习题与思考

一、单选题

1. 在库存控制中，对 B 类货物的管理方法是（　　）。
A. 同供应商建立良好关系　　B. 采用定期订购法或定量混合的订购方式
C. 减少这类货物的盘点次数　　D. 给予最低的优先作业次序

2. 关于定量订货法，下列说法不正确的是（　　）。
A. 能经常地掌握库存储备动态，及时地提出订购，不易出现缺货
B. 保险储备量较少
C. 每次订购量固定，便于包装运输和保管作业
D. 由于多种物品一起订购，所以可以编制较实用的采购计划

【项目五参考答案】

3. 通过平衡订货成本和保管仓储成本，确定一个最佳的订货批量来实现最低总库存成本的方法称为（　　）。
A. 定期订货法　　B. 经济订货批量
C. 定量订货法　　D. 物料需求计划库存管理法

4. JIT 库存管理法的作用不包括（　　）。
A. 零库存　　B. 最大节约　　C. 零废品　　D. 最大效益

5. CVA 库存管理法中归为较高优先级的库存产品应采取的管理措施是（　　）。
A. 不许缺货　　B. 允许偶尔缺货
C. 允许合理范围内缺货　　D. 允许缺货

二、多选题

1. 在定期订货法中，最大库存量应该满足的基本要求是（　　）。
A. 订货周期的要求　　B. 交货期的要求　　C. 安全库存　　D. 库存成本的要求

2. 影响确定订货点的主要因素包括（　　）。
A. 需求速率　　B. 订货提前期　　C. 安全库存　　D. 物资的保质期

3. 以下关于 ABC 库存管理法说法正确的是（　　）。
A. A 类物品库存是库存数量最大的库存　　B. A 类物品库存是库存数量最小的库存
C. C 类物品的价值最大　　D. C 类物品的重要性最低

4. 定量订货法和定期订货法的不同主要表现在（　　）。
A. 提出订购请求时点的标准不同　　B. 请求订购的商品批量不同
C. 库存商品管理控制的程度不同　　D. 适用的商品范围不同

5. 库存管理者的责任就是测量特定地点现有库存的单位数和跟踪基本库存数量的增减。这种测量和跟踪可以手工完成，也可以通过计算机技术完成，主要区别在于（　　）。
A. 效益　　B. 速度　　C. 精确性　　D. 成本

三、判断题

1. 定期订货法与定量订货法相比，不必严格跟踪库存水平，减少库存登记费用和盘点次数。（　　）

2. ABC 库存管理法又称重点管理法或 ABC 分析法，是根据帕累托曲线所揭示的“关键的少数和次要的多数”的规律在管理中的应用。（　　）

3. ABC 库存管理法中 C 类物品可能只占库存总数的 15%，但用于它们的库存成本却占到总数的 70%～80%。（ ）

4. CVA 库存管理法中归为最高优先级的库存产品应采取的管理措施是允许缺货。（ ）

5. 通常使用的库存管理方法有两种类型，即定量订货法（固定订货数量，可变订货间隔）和定期订货法（固定订货间隔，可变订货数量）。（ ）

四、思考题

1. 定量订货法和定期订货法有何不同？
2. ABC 库存管理法的理论基础是什么？它的核心思想是什么？
3. MRP 的目标、基本原理是什么？
4. 简述 JIT 库存管理法的主要方法。
5. MRP 的基本依据是什么？

五、实训与考核

实训一　订货量的确定

实训目的

按要求完成订货量的确定，能够正确应用定量订货法和定期订货法。

任务描述

1. 定量订货法的应用

某企业每年需购进某种商品 10 000 件，已知该商品的单位购进成本为 10 元，订货成本为 18 元，储存成本为 4 元。求经济批量；如果允许延期交货，并且每单位的延期交货成本为 1 元，求经济批量、最高库存量。

2. 定期订货法的应用

某企业一年物料需求量为 110 单位，每次订购费为 45 元，每月每单位的储存成本为 15%，该物料的单位成本为 10 元，企业物料净需求时段分配如下表所示。试确定其计划订购方式。

周	1	2	3	4	5	6	7	8	9	10	11	12	合计
净需求		10	10		14		7	12	30	7	15	5	110

任务驱动

完成此任务，需要明确以下几个问题：
1. 定量订货法的基本原理及计算方法。
2. 期订货法的基本原理及计算方法。

任务操作

1. 定量订货法的应用计算。
2. 定期订货法的应用计算。
3. 对定量订货法和定期订货法进行比较分析。

任务考评

1. 在规定时间内完成定量订货法的应用计算，过程完整、规范。（40 分）
2. 在规定时间内完成定期订货法的应用计算，过程完整、规范。（40 分）
3. 对定量订货法和定期订货法的异同理解正确。（20 分）

实训二　ABC 库存管理法的应用

实训目的

按要求对库存商品进行 ABC 分类，能够正确理解 ABC 库存管理法的基本原理，并对 A、B、C 这 3 类物品进行相应管理。

任务描述

某仓库共有库存商品9类31种，其物品的品种及库存占用资金额的具体情况如下表所示，假设你是库存管理员，应如何对产品进行ABC分类管理。

序　号	名　称	种　类	金　额 / 万元
1	有枪身石油射孔弹	6	291
2	射孔枪身	7	244.1
3	盲孔枪身	2	162.09
4	防沙撞击起爆器	2	147.72
5	压力起爆器	1	81.95
6	公母接头	4	81.95
7	射孔弹枪身	3	54.24
8	导爆索	3	33
9	筛管	3	21.37
小　计		31	1 117.42

任务驱动

完成此任务，需要明确以下几个问题：
1. ABC库存管理法的基本原理及应用方法。
2. 对A、B、C这3类物品进行相应管理的方法。

任务操作

1. 处理数据。
2. 制作ABC分析表。
3. 根据ABC分析表确定分类。
4. 绘制ABC分析图。
5. 确定A、B、C这3类物品的具体管理方法。

任务考评

1. 遵循ABC分类的基本原则和基本步骤，能按要求处理数据，计算准确。（60分）
2. 对ABC库存管理法描述恰当，能有针对性地对A、B、C这3类物品分别进行管理和控制。（20分）
3. 对ABC库存管理法的基本原理理解正确，没有偏颇。（20分）

项目六
仓储经营管理 ····●

【思维导图】

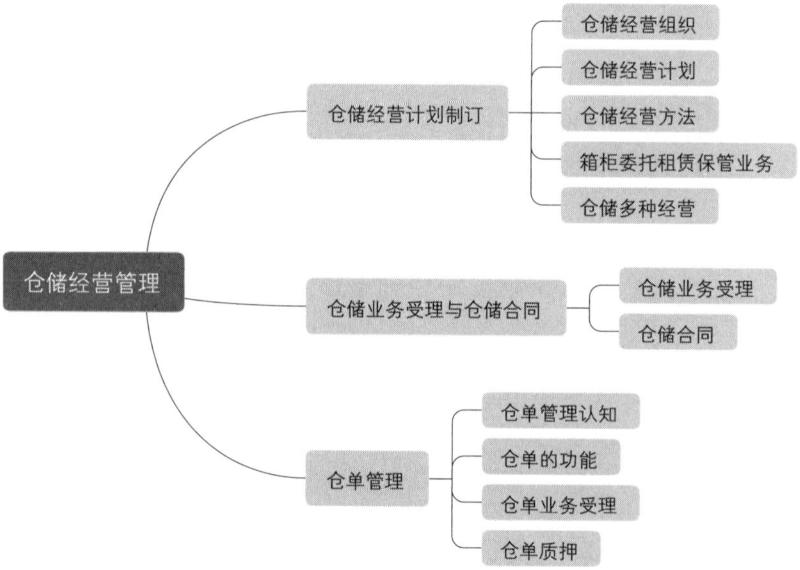

【学习目标】

素养目标	能力目标	知识目标
（1）培养学生爱岗敬业、理解岗位工作职责、执行工作操作规程、完成工作任务的职业素养。 （2）培养学生协作与沟通的意识与能力 。 （3）要求学生树立责任、安全、服务、成本控制的理念	（1）能进行仓库储存能力分析。 （2）能进行仓储储存计划编制。 （3）能完整掌握仓储保管合同签订业务。 （4）能正确填制仓单	（1）了解仓储经营的意义，并树立仓储经营的理念。 （2）理解仓储经营计划的种类和内容。 （3）掌握仓储经营的方法。 （4）掌握仓储合同业务和仓单业务的内容

【任务导入】

仓库的主要功能是为企业提供空间存储服务。但随着社会经济的发展，尤其是电子商务的蓬勃发展，仓库的服务形态已发生了质的变化。作为仓储物流行业领先企业的百利威物流意识到，电商仓储物流时代已经到来。正因为如此，百利威物流将自己定位在仓储物流整合方案专家，致力于为电子商务企业和传统企业提供一体化供应链解决方案，以及专业、集成、高效的第三方现代仓储物流服务，让客户专注于业务，帮助客户持续改善物流成本。

百利威物流的仓储面积在国内和华北地区排名都靠前，另外还有筹建和在建的项目，与当当、京东、乐淘、凡客、好乐买、库巴等均有过合作。国内排名前十的电子商务，均与百利威物流有过合作，尤其是百利威物流26号仓库，因当当、京东、乐淘在这里起步，被媒体称为中国电子商务的“福地”。这么多年和顶级电商企业“打交道”的经验，让百利威物流提前感受到市场的变化并主动适应市场需求而变化。

百利威物流已在多地建立现代物流仓储基地，在提供卓越的仓储服务的基础上，利用仓储资源、行业经验、品牌效应，采用先进的技术手段和管理经验，整合各类资源，打造适合快速成长的电商物流市场的专业、集成、高效的标准化仓配一体化运营服务体系和面向大规模、高成长、高利润企业的专业仓储物流网络。百利威物流以北京为中心，扩展到沈阳、武汉、成都、上海、广州等枢纽城市，进而形成覆盖全国重点区域的网络化布局，期望成为行业领先的电商物流提供商和现代物流管理专家。

（资料来源：根据中国商机网《百利威物流：打造中国电商第三方仓储物流航母》整理，有改动）

任务要求

仓储企业经营目标是什么？面对消费者价值取向的多重化趋势，仓储经营者应如何扩大自己的经营业务范围，提供更多的增值服务项目？

【任务实施】

任务一　仓储经营计划制订

仓储经营管理工作的重要环节是制订仓储经营计划，即根据市场的需求和企业仓储能力确定经营目标，有计划地组织、指挥、调节、控制企业各部门、各环节的活动，完成仓储经营任务，实现和提高仓储作业的经济效益。

一、仓储经营组织

（一）仓储经营目标

仓储经营一般以实现“快进、快出、多储存、多经营、保管好、费用省”为目标。

（1）“快进”。“快进”是指货物运抵到港口、车站或仓库专用线时，要以最快的速度完成货物的接运、验收和入库等工作。

（2）“快出”。“快出”是指货物出库时，及时迅速和高效地完成备料、复核、出库、清理交货现场等操作。

（3）“多储存”。“多储存”是指在库容合理规划的基础上，最大限度地利用有效的储存面积和空间，提高单位面积的存量和利用率。

（4）“多经营”。“多经营”是指仓储采用多种经营方式提高企业的收益，如包装、流通加工、贴标签、配载、配送等。

（5）“保管好”。“保管好”是指根据货物的性质与储存要求，合理安排储存场所，采取科学的保管方法，使其在保管期内质量完好，数量精确。

（6）“费用省”。“费用省”是指在整个仓储的业务流程中，都要努力降低人力、物力和财力的消耗，以最低的仓储成本取得最好的经济效益。

（二）仓储经营组织

仓储经营组织是以实现仓储经营的最高效益为经营目标，将仓储作业人员与仓储作业手段有效地结合起来，完成仓储作业过程各环节的职责，为商品流通提供良好的仓储服务。在仓储经营组织过程中，应综合考虑各方面的因素，注意几个方面：第一，保证仓储作业过程的连续性；第二，实现仓储作业过程的便利性；第三，采取仓储经营的多样性；第四，充分调动全体员工的积极性；第五，具有良好的风险防范机制。

二、仓储经营计划

仓储经营计划是现代仓储经营活动的总体安排，是仓储企业为实现经营目标所制订的一系列对未来经营活动的安排和打算。仓储经营计划有利于将整个仓储业务活动有机地结合起来，科学合理地安排好仓储业务，从而为企业带来更大的经济效益。

（一）仓储经营计划的种类

（1）长期发展计划。长期发展计划是根据货物储存发展的客观要求制定的仓储长期规划，一般要求规划五年、十年或更长时间内仓储企业的发展和建设规模。长期发展规划的内容都是有关仓储企业发展的重大问题，确定了仓库今后的发展方向和目标，对企业其他计划有指导作用。

（2）仓储业务计划。仓储业务计划是企业日常的工作计划，一般以年度计划为主，根据需要还可以分别制订季、月、旬计划等。其具体内容包括以下几个方面：

① 基建计划。基建计划规定了企业在一定时期内应当完成的基本建设任务，如完成仓库的扩建或新建，对仓库搬运装卸系统进行改造或装备新的机械设备，以提高现有机械化水平。基建计划确定的任务必须在每一具体的计划期内有详细的计划安排，以保证分阶段进行和按期完成。

② 日常工作计划。日常工作计划主要是合理安排和明确各项业务活动的目标和任务。根据仓储业务特点，日常工作计划主要包括货物储存计划、仓容利用及货物保管保养计划、机械设备安排和维修保养计划、仓库劳动力人员安排计划、仓储费用计划等。

（3）临时应急计划。临时应急计划是一种短期计划，一般在年度计划期间内，遇到某些特殊情况或在特定时间内采用，如临时性的大批量的商品出入库、雨季防汛等。

（二）仓储经营计划的编制依据

（1）市场供需变化情况。

（2）客户提出的货物存储申报计划及服务需求。

（3）现代仓储经营条件和经营能力。

（三）制订仓储经营计划的要求

制订仓储经营计划需要具有超前创新的思想，了解经济社会发展的客观规律，调查企业内外环境的变化，合理预测社会对仓储产品消费需求的变化，根据消费的需求及时提供与市场变化相适应的产品。创新是企业生产得以高速发展的重要手段，是在市场竞争中取得优势的有力武器。仓储经营只有通过不断创新、不断满足和引导社会需要，根据市场的需要开发出为广大存储企业所欢迎的新项目，才能使仓储企业在市场竞争中立于不败之地。

三、仓储经营方法

（一）保管仓储经营

1. 保管仓储的经营方法

保管仓储是指存货人将存储物交付给仓储经营人存储，并支付仓储费的仓储经营方法。在保管仓储经营中，仓储经营人一方面需要尽可能多地吸引仓储，获得大量的仓储委托，求得仓储保管费收入的最大化；另一方面，需要在仓储保管中尽量降低保管成本，以获取经营成果。仓储保管费取决于存储物的数量、仓储时间和仓储费率，其计算公式为

仓储保管费 = 存货数量 × 存货时间 × 仓储费率

仓储总收入的计算公式为

仓储总收入 = 总库容量 × 仓容利用率 × 平均费率

2. 保管仓储的经营特点

（1）保管仓储的目的在于保持保管物原状。寄存人将保管物交付保管人，其主要目的在于保管，也就是将自己的货物存入仓储企业。仓储企业必须对存储物实施必要的保管，达到最终维持保管物原状的目的。在仓储过程中，存储物的所有权不转移给仓储企业，仓储企业没有处置存储物的权力。

（2）仓储管理的物品可以是生产资料，也可以是生活资料，但必须是实物动产，因为不动产不可能是存储物。

（3）保管仓储活动是有偿的，保管人为存货人提供仓储服务，存货人必须支付仓储费。仓储费是保管人提供仓储服务的价值表现形式，也是仓储企业盈利的来源。

（4）仓储保管经营的整个仓储过程均由保管人进行操作，仓储经营人需要有一定的投入。

（二）混藏仓储经营

1. 混藏仓储的经营方法

存货人将一定品质、数量的种类物品交付给保管人，保管人将不同存货人的同样仓储物混合在一起进行保存，在存期满时，保管人只需要以相同种类、品质、数量的商品返还给存货人，并不需要原物归还的一种仓储经营方法。例如，粮食、油品、矿石或保鲜期较短的商品的储藏常采用这种仓储方式。

混藏仓储经营人的收入依然来自仓储保管费，存量越多，存期越长，收益就越大。混藏式仓储是成本最低的仓储方式，但若存货品种增加，则会使仓储成本增加，因此在混藏仓储经营中应尽可能开展少品种、大批量的混藏经营。

2. 混藏仓储的经营特点

（1）混藏仓储的对象是种类物。

（2）混藏的方式便于统一仓储作业、统一养护、统一账务处理等管理。

（3）混藏仓储是一种特殊的仓储方式。

（三）消费仓储经营

1. 消费仓储的经营方法

消费仓储是指存货人不仅将一定品质数量的种类物品交付仓储管理人储存保管，而且与保管人相互约定，将储存物的所有权也转移给保管人，在合同期届满，保管人以相同种类、相同品质、相同数量替代品返还的一种仓储方法。

消费式仓储经营人的收益主要来自对仓储物消费的收入。当消费的收入大于返还仓储物时的购买价格时，仓储经营人就获得了经营利润；反之，当消费收益小于返还仓储物时的购买价格时，就不会对仓储物进行消费，而依然原物返回。在消费仓储中，仓储费收入是次要收入，有时甚至采取无收费仓储的形式。可见，消费仓储是仓储经营人利用仓储物停滞在仓库期间的价值进行经营，追求利用仓储财产经营的收益。消费仓储的开展使得仓储财产的价值得以充分利用，提高了社会资源的利用率。消费仓储可以在任何仓储物中开展，但对仓储经营人的经营水平有极高的要求，且在期货仓储中广泛应用。

2. 消费仓储的经营特点

（1）消费仓储是一种特殊的仓储形式，具有与保管仓储相同的基本性质。

（2）消费仓储以种类物作为保管对象，仓储期间转移所有权于保管人。

（3）消费仓储以物品的价值保管为目的，保管人仅以种类、品质、数量相同的物品返还。

（四）仓库租赁经营

1. 仓储租赁的经营方法

仓库租赁经营是通过出租仓库、场地和出租仓库设备，由存货人自行保管货物的仓库经营方式。进行仓库租赁经营时，最主要的工作是签订一份仓库租赁合同，在合同条款的约束下进行租赁经营，取得经营收入。仓库出租经营既可以整体出租，也可以采用部分出租、货位出租等分散出租方式。目前，采用较多的是部分出租和货位出租的方式。

2. 仓储租赁的经营特点

（1）承租人具有特殊商品的保管能力和服务水平。

（2）以合同的方式确定租赁双方的权利和义务。

（3）分散出租方式增加了管理工作量。

四、箱柜委托租赁保管业务

箱柜委托租赁保管业务在许多国家发展较快，如在日本，从事箱柜委托租赁保管业务的企业数目和仓库营业面积在迅速上升。

箱柜委托租赁保管业务是仓库经营者以一般城市居民和企业为服务对象，向他们出租体积较小的箱柜来保管非交易物品的一种仓储业务。对于一般居民家庭的贵重物品，如以金银首饰、高级衣料、高级皮毛制品、古董、艺术品等为对象，提供保管服务；对于企业以法律或规章制度等规定必须保存一定时间的物品，如以文书资料、磁带记录资料等为对象，提供保管服务。箱柜委托租赁保管业务强调安全性和保密性，为居住面积较小的城市居民和办公面积较窄的企业提供了一种便利的保管服务。

箱柜委托租赁保管业务是一种城市型的仓库保管业务。许多从事箱柜委托租赁保管业务的仓库经营者专门向企业提供这种业务，他们根据保管物品的特点建立专门的仓库，这种仓库一般有以下 3 个特点：

（1）注重保管物品的保密性。因为保管的企业资料中许多涉及企业的商业秘密，所以仓库有责任保护企业秘密，防止被保管的企业资料流到社会上。

（2）注重保管物品的安全性。因为企业的资料，如账目发票、交易合同、会议记录、产品设计资料、个人档案等，需要保管较长的时间，所以在长时间的保管过程中必须防止发生保管物品损坏变质的情况。

（3）注重快速服务反应。当企业需要调用或查询保管资料时，仓库经营人能迅速、准确地调出所要资料，并及时地送到企业。

知识链接

钢铁物流仓储业六大盈利模式

一是出租营业仓库，收取场地租金。仓库的租期分为长租和短租，分别收取租赁费用。仓库除了满足钢铁企业钢材存放的需求外，还可以满足客户不定期钢材存放的需求，包括中间商、代理商的钢材存放。由于近期钢材市场低迷，大量钢材无法按照正常的销售渠道出货，都存在积压的情况，这就给钢铁物流仓储业创造了一个契机。这些钢材都可以暂时存放在营业仓库里，然后仓库收取相应的仓储租赁费用。从目前的情况来看，钢铁物流仓储企业供不应求，客户纷纷上门，盈利情况较为可观。以某钢铁物流企业的一个中型仓库为例，半年收入达到 4 000 万元，相当于当前某钢厂的全年收入，投资回报比率很高。

二是吸引运输车辆，收取停车费。钢铁物流仓储企业可以运用现代信息技术和物流技术，实时跟踪车辆，从而吸引来自全国各地的运输车辆接受统一调度，增加停车费收入。

三是提供个性化仓储服务方案设计。根据客户的自身需求，钢铁物流仓储企业可以为其“量身定制”仓储服务方案，充分满足不同需求。

四是实施会员管理。向钢铁物流仓储企业提供业务支持，进入的企业支付会员年费。企业享受不同的服务标准，根据会员类型和级别，除了享有在当地的物流信息系统平台上进行直接查询和获得技术支持外，还可以获得专业的业务培训和专家咨询解答。这样一来，钢铁物流仓储企业可以实现与会员企业的双赢，促进现代物流的发展。

五是提供吸引供应链聚集的平台，整合交通运输资源和网络资源，开展门户网站和商品推广业务。

六是扩大信息技术服务范围，完善物流供应链服务平台（如电子商务服务的交易平台、主题交易市场的服务平台）。钢铁物流仓储企业可以开发供应链的增值服务，策划物流整体方案，把物流平台渗透到商业营销系统（产品分销和售后服务），开发展览、咨询、培训等衍生业务内容，开拓金融和物流相互融合的功能性融资服务。

（资料来源：根据万联网物流资讯中心《钢铁物流仓储业六大盈利模式》整理）

五、仓储多种经营

（一）仓储多种经营的意义

面对日益激烈的市场竞争和消费者价值取向多重化的趋势，仓储经营者改变传统的仓储经营观念，加强仓储的多种经营，改进服务方式，是创造持久竞争优势的有效手段，也是提高仓储企业经济效益的有效途径。

仓储多种经营是指仓库按照自身所具有的优势，开展与仓储业务有关的经营活动，具体包括仓储增值服务、运输中介、配送与配载等经营活动。

（二）仓储增值服务

1. 仓储增值服务的概念

仓储增值服务是根据客户的需要，为客户提供的超出常规的服务，或者是采用超出常规的服务方法所提供的服务。创新、超常规、满足客户个性化需要是增值物流服务的本质特征。在信息主导商业发展的今天，增值服务主要是借助完善的信息系统和网络，通过发挥专业物流管理人才的经验和技能来实现的，依托的主要是企业的 IT 基础，因此是技术和知识密集型的服务，可以提供信息效用和风险效用。这样的服务融入了更多的精神劳动，能够创造出新的价值，因而是增值的物流服务。而仓储增值服务主要是根据仓库现有的设施与设备、人员和技术等资源开展的增值服务。

2. 仓储增值服务的必要性

随着物流行业的快速发展，仓储企业应充分利用其联系面广、仓储手段进步等有利条件，向多功能的物流服务中心方向发展，开展加工、配送、包装、贴标签等多项增值服务，从而提高仓储在市场经济中的核心竞争力，增加仓储利润来源，提高自身的经济效益。

为了能最有效地满足来自市场的需求和挑战，包括动态的仓储环境，增长的顾客需求及对更佳仓储表现的要求等，仓储业通过扩大自己的业务范围，提供更多的增值服务项目，这样才能在激烈的市场竞争中获得更多的利益。

3. 仓储增值服务项目

（1）托盘化。托盘化是指将产品转化成一个独立托盘的作业过程。

（2）包装。把产品的包装环节交由仓储企业和（或）仓储部门一起完成，并把仓储规划与相关的包装业务结合起来综合考虑，有利于整个物流系统效益的提高。

（3）贴标签。在仓储过程中完成在商品或商品包装上贴标签的工序。

（4）产品配套、组装。当某产品需要由一些组件或配件配套、组装而成时，可通过仓储企业或部门的配套、组装增值服务来提供整个供应链过程的效率。在仓储过程中，某些配件不出仓库就直接由装配工人完成配装，提高了物流的效率，节约了供应链成本，使仓储企业的竞争力增强、效率提高，也减轻了生产部门和企业的压力。

（5）简单的加工生产。把本是在生产过程中作为一道单独的工序来完成的一些简单加工生产业务放到仓储环节来进行，可从整体上节约物流流程、降低加工成本，并使生产企业能够专心于其核心业务上。

（6）退货和调换服务。当客户的产品销售之后，产品出现质量问题或出现纠纷时，需要实施退货或调换业务时，由仓储企业来帮助办理有关事项。

（7）订货决策支持。由于仓储过程中掌握了每种货物的消耗过程和库存变化情况，这就有可能对每种货物的需求情况做出统计分析，从而为客户提供订货及库存控制的决策支持，甚至帮助客户做出相关的决策。

（三）运输中介

运输中介又称运输服务中间商，通常不拥有运输设备，只向其他厂商提供间接服务。典型的运输中介开始从各种托运人手中汇集一定数量的货源，然后购买、运输。运输中介通常向托运人提供的费率低于承运人直接的费率，但其可从承运人处得到更低的费率，其利润是向托运人收取的费率和向承运人购买的费率并乘以托运量（承运量）的差额。另外，运输中介可以免除承运人在大城市内承担的收取货物和交付货物的服务。

（1）货运代理人。货运代理人简称贷代，以营利为目的，把来自顾客手中的各种小批量货物装运整合成大批量货物装载，然后利用专业承运人进行运输。在目的地，货运代理人把大批量装载拆成原来的装运量。其主要优势在于，大批量的装运可以获得较低的费率，并使小批量装运的速度快于个别托运人直接交付专业承运人托运的速度。

（2）经纪人。经纪人实质上是运输代办，以收取服务费为目的。这种方式将托运人和承运人有机结合起来，起到了桥梁纽带的作用，方便托运人的小型托运活动，减轻承运人的工作量。经纪人能够根据托运人的要求，合理安排运输方式，力求节约费用。

（四）配送与配载

1. 配送

配送是在经济合理区域范围内，根据用户的要求，对货物进行拣选、加工、包装、分割和组配等作业，并按时送达指定地点的物流活动。仓储经营人利用货物大量储藏在仓库内等待向消费者送货的优势，向存货人提供分批、分时的送货业务，并进行货物组合、分类等处理，具有极其便利的条件。当仓储经营人进行配送的收益超过开展配送的成本时，便可开展配送业务。

仓储开展配送的收益主要有以下几项：

（1）配送中的直接收益。该收益是指接收配送的委托人因配送业务支付的费用，通常比较低。仓储经营人如果只获得该收益，则往往无法维持配送业务。

（2）配送组合、加工的收益。该收益是仓储开展配送的另一项劳务收益，能够充分利用仓储中的劳动力和场地、设备的已有投入，有利于有效利用仓储资源。

（3）提高仓储的服务水平。高水平的服务可以获得较高的回报，分享服务的增值。

（4）吸引更多的仓储业务。因业务的扩张，提供的仓储产品便多样化，能满足更多客户的需要，可使客户市场得到扩展。

2. 配载

配载是指利用运输工具和运输线路安排货载的运输业务。不同于干线运输，配载的特点是针对用户的末端运输和短距离运输，并且次数多，服务对象是生产企业和商业网点。交通运输工具的大型化和运输线路的细分是现代化运输业所具有的特征。大型运输工具需要大量的货载支持，需要经过仓储的集货。大量聚集在仓储中的货物需要高效的配载安排，保证交通工具的满载和及时运出货物。在配送中，首先将货物进行分拣和配货，然后进行车辆的配载。由于配送的每种货物数量都不大，而总数却很大，所以常常需要安排许多车辆才能完成配送工作。

配载是配送活动的一个重要方面。配载把所配送的货物以最便捷最适当的方式安排在运输车辆上，以最少的运力来满足配送的需要。配载可充分利用车辆的容积和载重量，做到满载满装，降低运输成本。简单的配载一般通过经验和手工计算来完成。在装载货物种类较多、车辆种类也较多时，可通过计算机来管理。进行车辆配载时，要遵循方便装卸、充分利用运输工具、保证货物安全、满足用户需求等原则。

知识链接

为细分服务产品，提升服务质量，增强客户体验，申通快递启动了仓储业务，为客户提供仓配一体化（仓储＋配送）服务。

申通快递整合自身资源，为合作客户提供商品存储、打单、打包、发货及配送一体化服务，建设配送快速通道，着力提高配送安全及时效。

申通快递仓储建设体量包括 2 000～5 000m^2、10 000～20 000m^2 和 20 000m^2 以上，投资建设了专业硬件、软件，并配备专业仓储人员进行管理。申通快递在上海、浙江、江苏等地的仓储已具备运营条件。

申通快递仓储业务的主要服务对象为电子商务经营中有仓储配送需求且正寻求合作的商家，包括电子商务中平台类企业、平台内运营商家、独立 B2C 等。

（资料来源：根据全国物流信息网《申通快递为客户提供仓储配送一体化服务》整理）

任务二　仓储业务受理与仓储合同

一、仓储业务受理

（一）计划委托

存货单位根据生产计划、流转计划、采购供应合同、运输计划等需要，向仓储部门提出在一定时期内要求储存货物的品种、数量等储存计划，仓储部门根据储存能力，通过内部平衡，确定计划接收数量，并明确储存位置、落实作业人员，将接收结果以书面形式反馈给存货单位，这类储存业务称为计划委托储存。计划委托一般是系统内部或自营仓库采用的一种业务受理方式。

（二）协议委托

协议委托是仓储企业与存货人之间根据平等互利、等价有偿原则，采取签订仓储合同或协议的方式确定的仓储业务关系。其操作形式一般有以下 3 种：

（1）确定储存货物种类、数量，储存业务由仓储企业统一安排。

（2）确定库房、储存面积、储存货物大类，储存业务由保管方承担，即“包仓代管”。

（3）确定库房、储存面积、储存货物大类，储存业务由存货方自理，即“包仓自管”。

（三）临时委托

临时委托是仓储企业接受存货人的货物临时储存而采取的一种业务受理方式。采用这种方式时，由存货人向仓储企业提出临时委托储存申请，在仓库认为可以接受的条件下，填写委托储存申请单，仓储按作业制度组织货物入库并开具储存凭证。对临时委托业务仓库应采取“逐笔清”的方式，即储存业务完结后应立即进行费用结算。

二、仓储合同

（一）仓储合同概述

1. 仓储合同的概念

签订仓储合同是提供仓储服务的前提，可以有效地保证合同双方的利益。仓储合同是指仓储保管人接受存货人交付的仓储物，并进行妥善保管，在仓储期满将仓储物完好地交还，保管人收取保管费的协议。《中华人民共和国合同法》（后文简称《合同法》）第三百八十一条规定："仓储合同是保管人储存存货人交付的仓储物，存货人支付仓储费的合同。"《合同法》第三百九十五条规定，仓储合同分则"没有规定的，适用保管合同的有关规定。"

2. 仓储合同的当事人

合同当事人是履行合同的主体，需要承担合同责任。存货人和保管人是仓储合同的双方当事人。

在仓储合同关系中，委托保管的人称存货人。存货人必须是将仓储物交付仓储的人，可以是仓储物的所有人，可以是只有仓储权利的占有人（如承运人），也可以是受让仓储物但未实际占有仓储物的所有人，还可以是有权处分人（如法院、行政机关等）。存货人可以是法人、非法人单位、个人等企业、事业单位、个体经营户、国家机关、群众组织、公民等。实施保管的人称保管人，交付保管的标的物称为仓储物。保管人必须是具有仓储设备和专门从事仓储保管业务资格的人。也就是说，保管人必须拥有仓储保管设施设备，如仓库、场地、货架、装卸搬运设施等，具备安全、消防等基本条件，并取得相应的公安、消防部门的许可。从事特殊保管的保管人，还要符合特殊保管的条件要求。无论是保管人自有的，还是租赁的，保管人必须具有设施设备有效的经营使用权。同时，从事仓储经营资格也是必需的，必须进行工商登记，获得工商营业执照。保管人可以是独立的企业法人、企业的分支机构、个体工商户、合伙企业或其他组织，可以是专门从事仓储业务的仓储经营者，也可以是贸易货栈、车站、码头的兼营机构，还可以是从事配送经营的配送中心。

3. 仓储合同的特征

仓储合同是一种特殊的保管合同，源自一般的保管合同，具有保管合同的一般特性。在法律适用上，《合同法》对仓储合同没有特别规定的，适用保管合同的一般规定。同时，仓储合同又区别于一般的保管合同，具有以下特征：

（1）仓储保管人必须是拥有设备并具有从事仓储业务资格的人。

（2）仓库保管的对象是动产，不动产不能成为仓储合同的标的物。

（3）仓储合同是诺成性合同。

（4）存货人的货物交付或返还请求权以仓单为凭证，仓单具有仓储物所有权凭证的作用。

（二）仓储合同的种类

（1）一般仓储保管合同。

（2）混藏式仓储合同。

（3）消费式仓储合同。

（4）仓库租赁合同。

（三）仓储合同的内容

为保证合同双方行使自己的权利和义务，在签订仓储合同时，应仔细考虑有关条款。其主要包括以下内容：

（1）存货人和保管人的姓名（全称）、地址。

（2）储存货物的品种、数量、质量、包装、件数和标记。

（3）交接时间、地点和验收方法。

（4）仓储物的损耗标准。

（5）储存场所。

（6）储存期间。

（7）仓储费。

（8）仓储物的保险约定。

（9）违约责任。

（10）合同变更解除的条件。

（11）争议处理。

（12）合同签署。

（四）仓储合同当事人的权利和义务

合同当事人在履行合同过程中，有权要求对方采取的行为和自身需要进行的行为或不行为就是仓储合同当事人的权利和义务。合同的约定和法律的规定产生了当事人的权利和义务。合同对权利和义务的规定包括合同明示条款、合同默示条款。明示条款具有绝对的效力，当事人应尽可能采用明示条款明确双方的权利和义务；在合同中没有列出的，但根据订立合同的环境和合同的性质，依据通常的专业知识可以合理地推定得出的当事人在合同履行中所能享受的权利和要承担的义务，就是默示条款。

1. 保管方的义务和存货方的权利

（1）保证货物完好无损。对保管的货物不得丢失、破损、变质、降质，除非因无法防止的自然耗损、降质，符合合同规定指标的，保管方可免除责任。

（2）对库场因货物保管而配备的设备，保管方有义务进行维修，保证货物不受损害。

（3）再由保管方负责对货物进行搬运、看护和技术检验时，保管方应及时委派有关人员开展该项工作。

（4）保管方对自己的保管义务不得转让，在正常情况下，未经存货方同意，保管方不得委托第三方对货物代为保管。

（5）保管方不得使用保管的货物，不对货物享有所有权和使用权。

（6）保管方应做好入库的验收和接收工作，并办妥各种入库凭证手续，配合存货方做好货物的入库和交接工作。

（7）对危险品和易腐货物，如不按规定操作和妥善保管而造成毁损，则由保管方承担赔偿责任。

（8）一旦接受存货方的储存要求，保管方应按时接受货物入库场，如由于保管方的责任，造成部分或全部货物不能按时入库的，保管方应承担违约责任。

2. 存货方的义务和保管方的权利

（1）存货方对入库场的货物数量、质量、规格和包装应与合同规定内容相符，并配合保管方做好货物入库的交接工作。

（2）按合同规定的时间提取委托保管的货物，如未能按时提取货物，则应交付延期提货的保管费。

（3）按合同规定的条件支付仓储保管费。

（4）存货方应向保管方提供必要的货物验收资料，如没有提供必要的验收资料，保管方则无法对入库场的货物进行验收，在这种情况下发生的货物灭失、损害，保管方不承担任何赔偿责任。

（5）对危险货物的储存，存货方必须提供有关此类货物的性质、注意事项、预防措施和采取的方法等。

（6）如保管方已经接受存货方存货的要求，但在履行保管合同时，因保管方的原因造成退仓、不能入库场时，保管方应按合同规定赔偿存货方的运费并支付违约金。

（7）凡由保管方负责发运的货物，则必须按期发货。如保管方不能按期发货，应赔偿存货方逾期交货的损失；如错发到货地点，除按合同规定无偿运到规定的到货地点外，还应赔偿存货方因此而造成的实际损失。其一般包括以下几个方面：

① 货物的短少、损坏和灭失。

② 因不能按时运达合同规定的地点，造成存货方未按期取货而所造成的生产、经营的损失。

③ 因没有按合同规定的时间将货运至存货方指定的地点，致使存货方因违反他人合同而引起的损失。

课堂讨论

仓储合同与保管合同有区别吗？你认为可以通过什么措施来约束合同双方遵守诚实信用原则？

（五）签订仓储合同的程序

仓储合同的订立应符合《合同法》的有关规定及相关的法律法规，贯彻平等互利、协商一致、等价有偿的原则，由双方的法定代表人或授权的经办人签字，单位加盖公章或合同专用章，合同即告成立。如法人代表授权本单位经办人员代理签订合同，应事先出具本单位的委托证明，也可由主管企业授权经办人以企业的名义对外签订合同。

签订仓储合同的程序如下：

（1）要约。即由存货方或保管方提出签约的建议，包括订约的要求和合同的主要内容。

（2）验资。企业法人代表（或委托法人）之间签订合同应出示有关证明法人资格的材料和资信证明。

（3）洽约。由法人授权的业务人员对要约方提出的合同条款逐条当面商定。

（4）审约。由有经验的专门人员审查合同条款是否符合法律法规的规定、权利是否平等、条款是否严密，以防责任不明和签订出“不平等条款”。

（5）定约。双方的法人代表（或授权的委托人）应在仓储保管合同文本上签字，并加盖公章或合同章。签章后合同即生效。

（6）履约。即对合同的履行。在履行合同时，双方承担各自的义务，并享有各自的权利。

课堂讨论

你知道要约邀请的法律效力吗？

（六）仓储合同的变更和解除

在合同生效后，当事人应按照约定全面履行自己的义务，任何一方不得擅自变更和解除合同，这是《合同法》所确定的合同履行原则。仓储经营具有极大的变动性和复杂性，会因为主客观情况的变化而变化，为了避免当事人双方的权益受到更大的损害，变更或解除已生效的不利合同是更有利的选择。

1. 仓储合同的变更

变更仓储合同是指对已生效的仓储合同的内容进行修改或者补充，不改变原合同的关系和本质事项。

仓储合同当事人一方因为利益需要，向另一方提出变更合同的要求，并要求另一方在限期内答复，另一方在期限内答复同意变更。如果另一方在期限内未作答复，合同也发生变更，双方按照变更后的条件履行；如果另一方在期限内明确拒绝变更，则合同不能变更。合同变更后按变更后的合同履行，对变更前已履行的部分没有追溯力，但因为不完全履行而发生的利益损害，作为受害一方可向对方请求赔偿，或者变更合同的条件。

2. 仓储合同的解除

仓储合同的解除是指使未履行的合同或合同还未履行部分不再履行，使希望发生的权利和义务关系消亡，使得合同履行终止。

（1）解除仓储合同的方式。

① 存货人与保管人协议解除合同。协议解除合同和协议订立合同一样，是双方意见一致的结果，具有至高的效力。解除合同协议可以在合同生效之后、履行完毕之前由双方协商达成，也可以在订立合同时订立解除合同的条款，当约定的解除合同的条件出现时，一方通知另一方解除合同。

② 因出现法律规定的仓储合同解除条件而解除合同。这是当事人一方按照《合同法》规定的有权采取解除合同的法律规定的行为。因不可抗力致使合同的目的不能实现，任何一方可通知对方解除合同；一方当事人将发生预期违约，另一方可以行使合同解除权；仓储合同的一方当事人迟延履行合同义务，经催告后在合理期限内仍未履行，另一方可以解除合同；仓储合同一方当事人迟延履行义务或者有其他违约行为，致使合同目的不能实现，另一方可以解除合同；一方依法选择解除合同的，只要书面向对方发出解除合同的通知，当通知到达对方时，合同解除；有权解除合同一方也可以要求人民法院或仲裁机构确定解除合同。

（2）解除仓储合同的后果。合同解除后，因为仓储合同所产生的存货人和保管人的权利和义务关系消灭，对于未履行的合同当然终止履行。合同解除并不影响合同的清算条款的效力，双方仍需要按照清算条款的约定承担责任和赔偿损失，需承担违约责任的一方仍要依据合同约定承担违约责任、采取补救措施和赔偿损失的责任。如违约的存货人需要对仓库空置给予补偿，造成合同解除的保管人要承担运输费、转仓费、仓储费差额等损失赔偿。

（3）预防仓储合同的纠纷。

① 注意仓储合同与保管合同的区别。如前所述，仓储合同有其法定的特点，所以在签订履行时要注意自己权利和义务的内容、起始时间，这决定着承担责任的内容和开始时间。例如，二者的合同生效时间不同，前者为成立时生效，后者为交付时生效；前者为有偿，而后者有偿与否则由当事人自行约定。

② 认真审查仓储保管人的资格。仓储合同需严格控制保管人资格，存货人在签订合同前应了解仓储营业人的资格和保管能力，防止无资质的营业人签订合同，骗取保管费。

③ 特别注意货物品名、种类与数量。不同的货物有着不同的保管条件和保管要求，针对不同的保管难度，仓储营业人有着不同的收费标准，存货人往往因想少交保管费而在品名、数量、质量等项目中填写模糊或与实际情况不符，这就为日后发生纠缠埋下祸端。因此，存货人在填写货物品名、种类和数量时一定要注意准确、清楚，不要产生歧义。

④ 充分行使检查仓储物或提取样品的权利。合同法赋予了货物所有人随时检查或提取样品的权利。有的仓储合同期限较长，仓储物在仓储过程中可能发生某些变化，若等到提取时才发现问题不仅不能避免损失，而且还会发生损失承担的争议，所以，行使该权利无疑为避免纠纷打下良好的基础。

⑤ 存货人应防止仓储营业人在合同中滥用免责条款。免责条款是指当事人以协议排除或者限制其未来责任的合同条款，这与法律规定的不可抗力致使合同不能履行的免责不同。《合同法》规定的法定免责事由只能是不可抗力、自然原因和货物本身的性质引起的货损，当事人也可以对免责条款进行协商达成协议。由于仓储合同往往采用格式合同的形式，所以对免责条款的问题应尤加注意，存货人要仔细阅读合同中的免责条款事项，如果发现对方利用其优势地位未经对方同意加入了超出法定范围的免责事由，应及时表示异议，要求予以修改或拒绝签订合同，以防步入免责陷阱而对自己的利益造成损害。

（七）仓储合同的形式和格式

1. 仓储合同的形式

仓储合同分为单次仓储合同、长期仓储合同、仓储租赁合同、综合仓储合同等几种类型。仓储合同为不要式合同，当事人可以协商采取这几种合同形式，如合同书、确认书、计划表及格式合同等。

2. 仓储合同的格式

仓储合同（样本一）

保管人：________________________

存货人：________________________

第一条　仓储物

名　称	规　格	数　量	质　量	包　装	件　数	仓储费

合计人民币金额（大写）：________________________

第二条　储存场所、储存物占用仓库位置：

____

第三条　仓储物（是/否）有瑕疵。瑕疵是：

____

第四条　仓储物（是/否）需要采取特殊保管措施。特殊保管措施是：

____

第五条　仓储物入库检验的方法、时间与地点：

____

第六条　存货人交付仓储物后，保管方当给付仓单。

第七条　储存期限：从________年____月____日至________年____月____日。

第八条　仓储物的损耗标准及计算方法：

____

第九条　保管人发现仓储物有变质或损坏的，应及时通知存货人或仓单持有人。

第十条　仓储物（是/否）已办理保险。

险种名称：______________________________；
保险金额：______________________________；
保险期限：______________________________；
保险人名称：____________________________。
第十一条　仓储物出库检验的方法与时间：

____

第十二条　结算方式与时间及期限：

____

第十三条　储存期间届满，存货人或者仓单持有人应当凭仓单提取仓储物。存货人或者仓单持有人逾期提取的，应当加收仓储费具体如下：

____

提前提取的，不减收仓储费。
第十四条　存货人未向保管人支付仓储费的，保管人（是 / 否）可以留置仓储物。
第十五条　违约责任：

____

违约损失赔偿额计算方法：

____

第十六条　本合同解除的条件：
（一）____
（二）____
第十七条　合同争议的解决方式：本合同项下发生的争议，由双方当事人协商解决；协商不成的，提交当地仲裁委员会仲裁。
第十八条　其他约定事项：

____

____

存货人（章）：	保管人（章）：
住所：　　　　邮政编码：	住所：　　　　邮政编码：
法定代表人：	法定代表人：
委托代理人：	委托代理人：
电话：　　　　传真：	电话：　　　　传真：

年　月　日

仓储合同（样本二）

存货人：　　　　　　　　　　（甲方）
仓管人：　　　　　　　　　　（乙方）
经双方协商，甲方委托乙方代储存，为此拟订如下条款，共同遵守。
1. 仓库租金计算。
确定乙方提供仓库__________平方米由甲方使用，仓库租金按月包库制，每月每平方米__________元，合计月租金为____________元整。
2. 货物进出库手续及验收。
3. 双方的权利和义务及违约责任。
（1）储存危险物品或易变质物品，甲方应当说明该物的性质，提供有关资料。甲方违反本约定的，乙方可以拒收仓储物，也可以采取相应措施避免损失发生，因此产生的费用由存货人承担。

（2）乙方根据甲方的要求，应当同意其检查仓储物或其样品。

（3）乙方发现入库仓储物有变质或其他损害的，应及时通知甲方仓单持有人。

（4）仓单持有人逾期提取的，应当加收仓储费，提前提取的，不减收仓储费。

（5）储存期间仓储物毁损灭失的，仓管人员应承担违约责任。因仓储物包装不符合约定或超过有效储存期造成仓储物变质、损坏的，仓管人不承担责任。

（6）其他。

4. 本协议自________年____月____日生效，未尽事宜双方共同协商解决。

5. 本协议一式____份（正本____份，副本____份）。甲方正本一份、副本 ____份。乙方正本一份，副本____份。

甲方法定代表人:____________	乙方法定代表人:____________
开户行及账号:______________	开户行及账号:______________
地址:______________________	地址:______________________
电话:______________________	电话:______________________
单位盖章:	单位盖章:

________年____月____日

知识拓展

合同的框架

合同的内容和形式可根据实际情况进行设定，但作为合同的基本框架必须包含以下基本内容：合同主体、合同前提与背景、双方的权利与义务、合同的标的与内容、违约责任与处理、免责情况、纠纷处理。

任务三　仓单管理

一、仓单管理认知

（一）仓单的概念

仓单是保管人在与存货人签订仓储保管合同的基础上，对存货人所交付的仓储物进行验收之后出具的物权凭证。《合同法》第三百八十五条规定：“存货人交付仓储物的，保管人应当给付仓单。”

（二）仓单的性质

仓单是保管人签发的一种有价证券。在法律上，仓单作为一种有价证券，具有以下性质：

（1）仓单为有价证券。

（2）仓单为要式证券。

（3）仓单为物权证券。

（4）仓单为文义证券。

（5）仓单为自付证券。

（三）仓单的内容

仓单由保管人提供。仓储经营人准备好仓单簿，仓单簿为一式两联：第一联为仓单，在签发后交给存货人；第二联为存根，由保管人保存，以便核对仓单。

仓单的内容包括：存货人的姓名、住所；仓储物的品名、数量、质量、包装、件数和标记；仓储物的耗损标准；仓储场所；储存期间；仓储费；仓储物的保险金额、期间和保险人的名称；填发人、填发地和填发日期。

二、仓单的功能

（一）保管人承担责任的证明

仓单的签发意味着仓储保管人接管仓储物，对仓储物承担保管责任，保证在仓储期满向仓单持有人交还仓单上所记载的仓储物，并对仓储物在仓储期间发生的损害或灭失承担赔偿责任。

（二）物权证明

仓单作为提货的凭证就意味着合法获得仓单的仓单持有人具有该仓单上所记载的仓储物的所有权。持有仓单就意味着具有仓储物当然的所有权，但这种所有权是一种确定的物权，只表示占有该仓单上所描述的具体“物”，并不意味着固定的价值。另外，这种物权会因为不可抗力、自然损耗等保管人免责的原因造成灭失，还会因为保管到期产生超期费、保管人进行提存的风险，以及由于仓储物的原因造成保管人其他财产损失的赔偿风险。

仓单持有人因持有仓单所获得的仓储物所有权，仅仅是仓单所明示的物权，并不获得存货人与保管人所订立仓储合同中的权利，只有这些权利在仓单中列明时才由仓单持有人承受。相应来说，保管人也不能采用未在仓单明示的仓储合同约定的条款对抗仓单持有人，除非仓单持有人与存货人为同一人。

（三）物权交易

仓储物交给仓储保管人保管后，保管人占有仓储物，但仓储物的所有权仍然属于存货人，存货人有权依法对仓储物进行处理、转让仓储物，这是存货人行使所有权的权利。但在保管人签发仓单的情形下，存货人和保管人达成了凭仓单提货的契约，保管人可以拒绝仓单持有人之外的其他人行使提货权。因此，存货人要进行存储物转让，就必须将仓单转让。另外，存货人在获得仓单后需要转让仓储物时，如果要通过取出仓储物的方式进行实物交割显然极为烦琐，又极度不经济。为了便于交易和节省交易费用，存货人通过直接转让仓单的方式转让仓储物，由受让人凭仓单提货。通过仓单转让既可以实现仓储物所有权的转让交易，又不涉及仓储物的保管和交割，是一种简便、经济的方法。仓单转让的机制关键在于仓储保管人对仓储物的理货验收、对仓储物的完整性承担责任、对所承担的责任和所签发仓单的提货保证。

（四）金融工具

由于仓单所具有物权功能，仓单也代表着仓储物的价值并成为有价证券，而且其所代表的价值可以作为一定价值的担保，所以仓单可以作为抵押、质押、财产保证的金融工具和其他信用保证。

课堂讨论

仓单与仓储合同有关系吗？

三、仓单业务受理

（一）仓单的签发

仓单由保管人向存货人签发。存货人要求保管人签发仓单时，保管人必须签发仓单。

当存货人将仓储物交给保管人时，保管人对仓储物进行查验和理数，确认仓储物的状态，在全部仓储物收妥后，填制并签发仓单。保管人在填制仓单时，必须将所接受的仓储物的实际情况如实记录在仓单上，特别是对仓储物的不良状况更要准确描述，以便到期时能按仓单的记录交付仓储物。经保管人签署的仓单才能生效。

保管人对仓储物不良状态的批注必须实事求是。当存货人不同意批注时，如果仓储物的瑕疵不影响仓储物的价值或质量等级，保管人可以接受存货人的担保而不批注，否则就必须批注或者拒绝签发仓单。

（二）仓单份数

仓储保管人只签发一式两份仓单，一份为正式仓单，交给存货人；另一份为存根底单，由保管人保管。仓单副本则根据业务需要复制相应份数，但需注明为“副本”。

（三）仓单的分割

存货人将一批仓储物交给保管人时，因为转让的需要，要求保管人签发为几份的仓单，或者仓单持有人要求保管人将原先的一份仓单分拆成多份仓单以便向不同人转让，这就是仓单的分割业务。仓单的分割不仅是单证的处理，而且意味着保管人需要对仓储物进行分劈，且达成对残损、地脚货的分配协议并对分割后的仓单持有人有约束力。分割后，仓单仓储物总和数与仓储物总数相同。保管人对已签发出的仓单进行分割，必须将原仓单收回。

（四）仓单转让

仓单持有人需要转让仓储物时，可以通过背书转让的方式进行仓储物转让。仓单转让生效的条件为：背书过程完整，经保管人签署。

1. 背书转让方法

作为记名单证，仓单的转让采取背书转让的方式进行。背书转让的出让人为背书人，受让人为被背书人。背书格式如下所示。

兹将本仓单转让给 ×××（被背书人的完整名称）。

×××（背书人的完整名称）

背书经办人签名：　　　　日期：

仓单可以进行多次背书转让，第一次背书的存货人为第一背书人。在第二次转让时，第一次被背书人为第二背书人，因而背书过程是衔接的完整过程。任何参与该仓单转让的人都应在仓单的背书过程中记载。

2. 保管人签署

存货人将仓单转让，意味着保管人需要对其他人履行仓储义务。保管人与存货人订立仓储合同的意境和氛围都因仓单的转让发生了改变，保管人对仓单受让人履行仓单义务需要了解义务对象的变化，对仓单受让人行使仓单权利也需要对债务人有足够的信任，因而需要对仓单的转让给予认可。所以，仓单的转让需要保管人签署，受让人方可凭单提取仓储物。

（五）凭单提货

在保管期满或者保管人同意的提货时间，仓单持有人向保管人提交仓单并出示身份证明，经保管人核对无误后，保管人给予办理提货手续。

1. 核对仓单

保管人核对提货人所提交的仓单和存底仓单，确定仓单的真实性；查对仓单的背书完整，确保过程衔接；核对仓单上的存货人或者被背书人与其所出示的身份证明一致。

2. 提货人缴纳费用

如果仓单记载由提货人缴纳仓储费用的，提货人按约定支付仓储费；根据仓储合同约定并记载在仓单上的仓储物在仓储期间发生的仓储人的垫费、所有人利益的支出、对仓储人或其他人所造成的损害赔偿等费用核算准确，并要求提货人支付。

3. 保管人签发提货单证并安排提货

保管人收取费用、收回仓单后，签发提货单证，安排货物出库准备。

4. 提货人验收仓储物

提货人根据仓单的记载与保管人共同验收仓储物，签收提货单证，收取仓储物。如果查验时发现仓储物状态不良，应现场编制记录，并要求保管人签署；必要时，申请商品检验，以备事后索赔。

（六）灭失仓单的提货

仓单因故损毁或灭失，将会出现无单提货的现象。原则上，提货人不能提交仓单，保管人不能交付货物，而无论对方是合同订立人还是其他人。因为保管人签发出仓单就意味着承认只能对仓单承担交货的责任，不能向仓单持有人交付存储物就需要给予赔偿。灭失仓单的提货方法如下所述。

1. 通过人民法院的公示催告使仓单失效

原仓单持有人或者仓储合同人可以申请人民法院对仓单进行公示催告。当60天公示期满无人提出异议时，则由法院审理判决，确定有权提货人，并凭法院判决书提货。

2. 提供担保提货

提货人向保管人提供仓储标的物的担保后提货，由保管人掌握担保财产，将来另有人出示仓单而不能交货需要赔偿时，保管人使用担保财产进行赔偿。该担保在可能存在的仓单失效后，方解除担保。

（七）不记名仓单

如果保管人和存货人达成协议，由保管人签发不记名提单，则所签发的仓单的存货人一项可以为空白。不记名仓单在转让时不需背书，存期届满由持有人签署，并出示同样的身份证明就能提货。不记名仓单不能提前提货。使用不记名仓单的存货人和保管人双方都存在一定的风险。仓储保管人不能控制仓单的转让，也不知道将来要向谁交货，仓单持有人遗失仓单就等于遗失仓储物。

在仓单的存货人一项不填写真正的存货人或所有人，而只填写通知人或者经手人等非实际仓储物的所有人的仓单也属于不记名仓单。

仓单融资适用于流通性较高的大宗货物，特别是具有一定国际市场规模的初级产品，如有色金属及原料、黑色金属及原料、煤炭、焦炭、橡胶、纸浆，以及大豆、玉米等农产品。任何特制的商品、专业机械设备、纺织服装、家电等产品，一般难以取得银行仓单融资的机会。

课堂讨论

仓单持有人在仓单失效后是否还有补救措施，以减少自身的损失？

四、仓单质押

（一）仓单质押的意义

仓单质押是以仓单为标的物而成立的一种质权。仓单质押贷款是指货主企业凭仓库开具的仓单向银行申请贷款，银行根据货物的价值向货主企业提供一定比例的贷款，同时仓库代为监管。仓单质押作为一种新型的服务项目，为仓储企业拓展服务项目、开展多种经营提供了广阔的舞台，特别是在传统仓储企业向现代物流企业转型的过程中，仓单质押作为一种新型的业务应该得到广泛的应用。

仓单质押在国外已经成为企业与银行融通资金的重要手段，也是仓储业增值服务的重要组成部分。在我国，仓单质押作为一项新兴的服务项目，在现实中没有任何经验可言，同时由于仓单质押业务涉及法律、管理体制、信息安全等一系列问题，所以可能产生不少风险及纠纷。如果仓储企业能处理好各方面的关系，并能够有效地防范以上风险，相信仓单质押业务会大有所为的。

开展仓单质押业务，既可以解决货主企业流动资金紧张的困难，又可以保证银行放贷安全，还能拓展仓库服务功能，增加货源，提高效益。

（1）对于货主企业而言，利用仓单质押向银行贷款，可以解决企业经营融资问题，争取更多的流动资金周转，达到实现经营规模扩大和发展、提高经济效益的目的。

（2）对于银行等金融机构而言，开展仓单质押业务可以增加放贷机会，培育新的经济增长点；而且，有了仓单所代表的货物作为抵押，贷款的风险大大降低。

（3）对于仓储企业而言，一方面，可以利用能够为货主企业办理仓单质押贷款的优势，吸引更多的货主企业进驻，保持稳定的货物存储数量，提高仓库空间的利用率；另一方面，会促进仓储企业不断加强基础设施的建设，完善各项配套服务，提升企业的综合竞争力。

（二）仓单质押的模式

仓单融资在实践中有多种做法。为了满足企业的需求，便利企业融资和经营，银行也在不断创新，不断在仓单融资模式的基础上拓展新的融资模式。目前，金融机构的仓单融资模式主要有4种：仓单质押贷款的基本模式、异地仓库仓单质押贷款、保兑仓融资模式、统一授信的担保模式。

（三）仓单质押的实施风险及防范

仓库和银行、货主企业之间都存在委托代理关系，一种是作为银行的代理人，监管货主企业在仓库中存储货物的种类、品种和数量等；另一种是作为货主企业的代理人管理仓库中货主企业的货物，包括管理货物的进出库，确保仓储货物的安全、防潮、防霉等。正是由于存在这种三方的代理关系，所以仓储企业实施仓单质押业务存在许多潜在风险。仓储企业对质押的仓单要加强管理，防范仓单质押风险的发生。

（1）客户（货主企业）资信风险。在选择客户时一定要谨慎，要重点考察企业的经营能力和信用状况。

（2）质押商品的种类要有一定的限制。要选择适用广泛、易于处置、价格涨跌幅度不大、质量稳定的品种，如黑色金属、有色金属、大豆等；同时，要考察货物来源的合法性，对于走私货物和违禁物品要及时举报。

（3）要加强对仓单的管理。目前，我国使用的仓单还是由仓库自己设计的，形式很不统一，因此要对仓单进行科学的管理，使用固定的格式，按指定方式印刷；同时，派专人对仓单进行管理，严防操作失误和内部人员作案，保证仓单的真实性、唯一性和有效性。

（4）要加强对质押货物的监督管理。仓储企业在开展仓单质押业务时，一般要与银行签订《不可撤销的协助行使质押权保证书》，对质押货物的保管负责，丢失或损坏由仓库承担责任。因此，为了维护自身利益和履行对银行的承诺，仓储企业要加强对质押货物的监管，保证仓单与货物货单一致、手续完备、货物完好无损。

（5）要注意提单风险。对于同一仓单项下的货物在不同时间提取的情况，要依据货主和银行共同签署的《专用仓单分提单》释放，同时按照仓单编号、日期、金额等要素登记明细台账，每释放一笔，就要在相应的仓单下做销账记录，直至销售完成为止。

知识拓展

物流金融业务模式探索

经过十多年的探索和实践，某知名物流企业探索了多种物流金融业务运作模式，并在实践中得到了进一步修正和完善。

1. 主要质押品种

质押货物前期多选择质地稳定、市场价格波动小、大宗货物变现能力强的工业原料、农产品和大量消费产品，如黑色金属、有色金属、建材、化工原料、木材等。后来，在业务逐步成熟的基础上，开发了汽车、纸张、家电、食品等品种。

2. 主要质押模式

仓单质押模式在实践中不断探索、完善，具有广阔的发展空间。该企业在多年实践中探索了静态和动态等多种质押模式。

（1）静态质押（固定期限的仓单质押）。

① 单一仓单质押。单一仓单固定期限质押，当货主履行债务时，在银行指定保证金账户划入足额保证金后，银行解除质物监管，释放质物。

② 多仓单质押。考虑货主对流动资金的要求，可分多个仓单分别质押，每份仓单对应不同的保证金，当货主履行债务时，在银行指定保证金账户注入针对不同仓单的足额保证金后，银行可解除对相应部分仓单质物监管，释放对应仓单的质物。

（2）动态质押。

① 循环质押（滚动质押）。考虑到仓单的有效期（仓单有效期、质物保质期）等因素，在质押期间，按与银行的约定，货主可用相同数量的产品替代原有质物，保证银行债权对应的质物价值不变。

② 置换仓单质押。在质押期间，按与银行的约定，货主可用新仓单置换替代原有仓单，银行释放相应的原有质押仓单，同时保管人解除对相应质物的特别监管。置换后，保证银行债权对应质物的价值不减少（可以增加）。

③ 信用或保证金置换仓单质押。在质押期间，按与银行的约定，货主可用增加保证金或提供新的信用担保等方式置换替代原有质押仓单。置换后，保证银行债权对应质物的价值不减少（可以增加），银行释放相应的质押仓单，同时保管人解除对相应质物的特别监管。

④ 动态控制存量下限质押（流动质押）。它可分为动态控制存数量下限和动态控制存价值量下限两种。动态控制存数量下限与循环质押相同，动态控制存价值量下限与置换仓单质押相同，在保证银行债权对应质物的价值不减少的情况下进行。

3. 主要监管方式

与多种质押模式相配套，该企业实行了相应的监管方式。

（1）库内质押监管。在中储库内完成监管。

（2）库外（外租库）质押监管。该企业（或所属仓库）在外租赁仓库专门开展“仓单质押”业务，并派专门业务人员对仓库和质物进行监管。

（3）多库质押监管。为满足客户“仓单质押”全国性业务的需要，该企业通过全国仓储网络统一进行业务协调和监控，开展多库质押业务。

4. 质押盈利模式

当前，该企业系统开展的仓单质押业务从盈利模式上分类主要有3种：一是纯监管业务模式，仓库只承担货物监管责任，可从客户处另外收取一定的监管费；二是仓库代替银行向客户融资，开展质押业务，获取利差；三是买方信贷（也称保兑仓），目前在上海、沈阳等地开展。

5. 企业物流金融业务发展趋势

目前，该企业的质押监管业务已从传统的静态质押监管向动态质押监管全面发展，动态质押监管业务已成为主要监管模式；业务正向库外和多库监管发展，并与现有业务结合发展。其结合方式主要如下：

（1）与国内贸易的结合。买方信贷即保兑仓业务。由仓库为银行监管货物，银行为客户提供专项用于向卖方支付货款的融资授信方式。

（2）与加工制造业供应链管理的结合，开展融通仓业务。仓库通过输出管理，派人员对制造企业的原料或成品实施质押监管，银行为制造企业贷款。

（3）与国际货运代理业务的结合。在进口业务中，开展代理开证监管、代理监管货物、提单分析等；在出口业务中，开展代理集港、代理监管、信用证打包等。

（资料来源：根据豆丁网相关资料整理）

项目小结

本项目主要介绍了仓储经营管理的相关内容，包括仓储经营计划的制订、仓储经营方法及其选择，以及仓储合同、仓单的相关内容。本项目主要培养学生理解现代仓储经营的理念，掌握仓储经营基本方法，使其能胜任基本的仓储企业经营管理岗位。

习题与思考

【项目六参考答案】

一、单选题

1. 以其拥有的仓储设施，向社会提供仓储服务的仓储为（　　）。
A. 自营仓储　B. 营业仓储　C. 公共仓储　D. 战略储备仓储
2. 营业仓储面向社会，以经营为手段，实现经营（　　）最大化。
A. 成本　B. 利润　C. 收入　D. 销售
3. 为生产领域服务，主要用来保管生产企业产生加工的原材料、燃料、在制品和待销售的产成品的仓储为（　　）。
A. 保税仓储　B. 生产仓储　C. 流通仓储　D. 中转仓储
4.（　　）是指仓储保管人接受存货人交付的仓储物，并进行妥善保管，在仓储期满将仓储物完好的交换，保管人收取保管费用的协议。
A. 仓储合同　B. 仓储提单　C. 仓储保险　D. 仓储发票
5. 无论无效合同在什么时候被认定，都是（　　）的无效。
A. 最终　B. 中间　C. 认定无效起　D. 自合同开始

二、多选题

1. 仓储管理是现代物流运作不可或缺的一个重要环节，在各个环节中，仓储的（　　）占有相当比重。
A. 时间　B. 安全　C. 收益　D. 成本
2. 只有通过（　　），才能使仓储活动在企业经营中发挥更好的作用。
A. 仓储的合理规划　B. 加快货物周转
C. 提高仓储设施利用率　D. 降低作业成本
3. 实现利益最大化原则需要做到（　　）。
A. 经营收入最大化　B. 经营利益最大化
C. 经营成本最小化　D. 市场份额最大化
4. 仓储合同的种类有（　　）。
A. 一般保管仓储合同　B. 混藏式仓储合同
C. 消费式仓储合同　D. 仓库租赁合同
5. 以下属于仓单内容的有（　　）。
A. 储存场所　B. 储存期限
C. 仓储费　D. 仓储物的保险金额

三、判断题

1. 仓储经营以实现“快进、快出、多储存、多经营、保管好、费用省”为目标。（　　）
2. 仓储合同是《合同法》分则的无名合同。（　　）
3. 仓储物的任何耗损和短少，保管人都应该予以赔偿。（　　）
4. 仓储企业在积极竞争时期应采用高水平服务、低价格且不惜增加仓储成本为服务定位策略。（　　）
5. 仓单作为提货的凭证就意味着合法获得仓单的仓单持有人具有该仓单上所记载的仓储物的所有权。（　　）

四、思考题

1. 简述签订仓储合同的程序。

2. 简述仓储增值服务的必要性。
3. 要约邀请的法律效力是什么？
4. 仓单质押的模式有哪几种？
5. 简述仓单的功能。

五、实训与考核

实训一　仓储合同签订模拟实训

实训目的

根据仓储合同的内容、保管方和存货方的权利和义务、签订仓储合同的程序，熟练地进行仓储合同的签订。

任务描述

某渔业公司于6月20日向某冷藏仓库发出一份函电称："我公司有80t黄花鱼、50t带鱼要储存于贵库，每天储存费用5 200元，请在一周内答复。如无异议，一周后正式签订合同。"该冷库接到函电后，着手进行合同的起草和签订。

按照合同签订的一般顺序，即"要约邀请→要约→反要约→承诺进行函电往来→双方达成一致意见后签订书面合同"进行模拟实训，5～6人一组，其中一组负责组织商讨合同事宜并做出最后决策，一组负责函电的回复。两组同时进行实训，分别扮演保管方（冷藏仓库）和存货方（渔业公司），在进行实训前由教师分别秘密给出可接受价格。

1. 保管方或存货方发出要约邀请，注意与要约的区别。
2. 存货方发出要约。
3. 保管方进行讨论并给予回复（反要约）。
4. 双方进行讨价还价。
5. 存货方最终同意保管方的价格，并要求签订书面合同。
6. 一方草拟合同具体条款，另一方确认后，双方签订合同（合同内容包含当事人的名称或者姓名和住所、标的、数量、质量、价款或者报酬、履行期限、地点和方式、违约责任、解决争议的方法）。

任务驱动

完成此任务，需要明确以下几个问题：
1. 企业获取订单的各种方式有哪些？
2. 企业入库作业凭证是什么？

任务操作

1. 在WMS系统中录入入库通知单。
2. 确认订单，并生成作业计划。
3. 打印入库单据。

任务考评

模拟实训态度认真，准备充分，分析真实有效，合同拟订完整、合理。（100分）

实训二　仓储计划制订模拟实训

实训目的

根据相关资料，结合市场调查，了解仓储计划的编制依据，掌握编制方法和编制流程。

任务描述

某仓储企业占地面积4 700m^2，拥有仓库合计12 000m^2，仓库实际面积占建筑面积的80%，储存面积占实际面积的70%，日平均使用面积为储存面积的80%，储存能力为35×104t，仓库定额为3t/m^2。试结合该仓储企业目前经营状况和市场调查情况，制订该企业的仓储计划。

任务驱动

完成此任务，需要明确以下几个问题：

1. 有关仓库的各种面积如何计算？
2. 计算储存能力使用的重量单位是什么？
3. 仓储计划如何编制？

任务操作

1. 计算该企业的仓库储存能力，包括仓库实际面积、计算储存面积、计算仓位使用率、计算仓库储存能力。

2. 编制仓储计划。

任务考评

1. 市场调研资料充分，有关仓库的各种面积计算准确。（30分）
2. 货物仓储计划合理。（30分）
3. 实训报告完整。（40分）

项目七
仓储管理信息技术

【思维导图】

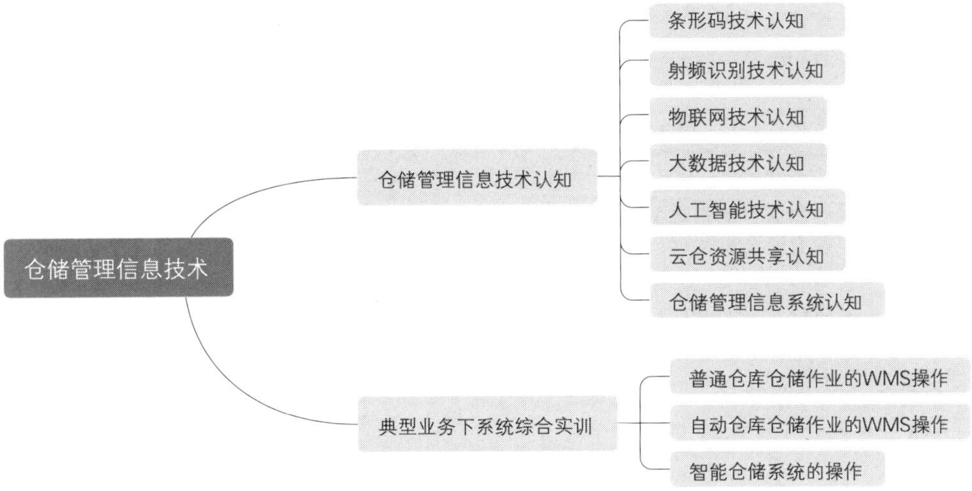

【学习目标】

素养目标	能力目标	知识目标
(1) 培养学生爱岗敬业、理解岗位工作职责、执行工作操作规程、完成工作任务的职业素养。 (2) 培养学生协作与沟通的意识与能力 。 (3) 鼓励学生勤于动脑动手，主动学习掌握先进的仓储管理信息技术方法。 (4) 要求学生树立责任、安全、服务、成本控制的理念	(1) 能够熟练使用条形码和射频识别相关设备。 (2) 能够熟练操作仓储管理信息系统教学软件，掌握业务流程各环节的连接方式，熟悉整个仓库运作流程。 (3) 理解仓储管理信息系统的内容，能完成不同环境下的仓储作业。 (4) 认知物联网在仓储管理系统中的作用，以及智能仓储系统相较于普通仓储的优势	(1) 了解条形码技术、射频识别技术、物联网技术、大数据技术和人工智能技术的基本原理及其在仓储管理中的应用。 (2) 掌握仓储管理信息系统的基本功能及应用。 (3) 比较普通仓库与自动仓库仓储作业中 WMS 操作内容的不同。 (4) 了解智能仓储作业的操作步骤

【任务导入】

当前，零售业处在智慧零售、场景互联的新时代，“人、货、场”的关系正在被重新定义，物流行业也正在进行着重构——从传统物流升级为智慧物流。智慧物流的核心是通过技术、数据的手段，实现“货到场的精准、货到人的准时、场到人的多样”，如果场景不断变化，仓储也必须随之不断变化。为了满足不断变化的物流场景和配送需求，提升消费者的购物体验，智慧物流时代的仓储不仅需要在广度上不断延展和深化科技的应用，而且需要离消费者更近，满足消费者最后1km乃至最后100m的配送需求。

在上海苏宁1 000m^2的仓库里，穿梭着200台仓库机器人，搬运着近万个可移动的货架。商品的拣选不再是人追着货架跑，而是等着机器人搬着货架排队跑过来，而且行动井然有序。根据实测，对于1 000件商品的拣选，使用仓库机器人拣选可减少50%～70%的人工，小件商品拣选效率超过人工的3倍，拣选准确率也非常高。

位于南京雨花物流基地的苏宁“超级云仓”建筑面积达20万平方米，由5个大型仓库组成，分成小件商品、中件商品、异形品、贵重品和温控商品5个区域，可存储2 000万件商品，日处理包裹181万件，从订单生成到商品出库，最快只要30min。

全新的苏宁云仓，就像科幻电影一样，大、中、小件的商品在各种机器间繁忙地自动流转，其场景用“黑科技”一词来形容，毫不为过。商品从入库到出库，可以在自动化设备上完成整个流程，人工干预的比例被降到最少。在这样的现代化仓库内，仅零星地出现一两个开叉车的工人，其余全是自动化机械。苏宁引进的全球最先进的SCS旋转系统，几乎可以实现按订单全自动拣货，除了最后从料箱取货需要人工操作，但只要工人站在固定位置，系统就会自动把相应的货物送到面前，拣选效率是传统方式的10倍以上。苏宁可以将从拣配任务下发到装车发货的时间缩短到平均40min。入库作业区采用Miniload高密度自动箱式堆垛系统，该系统主要用于小件料箱和硬纸箱的存储、补货，22m双深位存储位，自动存取双循环1 400箱/小时（单循环1 800箱/小时左右）。ASRS自动托盘堆垛系统每小时可实现自动存取双循环30个托盘（单循环50个托盘）。这些系统都是苏宁智慧物流不可或缺的元素。

通过布局全国的仓储网络和数量众多的仓库、社区触点，苏宁物流确保了在全国任何地方都能就近快速发货。同时，在骨干仓网方面，苏宁物流将建设1 000多个专业物流中心，完成仓储面积实现新增1 000万平方米的目标；在社区仓网方面，苏宁物流铺设的前置仓、门店仓将覆盖全国100多座城市，能更好地实现最后100m的物流配送。

（资料来源：根据网络资料整理，有改动）

任务要求

智能仓储应用了哪些物联网技术？智能仓储为什么能帮助企业提高销售额？具体体现在哪几个方面？

任务一　仓储管理信息技术认知

随着国内自动化信息技术水平的不断提升，国内智能物流行业快速发展。我国智能物流将迎来四大发展趋势：融入智能制造工艺流程、市场化与专业化、仓储快速发展、云仓系统兴起。当前，基于电商和新零售场景的仓储正成为主要的仓储场景，基于高性能廉价传感器、AI（Artificial Intelligence的缩写，一般指人工智能）技术、机器人等新兴技术，仓储行业正经历一场智能化大变革。

智能仓储的关键技术可以分为信息化技术、智能化装备、系统集成技术三大类。信息化技术是智能仓储发展的软件基础，智能化装备是智能仓储发展的硬件基础，系统集成技术是智能仓储系统管理的综合技术。信息化技术主要包括信息获取关键技术、网络传输关键技术和数据处理关键技术，信息获取关键技术主要包括编码技术、自动识别技术、定位技术、传感器技术等。其中，自动识别技术主要包括针对物的识别和针对人的识别针对物的识别技术包括条形码技术、智能卡技术、射频识别技术等；针对人的识别技术包括声音识别技术、人脸识别技术、指纹识别技术等。网络传输关键技术中最重要的是物联网和区块链技术。数据处理关键技术主要包括大数据、VR（Vireual Reality的缩写，一般指虚拟现实）等。智能化装备主要包括智能存储设备、智能包装设备、智能搬运设备、智能分拣设备等。系统集成技术主要包括云物流平台、物流集成网络、数据推送技术和文档存储技术。

一、条形码技术认知

（一）条形码认知

条形码（Barcode）是将宽度不等的多个黑条和空白，按照一定的编码规则排列，用以表达一组信息的图形标识符。常见的条形码是由反射率相差很大的黑条（简称条）和白条（简称空）排成的平行线图案。条形码可以标出物品的生产国、制造厂家、商品名称、生产日期、图书分类号、邮件起止地点、类别、日期等许多信息，因而在商品流通、图书管理、邮政管理、银行系统等许多领域都得到了广泛的应用。

（二）条形码的组成与识别原理

1. 条形码的组成

（1）一维条形码的结构与组成。

我国采用一维条形码作为通用商品条形码，一般采用 EAN 条形码结构。EAN 条形码是国际上通用的通用商品代码。我国主版是由 13 位数字及相应的条形码符号组成，在较小的商品上也采用 8 位数字码及其相应的条形码符号，如图 7.1 所示。

6 901234 567892

图 7.1　一维条形码

每个条形码的组成如下：

① 前缀码。由三位数字组成，是国家的代码，我国为“690”，这是国际物品编码会统一决定的。

② 制造厂商代码。由四位数字组成，我国物品编码中心统一分配、统一注册，且一厂一码。

③ 商品代码。由五位数字组成，表示每个制造厂商的商品，由厂商确定，可标识 10 万种商品。

④ 校验码。由一位数字组成，用以校验前面各码的正误。

（2）二维条形码的结构与组成。

二维条形码一般简称二维码，是用某种特定的几何图形按一定规律在平面（二维方向上）分布的黑白相间的图形记录数据符号信息，如图 7.2 所示。在代码编制上，二维条形码巧妙地利用构成计算机内部逻辑基础的“0”“1”比特流的概念，使用若干个与二进制相对应的几何形体来表示文字数值信息，通过图像输入设备或光电扫描设备自动识读以实现信息自动处理。它具有条形码技术的一些共性：每种码制有其特定的字符集，每个字符占有一定的宽度，具有一定的校验功能等，还具有对不同行的信息自动识别及处理图形旋转变化等特点。二维条形码能够在横向和纵向两个方位同时表达信息，因此能在很小的面积内表达大量的信息。

图 7.2　二维条形码

二维条形码分为堆叠式二维条形码和矩阵式二维条形码。堆叠式二维条形码形在形态上是由多行短截的一维条形码堆叠而成，具有代表性的是 PDF417、Code 49、Code 16K 等；矩阵式二维形条形码以矩阵的形式组成，在矩阵相应元素位置上用“点”表示二进制“1”，用“空”表示二进制“0”，由“点”和“空”的排列组成代码，具有代表性的是 Code one、Aztec、Date Matrix、QR 码等。

2. 条形码的识别原理

要将按照一定规则编译出来的条形码转换成有意义的信息，需要经历扫描和译码两个过程。物体的颜色是由其反射光的类型决定的，白色物体能反射各种波长的可见光，黑色物体则吸收各种波长的可见光，所以当条形码扫描器光源发出的光在条形码上反射后，反射光照射到条形码扫描器内部的光电转换器上，光电转换器根根据强弱不同的反射光信号，转换成相应的电信号。电信号输出到条形码扫描器的放大电路增强信号之后，再送到整形电路将模拟信号转换成数字信号。白条、黑条的宽度不同，相应的电信号持续时间长短也不同。然后，译码器通过测量脉冲数字电信号 0、1 的数目来判别条和空的数目，并通过测量 0、1 信号持续的时间来判别条和空的宽度。此时所得到的数据仍然是杂乱无章的，要知道条形码所包含的信息，需要根据对应的编码规则，将条形符号换成相应的数字、字符信息。最后，由计算机系统进行数据处理与管理，物品的详细信息便被识别出来。

条形码识读设备即扫描器，是用来读取条形码信息的设备。它是用一个光学装置将条形码的条、空信息转换成电信号，再由专用译码器翻译成相应的数据信息。条形码识读设备一般不需要驱动程序，接通电源后可直接使用，如同键盘一样。根据原理的差异，条形码扫描器可以分为光笔式、激光式、CCD 式 3 种形式。光笔式条形码扫描器只能识读一维条形码；激光式条形码扫描器只能识读一维条形码和堆叠式二维条形码；CCD 式条形码扫描器不仅可以识读一维条形码，而且还能识读堆叠式二维条形码和矩阵式二维条形码。

（a）光笔式条形码扫描器　（b）激光式条形码扫描器　（c）CCD式条形码扫描器

图 7.3　条形码扫描器

（三）条形码技术在仓储管理中的应用

随着物流信息化的发展，条形码技术在物流企业中的应用前景也逐步显现。条形码仓库管理是条形码技术成熟应用的传统领域，不仅适用于商业商品库存管理，而且适用于工厂产品和原料库存管理。只有仓库管理实现电子化，才能使产品、原料信息资源得到充分利用。仓库管理是动态变化的，通过仓库管理电子化系统的建立，管理者可以随时了解每种产品或原料在当前货架上和仓库中的数量及其动态变化，并且定量地分析出各种产品或原料库存、销售、生产情况等信息。管理者通过它来及时进货或减少进货、调整生产，保持最优库存量，改善库存结构，加速资金周转，实现产品和原料的全面控制和管理，进而更新管理方式。

1. 仓储管理中应用条形码技术的必要性

（1）在传统的仓库系统内部，一般依赖于一个非自动化的、以纸张文件为基础的系统来记录、追踪进出的货物，以人为记忆实施仓库内部的管理。对于整个仓储区而言，人为因素的不确定性导致劳动效率低下，人力资源严重浪费。

（2）随着库存品种和数量的增加及出入库频率的剧增，传统的仓库作业模式严重影响正常的运行工作效率。而随着商品流通的快速发展，现有的仓库计算机管理系统难以满足仓库管理快速、准确、实时的要求。

（3）条形码技术在解决仓库作业人员的数据输入的自动化的同时，实现了数据的准确传输，确保仓库作业效率，有利于充分利用有限的仓库空间。

2. 条形码技术在仓储作业中的具体应用

（1）货物库存管理。仓库管理系统根据货物的品名、型号、规格、产地、牌名、包装等划分货物品种，并且分配唯一的编码，也就是“货号”。分货号管理货物库存和管理货号的单件集合，可应用于仓库的各种操作。

（2）仓库库位管理。仓库库位管理是对存货空间的管理。仓库分为若干个库房，每一库房分若干个库位。库房是仓库中独立和封闭存货空间，库房内空间细划为库位，能够更加明确定义存货空间。仓库管理系统是按仓库的库位记录仓库货物库存，在产品入库时将库位条形码号与产品条形码号一一对应，在出库时按照库位货物的库存时间可以实现先进先出或批次管理的信息。

（3）条形码仓库管理。条形码仓库管理包括货物单件管理，不仅管理货物品种的库存，而且管理货物库存的具体每一单件。采用产品标识条形码记录单件产品所经过的状态，从而实现对单件产品的跟踪管理。

（4）仓库业务管理。仓库业务管理包括出库、入库、盘库、月盘库、移库，不同业务以各自的方式进行，完成仓库的进、销、存管理。

（5）更加准确地完成仓库出入库操作。条形码仓库管理采集货物单件信息，处理采集数据，建立仓库的入库、出库、移库、盘库数据，可使仓库操作完成更加准确。它能够根据货物单件库存为仓库货物出库提供库位信息，使仓库货物库存更加准确。

（6）仓库运输差错处理。一般仓库管理只能完成仓库运输差错处理（根据人机交互输入信息），而条形码仓库管理根据采集信息，建立仓库运输信息，直接处理实际运输差错，同时能够根据采集单件信息及时发现出入库的货物单件差错（如入库重号、出库无货等），并且提供差错处理。

知识链接

据工业和信息化部消息，将加强二维条形码技术在各行业应用的顶层设计和标准体系建设，加快相关标准制修订工作，积极推动我国二维条形码国家标准成为国际标准。

据介绍，经过多年发展，我国已经形成较为齐全的二维条形码和编码标准体系，为二维条形码产业应用发展提供了重要保障。在标准组织方面，成立了全国信息技术标准化技术委员会自动识别与数据采集技术分技术委员会（SAC/TC28/SC31）等标准化组织，与国际标准化组织 / 国际电工委员会第一联合标准化技术委员会自动识别与数据采集技术分技术委员会（ISO/IEC JTC1/SC31）等相对应，在完善我国制定二维条形码和编码标准的同时，积极参与国际标准制修订工作。

在二维条形码标准方面，我国先后颁布了 5 种二维条形码国家标准，即《快速响应矩阵码》《四一七条形码》《汉信码》《网格矩阵码（GM 码）》《紧密矩阵码（CM 码）》。工业和信息化部还与商务部制定了《肉与肉制品二维条形码识别追溯技术要求》等一系列行业标准。

在物品编码标准方面，我国先后发布了《物联网标识体系　物品编码 Ecode》《信息技术　开放系统互联　OSI 登记机构的操作规程　第 1 部分：一般规程和国际对象标识符树的顶级弧》《信息与文献　数字对象唯一标识符系统》等国家标准。各行业还基于各自特定需求制定了一批物品编码行业标准。

此外，中关村工信二维条形码技术研究院提出的 IDcode 编码方案源自 ISO/IEC 15459 标准。管理 ISO/IEC 15459 标准的注册机构设在美国 AIM 公司，由其分配发行机构代码，任何企业或者组织都可向其申请发行机构代码。据悉，全球已有 45 家企业或组织获准并分配到发行机构代码，中关村工信二维条形码技术研究院获得的 MA 代码便是其中之一。

随着移动设备的普及，二维条形码在移动支付、证件管理等众多领域得到了广泛应用。早从 2013 年起，工业和信息化部便在伊利、蒙牛等婴幼儿配方乳粉企业利用二维条形码开展了质量安全追溯体系建设试点，开通了食品工业企业质量安全追溯平台，截至 2019 年 4 月底，试点企业累计向平台上传 6.8 亿条数据，实现了消费者通过智能手机、平台网站对试点企业婴幼儿配方乳粉产品相关信息的实时追溯和查询。

下一步，工业和信息化部将与有关部门一起，加强对二维条形码编码标准的宣传推广，倡导和推广各行业部门使用符合国家标准的二维条形码产品，加强二维条形码技术在各行业应用的顶层设计和标准体系建设，加快相关标准制修订工作，积极推动我国二维条形码国家标准成为国际标准。

（资料来源：根据2019年11月6日《新京报》整理，有改动）

课堂讨论

商品条形码是否具有鉴别产品真伪的功能？你知道“我查查”等手机app吗？试试看，通过“我查查App”可获得哪些产品信息？

二、射频识别技术认知

射频识别（Radio Frequency Identification，RFID）技术是从20世纪90年代开始兴起的一项非接触式自动识别技术。RFID技术是一种非接触式的自动识别技术，它通过射频信号自动识别目标对象并获取相关数据，识别工作不需要人为干预，可工作于各种恶劣环境。RFID技术可识别高速运动物体，可同时识别多个标签，操作快捷方便。

RFID技术是自动识别技术的一种高级形式，被称为21世纪十大重要技术项目之一。RFID技术通过非接触方式读取数据，完成系统基础数据的自动采集工作，从而成为计算机信息处理所需原始数据快速而准确采集的有效工具。

（一）RFID系统的组成和工作原理

一个典型的RFID系统由电子标签（Tag）、阅读器（Reader）、数据交换与管理系统（Processor）三大部分组成，如图7.4所示。

电子标签也称为射频卡、应答器等，由耦合元件和芯片组成，其中包含带加密逻辑、串行EEPROM、微处理器CPU、射频收发器和相关电路。电子标签具有智能读写和加密

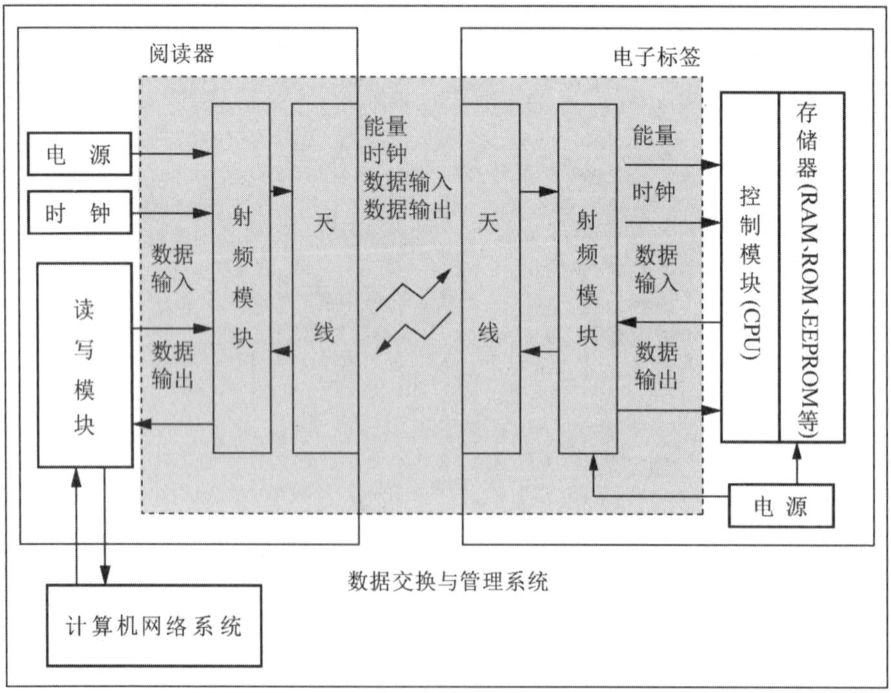

图7.4 RFID系统的组成

通信的功能，通过无线电波与读写设备进行数据交换，其工作的能量由阅读器发出的射频脉冲提供。

阅读器有时也被称为查询器、读写器或读出装置，主要由无线收发模块、天线、控制模块及接口电路等组成。阅读器可将主机的读写命令传送到电子标签，再把从主机发往电子标签的数据加密，将电子标签返回的数据解密后送到主机。

数据交换与管理系统主要完成数据信息的存储及管理、对卡进行读写控制等。

RFID 系统的工作原理：阅读器将要发送的信息编码后加载在某一频率的载波信号上经天线向外发送，进入阅读器工作区域的电子标签接收此脉冲信号，卡内芯片中的有关电路对此信号进行调制、解码、解密，然后对命令、请求、密码、权限等进行判断。若为读命令，控制逻辑电路则从存储器中读取有关信息，经加密、编码、调制后通过卡内天线再发送给阅读器，阅读器对接收到的信号进行解调、解码、解密后送至中央信息系统进行有关数据处理；若为修改信息的写命令，则有关控制逻辑引起的内部电荷泵提升工作电压，提供擦写 EEPROM 中的内容并进行改写；若经判断其对应的密码和权限不符，则反馈出错信息。在 RFID 系统中，阅读器必须在可阅读的距离范围内产生一个合适的能量场，以激励电子标签。

（二）RFID 系统的特点

RFID 技术的精髓就是无线交换数据，这个数据交换的过程需要两种设备来进行，即一个能读 / 写射频数据的设备和与它配套的用于存储编写数据并含天线的芯片。数据能自动进行交换，不需要任何操作人员的参与便可启动 RFID 的数据读取程序。

相比条形码采集数据形式，RFID 技术有以下优势：

（1）快速扫描。条形码扫描器一次只能扫描一个条形码，而 RFID 识读器可同时辨识读取数个 RFID 标签。

（2）体积小型化，形状多样化。RFID 技术在读取上并不受尺寸大小与形状限制，不需要为了读取精确度而配合纸张的固定尺寸和印刷品质。此外，RFID 标签更可往小型化与多样形态发展，可以应用于不同产品。

（3）抗污染能力和耐久性。传统条形码的载体是纸张，因此容易受到污染，但 RFID 技术对水、油和化学药品等物质具有很强抵抗性。此外，由于条形码是附于塑料袋或外包装纸箱上，所以特别容易受到折损；而 RFID 标签将数据存在芯片中，所以可以免受污损。

（4）可重复使用。条形码印刷上去之后就无法更改，而 RFID 标签可以重复地新增、修改、删除 RFID 标签内储存的数据，方便信息的更新。

（5）穿透性和无屏障阅读。在被覆盖的情况下，RFID 能够穿透纸张、木材和塑料等非金属或非透明的材质，并能够进行穿透性通信；而条形码扫描器必须在近距离且没有物体阻挡的情况下，才可以辨读条形码。

（6）数据记忆容量大。一维条形码的容量是 50Bytes，二维条形码最大容量可储存 2～3 000Bytes，而 RFID 最大的容量则有数兆字节。随着记忆载体的发展，数据容量也将不断扩大，未来物品所需携带的资料数量会越来越大，对标签所能扩充容量的需求也会相应增加。

（7）安全性。由于 RFID 标签承载的是电子式信息，其数据内容可经由密码保护，使其内容不易被伪造及变造。RFID 技术因其所具备的远距离读取、高储存量等特性而备受关注，它不仅可以帮助一个企业大幅提高货物、信息管理的效率，而且可以让销售企业和制造企业互联，从而更加准确地接收反馈信息、控制需求信息、优化整个供应链。

一维条形码技术、二维条形码技术与RFID技术各具特点，这些特点决定了它们的应用情况。它们的具体特点对比见表7–1。

表7–1　一维条形码技术、二维条形码技术与RFID技术特点的对比

功　能	一维条形码技术	二维条形码技术	RFID技术
读取数量	只能1次读取1个标签的信息	只能1次读取1个标签的信息	可同时读取多个标签内的信息
远距离读取能力	必须在读取光束范围内	必须在读取光束范围内	标签不需要读取，光束从几厘米到数米的范围内都可以读取或更新
数据容量	储存数据容量小，1～100Bytes	约为1KByte	储存数据容量大，约为128 KByte
数据更新能力	数据不可更新	数据不可更新	数据可以反复读写
读取方便性及安全性	读取时标签可视、清晰，任何相容扫描器皆可读取，安全性较低	可用扫描仪直接读取，保密性高（可加密）	置于物品表明或隐藏在包装内均可读取数据，相对于条形码安全性较高
数据正确性	需要靠人工读取，有人为操作带来失误的可能	需要靠人工读取，有人为操作带来失误的可能	可自动传递数据，便于货物追踪与保管
对环境的感应性	条形码污损将无法读取	污染不超过50%仍可破译出完整信息	污损环境下仍然可以读取数据
读写方向	必须对准条形码进行扫描	必须对准条形码进行扫描	无须看到，处于RFID系统信息发送/读取范围即可
读写能力	仅能读取，无法写入	仅能读取，无法写入	可读取，可写入

（三）RFID系统在仓储管理中的应用

RFID系统可以广泛地应用于仓储管理的各个方面，如出入库管理、在库盘点等。

对于入库流程来说，当客户把入库通知单发送到仓储企业的信息系统后，RFID系统可以从信息系统中导入相应的入库产品的类型、批次、数量等信息。仓管员会根据入库产品的数量，准备好相应数量的RFID标签。当货品从货车搬下后，在卸货区，仓管人员会给每件产品贴上标签。当每板货入库时，仓库管理系统（Warehouse Management System，WMS）会探测到每板货上所有产品的RFID标签，并核对数量是否正确。为了配合WMS系统对产品条形码的管理，当产品运送到理货区后，仓管员扫描关联条形码、产品条形码，并在RFID系统中完成匹配。仓管员可以查询此次入库的产品储量、RFID标签号等，还可以把入库信息上传到企业的WMS系统。

对于出库流程来说，当出库通知单传递到企业信息系统后，信息系统上传给WMS系统。WMS系统根据相关原则生成拣货单，并发送给仓管员。同时，WMS系统将已指定的出货产品告知RFID系统。此时，打开RFID系统，便可以看到即将出库的产品的列表。当往外搬运每板货时，RFID系统会自动探测到每板货上的所有货品的RFID标签。当产品为已指定产品时，系统会给出确认信息；当产品为未被指定货品时，系统则给出警告信息。在完成出库产品确认后，在装货区，仓管员取下之前贴在产品上的标签，用于之后重复使用。同时，搬运工可以把产品往车上装载。

在仓库的日常管理中，RFID 系统也能发挥很大的作用。例如，在盘点作业中，RFID 系统可以远距离读取托盘和产品上的标签，不需要像在以往的仓库盘点作业中一样将每一个托盘、每一个商品取下计算，因而大大提高了盘点的效率和准确程度。

知识链接

随着科技的快速发展，全球经济一体化趋势加强，各类信息数据以前所未有的速度剧增。为了实现信息快速采集、传递和有效利用，条形码和 RFID 技术在信息化管理中被广泛应用。目前，市场上商业零售等传统的物流管理体系主要采用条形码方式，基本满足了信息化管理的要求。但随着现代产业的转型，新的技术优势逐渐体现，主要以 RFID 技术为主的替代技术逐步发展成型。

条形码识别技术在物流管理中是一项基础技术。在商品流通、图书管理、邮政管理、银行系统等许多领域都得到了广泛的应用。RFID 标签作为一种现代信息化产品比条形码有着更多的优越性，但成本常是影响是否将其导入新科技应用的主要因素。相比于条形码，RFID 标签耗材显著较高，对于大型物流标签的读取尚可，但如果是涉及商业零售等体积较小、价格较低的产品，其往往不适宜替代条形码识别技术。

条形码识别技术正处在发展成熟期，而 RFID 技术还未成熟，所涉及的标准问题、应用系统的跟进，以及价格、安全、隐私保护问题等还有待解决。因此，目前只有为数不多的物流业采用了 RFID 技术，但从发展的眼光来看，RFID 技术的确是一项高产能的和高效率的信息识别技术。随着技术的不断进步，RFID 技术性能的不断改进和芯片制造技术的日趋完善，电子标签和外围信息处理设备会下降到市场能接受的合理价格，最终会取代条形码技术成为主流信息识别技术，但该过程需要很长时间。

三、物联网技术认知

物联网的英文写法是“the Internet of Things”，就是“物物相连的互联网”。它有两层意思：第一，物联网的核心和基础仍然是互联网，是在互联网基础上的延伸和扩展的网络；第二，其用户端延伸和扩展到了任何物体与物体之间，进行信息交换和通信。

这里的“物”要满足以下条件才能够被纳入“物联网”的范围：要有相应信息的接收器；要有数据传输通路；要有一定的存储功能；要有 CPU；要有操作系统；要有专门的应用程序；要有数据发送器；遵循物联网的通信协议；在世界网络中有可被识别的唯一编号。

（一）物联网的定义

物联网就是通过射频识别、红外感应器、全球定位系统、激光扫描器等信息传感设备，按约定的协议，把任何物体与互联网相连接，进行信息交换和通信，以实现对物体的智能化识别、定位、跟踪、监控和管理的一种网络。其目的是实现物与物、物与人，以及所有的物品与网络的连接，方便识别、管理和控制。物联网的体系架构包括 3 个部分：感知层、网络层及应用层，如图 7.5 所示。

感知层由各种传感器及传感器网关构成，包括传感器、RFID 标签和读写器等感知终端，其作用相当于人的眼耳鼻喉和皮肤等神经末梢，它是物联网获识别物体、采集信息的来源，其主要功能是识别物体，采集信息。网络层由各种网络、网络管理系统和云计算平台等组成，相当于人的神经中枢和大脑，负责传递和处理感知层获取的信息。应用层是物联网和用户的接口，它与行业需求结合，实现物联网的智能应用。

（二）物联网的核心技术

物联网的核心技术除了 RFID 技术以外，还包括传感网技术和 M2M 技术。

1. 传感网技术

传感网技术是传感器、大规模无线传感网络技术及其智能处理技术的结合。传感器是一种检测装置，能感受到被测量的信息，并能将检测感受到的信息，按一定规律变换成电

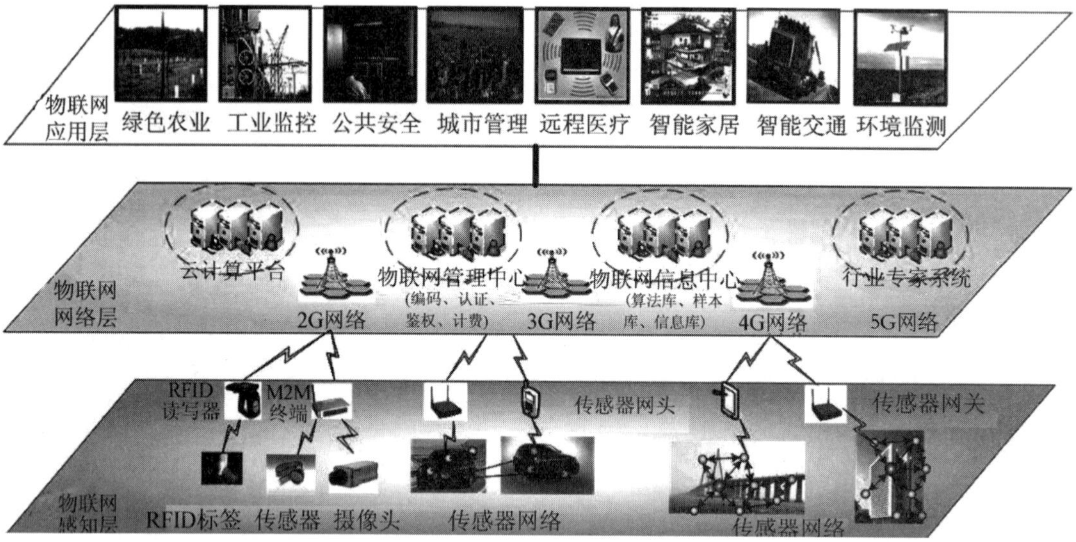

图 7.5　物联网的体系架构

信号或其他所需形式的信息输出，以满足信息的传输、处理、存储、显示、记录和控制等要求。它是实现自动检测和自动控制的首要环节。从仿生学的观点来看，传感器相当于人的“感觉器官”。物联网的“物物”互联需要新技术来满足小型化、成本低、低功耗、任意布设及可移动等需要。无线传感网能在满足上述需要的前提下，提供具有自动组网和自我修复功能的网状网络，使得无线网络具有初步的智慧功能。无线传感网是一种由传感器节点构成的网络，能够实时地检测、感知和采集节点部署区中研究者感兴趣的感知对象和各种信息，并对这些信息进行处理后以无线的方式发送出去，通过无线网络最终发送给研究者。在利用信息的过程中，首先要解决的就是要获取准确可靠的信息，而传感器是获取自然和生产领域中信息的主要途径与手段。因此，传感器具有非常突出的地位。在传感网中，传感器具有两个方面的功能：一是数据的采集和处理；二是数据的融合和路由，对本节点采集的数据和其他节点发送来的数据进行综合，然后转发路由到网关节点。

2. M2M 技术

M2M 通过实现人与人（Man to Man）、人与机器（Man to Machine）、机器与机器（Machine to Machine）的通信，让机器、设备、应用处理过程与后台信息系统共享信息，并与操作者共享信息。它提供了设备实时地在系统之间、远程设备之间或与个人之间建立无线连接、传输数据的手段。M2M 产品主要由 3 个部分构成：一是无线终端，都是特殊的行业应用终端，而不是通常的手机或笔记本电脑；二是传输通道，从无线终端到用户端的行业应用中心之间的通道；三是行业应用中心，是终端上传数据的会聚点，对分散的行业终端进行监控。目前，M2M 产业链各个环节均发展迅猛。M2M 的连接对象末端设备正不断增加，这些设备的数量将远远超过人和计算机的数量。实现 M2M 连接的通信技术日趋成熟，互联网正向 IPv6 过渡，移动通信网络正向 5G 过渡，无线连接的选择正越来越多。此外，M2M 的硬件和软件平台也得到了丰富与完善。在硬件制造方面，M2M 硬件是使机器具有通信或联网能力的部件，可以进行信息的提取，从各种机器 / 设备那里获取数据，并传送到通信网络硬件厂商。目前推出的无线 M2M 硬件产品可以满足不同环境、不同应用的移动信息处理。在软件管理平台方面，M2M 管理软件是对末端设备和资产进行管理、控制的关键。M2M 软件可包含 M2M 中间件（Middleware）和嵌入式 M2M（Edgeware，也可以统称软件通信网关）、实时数据库、M2M 集成平台或框架（Framework）、通用的基础 M2M 应用构件库和行业化的应用套件等。M2M 技术的应用几乎涵盖了各行各业，通过“让机器开口说话”，使机器设备不再是信息孤岛，实现对设备和资产有效地监控与管理，通过优化成本配置、改善服务推动社会向更加高效、安全、节能、环保的方向发展。

课堂讨论

物联网已有部分应用进入了人们的生活，试说说生活中与物联网技术相关的应用。

（三）物联网在仓储中的应用——智能仓储

仓储的发展经历了人工和机械化仓储、自动化仓储、智能化仓储 3 个发展阶段。信息技术已成为仓储技术的重要支柱，自动化仓储与信息采集决策系统的结合及 RFID 技术的运用使仓储朝着智能化的方向发展。物联网的提出为智能仓储系统的发展指明了方向，它将货物与互联网相联系，使所有的物品都能被远程感知和控制。因此，研究物联网化的智能仓储系统（图 7.6）具有十分重要的意义。

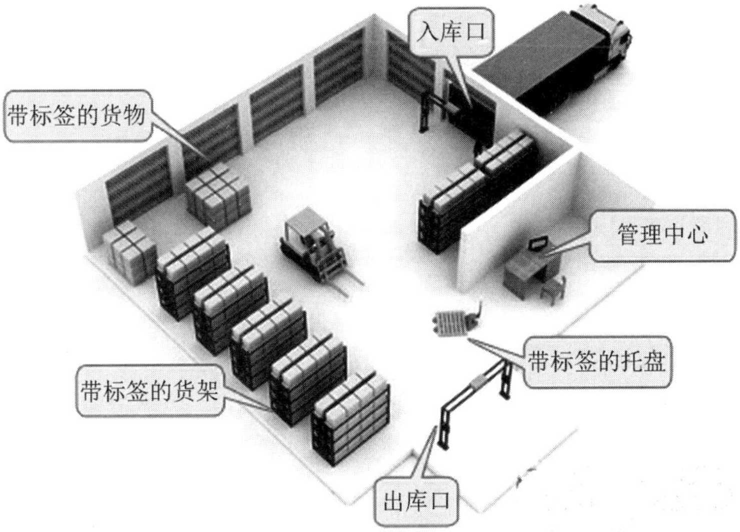

图 7.6　智能仓储系统示意图

物联网应用于仓储管理的价值在于高效及时的动态监控及数据分析，及时更新的库存系统能帮助管理者做出高效的决策支持。

智能仓储的功能和优势如下：

（1）入库功能。货物经过入口时，固定 RFID 读写器批量读取货物标签，采集货物信息，对实际入库的货物与入库通知单进行核对。核对无误后，对货物进行分配、搬运、安排上架，最后将上架结果传至数据库中。

（2）出库功能。系统根据出库单的信息发出出库指令并将其传至手持电脑上，库管人员可以根据电脑的提示快速准确地对出库商品进行定位并标明数量与品种。拣货完毕后，在商品整体出库时，系统将出库数据发送给数据库并更新。

（3）盘点功能。制订盘点计划后，生成盘点清单、盘点表，使用 RFID 数据采集装置对盘点区域进行数据收集。由于智能仓储系统可以实时、远程、快速地计算出仓储货物的溢损数量，所以使得原来十分费时的人工操作，变成了能在极短时间内完成的小工作量自动操作。

（4）预警功能。系统可以对单品的库存或保质期设置一个最低限，当低于此限制时，系统会自动生成预警报，及时提醒相关人员采取措施。

（5）减少劳动成本。在智能仓储系统中，通过远程识别，可以进行大批量、准确读取数据，使得出入库、盘点、分拣过程的自动化程度提高，极大地提高了效率、减少了人力成本。

智能仓储管理系统改变了传统仓储管理方式，它以最简单的方式提供了最有效的服务，优化了仓库管理业务处理、工作流和库存控制，带来了生产力、准确性、盈利能力，以及改善了客户服务，使员工能够聚焦于最关键的业务环节，可以消除不确定性，使仓库管理能够在省时省力的前提下减小库存、提高仓储利用率等关键指标。智能仓储系统的工作流程如图 7.7 所示。

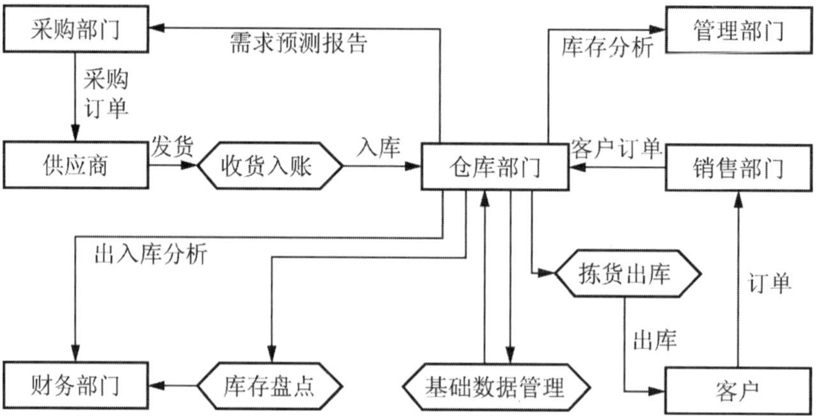

图 7.7　智能仓储系统的工作流程

四、大数据技术认知

（一）大数据的概念及特点

大数据是指无法在一定时间范围内用常规软件工具进行捕捉、管理和处理的数据集合，是需要新处理模式才能处理的具有更强的决策力、洞察发现力和流程优化能力的海量、高增长率和多样化的信息资产。

大数据的特点归纳为 4 个“V”——Volume（大量）、Variety（多样）、Velocity（高速）、Value（价值）。

（1）数据体量巨大。大数据从 TB 级别跃升到 PB 级别。据测算，人类生产的所有印刷材料的数据量约为 200PB（1PB=210TB），而历史上全人类说过的所有的话的数据量大约是 5EB（1EB=210PB）。当前，典型的个人计算机硬盘的容量为 TB 量级，而一些大企业的数据量已经接近 EB 量级。

（2）数据类型繁多。大数据包括网络日志、视频、图片、地理位置信息等。这种类型的多样性也让大数据被分为结构化数据和非结构化数据。相对于以往便于存储的以文本为主的结构化数据而言，非结构化数据越来越多，包括网络日志、音频、视频、图片、地理位置信息等。这些类型繁多的数据对数据的处理能力提出了更高的要求。

（3）处理速度快。大数据遵循 1s 定律，可从各种类型的数据中快速获得高价值的信息，这一点也是和传统的数据挖掘技术有着本质的不同。在海量的数据面前，数据处理的效率就是企业的生命。

（4）只要合理利用数据并对其进行正确、准确的分析，将会带来很高的价值回报。价值密度的高低与数据总量的大小成反比。以视频为例，一部 1h 的视频，在连续不间断的监控中，有用数据可能仅有 2s 左右。如何通过强大的机器算法更迅速地完成数据的价值“提纯”，成为目前大数据背景下亟待解决的难题。从某种程度上说，大数据是数据分析的前沿技术。简而言之，从各种各样类型的数据中，快速获得有价值信息的能力，就是大数据技术。

（二）大数据在仓储管理中的应用

仓储物流作为物流运作中的一个重要环节，其日常运营生成和积累了庞大的用户入库、出库、拣选等订单行为数据。如何通过大数据将这些信息对接，将每个节点的数据进行收集并整合，通过数据中心分析、处理转化为有价值的信息，是整个仓储物流行业目前最为关心的问题。

1. 科学合理布局仓库

库存布局包含两个维度的含义：第一个维度是在各个仓库里面放哪些品类的商品，如何在跨仓之间解决高拆单率的问题；第二个维度是在同一个库内，哪些商品放在一起是最合适仓储作业的问题。通过大数据，可以解析出不同的季节、不同的区域，订单和商品的关联度，也可以知道哪些商品会非常频繁地被同一个客户下单购买。通过智能算法，可对商品进行分类，这种分类方式能够帮助企业更好地实现物流服务水平和成本之间的优化。

2. 优化拣货路径

在拣货过程中，一般是由系统下传拣货集合单给拣货人员，由拣货人员按照集合单上的商品顺序依次完成拣货作业。传统的仓储系统虽然采用订单的批次处理策略，但主要依赖于仓库人员的经验，人工设置筛选条件来生成拣货集合单任务，从而产生拣货位置分布极其分散、拣货行走路径冗长、拣货路径选择不合理等问题，严重阻碍了仓库的运转效率。利用大数据和机器学习，系统可以根据商品的历史出库数据和储位数据情况来进行自我学习，对具有相似属性的订单进行地理位置上的分类，将局部区域的订单集中在一起，用算法取代人脑规划库房的最优拣货路径，用代码代替人腿协助拣货员奔跑，让物流中心的拣货员像行走在便利店一样，每穿越一个货架，都能满载而归，从而节省拣货行走时间，提升仓库的运转效率。

3. 智能预测单量

利用大数据进行预测是大数据应用中的一个重要方向。通过大数据预测技术，可以挖掘出消费者的消费偏好和习惯，预测消费者需求，从而将商品物流环节和客户需求同步进行，将商品提前布局到消费需求周围，并预计运输路线和配送路线，缓解运输高峰期的物流压力，提高客户的满意度和客户黏度。基于实时计算的大数据平台，主要通过对历史销售数据的学习，自动抓取营销方案，可预测某商品在未来的销售单量，输出叠加的单量预测。

4. 提升仓储作业人效

采用基于大数据的人工智能和自动化技术可以解决人效问题。例如，使用大量的自动化立体仓库、输送线、自动分拣机等物流自动化设备，提高库内作业效率；在无人仓中，利用数据感知、机器人融入和算法指导进行生产，全面改变了目前仓储的运行模式，极大地提升效率并降低人力消耗。在这些人工智能和自动化设备的背后，大数据支撑的算法是核心和灵魂。在上架环节，算法将根据上架商品的销售情况和物理属性，自动推荐最合适的存储货位；在补货环节，补货算法的设置让商品在拣选区和仓储区的库存量分布达到平衡；在出库环节，定位算法将决定最适合被拣选的货位和库存数量，调度算法将驱动最合适的机器人进行货到“人 / 机器人”的搬运，以及匹配最合适的工作站进行生产。

五、人工智能技术认知

（一）人工智能技术的含义

人工智能（AI）是研究、开发用于模拟、延伸和扩展人的智能的理论、方法、技术及应用系统的一门新的技术科学。外国学者尼尔逊教授给人工智能下了这样一个定义：“人工智能是关于知识的学科——怎样表示知识，以及怎样获得知识并使用知识的科学。”而外国学者温斯顿教授则认为：“人工智能就是研究如何使计算机去做过去只有人才能做的智能工作。”这些说法反映了人工智能学科的基本思想和基本内容，即人工智能是研究人类智能活动的规律，构造具有一定智能的人工系统，研究如何让计算机去完成以往需要人的智力才能胜任的工作，也就是研究如何应用计算机的软硬件来模拟人类某些智能行为的基本理论、方法和技术。

（二）人工智能技术的应用场景

1. 智能运营规则管理

未来将会通过机器学习，使运营规则引擎具备自学习、自适应的能力，能够在感知业务条件后进行自主决策。例如，未来人工智能可对电商高峰期与常态不同场景订单依据商品品类等条件自主设置订单生产方式、交付时效、运费、异常订单处理等运营规则，实现人工智能处理。

2. 仓库选址

人工智能技术能够根据现实环境的种种约束条件，如顾客、供应商和生产商的地理位置、运输经济性、劳动力可获得性、建筑成本、税收制度等，进行充分的优化与学习，从而给出接近最优解决方案的选址模式。

3. 决策辅助

利用机器学习等技术来自动识别场院内外的人、物、设备、车的状态和学习优秀的管理和操作人员的指挥调度经验和决策等，逐步实现辅助决策和自动决策。

4. 图像识别

利用计算机图像识别、地址库、合卷积神经网提升手写运单机器有效识别率和准确率，大幅度地减少人工输单的工作量和差错可能。

5. 智能调度

通过对商品数量、体积等基础数据分析，对各环节如包装、运输车辆等进行智能调度，如通过测算商品的体积数据和包装箱尺寸，利用深度学习算法技术，由系统智能地计算并推荐耗材和打包排序，从而合理安排箱型和商品摆放方案。

六、云仓资源共享认知

（一）云仓资源共享的含义和分类

1. 云仓资源共享的含义

云仓是物流仓储的一种，不同于传统仓、电商仓，而且云仓中“云”的概念来源于云计算，所以云仓是利用云计算及现代管理方式，依托仓储设施进行货物流通的全新物流仓储体系产品。云仓资源共享是指通过建立云仓系统实现仓库设施网络的互联互通，在此基础上面向用户开放云仓资源，实现仓储资源共享的模式，如菜鸟云仓、京东云仓和顺丰云仓等。云仓系统是基于实体的仓库设施网络系统打造的在线互联网平台，通过互联网联通全国各地仓库的管理系统，实现仓库数据与云仓平台互联互通，基于云计算和大数据分析，整合、运筹和管理实体仓库系统，实现优化仓库资源配置和实时进行全国仓库系统的网络化运营与共享的管理。

2. 云仓的分类

（1）物流快递类云仓。物流快递类云仓以百世云仓、顺丰云仓和 EMS 云仓为代表。它们具备规模大、自动化程度高、运营能力强、订单响应速度快、履行能力强等能力。这类由物流快递企业建立的仓储有两点值得关注：一是建仓的合作伙伴，即软件与硬件服务支持的提供商；二是云仓的布局，因为是全网协同的形式，所以创新的分析加上区域战略的布局会带来新的思考。

（2）互联网第三方仓储云仓。互联网第三方仓储云仓以中联网仓、易代储等企业为代表。它们深耕于电商供应链领域，以仓库为基地，为电商商家提供灵活多样的服务。

（3）电商平台类云仓。电商平台类云仓包括京东云仓、菜鸟云仓等。它们属于真正意义上的云仓，因为京东云仓、菜鸟云仓体系不仅会根据数据分布库存，有很强的自动化订单履行能力，而且会主动以货主为单位对全渠道库存分布自动进行调拨、对库存进行集中和优化，并拉动上游供应链的补货，功能非常强大。

（二）云仓资源共享的应用

在新的物流形势下，各类云仓发展很快，物流巨头纷纷发力进军云仓服务领域，如邮政云仓、京东云仓、苏宁云仓等。这么多的云仓平台涌现出来，形成了百花争艳的新物流行业局面。

云仓可以说是向社会开放仓储资源和配送资源的第三方物流服务模式。商家跟云仓平台企业签订入仓协议，在云仓平台根据市场销售预测数据来布局库存，使用云仓平台的仓库资源，将库存布在离消费者最近的仓库里。当顾客订单下达后，由云仓平台自动选择最优仓库并拣选出货，然后由云仓平台将货品送到顾客手中，最终实现对市场需求的极速反应，提高市场竞争力。

（1）缩短配送时间。在云仓模式下，通过预测销售和提前将库存布局到离消费者最近的仓库，尽量缩短配送时间，缩短“订单完成提前期”。例如，顺丰云仓的“云仓即日”“云仓次日”，京东云仓的“211 限时达”“次日达”等，每一个在时间上极致追求的物流产品，都反映了“订单完成提前期”的极度重要。

（2）提高供应链反应速度。云仓体系中高效的干线运输能力缩短了从生产商到仓库的运输时间，除了具有仓库网点多、库存分布广、离顾客近的优势外，还具有强大、高效的仓库间的干线运输体系。例如，顺丰云仓正在湖北建货运机场，2h 覆盖全国市场，以此来提高顺丰云仓的干线运输效率。

（3）降低运营成本。云仓体系内共享各处库存也进一步降低了安全库存量，通常来说，分仓增加会增加整个供应链网络中的库存总量。但在云仓体系中，通过干线快速调拨能力和信息系统强大的订单选仓能力，可使各分仓的库存实现共享，从而降低整个供应链网络中的库存量。

七、仓储管理信息系统认知

（一）仓储管理信息系统的含义

随着经济的发展，物品种类越来越多，结构越来越复杂，整个市场对物品个性化的要求日益提高，因而对于物流、仓储规模及其管理的要求也逐步提高。为使物品顺畅地出入库，需要提高仓储管理水平，目前用得比较多的是仓储管理信息系统，如图 7.8 所示。

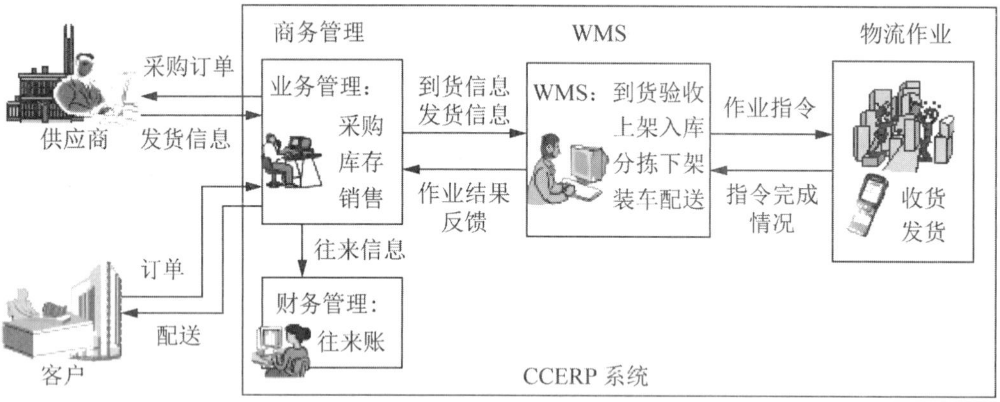

图 7.8　仓储管理信息系统

仓储管理信息系统是一个实时的计算机软件系统，它能够按照运作的业务规则和运算法则，对信息、资源、行为、存货和分销运作进行更完美的管理，使其最大化满足有效产出和精确性的要求。该系统是通过入库业务、出库业务、仓库调拨、库存调拨和虚仓管理等功能，综合批次管理、物料对应、库存盘点、质检管理、虚仓管理和即时库存管理等功能运用的管理系统，有效地控制并跟踪仓库业务的物流和成本管理全过程，实现完善的企业仓储信息管理。该系统可以独立执行库存操作，与其他系统的单据和凭证等结合使用，可提供更为完整全面的企业业务流程和财务管理信息。

仓储管理信息系统在企业的整个供应链中起着至关重要的作用，如果不能保证正确的进货、库存控制和发货，将会导致管理费用增加、服务质量难以得到保证，从而影响企业的竞争力。传统的静态的仓储管理已无法保证企业各种资源的高效利用，因为如今的仓储作业和库存控制作业已十分复杂化、多样化，仅靠人工记忆和手工录入，不仅费时费力，而且容易出错，给企业带来巨大损失。在现代仓储管理中，一般广泛使用条形码、RFID 等技术，这些技术的应用需要仓储管理信息系统的支持。通过仓储管理信息系统可以实现条形码标签序列号管理，对收货、发货、补货、集货、送货等各个环节实现规范化作业，还可以根据客户的需求制作多种合理的统计报表。通过将条形码等技术引入仓储管理信息系统，省掉了手工书写票据和录入相关信息的步骤，而且不论物品流向哪里，都可以实现自动跟踪。条形码技术与信息技术的结合，可以帮助企业合理有效地利用仓储空间，以快速、准确、低成本的方式为客户提供良好的服务。

（二）仓储管理信息系统的功能

仓储管理信息系统是现代仓储必备的资源要素，可以有效提高仓储作业效率，更好地应对日益扩充的仓储业务。不同的仓储经营对仓储管理信息系统的要求不一样，但一般的基本功能却差异不大，主要包括物品管理、仓储配置管理、仓储资源管理、库存管理、仓储作业计划、仓储作业执行控制、作业成本管理和异常处理等。

1. 仓储管理信息系统的功能结构

（1）物品管理。对物品的管理主要包括物品的属性与分类管理、对物品存储的描述。

① 物品的属性与分类管理。这种管理主要是通过以下两种方式对物品的属性进行分类。

A. 代码继承式分类。这种方式通过代码分段方式建立物品的属性分类，其优点是将相同属性物品在排序上归为一类，容易管理。但是，这种方式随着物品种类的增加会造成代码过长，而字段过多且不同物品属性类别使用同一字段会造成管理不便，在数据存储上表现为出现稀少矩阵、浪费存储资源。其主要代表性的编码方案有 Unspsc、UCC 和 EAN 等。

B. 采用属性结构表方式进行物品属性的定义。这种方式的主要特性是首先定义物品的分类及分类属性，然后定义属性值，其结构有些像金字塔形。在这种分类方式中，可以做到物品的代码的撰写方式与物品属性无关，分类可以无穷增加。同时，采用属性结构表方式建立物品属性的描述体系，可以在统一数据库系统中表达不同的属性描述类别，但不存在属性类别的浪费和字段空值过多的稀少矩阵状况的出现。其典型的分类方式是 Nato Auslang。

② 对物品存储的描述。对物品属性定义完成后，需要定义物品的存储属性，其中主要包括以下信息内容：

A. 物料的存储信息。其中包括存储地区、仓库、仓库内的存储地区范围及货架储位。

B. 物料的库存信息。其中包括物品的存储库存和在途库存。由于我国审计特性与国外不同，根据政府颁布的原始样张作为原始记录依据，所以对于货到而单未到的情况无法进行登账处理。

（2）仓储配置管理。物品的存储条件需要进行配置，先进的仓储管理信息系统能够通过对仓库实体进行参数配置，实现对仓储资源的识别和管理。需要配置的信息主要有仓储编号、仓储面积、储位编号、储位面积和储位存储规则等。通过仓储配置，可以根据实际作业需求制订优化的仓储作业计划，实现对仓储环境的高效利用，即以有限的面积存放更多的货品，以有限的资源得到更大的仓储吞吐量，以有限的人力物力获得更高的作业效率和速度。

（3）仓储资源管理。仓储管理信息系统中另一个重要管理对象是仓储资源管理，仓储资源除了仓储本身以外，还包括仓储结构、仓储设备及仓储作业人员等资源的管理。其主要功能体现在：仓储设备的合理调配，通过设备检修计划提高设备完好率；合理配置仓储结构，提高场地利用率；合理组织仓储作业人员，使仓储作业效率能够得到最大化。

（4）库存管理。仓储管理信息系统包含基于批次和货位的库存控制，包括库存数量和库存品项的控制、基于批次和货位的库存循环盘点功能。该功能可以实现在不停止仓储作业的情况下进行库存盘点工作，既保证了仓储实时信息的准确性，又实现了仓储作业的连续性，从而提高了仓储作业效率。这一功能在帮助企业改善仓储管理的同时，提高了 ERP 系统的执行能力。

（5）仓储作业计划。仓储作业计划是通过采集收发货品订单及根据系统中的仓储配置数据，并结合在系统中已经设定的作业规则，在规定的时间内完成的作业计划。仓储作业计划主要包括入库、收货、货位分配、拣货、补货、配载、出库、装载等方面。

（6）仓储作业执行控制。仓储作业计划生成以后，需要得以执行。仓储管理信息系统一般都会结合硬件设备和条形码设备辅助完成仓储作业计划，因此仓储作业系统不仅仅是一个计划管理系统，更是一个业务执行管理系统。在作业执行方面，许多 WMS 产品都有比较先进的解决方案和相应的产品，如 EXE 的 Exceed、ES/1 AWM 等系统，其中 ES/1 AWM 还提供基于打印工作指令的执行管理系统，以适应自动化水平较低的仓储作业环境。

（7）作业成本管理。仓储作业管理的优化，将最终体现在仓储成本的降低和作业效率的提高上，而成本控制是应用仓储管理信息系统的主要目的之一。然而，WMS系统与ERP系统不同，ERP系统所描述的成本控制大多以物料成本为中心展开，而WMS系统的成本必须以作业成本为中心。因为WMS系统的主要管理对象虽然是物料，但管理的主体却是作业，所以作业成本的可控及优化是WMS系统比较重要的环节。

长期以来，仓储作业是企业内部的成本中心，长期困扰企业管理者的问题是仓储作业成本比较难以核算和控制。随着企业生产逐步从大而全走向分工合作、专业化方向，企业的仓储将不会只对企业的一个部门或几个部门提供服务，会逐步走向集团企业内仓储中心或以第三方物流服务的形式出现。仓储作业会从成本中心走向费用中心，最终走向新的利润中心。因此，先进的WMS系统都会提供基于作业的成本管理系统，帮助仓储作业管理人员精确地核算仓储作业成本，为进一步优化仓储管理、提高仓储效率奠定基础。

（8）异常处理。在现实生活中，仓储管理是非常复杂的。在仓储管理中，会遇到各种突发事件及其他异常交易作业，一个优秀的WMS系统应能够妥善地处理这些异常情况。

2. 仓储管理信息系统的功能模块

（1）系统功能设定模块。自定义整个系统的管理规则，包括定义管理员及其操作口令。

（2）基本资料维护模块。对每批产品生成唯一的基本条形码序列号标签，用户可以根据自己的需要定义序列号。每种型号的产品都有固定的编码规则，在数据库中可以对产品进行添加、删除和编辑等操作。

（3）采购管理模块。

① 采购订单。当需要采购的时候，可以填写采购订单，此时并不影响库存。

② 采购收货。当采购订单被批准，完成采购后到货的时候，先给货物贴上条形码序列号标签，再在采购收货单上扫描此条形码，保存之后，库存会自动增加。

③ 其他入库。其他入库包括借出货物归还、退货等，只需要填写采购收货单。

（4）仓库管理模块。

① 产品入库。采购入库或者其他入库自动生成入库单号，货品选择方便快捷，可以区分正常入库、退货入库等不同的入库方式。

② 产品出库。销售出库或者其他出库自动生成出库单号，可以区分正常出库、赠品出库等不同的出库方式。

③ 库存管理。不需要手工管理，当入库和出库时，系统自动生成每类产品的库存数量，查询方便。

④ 特殊仓库。当客户需要区分产品时，可以建立虚拟的仓库管理需要区分的产品，各功能和正常仓库一致。

⑤ 调拨管理。不同的仓库之间需要调拨，可以自动生成调拨单号，支持货品在不同的仓库中任意调拨。

⑥ 盘点管理。用户随时可以盘点仓库，自动生成盘点单据，使盘点工作方便快捷。

⑦ 库存上限报警。当库存数量达不到一个量的时候，系统便会报警。

（5）销售管理模块。当销售出库的时候，先填写销售出库单，此时不影响库存；再将销售出库产品的序列号扫描至出库单上，保存之后，库存报表会自动减少这类产品。

（6）报表生成模块。报表生成模块具有月末、季度末和年末销售报表、采购报表和盘点报表的自动生成功能，用户自定义需要统计的报表。

（7）查询功能。查询功能可以进行采购单查询、销售单查询、单个产品查询、库存查询等。查询都是按照某种条件，如条形码序列号、出库日期、出库客户等来查询的。

（三）仓储管理信息系统在我国的应用

仓储管理信息系统是仓储管理信息化的具体形式，在我国的应用还处于起步阶段。对其应用，目前在我国市场上呈现二元结构：以跨国公司或国内少数先进企业为代表的高端市场，其应用仓储管理信息系统的比例较高，也集中在国外基本成熟的主流品牌上；以国内企业为代表的中低端市场，主要应用国内开发的仓储管理信息系统产品。

（1）基于典型的配送中心业务的应用系统。在销售物流中如连锁超市的配送中心，以及在供应物流中如生产企业的零配件配送中心，都能见到这样的案例。例如，北京医药股份有限公司的现代物流中心就是这样的一个典型。该中心的目标在于：一是落实国家有关医药物流的管理和控制标准 GSP 等；二是优化流程，提高效率。该中心的功能包括进货管理、库存管理、订单管理、拣选、复核、配送、RF 终端管理、商品与货位基本信息管理等功能模块；三是通过网络化和数字化方式，提高库内作业控制水平和任务编排。该中心将配送时间缩短了 50%，订单处理能力提高了 1 倍以上，还取得了显著的社会效益，成为医药物流的一个样板。这类系统多用于制造业或分销业的供应链管理中，也是 WMS 中最常见的一类。

（2）以仓储作业技术的整合为主要目标的系统。该系统解决各种自动化设备的信息系统之间整合与优化的问题。例如，武汉钢铁（集团）公司第二热轧厂的生产物流信息系统即属于此类，主要解决原材料库（钢坯）、半成品库（粗轧中厚板）与成品库（精轧薄板）之间的协调运行问题；否则，将不能保持连续作业，不仅放空生产力，而且会浪费能源。该系统的难点在于物流系统与轧钢流水线的各自动化设备系统要无缝连接，既使库存成为流水线的一个流动环节，也使流水线成为库存操作的一个组成部分。各种专用设备均有自己的信息系统，不仅要整合设备系统，而且要整合工艺流程系统，还要融入更大范围的企业整体信息化系统。这类系统涉及的流程相对规范、专业化，多出现在大型 ERP 系统之中，并成为其中一个重要组成部分。

（3）以仓储业的经营决策为重点的应用系统。该系统的特点是具有非常灵活的计费系统、准确及时的核算系统和功能完善的客户管理系统，可为仓储业经营提供决策支持信息。例如，华润物流有限公司的润发仓库管理系统就是这样一个案例。这类系统多用于一些提供公共仓储服务的企业中，其流程管理、仓储作业的技术共性多、特性少，所以要求不高，适合对多数客户提供通用的服务。

任务二　典型业务下的系统综合实训

仓储管理的内容包括 3 个部分：仓储管理系统的布局设计、库存最优控制、仓储作业操作。仓储作业的操作是基础的部分，也是所有仓储管理系统最具有共性的部分，正因为如此，仓储作业的操作信息化部分成为仓储管理系统与其他管理软件如进销存、ERP 等相区别的标志。这部分内容不仅要根据上一层确定的控制目标和管理模式落实为操作流程，而且要与众多专用仓储设备自动控制系统相衔接，所以是技术上最复杂的部分。

一、普通仓库仓储作业的 WMS 操作

随着现代物流业的发展，作为物流核心环节之一的现代仓储业需要完成强大的流通功能，而传统的仓储手工作业管理方式已不能适应这种需要。因此，以计算机作为载体的仓储管理信息系统已广泛应用于仓库管理，有效地提高了物流运作效率。仓储管理信息系统的种类很多，企业所选择的种类要与本身所拥有的物流技术和其他物流系统实现无缝衔接，帮助企业实现仓库高效、低成本管理，提高仓库的经济效益。

（一）普通仓库的业务流程

普通仓库的业务主要是入库、出库、调库，其业务流程如图7.9所示。

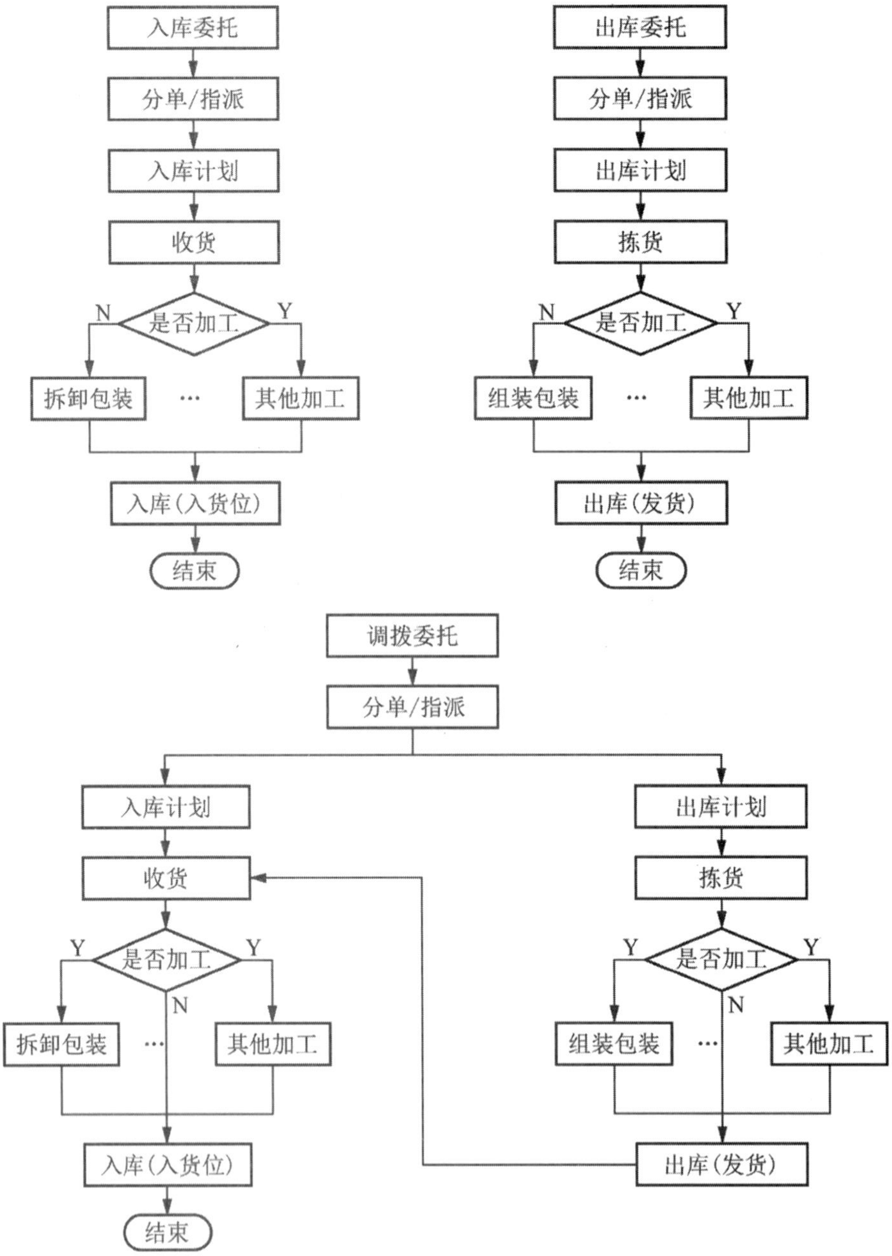

图7.9　普通仓库的业务流程

（二）普通仓库仓储管理信息系统的功能结构

（1）业务管理。负责接受客户下达的仓库委托单，具体包括入库、出库、调拨委托功能。增值服务委托以增值服务条款的形式包含在以上委托单中。

（2）入库管理。管理入库计划、收货、入库操作，并对退货和零星入库进行处理。

（3）出库管理。管理出库计划、拣货、出库操作，支持调拨、退货和零星出库管理，包含多种拣货策略。

（4）库内管理。管理库存期初、日结、流通加工、报废和库存调整和查询库存。

（5）库存分析。对安全库存、最高库存、订货点、存货有效期、存货库龄、存货周转率进行预警与分析。

（6）盘点管理。提供盘点计划、操作、差异分析管理功能，可以维护与设置盘点周期、盘点模式。

（7）结算管理。对仓库费用进行核算和结算管理。

（8）统计报表。提供仓库流水账、库存结存表、收发存明细和汇总表、预计库存表。

（9）客户管理。管理客户的档案资料与合同价格。

（10）仓库档案。仓库档案、仓库区位设置，多级货位管理、支持平面仓和立体仓管理。

（11）基础数据。管理系统基础数据，如货品、组织（企业、部门、员工档案）、计量单位、数据字典。

（12）系统管理。管理系统用户权限和日志。

（三）普通仓库仓储管理信息系统的特点

（1）实现真正的多仓库、多货主、多级库位管理。支持多种类型仓库，如平面仓库、立体仓库、平面无托盘仓库、平面有托盘仓库、货架仓库，每一个库位采用唯一的编码加以标识。

（2）灵活的仓库管理模式。系统可自动生成仓库出入库计划，自动分配仓库和货位，可以极大地提高仓库的利用率，也可以进行人工调整，直接执行零星出入库。

（3）多模式拣货处理。支持多种模式的拣货处理，如先进先出、后进先出、分批认定，效期控制、关键件控制、序列号控制等。系统可对拣货模式进行参数化定义。

（4）支持流通加工和增值服务管理。

（5）提供计划循环盘点和随机盘点管理。自定义仓库的安全库存、最高库存、最低库存、订货点，系统提供库存和货品过期预警管理。

（6）支持仓库货品 ABC 分类管理。支持标准 RF 设备和 Barcode 管理（库位和货物的识别条形码化）。

（7）提供产品批次管理。根据批号全程跟踪货物，清楚每笔货物的流向。对每批货物设置启用日期、失效日期，实现批次货物的期效管理。

（8）具有多计量单位换算功能。提供特殊（无出入库指令）出入库管理，如办公领用、报废处理、货损补货等。

（9）支持手工和自动拣 / 配货。提供强大的自定义报表工具，用户可通过自定义报表生成器实现各种仓储业务的分析报表功能。

二、自动仓库仓储作业的 WMS 操作

自动化仓库是由电子计算机进行管理和控制的，不需要人工搬运作业而实现收发作业的仓库。立体仓库是指采用高层货架配以货箱或托盘储存货物，用巷道堆垛机及其他机械进行作业的仓库。因此，自动化立体仓库可以被认为是自动化仓库与立体仓库的有机结合，是由高层货架、巷道堆垛机、自动分拣系统、出入库自动输送系统、自动控制系统、计算机仓储管理系统及其周边设施与设备组成的可对集装单元货物实现自动仓储过程的一个综合系统。自动化立体仓库平面示意图如图 7.10 所示。

自动化立体仓库是现代物流观念与现代计算机、自动控制技术相结合的产物，是近

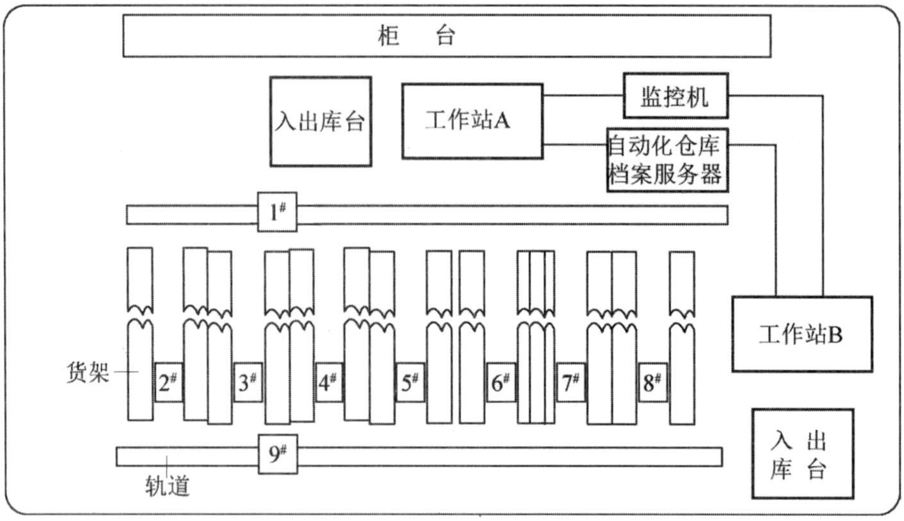

图 7.10　自动化立体仓库平面示意图

些年来迅速发展起来的一种新型仓储设施。仓储管理信息系统是用来管理仓库内部的人员、库存、工作时间、订单和设备的应用软件系统。面向自动化立体仓库的仓储管理信息系统不仅仅具有普通仓储管理信息系统的功能，更重要的是能够指导设备自动完成出入库任务。

自动化立体仓库具有普通仓库无可比拟的优越性。首先，可以节约空间、节约劳力。例如，以库存 11 000 托盘、月吞吐 10 000 托盘的冷库为例，自动化立体仓库与普通仓库相比，用地面积为 13%，工作人员为 21.9%，吞吐成本为 55.7%，总投资为 63.3%，但单位面积储存量却为普通仓库的 4～7 倍。其次，可以提高仓库管理水平，减少货损，优化、降低库存，缩短周转期，节约资金。近些年来，特别是在冷冻行业，自动化立体仓库的发展极快。

（一）自动化立体仓库系统的构成

自动化立体仓库的出现是物流技术一次革新。它不仅彻底改变了仓储行业劳动密集、效率低下的落后面貌，而且大大拓展了仓储功能，使之从单纯的保管型向综合的流通型方向发展。

1. 自动化立体仓库的结构

自动化立体仓库的结构在不同企业和行业具有不同的特点。从功能层次上看，自动化立体仓库系统可以分为以下 3 个层次：

（1）管理层。管理层是计算机管理系统，是自动化立体仓库系统的中枢。管理层主要管理立体仓库（包括入库管理、出库管理、库存管理、查询统计等），在 ERP 系统连接时还具有接收上级系统（如生产系统、销售系统等）的指令、调度运输作业、处理物流系统信息等功能。

（2）监控层。监控层是自动化立体仓库系统的重要组成部分。一方面，它接收来自管理层的指令，控制物流设备完成指令所规定的任务；另一方面，它实时监控物流系统的状态，将监测到的信息反馈给管理层，为管理层调度决策提供参考。

（3）执行层。执行层由自动化的物流机械组成。物流设备的控制器接收监控层的指令，控制设备执行各种操作。

自动化立体仓库系统对这 3 个层次的要求各不相同。对于管理层，要求其有较强的数据处理能力，如对库存异常进行报警、对物流设备利用率过低进行提示、对物流瓶颈提供必要的分析数据等；对于监控层，要求其数据处理能力并不一定很强，但要有较高的实时性，具有较强较快的处理速度，能够随时将指令送到执行层，并随时监控执行层的运行情况；对于执行层，则要求其具有较高的可靠性，能减少物流系统的故障率。

2. 自动化立体仓库的功能

（1）联机入库。联机入库是仓储管理系统的入口模块，通过条形码扫描器、手持终端录入方式记录入库货物的相关信息，通过入库存储策略进行入库货位分配、生成入库作业信息。

（2）入库管理。入库管理负责对入库物品进行维护，实现入库作业管理、入库交接班管理等功能。

（3）库存管理。库存管理是仓储管理系统的核心模块，完成货物在库过程中的管理，包括库存盘点、库存积压断档分析、库存预警分析、库存作业误差分析、库存误差分析，多功能数据库存查询和报表生成等功能。

（4）出库管理。出库管理具有出库单管理、自动分配出库货位、出库作业管理、电子屏显示出库货物信息、进行发货确认、发货批次追踪、倒库等功能。

（5）作业调度。作业调度将出入库作业解析为出入库输送小车、堆垛机的指令，进行设备任务调度。

（6）查询统计。查询统计包括出入库作业查询统计、库存查询统计等灵活的查询统计功能，生成各种报表等功能。

（7）系统管理。系统管理实现对系统基本资料的管理，主要包括初始基本数据库管理、权限管理、数据库备份与恢复、系统安全管理等功能。

（二）自动仓库仓储作业的 WMS 操作

自动化立体仓库结构的配置在不同的行业和企业各不相同，需要考虑仓库的类型、仓库容量、仓库的设备种类和数量、仓库的物流流程，以及经济、技术条件等因素。

下面以托盘单元式出入库作业为例介绍自动仓库仓储作业的 WMS 操作。托盘是用于零部件装配、仓储中搬运作业所使用的器具，是自动化立体仓库的基本仓储单元，也是包装的一部分。根据使用材料的不同，托盘可分为木制、金属、塑料等类型。在托盘上堆放纸箱、货物等，可提高装卸搬运的效率。单元式就是将出入库货物单元化，而单元化是一贯输送用的货物单元尺寸的总称，即托盘上堆积货物的单元。在自动化立体仓库中，将单元堆积的货物作为存储的基本单元，在物流系统的包装、输送、存储、装卸搬运等环节中，始终使用统一的单元规格，可使系统流畅、整体效益高。

（1）生产入库。入库端信息员通过手持入库终端、条形码扫描器输入入库物品信息，将物品送至入库输送机上；入库输送机在自动方式下接收入库物品及接到入库到位信号后，联机入库程序对收到的手持终端信息进行数据校验，并自动分配入库货位，生成入库作业信息；入库输送小车运行至相应入库作业的入库输送机位置处并下降，物品经入库输送机链条与入库输送小车链条的转动被送至入库输送小车上，与此同时，入库输送机可准备接收下一个入库任务；入库输送小车接货升起并运行至要入库的入库巷道输送机上；入库巷道输送机接收物品到位信号后，堆积运行到巷道的入库端，利用货叉伸缩机构将物品放到堆垛机的载货台上，并载货运行到目标货位，将物品放在入库目标货位上。

（2）出库。出库管理员审核要出库的出库单，调用自动分配货位程序自动分配符合出库条件的出库货位库存信息，生成出库作业；堆垛机在作业调度程序的指令下从出库货位取出物品，将物品送往出库巷道输送机上；出库巷道输送机接收物品到位信号后，出库输送小车运行至出库巷道输送机位置处并下降，通过链条拖动物品从出库巷道输送机上送至出库输送小车上；出库输送小车接货后升起运行至出库输送位置处，经链条拖动物品从出库输送小车送往出库输送机上，出库台的叉车将出库输送机上的物品叉到要装货的车辆上货放在出库台。

（3）调拨入库。出库端信息员通过手持终端、条形码扫描器输入调拨入库或回流的物品信息，并将物品在自动方式下送往出库回流输送机上；纵向回流输送小车（纵向小车）运行至出库端，经链条的拖动物品从出库回流输送机上送到纵向小车上；纵向小车载货运行至入库端，经链条的拖动物品从纵向小车上被送到入库端回流输送机上；入库输送小车运行至入库端回流输送机位置处并下降，经链条拖动物品从入库回流输送机上被送到入库输送小车上；小车接货后升起并运行至要入库的入库巷道输送机上；入库巷道输送机接收物品到位信息后，堆垛机运行至巷道的入库端，利用货叉将物品放到堆垛机载货台上，并载货运行至目标货位，将物品放在入库目标货位上。

（三）业务中主要工作人员及相应职责

（1）信息员。负责输入生产入库、调拨入库或回流入库物品信息，核对入库物品信息。

（2）入库管理员。设置入库设备利用策略与入库储位策略，维护入库物品信息，进行入库办结统计、打印入库单、进行库存盘点等工作。

（3）运管员。输入销售出库单信息，进行车辆调度、打印派车单、运费结算等工作。

（4）出库管理员。设置出库设备利用策略与出库分配原则，审核出库单信息，调用自动货位分配程序，跟踪出库作业，为装货车辆分配车位，进行发货确认、打印发货单、库存盘点等工作。

（5）计数员。核对出库入库物品、装货明细。

（6）统计员。进行出入库的各种统计旧报、月报、年报等，查询发货情况，进行批次追踪等工作。

（7）维保员。进行设备维护，处理出入库异常情况，进行条形码管理等工作。

三、智能仓储系统的操作

智能仓储主要借助 RFID 技术改变原有的仓库管理方式。RFID 技术被植入仓储管理系统最关键的工作环节，可以高效、准确地完成日常工作，消除不确定性，能够使客户通过节省时间、减小库存、提高仓库利用率、提高生产力来提高仓库的效能，从而使得仓库管理的各个部分实现自动化、智能化、现代化。智能仓储系统方案示意图如图 7.11 所示。

高效精准的物流管理过程是流通领域企业提高效益的途径之一。据相关研究表明，智能仓储系统能将库存精确性从行业平均值的 60% 甚至更低提升到 95%。如果相关仓库管理能够将精确度提高到 90% 以上，许多问题就能得到有效的解决：库存不足的概率将减少，仓库的吞吐量和可利用的空间将大幅度提升，并且能够实时地掌握库存的动态变化。

（一）智能仓储系统的构成

硬件系统由管理系统服务器、管理系统工作站、无线设备（无线 AP）、RFID 叉车车载设备、RFID 手持设备、门式固定设备、货位 RFID 标签和货物 RFID 标签等组成。其中，RFID 叉车车载设备和 RFID 手持设备负责采集数据（可支持条形码采集和 RFID 标签采集）；无线设备将采集到的数据传送给管理系统；条形码打印机打印条形码用于货物标识；货位 RFID 标签每个货位贴一个，只用作货位标签，原料卡上的入出履历由系统来记载关联并查询（通过 RFID 叉车车载设备及 RFID 手持设备可以现场查询）；货物 RFID 标

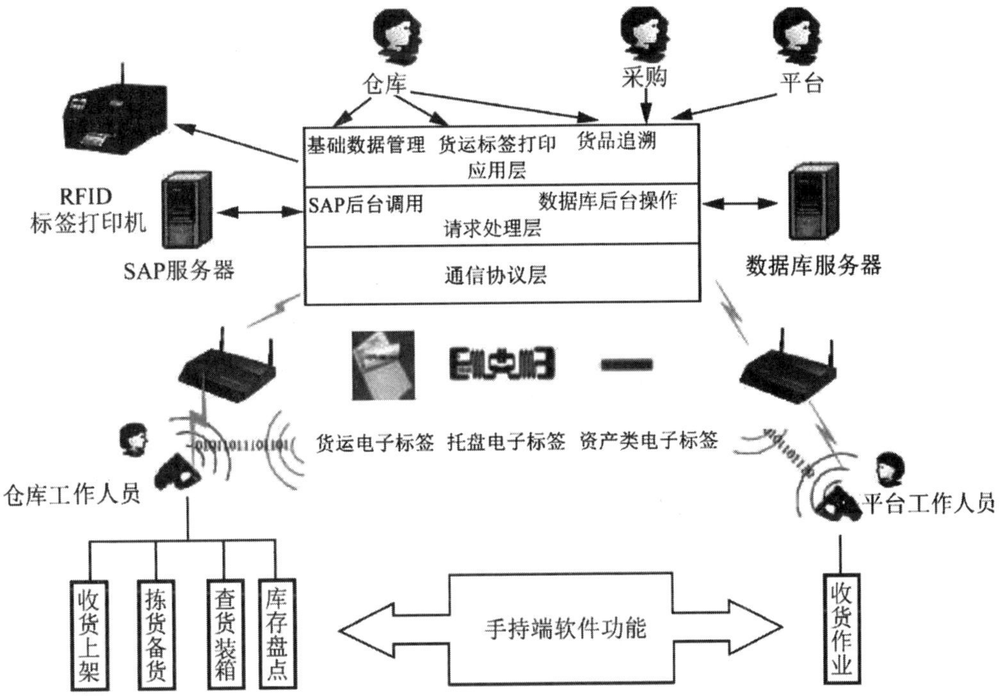

图 7.11　智能仓储系统方案示意图

签每个托盘贴一个，标示每个托盘的唯一性，并记录必要的货品信息，从而与系统内货品数据关联。

系统的软件结构由后端的管理信息系统、前端的移动系统和位于中间层的通信传输系统、中间件系统、打印驱动系统构成。后端的管理信息系统负责整个仓储系统的管理和控制；中间件系统、手持系统完成采集数据的整理、格式转换和特殊的业务处理策略的执行；通信传输系统完成数据从移动设备到后端的管理信息系统的传输和格式匹配；打印驱动系统为后端的管理信息系统提供驱动和控制打印机的功能。智能仓储可以实现的功能包括系统管理、商品管理、仓储管理、统计查询等。

（1）系统管理。系统管理包括系统设置、用户管理、权限管理、密码修改、其他功能。

（2）商品管理。商品管理包括商品分类、商品登记功能。

（3）仓储管理。仓储管理包括仓储监控、货架管理、入库管理、出库管理功能。

（4）统计查询。统计查询包括入库查询、出库查询、在库商品查询、出库商品查询、库存盘点、商品追溯功能。

（二）智能仓储作业核心操作

（1）仓储监控。单击【仓储监控】按钮，打开“仓储监控”窗口，不需进行任何操作。该窗口对仓库中的环境安全等进行监控，包括温度、湿度、红外监控等，如图 7.12 所示。

（2）货架管理。在“仓储管理”选项栏下选择“货架管理”选项，在该窗口中可编辑货架、货位，并可根据货位查询该货位所存商品信息，如图 7.13 所示。单击【编辑货架】按钮，弹出图 7.14 所示对话框。单击【编辑货位】按钮，弹出图 7.15 所示对话框。

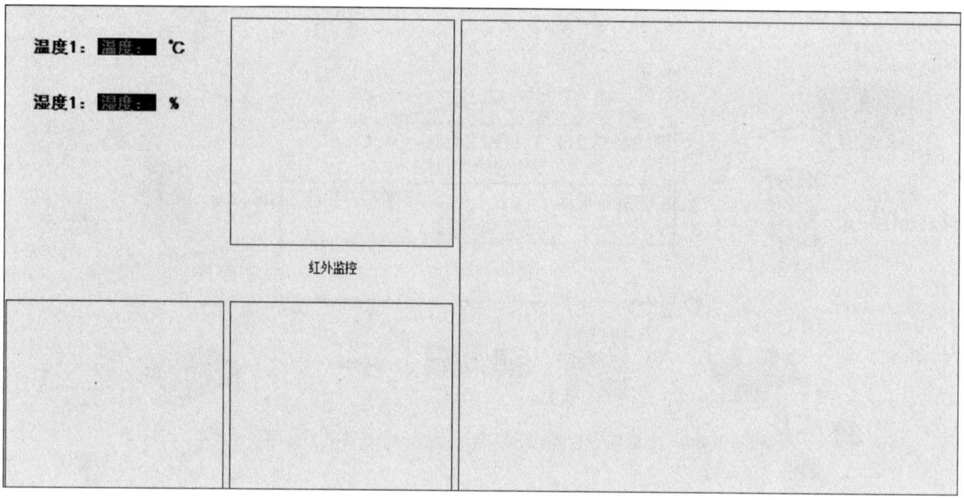

图 7.12 “仓储监控”窗口

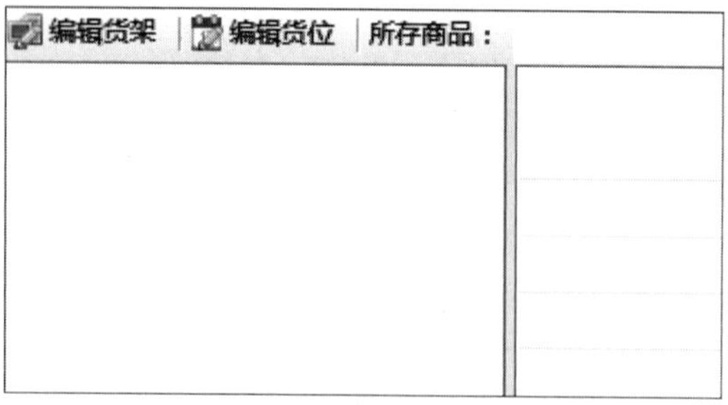

图 7.13 “货架管理”窗口

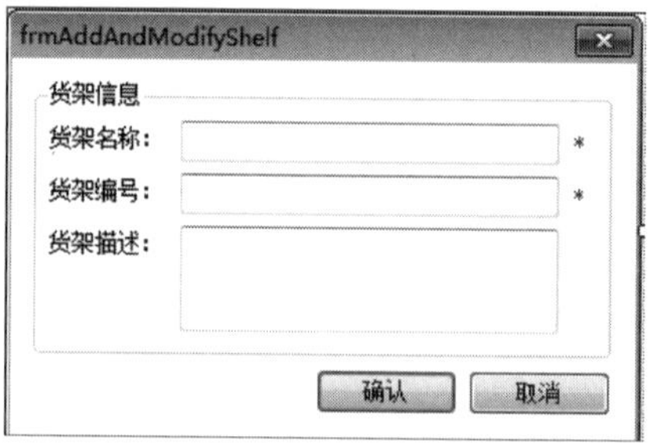

图 7.14 “货架信息”对话框

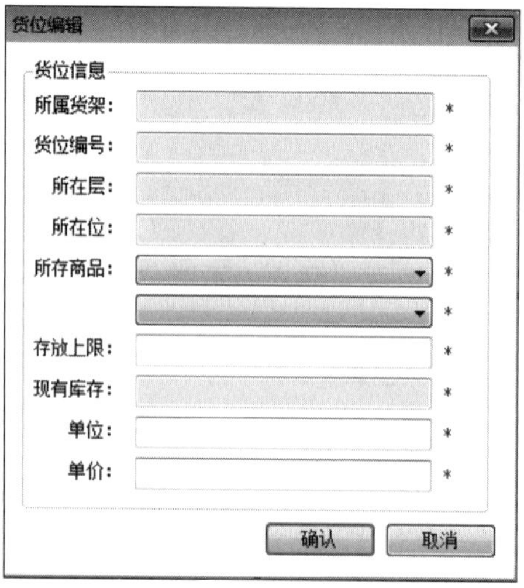

图 7.15 “货位编辑”对话框

（3）入库管理。单击【入库管理】按钮，打开“入库管理”窗口，如图 7.16 所示。

将已登记过的未入库商品放在上架天线上，单击【添加】按钮，弹出“入库信息”对话框，如图 7.17 所示。系统会自动读取上架天线上的商品。注意，由于天线的读取效果问题，不要一次上架商品过多，同时确认上架的商品数量和系统读取到的数量是否一致。最后，单击【添加】按钮。

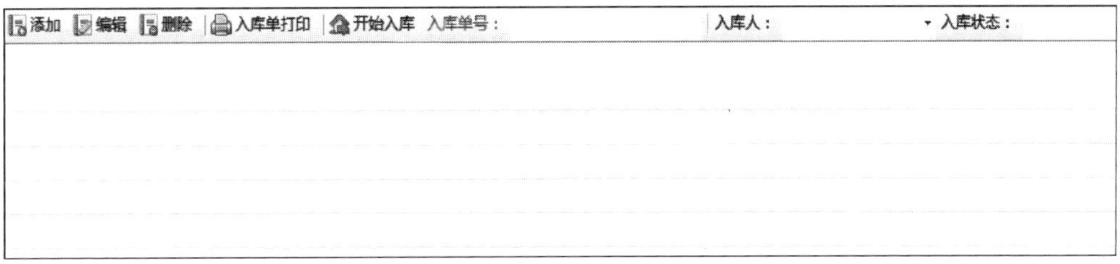

图 7.16　“入库管理”窗口

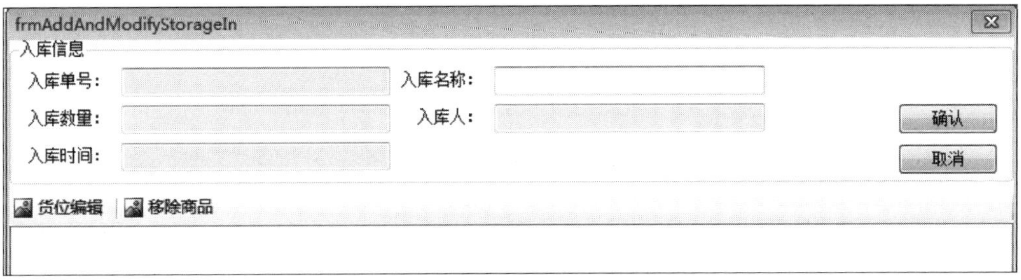

图 7.17　“入库信息”对话框

添加完成后，在入库管理主界面的列表中会显示相应的入库信息，先单击【打印入库单】按钮进行打印，再选中所要入库的入库单信息，单击【开始入库】按钮，这时入库单号位置会有光标闪动。此时，使用条形码枪扫描入库单上的条形码，扫描成功后系统运行开始入库，在货架上相应的货位会显示需要入库的数量，并且指示灯长亮。如果放错商品位置或者将原有商品取走，指示灯会闪烁提示，同时在购物车上会提示入库路线，可根据路线上架。上架成功后，系统会出现提示音，同时弹出对话框提示上架完成。

（4）出库管理。单击【出库管理】按钮，打开“出库管理”窗口，如图 7.18 所示。

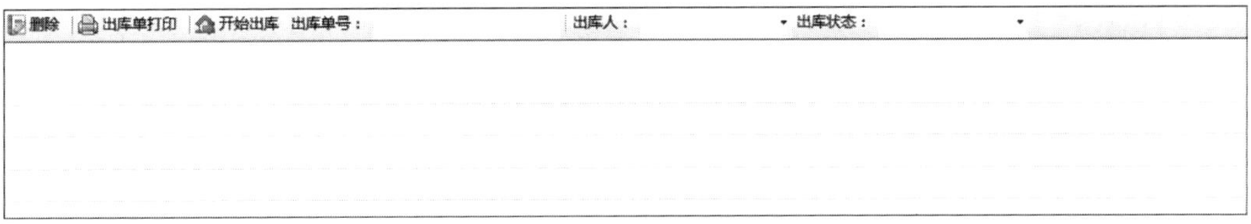

图 7.18　“出库管理”窗口

打开“商品选择”界面，如图 7.19 所示。在图 7.20 所示界面进行管理登录，先选择商品，再提交订单。然后，打开后台服务管理系统，在左侧选中“未处理的订单”，右侧会出现“未处理的订单列表”界面，如图 7.21 所示；选择相应单号，单击【送货处理】按钮，打开“订单确认送货”界面，如图 7.22 所示。

确认订单是否正确，单击【确认送货】按钮，送货成功后再次打开仓储系统。单击

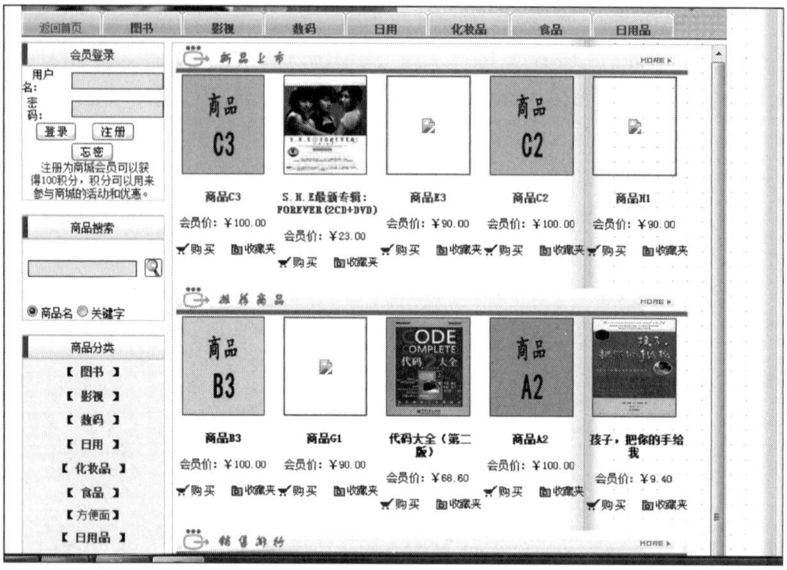

图 7.19 “商品选择”界面

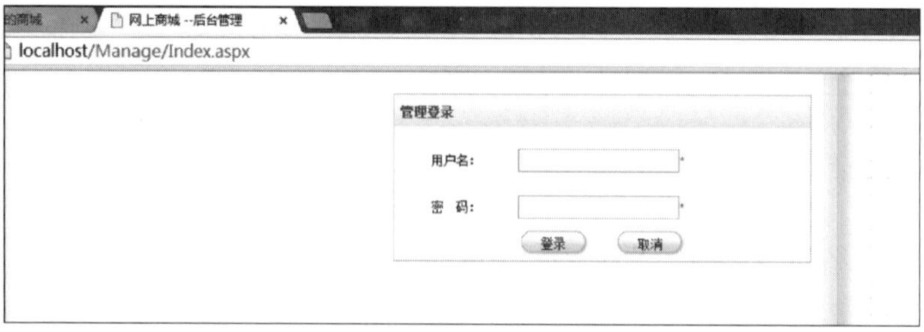

图 7.20 “管理登录”界面

图 7.21 “未处理的订单列表”界面

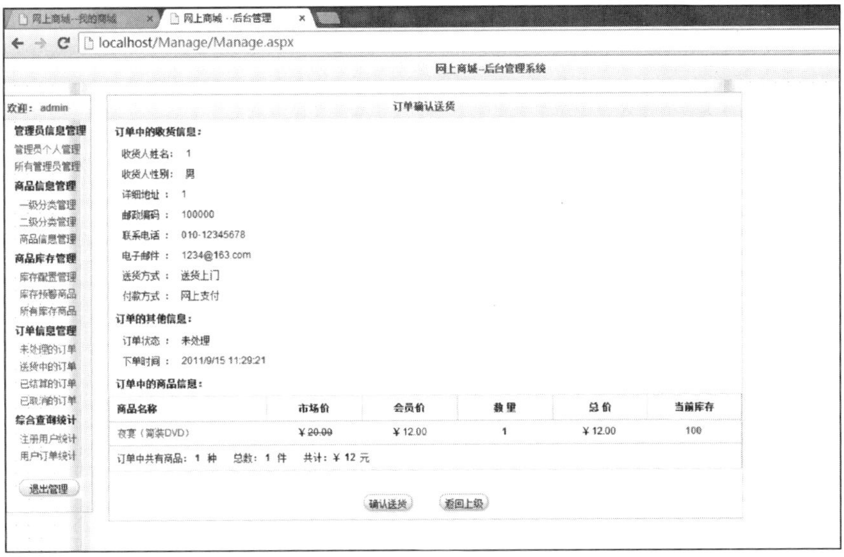

图 7.22 “订单确认送货”界面

【出库管理】按钮进行刷新，此时可看到在列表中多出一条出库单记录。先选中相应记录打印出库单，在打印出的出库单的列表左下侧会出现一个号码；再将打印好的出库单正面朝上底部朝里再次放入打印机的存纸栏内，然后打印相应的点阵图片。至此，出库单就完成了。

客户签收之后，打开“用户订单界面”查看“我的订单”，如图 7.23 所示。此时用户会发现之前的订单状态已经变成“已结单”。单击该订单进入，会发现在订单下方有之前签收的字体。至此，整个出库过程就完成了。

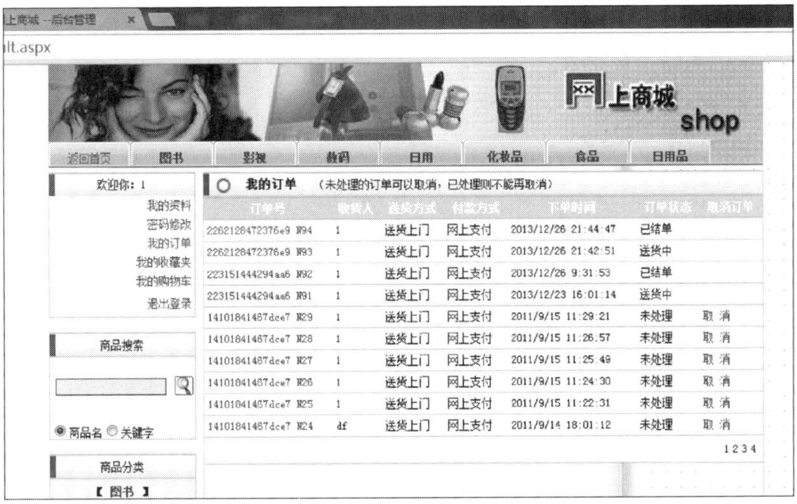

图 7.23 “我的订单”界面

系统会自动开始盘点，并显示相应信息窗口，如图 7.24 所示。盘点完成后关闭该窗口，会在盘点的主界面中出现一条新建盘点信息的记录。如果盘点出错，货架上的出错货位会进行闪烁提示。

（5）商品追溯。单击【商品追溯】按钮，可进行商品源头查询，如图 7.25 所示。扫描商品上已经贴好的点阵码标签，系统会自动查询是否在系统中进行登记，起到防伪作用。

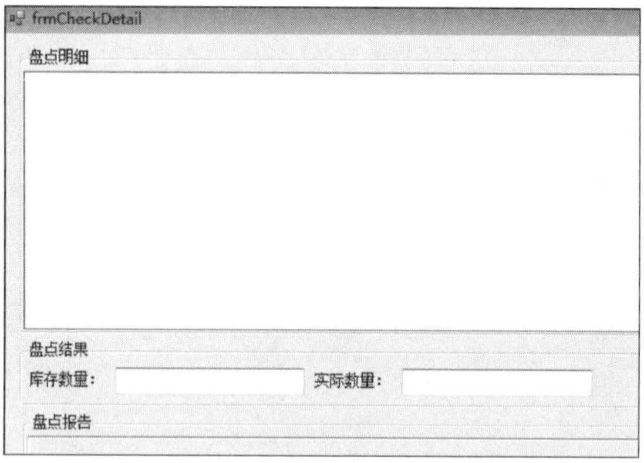

图 7.24 “系统盘点”窗口

图 7.25 “商品追溯”窗口

知识链接

【“小跟班”机器人】

随着我国电子商务的快速发展，对于仓储物流而言，如何高效地整合物流资源是关键。而仓储机器人的出现，能够解决在整个运作过程中容易出现的大部分问题，如减少从订单到交货的时间、智能化系统减少工作失误、减少劳动力的使用等。智能仓储机器人既能节省仓库面积，又能提高物流效率，同时由于其工作精准度高，能够完美地替代大部分人工，从而避免一系列不必要的工作失误。

1. 智能仓储机器人的种类

智能仓储机器人从其实现的功能来看，主要包括搬运、拆垛、码垛、拣选、分拣等作业，因此智能仓储机器人也可以作为以上不同类型物流机器人的总称。这类机器人也被称为新型 AGV（自动导引小车），导航方式更加先进，包括行业主流的二维码导航、激光导航、SLAM 导航等，行驶路径不受限制，可以自由行走。机器人可以不依靠人工，自动完成搬运、分拣等作业，非常适用于数量多的随机存储与拆零拣选。

（1）京东飞马机器人。飞马机器人系统由京东集团某事业部与研发团队合力打造，采用 SLAM 导航，可以实现无轨自主移动，最高速度可达到 3m/s。其具体作业流程为：接到拣选任务后，飞马机器人按照仓库布局自动计算最优路径，前往目标商品区域；拣货员根据指令将货品放置在机器人自带的货筐内；飞马机器人按照系统指示将货筐送至传输带，并继续执行下一次任务。

（2）国自 Star System。Star System 是国自基于 GRACE 平台开发出的一套完整的创新物流解决方案，可调度超过 1 200 台机器人同时高效运行，实现系统自动对接、订单需求分析、最优任务指派、路径规划等功能。Star System 由 Cart AGV 、Picking AGV 两款机器人及相关控制软件组成。其中，Picking AGV 是典型的“订单到人”解决方案，一个 Pikcing AGV 一趟可以搬运 5 个货箱。

（3）Geek+ 分拣机器人 S20。S20 机器人是 Geek+ 针对自动分拣场景打造的国内首款不需要钢平台的分拣产品，成本可节省 30%～40%。S20 机器人本体搭配较高的辊道载具，可直接将包裹传送到笼车之中。

（4）快仓智能分拣机器人系统。快仓智能分拣机器人分为大皮带和小皮带两种，可以实现边走边投，满足大小包裹的快速、高效的分拣需求，分拣效率达到 1.2 万件 / 小时。其主要流程为：包裹经输送线进入分拣区，由快仓小型皮带机器人自动接收包裹，经扫描称重门获取信息，并按照指令将包裹投入指定笼车，再由小型搬运机器人将满载的笼车送到封包区 / 总包供包区。

2. 智能仓储机器人的应用管理

一个完整的仓储机器人需要工作站后台系统、机器人硬件、高速移动通信 3 个部分，其管理也要从这 3 个方面进行。

（1）工作站后台系统。该系统采用分布式软 / 硬件架构，首先是信息存储，这一类仓库一般都是随机货位存储，系统要根据出货频率而在入库时为其安排合适的位置，同时能够实时高速存储；其次是订单处理，该系统与 ERP、WMS 系统对接，当订单到达时自动规划最佳拣货路径、寻找最佳配货站，同时还要计算订单处理顺序；最后是机器人调度，需要在多个机器人同时运行时使其井然有序，尽量避免排队、交叉碰撞等状况，同时要根据任务量安排其充电时间。

（2）机器人硬件。高度是外形考量的重要因素，一般认为机器人越矮行走起来越稳。此外，不同于用雷达通过三角定位保证毫米级的解决方案，可以选择用间隔 1m 的点阵式二维码贴在地上来做导航，同时配备摄像头来避障。该设备配速可以达到 1.5m/s，最大载荷重量达到 500kg，24A · h 的锂电池一般在使用 70% 时安排恒流充电，5min 即可充满，平均每充电 5min 运行 1h。

（3）高速移动通信。高速移动通信主要是在仓库内实现无线网络稳定，避免机器断网。

知识链接

人工智能是计算机系统发展到一定阶段的产物，即代为执行通常需要人类智能参与的任务（如视觉感知、语音识别、决策和语言翻译）。就仓库及其运作而言，人工智能的应用应该以企业所关注并不断优化的关键性能指标（KPI）为指导（订单准确性、安全性、生产率、履行时间、设施损坏或库存准确性等）。仓库通常已经拥有大量与 KPI 指标相关的数据，这些都可以被人工智能应用程序用于自动完成任务或做出决策。然而，这些数据由于数据类型的原因并不能直接用于人工智能技术，并且通常分布在不同的仓库管理系统中。下面通过 3 个案例（生产力、设备利用率、效率）说明人工智能在仓储运营场景中的应用潜力。

案例 1：生产力

在拣选订单的环节，所有的仓库都存在不同员工的生产力不同这一现象（有效率最高的订单拣选员也有表现一般的员工）。但是，相对于使用系统引导进行拣选的仓库而言，员工在生产力方面的差异在不使用系统引导的仓库中表现得更为明显。

对于那些不使用系统引导进行拣选的仓库，机器学习提供了一个可以更好推广最高效员工经验的机会，并将系统引导模式引入所有员工的工作中。如果联系到监督学习，最高效员工的拣选列表将作为人工智能应用的输入数据，这些员工在拣选列表中货物的顺序决策即为输出数据（基于条形码扫描或其他可获取信息）。除了最短拣选距离这一指标之外，避免拥挤通常是提升生产力的另外一个重要指标。因为最佳拣选员工通常会同时考虑这两个因素，因此输入、输出数据库应该已包含这些信息。

基于这些精准标注的数据，机器学习算法在接收新的订单数据后按最佳原则进行归类。通过这种方式，算法可以复制最有效员工的拣选操作，并提高所有员工的生产力。

案例2：设备利用率

某仓库一天内需要搬运的容器或托盘数量与所需的搬运设备数量之间有一定的关系。在大多数情况下，两者之间是一种线性关系。但是，某些因素（如操作人员的技能水平或货物的混合存放等）也可能会影响到所需搬运设备的余量。

在这种情况下，输入数据就需要包括所有可能影响设备需求的数据（从仓库管理系统中调用的拣选订单清单及从员工管理系统中获取的操作人员生产力水平等信息）。输出信息包括从升降搬运车管理系统中获得的搬运设备使用率信息。

基于这一精准标注的数据库，机器学习算法将可以接收未来数星期或数月的订单预测信息和现有员工的技能水平信息，进而预估出所需搬运设备的数量。升降搬运车车队经理将在同设备供应商的协商中采纳这些信息作为决策参考，以确保通过短期租赁或新设备购买的方式来确保在某一期限内获取合适数量的搬运设备进行拣选操作。

案例3：效率

一个好的货位策略应该是将高需求的库存保有单位（Stock Keeping Unit，SKU）尽量集中放在最佳位置但同时又要适当的分散摆放，以降低拥堵程度来提高拣选效率。但由于需求的不断变化及SKU的数量（某些仓库中可能有数千个SKU），仓库很难仅仅依靠员工来判断SKU的需求量来实现最佳存放。因此，一些仓库运营商会使用货位分配软件来帮助确定SKU摆放位置。这些软件会提供操作界面允许客户修改运作规则。当接收到销售历史数据或未来销售预测信息后，软件就会推荐相应的货位策略。但是，负责软件的人员经常会依据自己的经验来修改策略，而这些经验却往往不能反映拣选操作的真实情况。

在这种情况下，输入数据就是软件所推荐的货位策略，输出数据是最终决定执行的策略。机器学习算法可以和货位分配软件结合，通过对实施最终货位摆放策略的员工的倾向性进行不断的学习，最终实现自动调整。

项目小结

仓储管理的信息化发展要求企业应用仓储管理信息系统。仓储管理信息系统的技术支持包括条形码技术、射频识别技术、物联网技术等。因此，要能够区别和使用条形码技术、射频识别技术、物联网技术等，能按照业务要求熟练操作仓储管理信息系统。

习题与思考

一、单选题

1.（　　）是由一组规则排列的条、空及其对应字符组成的标记，用以表示特定的信息。

A. 射频识别技术　　B. 条形码　　C. 信息代码　　D. 信息编码

2. 商品条形码属于（　　）。

A. 一维条形码　　B. 二维条形码　　C. 复合码　　D. 矩阵码

3. 射频识别技术的信息载体是（　　）。

A. 射频模块　　B. 射频标签　　C. 读写模块　　D. 天线

4. 射频识别技术的基本原理是（　　）理论。

A. 机械　　B. 信息　　C. 电磁　　D. 力学

【项目七参考答案】

5. 条形码识读器有光笔识读器、CCD识读器和激光识读器等几类，其中，（　　）一般需要与标签接触才能识读条形码信息。

A. 手持式识读器　　B. 激光识读器　　C. CCD识读器　　D. 光笔识读器

二、多选题

1. RFID 技术与条形码技术进行对比，其主要的优势包括(　　)。
A. 可以识别单个的非常具体的物体　　B. 可以透过外部材料读取数据
C. 设备费用更加低廉　　D. 可以同时对多个物体进行识读
2. 以下属于常见物流信息系统的是(　　)。
A. WMS　　B. RFID　　C. GPS　　D. DC
3. WMS 系统能够按照运作的业务规则和运算法则，对信息和(　　)进行更完美地管理，使其最大限度地满足有效产出和精确性的要求。
A. 资源　　B. 行为　　C. 存货　　D. 分销
4. 仓储管理中，仓储信息化有利于(　　)。
A. 提高效率　　B. 降低损耗　　C. 降低成本　　D. 增加成本
5. 目前物流行业中所使用的关键信息技术包括(　　)等。
A. EDI　　B. GPS　　C. GIS　　D. RFID　　E. 托盘

三、判断题

1. 条形码中的“条”是指对光线反射率高的部分。(　　)
2. GIS 是利用高空的多个卫星对地面目标的状况进行精确测定以进行定位和导航的系统。(　　)
3. RFID 技术可以广泛用于进货入库、补货调仓、拣货出货、盘点等作业。(　　)
4. WMS 系统不具备向仓储客户报告其产品动态信息的能力。(　　)
5. 仓储管理信息系统能提高效率，但不能增加销售收入。(　　)

四、思考题

1. RFID 技术与其他自动识别技术有哪些异同?
2. 生活中哪些场景应用了自动识别技术?
3. 简述智能仓储的功能和优势。
4. 云物流和云仓资源共享模式有什么区别?
5. 智能仓储发展对传统物流企业产生了哪些影响?

五、实训与考核

实训一　仓储管理信息系统仓储入库操作实训

实训目的

在仓储管理信息系统中，按要求完成货物入库操作。

任务描述

1. 入库任务单。

客户名称		家美超市				
订单号		RK201910261				
入库方式		正常入库				
订单类型		入库订单				
库　房		第一库房				
预计入库时间		2019 年 10 月 26 日				
货品条形码	货品名称	货位地址	数量 / 箱	托盘条形码	批　次	备　注
6920873114177	晨光黑色签字笔	H1-02-01-01	27	8000000000001	20191012	

2. 物品 ABC 分类表。

货品名称	ABC 分类
晨光黑色签字笔	A

3. 根据给定的素材完成任务：按物品 ABC 分类的原理对货物进行分层管理，按正确的理货、搬运和上架流程进行操作，完成货物入库作业。

任务驱动

1. 按物品 ABC 分类的原理对货物进行分层管理。
2. 按正确的理货、搬运和上架流程进行操作，完成货物入库作业。

任务操作

执行一次完整的入库过程。

任务考评

1. 实操过程应采取正确的步骤、方法、工具等。（30分）
2. 操作过程中所有涉及的单据应根据要求填写完整、规范。（10分）
3. 以上过程有关单据、表格均在给定的仓库管理系统完成。（10分）
4. 所有操作完成并保存有关结果。（40分）
5. 所有操作注意安全规范，并全程遵守“5S”管理。（10分）

实训二　仓储管理信息系统仓储出库操作实训

实训目的

在仓储管理信息系统中，按要求完成货物出库操作。

任务描述

1. 素材清单。

订单号：A00001　　　　客户名称：联合超市

序　号	商品名称	数量/箱
1	晨光黑色签字笔	8
2	晨光红色中性笔	9

订单号：A00002　　　　客户名称：华联超市

序　号	商品名称	数量/箱
1	晨光黑色签字笔	10
2	晨光红色中性笔	4

2. 拣选方案。

月台分配

月台1：联合超市；月台2：华联超市。

方案一

拣选单号：C00005

序　号	商品名称	货位地址	数量/箱	月　台
1	晨光黑色签字笔	H1-02-01-01	8	1
2	晨光红色中性笔	H1-02-01-02	9	1

拣选单号：C00006

序　号	商品名称	货位地址	数量 / 箱	月　台
1	晨光黑色签字笔	H1-02-01-01	10	2
2	晨光红色中性笔	H1-01-01-02	4	2

方案二

拣选单号：A00010

商品名称	货位地址	月　台	数量 / 箱
晨光黑色签字笔	H1-02-01-01	1	8
		2	10
合　计			18

拣选单号：A00011

商品名称	货位地址	月　台	数量 / 箱
晨光红色中性笔	H1-01-01-02	1	9
		2	4
合　计			13

3. 根据给定的素材完成任务：选择正确的拣选方案，按正确的货物下架等流程进行操作，完成拣选出库任务。

任务驱动

完成此任务，需要明确以下几个问题：

1. 选择正确的拣选方案。
2. 按正确的货物下架等流程进行操作，完成拣选出库任务。

任务操作

执行一次完整的出库过程。

任务考评

1. 实操过程应采取正确的步骤、方法、工具等。（30 分）
2. 操作过程中所有涉及的单据应根据要求填写完整、规范。（10 分）
3. 以上过程有关单据、表格均在给定的仓库管理系统完成。（10 分）
4. 所有操作完成并保存有关结果。（40 分）
5. 所有操作注意安全规范，并全程遵守“5S”管理。（10 分）

项目八
仓储安全管理与特种货物安全作业

【思维导图】

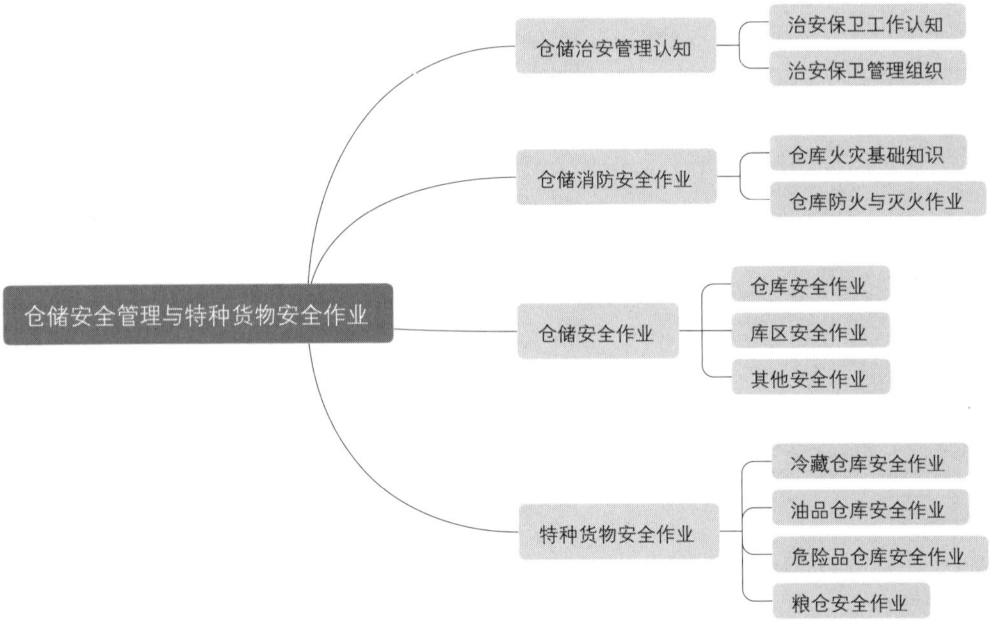

【学习目标】

素养目标	能力目标	知识目标
（1）培养学生爱岗敬业、理解岗位工作职责、执行工作操作规程、完成工作任务的职业素养。 （2）培养学生协作与沟通的意识与能力 。 （3）要求学生树立责任、安全、服务、成本控制的理念	（1）能按照仓储安全作业的基本要求进行仓库作业。 （2）能合理选用仓库消防安全设施设备。 （3）能够正确使用消防器材。 （4）能够区分不同货物的安全作业要求，并进行合理作业	（1）掌握仓储治安保卫管理工作的内容。 （2）掌握仓储安全作业的基本要求和安全管理措施。 （3）熟悉常见的火灾隐患和应对方法。 （4）了解仓库防湿、防雷电、防台风的安全作业

【任务导入】

城北物流公司为了确保仓库内储存的货物在保管中不会出现各种受损情况，将提高仓库的防盗、防火、防水和防电能力，改善仓库的安全作业水平。请分组对该公司的安全管理现状进行检查分析，编制安全现场检查清单，并制订企业安全作业方案。

任务要求

（1）仓库安全管理的意义是什么？仓库安全管理的基本内容包括哪几个方面？

（2）分组完成一份描述仓库引火源的调研报告，说明如何避免火灾事故发生，并进行讨论。

【任务实施】

任务一　仓储治安管理认知

仓库安全管理是仓库管理的重要组成部分。仓库的安全工作贯穿于仓库各个作业环节，要深入细致地做好安全的宣传教育工作，提高相关人员的安全意识。严格执行安全制度，切实遵守装卸、搬运、堆码等人工或机械的安全操作规程，加强危险品的监督检查，严禁带入火种，防止汛期水害，以减少财产物资的损失。因此，进行仓库管理就是要及时发现问题，采取科学方法，消除各种安全患，有效防止灾害事故的发生，保护仓库中人、财、物的安全。

在仓库物资管理过程中，由于社会治安、意外事故及仓库存储的某些特殊物资具有易燃易爆、易腐蚀、有毒等不安全因素，所以仓储管理中存在较大的危险，一旦发生安全事故，可能造成人员伤亡和物资的大量损失。仓库管理的基本任务是发现、分析和消除仓库物资管理过程中的各种危险，维持仓库内安全局面和员工人身安全，保护仓库中的人、物不遭受破坏、损害和损失，并在一定条件下取得最佳的经济效益和社会效益。

一、治安保卫工作认知

通过治安保卫管理，能够防止、防范恶性侵权行为的发生，防止意外事故对仓库及仓储财产造成的破坏和侵犯，消除治安灾害隐患，保护国家、集体、员工的财产和人身安全，维护稳定安全的仓库环境。

仓储的治安保卫工作主要有防盗、防火、防抢、防破坏、防骗，以及员工人身安全保护、保密等工作。治安保卫工作不仅有专职保安员承担的工作（如门卫管理、治安巡查、安全值班等），而且有大量可由在岗员工负责的治安工作（如办公室防火防盗、财务防骗、商务保密、仓库防火、锁门关窗等）。

（一）守卫大门和要害部门

大门守卫是维持仓库治安的第一道防线。大门守卫除了要负责开关大门，限制无关人员，接待入库办事人员，并及时审核身份与登记以外，还要检查入库人员是否携带火源、易燃易爆物品，检查入库车辆，查问和登记出库人员随身携带的物品。在特殊情况下，大门守卫有权检查当事者物品、封闭大门。对于危险品仓、贵重品仓、特殊品仓等要害部位，需要安排专职守卫看守，限制无关人员接近，防止危害、破坏和失窃。

（二）治安检查

治安负责人应按规章经常检查治安保卫工作。治安检查实行定期检查与不定期检查相结合的制度。班组每日检查，部门每周检查，仓库每月检查，及时发现治安保卫漏洞、安全隐患，通过有效手段消除各种隐患。

（三）巡逻检查

巡逻检查一般由两名保安员共同进行。保安员携带保安器械和强力手电筒，不定时、不定线、经常地巡视整个仓库的安全保卫工作。保安员应查问可疑人员，检查各部门的防卫工作，关闭无人办公的办公室，关好仓库门窗，关闭电源，防止挪用消防器材，检查仓库内有无异常现象，检查停留在仓库内过夜的车辆是否符合规定等。如在巡逻检查中发现不符合治安保卫制度要求的情况，应采取相应的措施进行处理或者告知主管部门处理。

（四）防盗设施、设备的使用

仓库的防盗设施大到围墙、大门、防盗门，小到门锁、窗，仓库应该根据规定和治安保管的需要设置和安装这些设施。仓库使用的防盗设备除了专职保安员的警械以外，主要有视频监控设备、自动报警设备、人工报警设备。仓库应该按照规定合理利用设置的设备，派专人负责操作和管理，确保其有效运作。

（五）治安应急

治安应急是指仓库发生治安事件时，采取紧急措施，防止和减少事件造成损失的制度。治安应急需要制订应急方案，明确治安应急人员的职责，规定发生事件时的信息（信号）发布和传递方法。而且，这些应急方案要在平时经常进行演习。

二、治安保卫管理组织

治安保卫的管理机构由仓库的整个管理机构组成，高层领导对整个仓库的安全负全责；各部门、机构的领导是各部门的治安负责人，负责各部门的治安保卫管理工作，对各部门的治安保卫工作负责；治安保卫的职能机构协助领导的管理工作，指导各部门，并领导其执行机构。仓库治安保卫执行机构采用由专职保卫机构和兼职安全员相结合的组织方式。

治安保卫组织通常分为保卫组织、警卫组织和群众性治安保卫组织3种。这3种组织按照精干高效、运转灵活的原则设立和运行，构成了覆盖仓储过程的治安防范网络。

（一）保卫组织

保卫组织是企业设立的负责安全保卫工作的专门机构。保卫组织的工作内容是：与公安、劳动、防汛、供电等部门加强联系，接受它们的指导；对警卫守护人员进行业务教育；对员工进行安全方面的教育和培训；不定期地举行安全操作表演；调查、登记、上报有关案件；等等。

（二）警卫组织

警卫组织的工作内容是：掌握出入仓库的人员情况；禁止携带易燃易爆等危险物品入库；核对出库物资；日夜轮流守卫，谨防盗窃与破坏等事故的发生；在仓库发生人为或自然灾害事故时，要负责仓库的防护警戒工作；等等。

（三）群众性治安保卫组织

群众性治安保卫组织是由仓储领导和职工参加的，接受仓库和保卫部门指导的基层治安保卫组织。其基本任务是：对仓库职工和周边居民进行治安保卫宣传教育；协同警卫人员作好保卫工作；协助维护单位的治安秩序和保卫关键场所的安全；劝阻和制止违反治安管理法规的行为；等等。

知识拓展

某公司贵重物品及易丢失材料监控作业指导书

1. 目的

本作业指导书的目的在于对仓库贵重物品及易丢失材料出入库进行有效的管理控制，以保证公司财产安全，避免丢失，减少损失。

2. 定义

（1）贵重物品：公司仓库内零件价格在所有储存材料中排在前 15 位的材料。

（2）易丢失物品：被人们认为容易在社会上被轻易卖掉的材料。

3. 工作步骤

（1）材料计划员提供所有在公司材料中金额排在最前 15 位的物料号，如有新零件时，需要重新更新及重新排列和设置。

（2）仓库统计零件包装尺寸，进行封闭存放或用监视器进行监控。

（3）所有物料在付料过程中必须登记保管员姓名、付料员姓名、付料数量及时间等。

（4）每日进行盘点，并与交接记录及系统账进行核对，保存记录单。

（5）仓库员工要严格填写《贵重物品及易丢失材料检查监控记录表》，并按流程操作。

（6）如发现丢失应及时上报，同时讲明事件经过。

附：《贵重物品及易丢失材料检查监控记录表》（略）

课堂讨论

在仓库作业环境中会有什么样的人身安全隐患？应如何避免？

任务二　仓储消防安全作业

一、仓库火灾基础知识

（一）火灾及其分类

火灾是指失去控制并对财务和人身造成损害的燃烧现象，或在时间或空间上失去控制的燃烧所造成的灾害。燃烧不是随便发生的，凡发生燃烧，必须同时具备一定的条件，即可燃物、助燃物和着火源。

（1）可燃物。可燃物是指能与空气中的氧或其他氧化剂起剧烈反应的物质，简单地说，就是可以燃烧的物质，如木材、纸张、汽油、酒精、氢气、金属钠和镁等。

（2）助燃物。助燃物是指能帮助和支持燃烧的物质，如空气、氧、氯、氯酸钾、高锰酸钾和过氧化钠等。

（3）着火源。着火源是指能引起可燃物质燃烧的热能源，最常见的有明火焰、赤热体、火星和电火花等。

按照我国国家标准《火灾分类》（GB 4968—2008），根据物质的燃烧特性可以将火灾分为 6 类，见表 8–1。

表 8–1　火灾的分类

火灾分类	说　明	示　例
A 类	固体物质火灾，一般在燃烧时能产生灼热的余烬	如木材、棉、毛、麻、纸张等火灾
B 类	液体火灾或可溶化的固体物质火灾	如汽油、煤油、柴油、原油、甲醇、沥青、石蜡等火灾

续表

火灾分类	说　明	示　例
C类	气体火灾	如煤气、天然气、甲烷、乙烷、丙烷、氯气等火灾
D类	金属火灾	如钾、钠、镁、铝镁合金等火灾
E类	带电火灾	如物体带电燃烧的火灾
F类	烹饪器具内的烹饪物火灾	如动植物油脂火灾

（二）常见的火灾隐患

1. 直接火源

（1）明火。明火是指露在外面的火焰，如火柴、打火机的火焰，香烟头火，火星，摩擦、撞击的火花，烧红的电热丝等。

（2）电火花。当电路开启、切断或电器保险丝熔断、电线短路时容易产生电火花。

（3）雷击。雷击是瞬时间的高压放电，能引起被命中的可燃物质的燃烧。

2. 间接火源

（1）加热自燃起火。由于外部热源的作用，将可燃物质加热到燃烧的温度而起火。例如，由于摩擦撞击的作用而发热起火，尤其是危险品之间的摩擦撞击极易起火；某些化学反应放热，使靠近它的可燃物起火；等等。

（2）本身自燃起火。本身自燃起火是指在无明火、无外来热源的条件下，物质本身自行发热，燃烧起火。例如，黄磷能在常温下发生剧烈氧化和分解，引起自燃；金属钠、钾等与水接触时，能自燃起火；等等。

课堂讨论

引起火灾的火源主要有哪些？日常仓库防火检查的具体内容是什么？

二、仓库防火与灭火作业

（一）仓库的防火作业

仓库中存放着大量物品，一旦发生火灾，将造成人员伤亡和经济损失。因此，仓库必须严格遵守消防法规和安全规程，把消防安全工作贯彻到仓储的各个岗位和全部活动中去，以确保消防安全。

1. 储存管理

（1）库房内物品储存要分类、分堆，堆垛与堆垛之间应当留出必要的通道，主要通道的宽度一般不应少于2m。根据库存物品的不同性质和类别，确定垛距、墙距、梁距。储存量不得超过规定的储存限额。

（2）能自燃的物品、化学易燃物品与一般物品及性质互相抵触和灭火方法不同的物品，必须分库储存，并标明储存物品的名称、性质和灭火方法。易自燃或者遇水分解的物品，必须在温度较低、通风良好和空气干燥的场所储存，并安装专用仪器定时检测，严格控制湿度与温度。

（3）遇水容易发生燃烧、爆炸的化学易燃物品，不得存放在潮湿和容易积水的地点。

（4）受阳光照射容易燃烧、爆炸的化学易燃物品，不得露天存放。闪点在45℃以下的桶装易燃液体不准露天存放，在炎热的季节必须采取降温措施。

（5）化学易燃品的包装容器应当牢固、密封，发现破损、残缺、变形和物品变质、分解等情况时，应当立即进行安全处理。易燃、可燃物品在入库前，应当有专人负责检查，检查符合要求方准入库或归垛。

（6）储存易燃、可燃物品的库房、露天堆垛、罐区，不准进行分装、试验、封焊，动用明火等可能引起火灾的作业。如因特殊需要进行这些作业时，事先须经企业分管领导批准，并采取安全措施，进行现场监护，备好充足的灭火器材；作业结束后，必须切实查明未留火种后方可离开。

（7）库房内不准设办公室、休息室，不准住人，不准用可燃材料搭建隔层。

（8）库区和库房内要经常保持整洁。对散落的易燃、可燃物品和库区的杂草应当及时清除。用过的油棉纱、油抹布、沾油的工作服、手套等用品，必须放在库外的安全地点，妥善保管或及时处理。

（9）依据我国国家标准《建筑设计防火规范》（GB 50016—2014）的规定，仓库储存物品的火灾危险程度分为甲、乙、丙、丁、戊 5 类，见表 8–2。

表 8–2　仓库储存物品的火灾危险程度分类

类　　别	火灾危险性的特征	储存物品示例
甲类	（1）闪点 <28℃的液体； （2）爆炸下限 <10% 的气体，以及受到水或空气中水蒸气的作用，能产生爆炸下限 <10% 气体的固体物质； （3）常温下能自行分解或在空气中氧化，即能导致自燃或爆炸的物质； （4）常温下受到水或空气中水蒸气的作业能产生可燃气体并引起燃烧或爆炸的物质； （5）遇酸、受热、撞击、摩擦及遇有机物或硫磺等易燃的无机物，极易引起燃烧或爆炸的强氧化剂； （6）受撞击、摩擦或氧化剂、有机物接触时，能引起燃烧或爆炸的物质	（1）乙烷、戊烷、石脑油、环戊烷、二硫化碳、苯、甲苯、甲醇、乙醇、乙醚、乙酸甲酯、乙酸乙酯、硝酸乙酯、汽油、丙酮、丙烯、乙醛、60° 以上的白酒； （2）乙炔、氢、甲烷、乙烯、丙烯、丁二烯、环氧乙烷、水煤气、硫化氢、氯乙烯、液化石油气、电石、碳化铝； （3）硝化棉、硝化纤维胶片、喷漆棉、火胶棉、赛璐珞棉、黄磷； （4）金属钾、钠、锂、钙、锶、氢化锂、氢化钠； （5）氯酸钾、氯酸钠、过氧化钾、过氧化钠、硝酸铵； （6）赤磷、五硫化磷、三硫化磷
乙类	（1）28℃≤闪点 <60℃的液体； （2）爆炸下限≥ 10% 的气体； （3）不属于甲类的氧化剂； （4）不属于甲类的化学易燃危险固体； （5）助燃气体； （6）常温下与空气接触能缓慢氧化，积热不散引起自燃的物品	（1）煤油、松节油、丁烯醇、异戊醚、丁醚、乙酸丁酯、硝酸戊酯、乙酰丙酮、环乙胺、溶剂油、冰醋酸、樟脑油、蚁酸； （2）氨气、液氨； （3）硝酸铜、铬酸、亚硝酸钾、重铬酸钠、铬酸钾、硝酸、硝酸汞、硝酸钴、发烟硫酸、漂白粉； （4）硫黄、镁粉、铝粉、赛璐珞板（片）、樟脑、萘、生松香、硝化纤维漆布、硝化纤维色片； （5）氧气、氟气； （6）漆布及其制品、油布及其制品、油纸及其制品、油绸及其制品
丙类	（1）闪点≥ 60℃液体； （2）可燃固体	（1）动物油、植物油、沥青、润滑油、机油、重油、闪点≥ 60℃柴油、糠醛、50°～60°的白酒； （2）化学、人造纤维及其组织、纸张、棉、毛、丝、麻及其织物、谷物、面粉、天然橡胶及其制品、竹和木及其制品、中药材、电视机等电子产品、计算机房已录数据的磁盘、冷库中的鱼和肉

续表

类　别	火灾危险性的特征	储存物品示例
丁类	难燃烧物品	自熄性塑料及其制品、酚醛泡沫塑料及其制品、水泥刨花板
戊类	非燃烧物品	钢材、铝材、玻璃及其制品、搪瓷制品、不燃气体、玻璃棉硅酸铝纤维、矿棉、岩棉、陶瓷棉、石膏及其纸制品、水泥、石、膨胀珍珠岩

2. 装运管理

（1）装卸化学易燃物品，必须轻拿轻放，严防震动、撞击、重压、摩擦和倒置。不准使用能产生火花的工具，不准穿带钉子的鞋，并应当在可能产生静电的设备上安装可靠的接地装置。

（2）进入易燃、可燃物品库区的蒸汽机车和内燃机车，必须装置防火罩。尤其是蒸汽机车，要关闭风箱和送风器，并不得在库区停留和清炉。

（3）运输易燃、可燃物品的车辆，一般应当将物品用苫布苫盖严密，随车人员不准在车上吸烟。

（4）对散落、渗漏在车辆上的化学易燃物品，必须及时清除干净。

（5）各种机动车辆在装卸物品时，排气管的一侧不准靠近物品。各种车辆不准在库区、库房内停放和修理。

（6）库房、堆场装卸作业结束后，应当彻底进行安全检查。

3. 电源管理

（1）库房内一般不宜安装电器设备。如果需要安装电器设备，应当严格按照有关的电力设计技术规范和有关规定执行。

（2）储存化学易燃物品的库房，应根据物品的性质，安装防爆、隔离或密封式的电器照明设备。

（3）各类库房的电线主线应架设在库房外，引进库房的电线必须装置在金属或硬质塑料套管内，电器线路和灯头安装在库房通道的上方，与堆垛保持安全距离，严禁在库房门顶架线。

（4）库房内不准使用碘钨灯、日光灯、电炉、电熨斗、电烙铁、交流收音机和电视机等电器设备，不准用可燃材料做灯罩，不应当使用60W以上的灯泡。

（5）库房内不准架设临时电线。库区如需架设临时电线，必须经仓库防火负责人批准。使用临时电线的时间不应当超过半个月，到期应及时拆除。

（6）库区的电源应当设总闸和分闸，每个库房应当单独安装开关箱。开关箱应当设在库房外，且安装防雨、防潮等保护设施。

（7）在库区及库房内使用电器机具时，必须严格执行安全操作规程。电线要架设在安全部位，免受物品的撞击、砸碰和车轮碾压。

（8）电器设备除经常检查以外，每年至少应进行两次绝缘摇测，发现可能引起打火、短路、发热和绝缘不良等情况时，必须立即修理。

（9）禁止使用不合规格的保险装置，电器设备和电线不准超过安全负荷。库房工作结束时，必须切断电源。

4. 火源管理

（1）库区内严禁吸烟、用火，严禁放烟花、爆竹和信号弹。在生活区和维修工房安装和使用火炉，必须经仓库防火负责人批准。

（2）金属火炉距可燃物不应当小于1.5m。金属烟囱距可燃墙壁、屋顶不应当小于

70cm，距可燃屋檐不应小于10cm，高出屋檐不应小于30cm。烟囱穿过可燃墙壁、窗户时，必须在其周围用不可燃材料隔开。

（3）不准用易燃液体引火，火炉附近不可堆放木片、刨花、废纸等可燃物。

（4）不准靠近火炉烘烤衣物和其他可燃物。燃着的火炉应有专人负责管理。

（5）从炉内取出的炽热灰烬，必须用水浇灭后倒在指定的安全地点。

5. 消防设施管理

（1）仓库区域内应当按照《建筑设计防火规范》的规定，设置消防给水设施，保证消防供水。

（2）库房、货场应根据灭火工作的需要，备有适当种类和数量的消防器材设备，并布置在明显和便于取用的地点。消防器材设备附近，严禁堆放其他物品。

（3）消防器材设备应有专人负责管理，定期检查维修，保证完整好用。寒冷季节要对消火栓、灭火机等消防设备采取防冻措施。

（4）仓库应当装设消防通信、信号报警设备。

（二）仓库的灭火作业

1. 仓库灭火的方法

一切灭火措施都是为了破坏已经形成的燃烧条件，或终止燃烧的连锁反应而使火熄灭，以及将火势控制在一定范围内，最大限度地减少火灾损失。

（1）冷却法。将燃烧物的温度迅速降到燃点以下，阻止其气化，从而阻止其燃烧，如用大量冷水、干冰等降温。

（2）窒息法。如用二氧化碳、氮气、水蒸气等减少周围氧气含量，使燃烧不能继续。

（3）隔离法。这是减少或隔离可燃物灭火的方法。如用泡沫灭火剂灭火，将产生的泡沫覆盖于燃烧体表面，在起到冷却作用的同时，把可燃物同火焰和空气隔离开来，达到灭火的目的。

（4）化学抑制法。这种方法通过多种化学物质在燃烧时产生的化学反应，产生隔绝氧、降温等效果，可抑制燃烧。如用干粉灭火剂灭火，通过化学作用，破坏燃烧的链式反应，使燃烧终止。

2. 消防设施的使用

消防设施一般是指一些固定的、特殊的建筑物或构筑物。当仓库的某一部分发生火灾时，这些消防设施可将火势限制在一定的范围内，不使其蔓延危及整个仓库。

（1）仓库建筑的防火规范。仓库必须依据《中华人民共和国消防法》《建筑设计防火规范》来设计和建设，仓库的拟定用途要合乎规范的耐火等级、层数和占地面积、库房容积和防火间距。这些要求在仓库建好后不得改变。另外，仓库应按照国家有关防雷电设计规范的规定，设置防雷装置，需要定期检查，防止损害，保证有效。库区内必须设置消防通道，消防通道宽度不小于4m。

（2）消防给水系统。库房内应设置室内消防给水系统，同一库房内应用统一规格的消防栓、水枪和水带，水带长度不应超过25m，超过四层的库房应设置消防水泵接合器。消防水可以由水管网、消防水池、天然水源供给，但必须要有足够的压力和供水量。在寒冷季节，要采取必要的防冻措施，防止消防水系统损坏。

（3）防火墙。防火墙是在建造仓库库房时设计的。防火墙直接建在房屋的基础上，设计厚度时一般要考虑发生火灾时的烘烤时间，其高度应超出屋顶。如果顶棚是采用可燃材料构建的，则防火墙高出顶棚的高度应不少于70cm；如果顶棚是难燃烧材料或不燃烧材料构建的，则防火墙只需要高出顶棚40cm。

（4）防火隔离带。仓库的防火隔离带有两种，一种是在建筑时就考虑的，如在用可燃材料构建的屋顶中间，建筑宽度不小于5m的有耐火屋顶的地段，其高度应略高出屋顶；

另一种是在库房、料棚和货场内，相互之间应留出足够的防火隔离带，尤其是储存可燃性材料和设备时，必须保证其有防火隔离带。

（5）防火门。防火门是用耐火材料制成的，万一库房起火，扑救不及，可以关闭防火门，以阻止火势蔓延。

【灭火器的使用】

3. 灭火器的使用

在发生火灾时，使用灭火器材及时地扑救初期火灾，是避免火灾蔓延、扩大和造成更大损失的有力措施。因此，仓库管理员应该掌握各种常用灭火器的正确使用方法。

（1）清水灭火器。清水灭火器的筒体中充装的是清洁的水，主要用于扑救固体物质火灾，如木材、棉麻、纺织品等的初起火灾。

清水灭火器的使用方法为：将清水灭火器提至火场，在距燃烧物大约10m处，将灭火器直立放稳；摘下保险帽，用手掌拍击开启杆顶端的凸头，这时清水便从喷嘴喷出；一支手提起灭火器筒盖上的提圈，另一支手托起灭火器的底圈，将喷射的水流对准燃烧最猛烈处喷射；随着灭火器喷射距离的缩短，操作者应逐渐向燃烧物靠近，使水流始终喷射在燃烧处，直至将火扑灭；清水灭火器在使用过程中应始终与地面保持大致垂直状态，不能颠倒或横卧，否则，会影响水花喷出。

（2）泡沫灭火器。泡沫灭火器分为化学泡沫灭火器和空气泡沫灭火器。泡沫较轻，在可燃物的表面覆盖，起到阻隔空气的作用，可使燃烧停止。泡沫灭火器最适用于扑灭油类的火灾，如汽油、柴油和煤油所引起的火灾；也适用于扑救木材、纤维和橡胶等固体可燃物所引起的火灾。因泡沫有导电作用，故不宜用于扑灭电器引起的火灾。

泡沫灭火器的使用方法为：使用化学泡沫灭火器时，应注意不得使灭火器过分倾斜，更不可横握或颠倒，以免灭火器中两种药剂混合，而导致泡沫提前喷出；使用空气泡沫灭火器时，应在距燃烧物6m左右处，拔出保险销，一支手握住开启压把，另一支手紧握喷枪，然后紧握开启压把，开启将灭火器密封，使泡沫从喷枪口喷出。如为化学泡沫灭火器，则应将筒体颠倒过来，用一支手紧握提环，用另一支手扶住筒体的底圈，将射流对准燃烧物；在使用空气泡沫灭火器的过程中，应一直紧握开启压把，不能松开，也不能将灭火器倒置或横握使用，而且应始终保持灭火器的倒置状态，以免喷射中断。

（3）二氧化碳灭火器。二氧化碳灭火器又称干冰灭火器。液态的二氧化碳在气化时大量吸热，会造成降温冷却，同时，二氧化碳本身具有窒息作用可以用来灭火。二氧化碳最适用于电气设备（如仪器仪表、图书档案、工艺器皿和低压电器设备等）引起的火灾，各种易燃、可燃液体和气体燃烧引发的火灾，以及办公室地点、封闭仓库等发生的火灾。二氧化碳灭火器的优点是它可以及时气化，不留痕迹，不会损坏未燃烧的物品。但是，二氧化碳对人体同样具有窒息作用，在使用时要注意防止对人体造成伤害。

二氧化碳灭火器的使用方法为：将灭火器提到火场，在距燃烧物5m左右，放下灭火器拔出保险销，一支手握住喇叭筒根部的手柄，另一支手紧握启闭阀的压把，将二氧化碳喷向燃烧物体。对于没有喷射软管的二氧化碳灭火器，应把喇叭筒往上扳70°～90°。使用灭火器时，不能直接用手抓住喇叭筒外壁或金属连线管，以防止手被冻伤；灭火器在喷射过程中应保持直立状态，切不可平放或颠倒使用；在室外使用二氧化碳灭火器时，应选择在上风方向喷射，并且手要放在钢瓶的木柄上，防止冻伤；在室内窄小空间使用时，灭火后应迅速离开，以防窒息。

（4）干粉灭火器。干粉是指诸如碳酸氢钠粉等干燥、易流动、不燃、不结块的粉末，主要起到覆盖窒息的作用，还能阻止燃着的液体流动。普通干粉又称BC干粉，用于扑救液体和气体火灾，但对固体火灾则不适用。多用干粉又称ABC干粉，可用于扑救固体、液体和气体火灾。

干粉灭火器的使用方法为：使用手提式干粉灭火器时，应手提灭火器的提把，在距离燃烧处5m左右，放下灭火器。如在室外使用，应选择在上风方向喷射；如果使用内装式或储压式干粉灭火器时，应先拔下保险销，一支手握住喷嘴，另一支手将开启压把压下，打开灭火器进行灭火；如果使用外挂储压式的灭火器，应用一支手紧握喷枪，用一支手提起储气瓶上的开启提环；如果储气瓶的开启是手轮式的，则按逆时针方向旋开，并旋到最高位置，随即提起灭火器。当干粉喷出后，应迅速对准火焰的根部，左右晃动进行扫射，使干粉能够迅速覆盖燃烧物体的表面。如条件许可，可提着灭火器沿着燃烧物的四周边走边喷，使干粉灭火剂均匀地喷在燃烧物的表面，直至将火焰完全扑灭。

（5）“1211”灭火器。“1211”是二氟一氯一溴甲烷的代号，是我国目前生产和使用最广的一种卤代烷灭火剂，以液态形式装在钢瓶内。“1211”灭火剂是一种低沸点的液化气体，具有灭火效率高、毒性低、腐蚀性小、久储不变质、灭火后不留痕迹、不污染被保护物、绝缘性能好等优点，适用于油类火灾、电器火灾的扑灭。

“1211”灭火器的使用方法为：通过手提灭火器提把赶到火灾现场，在距离燃烧处5m左右，放下灭火器，拔出保险销，一支手握住开启把，另一支手握在喷射软管前端的喷嘴处，如灭火器无喷射软管，可一支手握住开启压把，另一支手扶住灭火器底部的底圈部分；将喷嘴对准燃烧处，用力握紧开启压把，使灭火器喷射；灭火器使用时不能颠倒，也不能横卧，否则灭火剂不会喷出；因“1211”灭火剂有一定的毒性，故应防止对人体的伤害。在室外使用时，应选择在上风方向喷射；在窄小的室内灭火时，灭火后应迅速撤离。

知识拓展

物联网怎样解决千百年来的消防安全难题

物联网的快速发展为未来消防打下了基础。尽管火灾是不可避免的，但在物联网的赋能下，消防正在朝着更加智能、高效的方向发展。

消防物联网是指通过物联网信息传感与通信等技术，将传统消防系统中的设备设施通过社会化消防监督管理和公安机关消防机构灭火救援涉及的各个要素所需的消防信息链接起来，构建高度感知的消防基础环境，实现实时、动态、互动、融合的消防信息采集、传递和处理。它能全面促进与提高政府及相关机构实施社会消防监督与管理水平，显著增强公安机关消防机构灭火救援的指挥、调度、决策和处置能力。

一、让“望火楼”可感知

火灾警报器俗称声光，是一款安装在现场的声光报警设备。在现场发生火灾并确认后，安装在现场的火灾声光警报器可由消防控制中心的火灾报警控制器（报警主机）启动，发出强烈的声光报警信号，可达到提醒现场人员注意的目的。

可以将它理解为办公楼、学校、会堂等各种商用、民用建筑中的“望火楼”。如果见到一种类似胶囊形状的东西，千万不要毁坏它，它很有可能就是这种“火灾小卫士”。它一般都安装在天花板或是墙壁上，当发生火灾时，会发出声光来提醒现场的人员及时疏散，及时报警。火灾报警器的种类很多，如烟感型、温感型、感光型、电气型等。当然，火灾报警器只是众多防火监控手段之一，除此之外，还有其他的监控手段，如摄像头等。

二、帮“望火楼”上个网，交个友

火灾警报器基于各种传感器而生，它可以自动完成一些消防的操作，如自动切断非消防电源等。火灾警报器是解决消防监控由人到物的第一步。

报警器虽然可以收集信息和报警，但其数据传输的网络不易配置。传统的智能报警器需要通过中继器、网关、路由器和光纤猫才能上网。好比“望火楼”中的人发现火情之后，只能一步一步爬下来，先通知小队长，再由小队长通报中队长，一层一层上报至最高长官。而且，“望火楼”这么多，其信息量是十分巨大的，传递信息所需的成本也很高，不可能同时几个人骑一匹马传递信息，因此也会造成信息不精准。另外，它很难与其他设备形成互联，信息的安全和稳定性也受到很大的挑战，因此普及程度受到很大的限制。这也是传统消防的痛点，一旦信息有误，便费力不讨好。

随着物联网通信技术的进步，这项技术受到越来越广泛的关注和应用。它具有将万物互联的能力，且具有低功耗、广覆盖、大连接、低成本的优势。

进一步解释，原本一个地区最多只能管理个位数的“望火楼”，如今在数量上也可以提升到百位数、千位数甚至更多，负责的广度上也能从一个胡同、一道街口扩大到一个区，甚至整个城区。即便在一个区域有上万个“望火楼”，同时还有许多“打更人”，不管哪里发生火灾，消息都可以被传递至多方管理者（如业主、管理人员、接警处等）。

当然，如此大数量的报警器，需要消耗多少电能、网络资源呀？其实，我们大可不必发出这样的担心，被该技术赋能之后，这些“马儿”不仅吃草少，而且能长途跋涉地跑。与此同时，该技术还解决了信号受限于城市铜墙铁壁的影响。在高楼耸立的城市里，也能保证信号随时能搭上直达云端的“地铁”，避免信号穿透力不足的问题。

三、海纳百川的“长官”

当然，这个过程中还需要一个“长官”，对覆盖区域内所有的建筑、道路、设施设备等应了如指掌。它还可以实现监控后台实时管理，通过传感器收集的信息分析，精准掌握火灾实时情况、规划最佳消防路线、进行灾情在线反馈等。

在这儿，“长官”可不是个人，因为巨大的信息量和及时、实时的反馈，人是做不到的。它是一个全国性统一的数据平台，专门对此进行相关的分析。在这个统一的完整的火灾数据模型中，这些数据的价值将被充分利用。

但是，在消防中我们又面临一个新问题。众所周知，火灾是低概率事件，正因如此，现在的消防设施设备，如高位水箱、消防栓等，年久不用，是否还能工作我们不得而知，而且定期的维护也使其成本过高。这好比设立一个“望火楼”，还要专门再派一个监工，防止上面的人打瞌睡。

而连入物联网之后，平台会对其实时全方位的监控，如对高位水箱的水位、消防池中的水位、消防栓是否正常工作进行实时监测。通过嵌入式计算机、防火栓采集器和压力传感器等，平台会对消防网管进行实时监控，既能保证其正常运转，又能减少运维费用。

（资料来源：根据物联网智库资料整理，有改动）

任务三　仓储安全作业

仓库安全作业是指在商品进出仓库装卸、搬运、储存、保管过程中，为了防止和消除伤亡事故，保障职工安全和减轻繁重的体力劳动而采取相关措施。它直接关系到职工的人身安全和生产安全，也关系到仓库的劳动生产率能否提高的重要问题。

一、仓库安全作业

仓库作业包含对运输工具装卸货物、出入库搬运、堆垛上架、拆垛取货等操作过程。仓库作业构成仓库生产的重要环节，而且随着仓库功能的扩展，仓库作业的项目会更多、作业量会更大。

（一）作业对象的多样性

除了少数专业仓库从事单一的货物作业外，绝大多数仓库仓储的货物都种类众多、规格繁多，仓库需要面对多种多样的货物作业。为了降低物流成本，货物的包装都在向大型化、成组化、托盘化、集装化方向发展。但是，由于我国的包装标准化普及程度较低，所以各种货物的包装尺寸、单量差别很大。

（二）作业场地的多变性

仓库作业除了部分配送中心、危险品仓库在确定的收发货区进行装卸以外，大多数仓库都是直接在库房门口或仓内、货场货位进行装卸工作，而搬运作业则延伸至整个仓库的每一个位置，因而仓库作业的环境极不稳定。

（三）机械作业与人力作业并重

我国现代仓库的发展主要趋势是普及机械化作业，实现机械化生产。但是，仓库作业的多样和多变使得人力作业不可缺少，而仓库机械作业主要采用的通用机械设备需要一定的人力协助。在我国，人力作业仍会是仓库作业的重要方式。进行机械作业的稳定性较差，而人力作业容易造成人身伤害。

（四）突发性和不均衡

仓库作业因货物出入库而定。货物到库，仓库组织卸车搬运、堆垛作业，客户提货则进行拆垛、搬运装车作业。由于货物出入库的不均衡，所以仓库作业也就具有了阶段性和突发性的特征，闲忙不均。

（五）任务紧迫性

为了缩短送提货运输工具的停车时间，迅速将货物进行归类储藏，仓库作业不能间断。每次作业都要完成阶段性作业，方可停止。

（六）不规范的货物

随着仓储行业形成提供增值服务的热潮以来，越来越多的货物以未包装、内包装、散件、混件的形式入库，极易发生货物损害。

由此可见，仓库作业的特点决定了仓库作业安全的各个方面，涉及货物的安全、作业人员的人身安全、作业设备和仓库设施的安全。这些安全事项都在仓库的责任范围之内，所造成的损失都是由仓库来承担的。仓储作业安全管理是经济效益管理的组成部分，因此，仓库要特别重视作业安全管理，特别是要重视作业安全的预防管理，尽量避免发生作业安全事故。

二、库区安全作业

（一）安全作业的基本要求

安全作业要从作业设备和场所、作业人员两个方面进行要求，一方面要消除安全隐患，减少不安全的系统风险，另一方面要提高人员对安全的防范意识和责任心。

1. 安全操作管理制度化

安全作业管理应成为仓库日常管理的重要项目，通过制度化的管理保证管理的效果，制定科学合理的作业安全制度、操作规程和安全责任制度，并通过严格的监督，确定员工能够有效并充分地执行安全操作管理制度。

2. 重视作业人员资质管理和业务培训

安全教育应对新参加仓库工作和转岗的员工，进行仓库安全作业教育和操作培训，保证上岗员工都掌握作业技术与规范。从事特种作业的员工必须经过专门培训并取得特种作业资格，才能上岗作业，且只能按证书规定的项目进行操作，不能混岗作业。

安全作业宣传和教育是仓库的长期性工作，作业安全检查是仓库安全作业管理的日常性工作。通过严格的检查、不断的宣传，以及严厉地对违章和忽视安全的行为进行惩罚，可强化作业人员的安全责任意识。

3. 加强劳动安全保护

劳动安全保护包括直接和间接对员工实行的人身保护措施。仓库要遵守《中华人民共和国劳动法》的规定，保证每日 8h、每周不超过 44h 的工时制，依法安排加班，给员工足够的休息时间，包括合适的工间休息。另外，要提供合适和足够的劳动防护用品，如高强度工作鞋、手套、安全帽、工作服等，并督促作业人员使用和穿戴。

（二）人力作业安全

（1）人力作业仅限制于轻负荷的作业。男工人力搬举货物每件不超过80kg，距离不大于60m；集体搬运时每个人负荷不超过40kg；女工负荷不超过25kg。

（2）尽可能采用人力机械作业。人力接卸承重也应在限定的范围内，如人力绞车、滑车、拖车、手推车等承重不超过500kg。

（3）只在适合作业的安全环境里进行作业。作业前应使作业员工清楚明白作业要求，让员工了解作业环境，指明危险因素和危险位置。

（4）作业人员按要求穿戴相应的安全防护用具，使用合适的作业工具进行作业，采用安全的作业方法，不采用自然滑动和滚动、推倒垛、挖角、挖井、超高等不安全作业，在滚动货物的侧面作业。注意人员与操作机械的配合，在机械移动作业时人员需要避开。

（5）合理安排工间休息。每作业2h至少有10min的休息时间，每作业4h应有1h的休息时间。

（6）必须有专人在现场指挥和安全指导，严格按照安全规范进行作业指挥。作业人员应避开在不稳定货垛的正面、塌陷、散落的位置，运行设备的下方等不安全位置作业；在作业设备调位时暂停作业；发现安全隐患时立刻停止作业，消除安全隐患后方可恢复作业。

（三）设备作业安全

1. 合理使用设备

（1）使用合适的机械设备进行作业。尽可能采用专用设备，或者使用专业工具作业。使用通用设备，必须满足作业需要，并进行必要的防护，如货物绑扎、限位等。

（2）所使用的设备应无损坏。设备不得带“病”作业，特别是设备的承重机件，更应无损坏，符合使用的要求。应在设备的允许负荷范围内进行作业，绝不超负荷运行。危险品作业时，还需降低负荷25%进行作业。

（3）设备作业要有专人进行指挥。采用规定的指挥信号，按作业规范进行作业指挥。

（4）汽车装卸时，注意保持安全间距。汽车与堆物距离不得小于2m，与滚动物品距离不得小于3m。多辆汽车同时进行装卸时，直线停放的前后车距不得小于2m，并排停放的两车侧板距离不得小于1.5m。汽车装载应固定妥当，绑扎牢固。

（5）移动吊车必须在停放稳定后方可作业。叉车不得直接叉运压力容器和未包装货物。移动设备在载货时需控制行驶速度，不可高速行驶。货物不能超出车辆两侧0.2m，禁止两车共载一物。

（6）载货移动设备上不得载人运行。除了连续运转设备，如自动输送线外，其他设备需停稳后方可作业，不得在运行中作业。

2. 进行例行保养

设备的维护保养一般应达到以下要求：

（1）齐备。工具、工件、附件要齐备，放置整齐，安全防护装置齐全，线路管道完整、畅通。

（2）润滑。按照规定加油、换油，而且润滑剂性能应符合要求。

（3）清洁。工作场所、设备内外清洁，各滑动面、齿轮、齿条等处于无尘、无油垢、无碰伤和划痕状态。设备各部分无漏油、漏水、漏气等现象。

（4）安全。严格按照设备操作规程使用，不允许超载运行。各种测量仪器、保护装置、机电设备和动力设备应定期进行检查固定，符合要求才能继续使用。

3. 定期检修

设备的检修是指对机器设备的运行情况、工作状况、磨损程度进行检查和校验。检修是设备维修中的一个重要环节。通过检修可以全面地掌握机器设备的技术状况的变化和磨损情况，及时地查明和消除设备的隐患；针对检修发现的问题，提出改进设备维护的措施；有目的地做好修理前的各项准备工作，可以提高修理质量，相应缩短修理时间。

（四）仓库事故处理

谁都不希望发生事故，所以要提前做好万一发生事故的思想准备，要根据可能发生事故的各种情况，多准备几套处理方案和措施。只有这样，一旦事故发生，处理起来才能有条不紊。

（1）要冷静、沉着，不要惊慌。事故发生后，越慌越容易出乱子，应该冷静处理，沉着应对。

（2）就近应急处理。当感到或发现事故苗头时，就要大声呼喊附近人员前来协助。相互之间要主动配合，根据当时当地情况和条件，采取应急措施，最好能把事故消灭在萌芽状态。

（3）向外界报警，建立临时指挥。如果事故恶化、扩大和蔓延，短时内没有平息，就要迅速向外界报警。在救援人员越来越多的情况下，要立即建立临时指挥，在场人员适宜者要主动承担指挥工作。

（4）展开有组织、有领导的全面“战役”。事故发生后，要展开有组织、有领导的全面“战役”，同时还要及时救助受伤人员。

（5）善后处理。事故平息后，单位领导要及时分析事故原因，核算损失，总结经验教训，并向上级报告。对事故责任者要进行教育和处理，对有功者要进行表扬和奖励。

课堂讨论

在仓库安全作业中需要注意什么？

三、其他安全作业

（一）防雷电安全作业

雷电是大自然中雷云之间或雷云对地之间发生的大规模放电现象。雷云放电会产生雷电流，雷电流除具有电流的一般特性外，还有发生时间短（微秒级）和幅值高（几百千安）的特点，其瞬间功率是巨大的。正因为雷电流的特殊性，其形成的破坏力常常给人类带来巨大损失。雷击可以把建筑物劈裂，使架空的电线短路，引起森林大火，还会造成人员的直接伤亡。

1. 雷电的形式

（1）直击雷。直击雷是带电的云层与大地上某一点之间发生猛烈的放电现象。直击雷的危害主要有电效应破坏、热效应破坏和机械效应破坏。

（2）感应雷。感应雷也叫间接雷电感应或感应过电压，也可以称为雷电的二次作用。感应雷是在直击雷的基础上发生的，在建筑物上设置的避雷针、避雷网、避雷带只能对付直击雷，对感应雷不起作用。感应雷虽然没有直击雷猛烈，但其发生的概率比直击雷高得多。直击雷只在雷云对地闪击时才会对地面造成灾害，而感应雷则不论雷云对地闪击或者雷云对雷云之间闪击，都可能发生并造成灾害。此外，直击雷一次只能袭击一个小范围的目标；而一次雷闪击都可以在较大的范围内、多个小局部同时产生感应雷过电压现象，并且这种感应高压可以通过电力线、电话线等传输到很远，致使雷害范围扩大。

（3）雷电侵入波。雷电侵入波的起因是由于雷电电流有极大峰值和陡度，在它周围出现瞬变电磁场，处在这个瞬变电磁场中的导体会感应出较大的电动势，这样就会在空间一定的范围内产生电磁作用，因瞬变时间极短或感应的电压很高而引起电气设备的过电压。

2. 防雷电的措施

仓库是商品储运和检修的场所，一旦受到雷击，就会造成重大损失。因此，必须采取相应的防雷措施，保护仓库的安全。常见的防雷装置有避雷针、避雷线、避雷网、避雷带等。

一般应在仓库易受雷击部位安装避雷装置，使被保护仓库和突出库房屋面的物体，均处于接闪器的保护范围之内；仓库内的金属制品和突出屋面的金属物应接到防雷电感应的接地装置上；低压架空线宜用长度不小于50m的金属铠装电缆直接埋地引入，入户端电缆的金属外皮应与防雷接地装置相连，电缆与架空线连接处，还应装置阀型避雷器。

仓库及通过仓库的输油管线的避雷设施要安装完整。一般避雷网、避雷带及其引下导线的截面积应不小于$50m^2$，埋入地下接地体截面积要达$100m^2$，接地深度不应小于0.5m。接地线要有良好的导电性，必要时，如在山地石层处，可经常加注食盐水。接地冲击电阻一般不应小于10Ω。

知识拓展

你必须要知道的不安全行为清单

很多事故是由人的不安全行为引发的，准确认识人的不安全行为，并在日常安全管理中去纠正、制止这些不安全行为，是预防事故的有力措施。下面总结了13类79种人的不安全行为。

一、操作失误、忽视安全、忽视警告

（1）未经许可开动、关停、移动机械。

（2）开关未锁紧，造成意外转动、通电、泄漏。

（3）开动、关停机械时未给信号。

（4）忘记关停设备。

（5）忽视警告标志、警告信号。

（6）操作错误（按钮、阀门、扳手、把柄）。

（7）奔跑作业。

（8）供料或送料速度过快。

（9）机械超速运转。

（10）违章驾驶机动车。

（11）酒后作业。

（12）客货混装。

（13）冲压机作业时，手伸进冲压模。

（14）工件坚固不牢。

（15）用压缩空气吹铁屑。

（16）其他。

二、造成安全装置失效

（1）拆除安全装置。

（2）安全装置堵塞失效。

（3）调整错误造成安全装置失效。

（4）其他。

三、不安全的使用设备

（1）使用不牢固临时的设施。

（2）使用无安全装置或安全装置失效的设备。

（3）未经培训使用设备。

（4）设备使用环境不当（地基承载力、管线、平衡）。

四、用手替代工具操作

（1）用手替代手动工具。

（2）用手清除切屑，使用无安全装置的设备。

（3）不用夹具固定、用手拿工件进行机加工。
五、物体存放不当
（1）随意搁置工具、器具等生产用品。
（2）未定点、定量存放成品、半成品。
（3）未对余料进行恰当处理。
（4）未对大宗物体存放点的地基承载力进行检测。
六、冒险进入危险场所
（1）冒险进入涵洞。
（2）接近漏料处。
（3）采伐、集料、运料、装卸时，未离开（屏蔽）危险区。
（4）未经安全监察人员允许进入油罐或井坑中。
（5）未“敲帮问顶”开始作业。
（6）冒险进出信号出现时。
（7）调车场超速上下车。
（8）易燃易爆场合明火。
（9）在车辆倒行时。
（10）未及时瞭望。
七、处于不安全的位置
（1）攀坐平台护栏、吊钩、挡板。
（2）坐卧挖方台阶、未完工的挡墙下等。
（3）坐卧车辆设备前后及下发。
（4）坐卧机械设备梁臂等。
（5）坐卧临边处、洞口处。
（6）随意进入坑洞。
八、在起吊物下停留、作业
（1）起吊物下行走。
（2）未对起吊物行走区域警示。
（3）重叠作业。
（4）起吊作业过程中维护。
九、运转时加油、修理、检查、调整、焊扫等
（1）未完全停止运转时进行检修。
（2）未完全冷却时进行检修。
（3）压力未完全释放时进行检修。
（4）机械设备未定位就进行检修。
十、分散注意力的行为
（1）没有明确的任务：内容、时限、标准、限额。
（2）工作分配不当。
（3）过度疲劳和焦虑。
（4）自我暗示不当。
（5）环境不适宜。
（6）未经培训或交底直接进入作业场所作业。
十一、忽视实用个人防护用具
（1）未戴护目镜或面罩。
（2）未戴防护手套。
（3）未穿安全鞋。
（4）未戴安全帽。
（5）未佩戴呼吸用具。
（6）未佩戴安全带。
（7）未戴工作帽。
（8）未穿绝缘服装。

十二、不安全装束
（1）在有旋转零部件的设备旁作业穿肥大服装。
（2）操作带有旋转零部件的设备时戴手套。
（3）操作爆破品时穿戴宜产生火花的衣、帽、鞋。
（4）不正确穿戴防护服。
十三、对易燃易爆等危险品处理错误
（1）私自留存易燃易爆品。
（2）私自处理废旧的易燃易爆品。
（3）私自处理储藏过易燃易爆品的容器、物件等。
（4）在动火区域存放易燃易爆品。
（5）在人员、设备、物资密集区存放易燃易爆品。
（6）未经批准随意动火。

（资料来源：根据中国物流与采购联合会危化品物流分会资料整理）

课堂讨论

仓库防电检查项目有哪些？

（二）防台风安全作业

台风是热带风暴的最高级形式，是在热带洋面上发展起来的强烈气旋性涡旋。我国所临的西北太平洋是热带气旋生成最多的地区，台风在我国登陆的地点主要集中在华南、华东沿海地区。处在这些地区的仓库要高度重视防台风工作，避免这种灾害性天气对仓储造成严重的危害。

仓库应设置专门的防台办公室或专门人员，负责研究仓库的防台工作、制订防范工作计划、接收天气预报和台风报警、与当地气象部门保持联系、组织防台检查、管理相关文件，并承担台汛期间防台联络组织工作。

仓库在得到防台指挥部的防台通知后，应迅速将工作中心转移到防台上，动员和召集员工，分工协作开展防台准备工作。

（1）全面检查仓库和货物，制订防台准备方案。

（2）将存放在可能被风雨水损害的位置的货物、设备转移到安全位置。

（3）加固仓库的门窗、屋顶、雨棚等，防止漏水和被风吹落。

（4）对会被风吹动、雨淋湿的货物、设施设备，进行苫盖、固定绑扎，并与地面固定绳桩绑系牢靠。

（5）对仓库、建筑、场地、下水道等排水系统、管系进行疏通，确保畅通。

（6）台风到来时，仓库应及时关闭门窗，拴锁妥当，关闭迎风开口，必要时钉固封闭，关闭照明等非必要电源，关闭仓库一切火源、热源，将排水泵等所有应急设备启动运行，并停止作业。

（7）在风力达到8级以上时，或者防台指挥部发出通知时，所有人员应按照安排进入预定的安全场所躲避，进行人员清点登记。

（8）在确定风力减弱时，在保证人员安全的前提下，以两人及两人以上为一小组，迅速进行排水，检查和加固封闭仓库门窗，检查和加固货物苫盖。

（9）台风过后，或者台风警报解除后，仓库人员应迅速返回工作岗位，及时排除仓库、货场的积水。

（三）防雨湿安全作业

下雨水湿是造成仓储货物损害的一个重要原因。在我国的南方地区、长江流域，雨水较为充沛，洪水也主要发生在珠江水系、长江水系，防雨水危害是一项长年的安全工作。华北、东北和西北地区雨水较少，发生水灾的次数也较少，但也不能放松对雨水危害的预防。北方地区正因为雨水少，所以防水能力差，发生水灾后的危害更大。

仓库防雨湿安全作业主要有以下几个方面内容：

（1）仓库有足够的防雨建筑。仓库在规划建设时，就要根据仓库经营的定位，预计储存货物的防雨需要，建设足够的室内仓库、货棚等防雨建筑，保证怕水湿货物都能在室内储存。

（2）仓库具有良好的排水能力。仓库建筑、货场场地都要具有良好的排水能力，不能积水。整个库区应具有良好的、足够能力的排水沟渠网络，能保证具有一定余量的正常排水需要。此外，仓库应加强日常管理，随时保证排水沟渠不堵塞、不淤积，暗渠入水口的一定范围内不能堆放货物和杂物。

（3）做好货垛衬垫。货场堆放货物、低洼地的仓库或者地面较低的仓库室内，在雨季时仓库入口的货位都要采用防水湿垫垛。垫垛要有足够的高度，场地垫垛要有30～50cm的高度，仓库防水湿垫垛也要有10～30cm的高度。仓库要尽可能将货场建设成平台货位，高出地面30～50cm。

（4）及时苫盖货物。在货场存放需防湿的货物，在入库作业开始时就要在现场准备好苫盖物料。在作业过程中出现下雨、天气不稳定、需要停工休息或作业人员离开等情况时，货物都要用苫盖材料盖好；天气不好时，已堆好的货垛端头也要及时苫盖；货垛堆好后，只有苫盖妥当，堆垛作业人员才能离开。无论天气怎样，怕水湿货物都不能露天过夜。

课堂讨论

仓库防水检查具体内容有哪些？

任务四　特种货物安全作业

一、冷藏仓库安全作业

冷藏仓库简称冷库，一般是指用各种设备制冷、可人为控制和保持稳定低温的仓库设施。冷库的基本组成部分有制冷系统、电控装置、有一定隔热性能的库房、附属性建筑物等。

（一）冷库的作用

新鲜肉类、水果等生鲜食品在常温或温度较高的情况下会发生变质，因此，对于生鲜食品的储存和运输大多在低温环境下进行。由于在低温环境中，细菌等微生物会大大降低繁殖速度，生物体的新陈代谢速度降低，所以能够延长有机体的保鲜时间，因而对鱼肉食品、水果、蔬菜及其他易腐烂物品都采用冷藏的方式仓储。另外，对于在低温时能凝固成固态的液体流质品，采取冷藏的方式有利于运输、作业和销售。

（二）冷库的安全管理

作为一种专业化的仓库，冷库具有较为特殊的布局和结构、用具，货物也较为特殊。冷库存放的大多数为食品，管理不善不仅会造成货损事故，而且会发生食物不安全事故。

1. 冷库的使用

冷库分为冷冻库、冷藏库，应按库房的设计用途使用，两者不能混用。库房改变用途时，必须按照所改变的用途进行制冷能力、保温材料、设施设备改造，完全满足新的用途。冷库要保持清洁、干燥，经常清洁、清除残留物和结冰，库内不能出现积水。冷库在投入使用后，除非进行空仓维修保养，否则必须保持制冷状态。即使没有存货，冷冻库也要保持在 –5℃以下，冷藏库也要保持在 0℃以下。

要按照货物的类别和保管温度的不同分类使用冷库。食品库不得存放其他货品，食品也不能存放在非食品库房。不同控制温度的货物不能存放在同一库房内。

2. 冷货出入库

货物入库时，除了通常所进行的查验、点数外，还要对送达货物的温度进行测定，查验货物内部状态，并进行详细记录。对于已霉变的货物不接收入库。货物入库前要进行预冷，保证货物均匀地降到需要的温度。未经预冷冻结的货物不得直接进入冷冻库，以免高温货物大量放热造成库内温度升高，影响库内其他货物。

货物出库时应认真核对，由于冷库内储存的货物大都相同，所以要核对货物的标志、编号、所有人、批次等项目，防止错取、错发。对于出库时需要做升温处理的货物，应按照作业规程进行加热升温，不得自然升温。

为减少冷耗，货物出入库作业应选择在气温较低的时间段进行，如早晨、傍晚、夜间。出入库作业时，应集中仓库内的作业力量，尽可能缩短作业时间。要使装运车辆离库门距离最近，缩短货物露天搬运距离，防止隔车搬运。在货物出入库中出现库温升温较高时，应立刻停止作业，封库降温。出入库搬运应采用推车、叉车、输送带等机械搬运，采取托盘等成组作业，提高作业速度。作业中不得将货物散放在地坪，避免货物、货盘冲击地坪、内墙、冷管等，吊机悬挂重量不得超过设计负荷。

3. 冷库堆码

库内堆码应严格按照仓库规章进行，合理选择货位。将存期长的货物存放在库里端，存期短的货物存放在库门附近，易升温的货物接近冷风口或排管附近存放。根据货物或包装形状合理采用垂直叠垛或交叉叠垛，如冻猪采用肉皮向下、头尾交错、腹背相连、长短对弯地码平码紧。货垛要求堆码整体、货垛稳固、间距合适。货垛不能堵塞或者影响冷风的流动，避免出现冷风短路。堆垛完毕，要在垛头上悬挂货垛牌。

货垛间距要求：低温冷冻库货垛距顶棚 0.2m；高温冷藏库货垛距顶棚 0.3m；距顶排水管下侧 0.3m；距顶排水管横侧 0.3m；距未装设墙冷排管的墙壁 0.2m；在冷风机周围间隔 1.5m。

拆垛作业时，应从上往下取货，禁止在垛中抽取。取货时，要注意防止因货物冻结粘连强行取货而扯坏包装。

4. 库货保管

冷库内要保持清洁干净，地面、墙、顶棚、门框上无积水、挂霜、结冰，随时进行扫除，特别是在作业以后的及时清扫。要及时清除制冷设备、管系上的结霜结冰，以提高制冷功能。

定时测试库内温度和湿度，严格按照货物保存所需的温度控制仓库内温度，尽可能减少温度波动，防止货物因变质或者解冻变软而倒垛。按照货物所需要的通风要求，进行通风换气，目的是保持库内合适的氧分和湿度。冷库一般采用机械通风，要根据货物保管的需要控制通风次数和通风时间，如冷藏库每天 2～4 次，每次换气量为冷藏间体积的 1～2 倍，或者使库内二氧化碳含量达到适合的范围。库藏通风意味着将外部的空气带入库内，也将空气中的热量、水汽带入库内，因而要选择合适的时机通风换气。当货物存期届满、接近保存期到期、出现性质变化或变质等时，要及时通知存货人处理。

二、油品仓库安全作业

油品仓库是专门用于接收、存储、发放液体性的原油和成品油的仓库。由于油品具有易燃易爆、易蒸发、易产生静电等特征，并且具有一定的毒性，所以应注意油品仓库的安全作业，防止危害和损失的发生。

（一）油品仓库的分类

根据管理和业务关系的不同，油品仓库可分为公共油库和企业附属油库两种。

（1）公共油库。公共油库是为社会和军事服务的，独立于油品生产和使用部门的企业或单位。它分为民用油库和军用油库两类，其中民用油库又可分为储备油库、中转油库和分配油库，军用油库又可分为储备油库、供应油库和野战油库。

（2）企业附属油库。企业附属油库是企业为满足自身生产需要而设置的储存设施。它可分为油田原油库、炼油厂油库、交通企业自备油库及一些大型企业的附属油库等。设在机场、车站和港口的燃料供应公司是为运输企业提供燃料的独立企业，其油库属公共服务性质。

（二）油品仓库的管理

1. 油品出入库

在油品入库时，要对油品进行计量化验，以证明其质量的合格和数量相符。油品接卸时，要派专人巡视管线，谨防混油、溢油、跑油、漏油等情况的出现。油桶严禁从车上摔下，若需沿滑板滑下时，应避免前后两桶的相撞。在油品从油桶向油罐倒装时，应注意防止桶罐间的撞击。对于出库的油品要严格执行“四不发”规定，即油品变质不发，无合格证不发，对经调配加工的油品无技术证明和使用说明的不发，车罐、船舱或其他容器内不清洁的不发。在站台、码头上待装油品时，应用遮布遮盖，以防渗入雨水。

2. 油品保管

在油品保管期间，对油品装卸、转运时，应按其性质不同分组进行，实行按组专泵、专管。在输油完毕后，应及时用真空泵进行管道清扫。进行油品储藏时，根据牌号和规格分开存放。对储油罐应尽可能地保持较高的装满率，并且少倒灌，以防止氧化，减少蒸发。在夏季，还需采用降温措施。桶装油品在露天存放时，如采用卧放，应桶底相对；桶口置于上方，双行并列，一般堆放两层；立放时，桶口朝上。堆场地面高出周围地面0.2m，便于排水。油品应按照“先进先出”的原则进行储存。对于性质不稳定的油品，尽可能缩短储存期。在油品保存期内，要定期对油品进行化验，整装油品半年一次，散装油品 3 个月一次。

3. 降低油品损耗管理

由于自然蒸发、各环节洒油及容器内黏附等原因，均会造成油品数量上的损失，这在油品储存中被看作“自然损耗”。但是，油品仓储管理的主要任务之一就是尽可能地减少这类损耗。

降低油品损耗的主要措施为：加强对储油、输油设备的定期检查、维修和保养，做到不渗漏、不跑油，如发现渗漏容器，应该立即将其倒空；严格按照操作规程进行，控制安全容量，不溢油，不洒漏；合理安排油罐的使用，尽量减少倒罐，以减少蒸发损失；发展直达运输的散装业务，尽量减少中间的装卸、搬运环节；对地面油罐可采取在油罐表面涂刷强反光涂料、向罐顶洒水等措施来降低热辐射造成的蒸发；油库建立损耗指标计划和统计制度，制定鼓励降低损耗的措施，以保证降低损耗指标的落实。

三、危险品仓库安全作业

（一）危险品的种类及特点

危险品是指在流通中，由于本身具有易燃易爆、毒害、腐蚀、放射性等特性，或因摩擦、振动、撞击或温湿度等外界因素的影响，能够发生燃烧、爆炸或人畜中毒、表皮灼伤，以致危及生命、造成财产损失等危险性的商品。危险品按危险属性不同分为10类。如图8.1所示是部分危险品的标识。

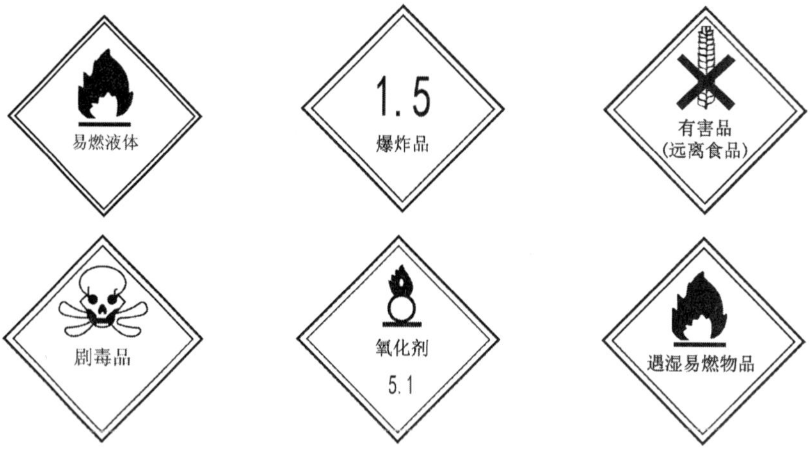

图8.1　部分危险品的标识

（1）爆炸性商品。这类商品在外界作用下，能发生剧烈的化学反应，瞬间产生大量的气体和热量，使周围压力急骤上升，发生爆炸，对周围环境造成破坏。爆炸性商品的特性是爆炸性、吸湿性、条件性等。

（2）压缩气体和液化气体。这类商品是指压缩、液化或加压溶解并储存于耐压容器中的气体。在具备一定的受热、撞击或剧烈振动的条件下，容器的内压力容易膨胀引起介质泄漏，甚至使容器破裂爆炸，从而导致燃烧、爆炸、中毒、窒息等事故。压缩气体和液化气体的特性是剧毒性、易燃性、助燃性、爆炸性等。

（3）氧化剂。这类商品具有强烈的氧化性，在不同条件下，遇酸、碱、受热、受潮或接触有机物、还原剂即能分解放氧，发生氧化还原反应，引起燃烧。氧化剂的特性是氧化性、遇热分解、吸水性、化学敏感性和遇酸分解性等。

（4）自燃商品。物质发生氧化的过程中，不仅放出大量热，而且发出强烈的光，这种化学现象叫燃烧。物质开始燃烧的最低温度称为该物质的燃烧点。燃烧点越低的商品越容易发生自燃，危险性就越大。

（5）遇水燃烧的商品。遇水或潮湿空气能分解产生可燃气体，并放出热量且引起燃烧或爆炸的商品叫遇水燃烧商品。遇水燃烧的商品的特性是遇水后能发生剧烈的化学反应，放出可燃性气体，当达到燃点时立即燃烧以致爆炸。这类商品在储存中，绝对不能接触水蒸气、水等。

（6）易燃液体。凡在常温下以液体状态存在，遇火容易引起燃烧，其闪点（易燃液体挥发出来的蒸气，在一定温度条件下接触火源，即能发出闪电似的火花，但不能继续燃烧，发生闪光的最低温度叫闪点）在一定温度以下的物质叫易燃液体，如豆油、花生油、乙醚、汽油、酒精等。多数易燃液体都具有不同程度的毒性。

（7）易燃固体。物质以固体形态存在，本身燃点较低，遇明火或受热、受撞击、摩擦、接触氧化剂或强酸后，发生剧烈的氧化反应，产生热量，当达到燃点时，便迅速发生猛烈的燃烧，这类物质叫易燃固体。这类商品有赤磷及含磷的化合物、硝基化合物等。

（8）毒害性商品。这类商品被误服、吸入或与皮肤黏膜接触进入肌体后，积累到一定量，便与体液或组织发生生物化学作用或生物物理变化，扰乱或破坏肌体的正常生理功能，引起暂时性或持久性的病理状态，甚至危及生命。毒害性商品的特性是有毒、易挥发、易燃烧、易溶解等。

（9）腐蚀品。这类商品能灼伤人体组织，并对金属等商品造成损坏。腐蚀品散发的粉尘、烟雾、蒸气，强烈刺激眼睛和呼吸道，人吸入会中毒，如无机酸性腐蚀品、有机酸性腐蚀品、碱性腐蚀品等。腐蚀品的特性是腐蚀性、毒害性、易燃、易氧化、遇水易分解等。

（10）放射性商品。这类商品能自发不断地放出人体感觉器官不能察觉到的射线。而射线具有不同的穿透能力，能杀伤细胞，破坏人体组织，长时间或大剂量照射，会引起伤残甚至死亡。

各种危险品都具有的自身特点，必须了解它们的特性和危险性，采取相应有效的措施，才能在储存过程中保证安全。

（二）危险品仓库的安全管理

1. 危险品出入库

提货车辆和提货人员一般不得进入存货区，由仓库搬运人员将应发商品送到货区外的发货场。柴油车及无安全装置的车辆不得进入库区，提货车辆装运抵触性商品的，不得进入库区拼车装运。商品出库时，应包装完整，重量正确，并标有符合商品品名的危险性质的明显标记。

必须防止不合格商品和不符合安全储存的商品混进入库，这是把好危险品储存安全的第一关。商品入库要检查包装、衬垫、封口等，只有符合安全储存要求，才准运入库。

2. 危险品堆码

危险品的堆码方式与一般商品的堆码方式基本相同，但要求更加严格，货垛不宜过高过大，堆码要牢固，苫垫要妥善，否则容易造成倒垛或商品受潮，甚至引起爆炸、燃烧等灾害事故。对于一般堆垛高度，液体商品以不超过 2m 为宜，固体商品以不超过 3m 为宜，以便于操作和防止倒垛。

对于库房存放的怕潮商品，垛底应适当垫高，便于通风散潮；若在露天存放，更应垫高防水，同时应根据商品性质，选择适宜苫垫物料。如有腐蚀性商品，则不宜使用棉麻苫布苫盖，应用苇席苫盖为妥，下垫物料最好使用石条或水泥条；如有坛装酸类化工品，应选用防腐蚀的陶瓷制品覆盖坛口。苫垫危险品的苫垫物料，必须分类专用和分别存放，不能用以苫垫其他商品；需要调剂使用的，必须谨慎选择，并刷洗干净，晒干后使用。

3. 危险品保管

危险品与库壁之间的距离应大于 0.7m，对怕热、怕潮、怕冻物品应按天气变化及时采取密封、通风、降温和吸潮等措施。仓库管理人员要根据国家标准、危险特性管理制度选择合适的存放位置。根据危险货物对保管的要求，妥善安排相应的具有通风、遮阳、防水、控温等条件的仓库或堆场货位。危险货物堆叠时要整齐，堆垛稳固，标志朝上，垛头应悬挂危险品的标志、编号、品名、性质、级别等相关信息。

爆炸物品多使用地上库房，库房结构要求坚固不导热，单间独立库房不宜过大（一般在 $50m^2$ 左右），库房之间保持必要的安全距离。一级易燃液体、固体宜储存于钢筋混凝土结构的地下库或窑洞（山洞）内，以利于保持低温和防火。二级易燃液体、固体常储存于阴凉干燥的砖拱顶库房（用不燃材料建造）。压缩气体、液化气体宜储存于阴凉干燥的半地下库和地下库。自燃品的库房必须隔热、降温、密闭、通风、地面平整、干燥。腐蚀性物品宜采用货棚储存，围墙需一面或两面半截敞开；若采用库房储存，则不宜使用普通金属结构。放射性物品必须专库储存，宜采用地下库储存。毒品可用普通砖木结构库房储存。易分解并散发毒害性气体的毒品应专库储存，并注意隔离。

危险品仓库实行专人管理，剧毒化学药品实行双人保管制度。仓库存放剧毒化学药品时，必须向当地公安机关备案。仓库应及时进行清洁、消毒，对于废弃的危险品、容器等，仓库要采取妥善的处理措施，如随货进行移交、封存、掩埋等无害处理，不得留有隐患。剧毒危险品发生被盗、丢失、误用等，应立即向当地公安机关报案。

4. 危险品装卸

危险品的装卸、搬运，必须轻装轻卸，使用不发生火花的工具（用铜制的或包铜的器具），禁止滚、摔、碰、撞、重压、震动、摩擦和倾斜。对怕热、怕潮的危险品，在搬运时应采取必要的防护措施。装卸场地和道路必须平坦、畅通。如在夜间装卸，必须有足够亮度的安全照明设备。

在装卸、搬运操作时，应根据商品性质和操作要求，穿戴相应的防护服具（如工作服、风镜口罩、防毒面具、橡皮手套、橡皮围裙、套袖、橡皮鞋、鞋罩等），严防有害物质危害人体健康。用过的各种防护用具，需要及时清洗干净。储存腐蚀性商品的仓库附近应设水池或冲洗设备，预防操作中万一包装破裂导致人身沾染时，便于迅速浸水及时冲洗解救。

四、粮仓安全作业

粮食仓储是实现粮食集中收成、分散消耗的手段，也是国家战略物资储备的方式之一。粮食作为大宗货运输，需要较大规模的集中和仓储。为了降低粮食的储藏成本、运输成本，提高作业效率，粮食主要以散装的形式进行运输和仓储。进入消费市场流通的粮食采用袋装包装。

（一）粮仓的特性

1. 吸湿性和散湿性

粮食本身含有一定的水分，在空气干燥时，水分会向外散发；当外界湿度大时，粮食又会吸收水分，在水分充足时还会发芽，而被芽胚损害的粮食颗粒就会发霉。因具有吸湿性，粮食在吸收水分后不容易干燥，而储存在干燥环境中的粮食也会因散湿性而形成水分在局部集结致霉。

2. 呼吸性

粮食仍然有植物的新陈代谢功能，能够吸收氧气和释放二氧化碳。通过呼吸作用，粮食能产生和散发热量。当粮食大量堆积时，释放的二氧化碳就会使空气中的氧气含量减少，造成人体窒息；大量堆积的粮食所产生的热量不能散发，会使粮堆内部温度升高。另外，粮食中含有的微生物也具有呼吸和发热的能力。粮食的自热不能散发，在大量积聚后，会引起自燃。粮食的呼吸性和自热性与含水量有关，含水量越高，其自热能力就越强。

3. 散落流动性

散装粮食因为颗粒小，颗粒之间不会粘连，在外力（重力）作用下，具有自动松散流动的散落特性，当倾斜角足够大时就会出现流动性。根据粮食的散落流动性，可以采用流动的方式作业。

4. 易受虫害

粮食本身就是众多昆虫幼虫和老鼠的食物来源。未经杀虫的粮食中含有大量的昆虫、虫卵和细菌，在温度、湿度合适时就会大量繁殖，形成虫害。即使经过杀虫的粮食，也会因为吸引虫鼠而造成二次危害。

5. 吸附性

粮食有吸收水分、呼吸的性能，能将外界环境中的气味、有害气体、液体等吸附在内部，不能去除。受异味沾污后，粮食就会因无法去除异味而毁损。

（二）粮仓的安全管理

1. 保持粮仓的清洁

粮仓必须相当清洁干净，需要达到仓储粮食的清洁卫生条件，尽可能使用专用的粮筒仓。粮仓应是封闭的，仓内地面、墙面要进行硬化处理，不起灰扬尘，不脱落剥离，必要时使用木板、防火合成板固定铺垫和镶衬，而且作业通道要进行防尘铺垫。金属筒仓应进行除锈防锈处理，如进行电镀、喷漆、喷塑、内层衬垫等，在确保其无污染物、无异味时方可使用。在粮食入库前，应对粮仓进行彻底清洁，清除异物、异味，待仓库内干燥、无异味时，才能入库。对不满足要求的地面，应采用合适的衬垫，如帆布、胶合板严密铺垫。使用兼用仓库储藏粮食时，仓内不能储存非粮食的货物。

2. 控制粮仓温度

粮食本身具有自热现象，温度、湿度越高，自热能力就越强。在气温高、湿度大时，需要控制粮仓温度，采取降温措施。每日要测试粮食温度，特别是内层温度，及时发现是否有自热升温情况发生。当发现粮食自热升温时，要及时降温，采取加大通风、进行货堆内层通风降温、内层释放干冰等措施，必要时进行翻仓、倒垛散热。粮食具有易燃特性，飞扬的粉尘遇火源还会爆炸燃烧，对防火工作有较高的要求。在粮食出入库、翻仓作业时，更应避免一切火源出现，特别是要消除作业设备运转的静电，粮食与仓壁、输送带的摩擦静电。此外，还要加强吸尘措施，排除扬尘。

3. 控制粮仓湿度

保持干燥是粮食仓储的基本要求。粮仓内不得安装日用水源，消防水源应妥善关闭，洗仓水源应离仓库有一定的距离，并在排水下方。仓库旁的排水沟应保持畅通，绝无堵塞，特别是在粮仓作业后，彻底清除哪怕是极少量的撒漏入沟的粮食。随时监控粮仓内的湿度，将其严格控制在合适的范围之内。仓内湿度升高时，要检查粮食的含水量，当含水量超过要求时，应及时采取除湿措施。粮仓通风时，要采取措施避免将空气中的水分带入仓内。

4. 防霉变

粮食除了因细菌、酵母菌、真菌等微生物的污染分解而发生霉变以外，还会因自身的呼吸作用、自热而发生霉烂。微生物的生长繁殖需要较适宜的温度、湿度和氧气含量，在温度为 25～37℃、湿度为 75%～90% 时生长繁殖最快。真菌和大部分细菌需要足够的氧气，尤其是酵母菌既可以进行有氧呼吸，也可以进行无氧呼吸。粮仓防霉变以防为主，要严把入口关，防止已霉变的粮食入库；避开潮湿货位，如通风口、仓库排水口、漏水避雨的窗和门口，远离会雨湿的外墙，地面妥善衬垫隔离；加强仓库温度湿度的控制和管理，保持低温和干燥；经常清洁仓库，特别是潮湿的地角，清除随空气飞扬入库的真菌；清洁仓库外环境，清除真菌源。经常检查粮食和粮仓，一旦发现霉变，应立即清出霉变的粮食，进行除霉、单独存放或另行处理，并有针对性地在仓库采取防止霉变扩大的措施。应充分使用现代防霉技术和设备，如使用过滤空气通风法、紫外线灯照射、施放食用防霉药物等。但是，应注意用药物时需要避免使用对人体有毒害的药物。

5. 防虫鼠害

粮仓的虫鼠害主要表现在直接对粮食的耗损、虫鼠排泄物和尸体对粮食的污染、携带外界污染物入仓、破坏粮仓设备降低保管条件、破坏包装物造成泄漏、昆虫活动对粮食的损害等。危害粮仓的昆虫种类很多，有多种甲虫、蜘蛛、米虫、白蚁等。它们往往繁殖力很强，危害严重，能在很短时间内造成很大损害。

粮仓防治虫鼠害的方法有：保持良好的仓库状态，及时用水泥等高强度填料堵塞建筑破损、孔洞、裂痕，防止虫鼠在仓内隐藏；防止虫鼠随货入仓，对入库粮食进行检查、确定无害时方可入仓；经常检查，及时发现虫害鼠迹；使用药物灭杀，使用高效低毒的药物，不直接释放在粮食中进行趋避、诱食杀灭，或者使用无毒药物直接喷洒、熏蒸除杀；使用诱杀灯、高压电灭杀，合理利用高温、低温、缺氧等手段灭杀。

知识拓展

火灾报警与逃生方法

1. 及时报警

发生火灾后，如果依靠自己或周围人的力量无法扑灭时，应立即向消防部门报警。在打电话报警时，仓库管理人员应该做到以下5点：

（1）火警电话打通后，应首先讲清楚着火仓库的具体位置。

（2）说明仓库内存放的物品类型、起火物品及燃烧情况。

（3）向消防部门说明仓库的大体构造，如是平房还是楼房。

（4）讲清自己的姓名、所在单位和电话号码。

（5）报警后派专人在路口等候消防车的到来，指引消防车去火场的道路，以便迅速、准确地到达起火地点。

2. 逃生方法

（1）湿毛巾保护法。许多火灾的受害者是因为有毒有害气体窒息而死，逃生者多数要经过充满浓烟的走廊楼梯间才能离开危险区域。火灾逃生时，可把毛巾浸湿，叠起来捂住口鼻；无水时，干毛巾也可以。身边没有毛巾时，餐巾、口罩、帽子、衣服也可以替代。穿越烟雾区时，即使感到呼吸困难，也不能将毛巾从口鼻上拿开，否则就会有危险。

（2）通道疏散法。着火时，应根据火势情况，优先选用最便捷、最安全的通道和疏散设施逃生，如疏散楼梯、室外疏散楼梯等。从浓烟弥漫的建筑物通道逃生时，可用湿衣服、湿床单、湿毛毯等将身体裹好，低势行进或匍匐爬行穿过险区。如无其他救生器材，可考虑利用临近建筑的阳台、平台、屋檐、树木、屋顶、落水管等脱险。

（3）绳索滑行法。当各通道全部被浓烟烈火封锁时，可利用结实的绳子或将窗帘、床单、被褥等撕成条，拧成绳，用水浸湿，然后将其拴在牢固的暖气管道、窗框、床架上，被困人员逐个顺绳索沿墙缓慢滑到地面或下到下一个楼层而脱离险境。

（4）低层跳离法。如果被围困在楼房的二层，若无条件采取其他自救方法或短时间内得不到救助，在烟火威胁、万不得已的情况下，也可以跳楼逃生。但在跳楼之前，应先向地面扔一些棉被、枕头、床垫、大衣等柔软物品，以便“软着陆”。然后用手扒窗台，身体下垂，头上脚下，自然下滑，以缩小跳落高度，并使双脚首先着落在柔软物上。如果被烟火围困在三层以上的楼房内，千万不要急于跳楼，只要有一线生机，就不要冒险跳楼。

（5）暂时避难法。关紧房间临近火势的门窗，打开背火面的门窗（但不要打碎玻璃，窗外有烟进来时，要赶紧把窗子关上）。如果门窗缝隙或其他孔洞有烟渗透进来时，要用毛巾、床单等物品堵住或挂上湿棉被、湿毛毯、湿麻袋等不燃、难燃物品，并不断地向迎火的门窗及遮挡物上洒水，最后淋湿房间内的一切可燃物，一直坚持到火苗的熄灭。

总之，在灾难面前首先要稳定自己的情绪，沉着、冷静地面对突如其来的险情，结合实际环境状况，积极地创造生存的机会，选择有效、安全可靠的逃生方式方法，这样才能迅速脱离险情。

项目小结

仓储安全管理包括治安保卫、安全作业和仓库消防等方面。仓库的不安全因素很多，仓库管理员要做好物资的在库养护工作，确保物资安全；同时，要熟悉仓库安全作业的要求和消防作业的内容及事故的处理方法。

习题与思考

一、单选题

【项目八参考答案】

1. 我国的安全生产方针是(　　)。

A. 安全第一，预防为主　　B. 安全第一，教育为主

C. 生产第一，安全其次　　D. 生产第一，预防火灾

2. 常用的灭火方法是( )。
A. 冷却法、窒息法、隔离法
B. 冷却法、窒息法、拆移法
C. 窒息法、拆移法、隔离法
D. 冷却法、拆移法、隔离法
3. 相关规定中有关危险化学品的分类，苯属于( )。
A. 爆炸品
B. 压缩气体和液化气体
C. 毒害品
D. 易燃液体
4. 下列的物品不能采用二氧化碳灭火系统的是( )。
A. E 类(固体)
B. B 类(液体)
C. C 类(气体)
D. D 类(固体)
5. 在灭火过程中，为了避免火势蔓延和扩大，采取拆除部分建筑或及时疏散货场周围的可燃物，孤立火源，达到灭火的方法是( )。
A. 冷却法 B. 窒息法 C. 隔绝法 D. 分散法

二、多选题

1. 加强仓储安全管理的意义是( )。
A. 有利于加强仓库的治安保卫工作，维护仓库内安全安定的局面
B. 有利于加强仓库的作业安全管理，确保仓库作业人员、货物和设备安全
C. 有利于加强仓库的事故预防工作，杜绝火灾等事故的发生
D. 有利于提高商品的质量，提高企业的销售量和利润
2. 为了保证货品安全，仓库内要设置的设施是( )。
A. 防水设施 B. 防火设施 C. 防盗设施 D. 增温设施
3. 仓库警卫工作中，下列做法正确的是( )。
A. 守护大门，分段负责，确保仓库安全
B. 巡逻检查，严格遵守警卫制度
C. 熟悉周边情况，做到心中有数
D. 充分运用仓库安全管理系统
4. 适用于仓库使用的常用测量湿度的仪器有( )。
A. 干湿球湿度计 B. 自制毛发湿度计 C. 电子测温测湿仪 D. 自制湿度计
5. 工业品商品储存期间最易发生的质量变化有( )。
A. 霉变 B. 虫蛀 C. 老化 D. 锈蚀

三、判断题

1. 冷冻食品、石油、化学危险品适合仓储于专用物品仓储。 ( )
2. 仓库大门的守卫工作是维护仓库治安的第一道防线。 ( )
3. 有毒物品应储存在阴凉、通风、干燥的场所，不能露天存放，不能接触酸类物质。 ( )
4. 保持库房干燥要求库房相对湿度越低越好，应保持在 40% 以下。 ( )
5. 一切商品都有可能发生锈蚀。 ( )

四、思考题

1. 仓库的火源管理的具体措施有哪些?
2. 仓库安全管理的内容有哪些方面?
3. 仓库安全管理应做好哪几方面工作?
4. 简述不同类型火灾的对应办法。
5. 危险品堆码有什么要求?

五、实训与考核

实训一 灭火器使用方法操作训练

实训目的

辨别各种灭火器，掌握不同灭火器适合的火灾类型，并能够正确操作各种灭火器。

任务描述

1. 结合仓库安全管理员的工作职责，制定一份安全管理员岗位工作流程，并完成消防安全训练。
2. 按实际正确情况选择灭火器。

3. 清楚描述灭火器的使用过程。
4. 对灭火器使用过程异常状况进行记录。

任务驱动

完成此任务，需要明确以下几个问题：
1. 何种火灾对应何种灭火器？为什么？
2. 掌握使用各种类型灭火器使用方法。

任务操作

1. 根据安全管理员的工作职责，制定一份安全管理员的操作流程。
2. 根据火灾情况，选择恰当的灭火器并进行模拟灭火操作。

任务考评

1. 安全管理员操作流程设计科学合理。（20分）
2. 针对火灾制订出合适的方案。（30分）
3. 针对火灾现场，使用合理的灭火装置及正确的使用过程。（20分）
4. 实训报告完整。（30分）

实训二　仓储企业安全检查清单设计

实训目的

进行安全工作检查，设计企业安全检查清单。

任务描述

结合仓库库区安全作业的内容要求，制定一份仓储企业安全检查清单，并实地检查完成仓库安全检查任务。要求完成下表：

项　目	检查内容	检查记录	结　论
人员			
货物			
设备			
消防			

任务驱动

完成此任务，需要明确以下几个问题：
1. 理解仓库安全作业的含义和作用。
2. 掌握库区安全作业基本要求和具体内容。

任务操作

1. 根据安全作业基本要求，制定一份仓储企业安全检查清单。
2. 根据安全检查清单，检查仓库安全作业。

任务考评

1. 安全检查清单设计内容完整、科学合理。（40分）
2. 安全检查任务仔细、认真。（30分）
3. 实训报告完整。（30分）

项目九

仓储成本与绩效管理

【思维导图】

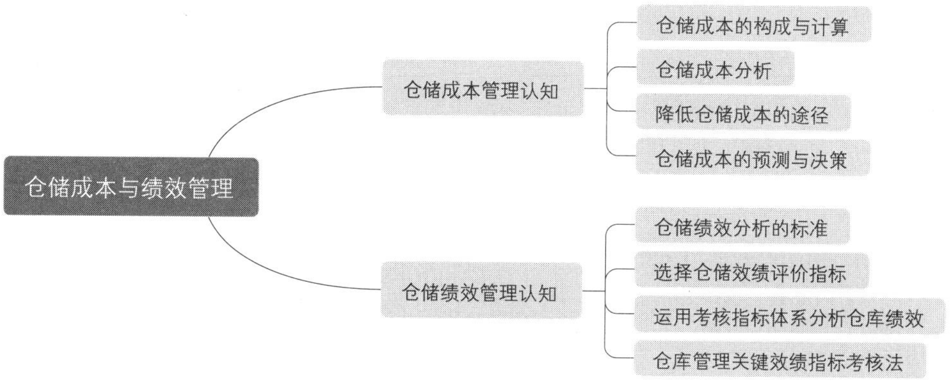

【学习目标】

素养目标	能力目标	知识目标
(1) 培养学生爱岗敬业、理解岗位工作职责、执行工作操作规程、完成工作任务的职业素养。 (2) 培养学生协作与沟通的意识与能力 。 (3) 要求学生树立责任、安全、服务、成本控制的理念	(1) 能对仓储成本现状进行分析，并提出改进方法。 (2) 能根据实际情况，选择恰当的绩效评价指标。 (3) 能利用相关公式，计算仓储绩效评价指标。 (4) 能运用仓储绩效考核指标的分析方法，对仓储绩效进行考核	(1) 掌握仓储成本的构成、降低成本的途径和方法。 (2) 掌握仓储绩效评价的指标体系。 (3) 掌握仓储绩效考核指标的分析方法

【任务导入】

为了进一步控制成本、提高竞争力，城北物流公司从内部挖掘潜力，在物流环节上主要体现在仓储成本降低。其现存问题分析如下：

(1) 仓库中商品的堆码布局不合理。仓库中的零散物品太多，每当盘点的时候，一个员工要花几个小时才能盘好一个部门的物品。仓库的货架大都只有两层，既浪费空间，又在无形中增加仓储成本。

(2) 仓库机械化和自动化水平低。仓库中没有自动化设备，部分物品没有得到及时控制和保护，从而导致变质，造成浪费。而且，全靠人力来堆码物品，物品的完好度差，造成单位物品的仓储成本增加。

（3）没有一套完整的库存管理信息系统。计算机单机工作，工作量特别大且工作繁杂，影响了整个管理链中的信息传递和库存管理控制。

（4）仓库管理责任划分不清。多人配有仓库钥匙，造成责任不明确。出现损失时，没人负责，造成库存成本增加。

为降低仓储成本，该公司从储存成本、订购成本、缺货成本和仓储管理成本等方面考虑，来降低成本。

（1）制定合理科学的安全制度和操作规程。一方面，员工必须取得相关资格才能上岗工作；另一方面，提高员工的安全责任心和安全防范意识。

（2）采用 ABC 分类法降低仓储储存成本。重点管理 A 类商品，常规管理 B 类商品，一般管理 C 类商品。分别确定各类商品的合理库存和合理储存办法，分门别类地进行仓储成本控制。

（3）采用“先进先出”方式，减小仓储商品的保管风险。在“先进先出”方式中，最有效的就是“双仓法”，给每类商品准备两个仓位，即 1 号仓位和 2 号仓位，而且规定必须将 1 号仓位的商品卖完才能出售 2 号仓位的商品。

（4）建立以信息技术为基础的快速反馈机制，准确地做出销售预测分析。采用一套完整的订货信息系统，将定量订货与定期订货两种方法相结合，降低缺货成本。

（5）确定固定的供应商，建立长久的合作关系，可以降低订购成本，还可以适当降低订货提前期，从而降低单位商品的订购成本，以取得规模效应。

任务要求

你知道仓储成本的含义和内容吗？降低仓储成本的意义是什么？该公司采用了哪些降低仓储成本的方法？

任务一　仓储成本管理认知

仓储成本是构成物流成本的重要内容，仓储成本核算是仓储企业经济核算的重要内容，而仓储成本分析又是进行仓储企业绩效评价的重要手段。做好仓储成本控制和合理计费，对于仓储企业加强现代化管理、提高市场竞争力、提升经济效益来说，都具有重要的现实意义。

一、仓储成本的构成与计算

（一）仓储成本的构成

仓储成本是指仓储企业在储存物品过程中，装卸搬运、存储保管、货物分拣、流通加工、收发物品等各环节，以及建造、购置仓库等设施设备所消耗的人力、物力、财力和风险成本的总和。

货物的仓储成本主要是指货物保管的各种支出，其中一部分为对仓储设施设备的投资，另一部分则为仓储保管作业中的活劳动或者物化劳动的消耗，主要包括工资和能源消耗等。根据货物在保管过程中的支出，可以将仓储成本分成以下几类。

1. 保管费

保管费是指为存储货物所开支的货物养护、保管等费用，包括用于货物保管的货架、货柜的费用开支，仓库场地的房地产税等。

2. 仓库管理人员的工资和福利费

仓库管理人员的工资一般包括固定工资、奖金和各种生活补贴。仓库管理人员的福利费可按标准提取，一般包括住房基金、医疗和退休养老支出等。

3. 折旧费或租赁费

仓储企业有的是以自己拥有所有权的仓库和设备对外承接仓储业务，有的是以承包租赁的仓库和设备对外承接业务。自营仓库的固定资产每年需要提取折旧费，承包租赁仓库的固定资产每年则需要支付租赁费。折旧费或租赁费是仓储企业的一项重要的固定成本，构成仓储企业的成本之一。对仓库固定资产一般按折旧期分年提取折旧费，主要包括库房、堆场等基础设施的折旧费和机械设备的折旧费等。

4. 修理费

修理费主要用于设施设备和运输工具的定期大修理，每年可以按设施设备和运输工具投资额的一定比率提取。

5. 装卸搬运费

装卸搬运费是指货物入库、堆码和出库等环节发生的装卸搬运费用，包括搬运设备的运行费用和搬运工人的成本。

6. 管理费用

管理费用是指仓储企业或部门为管理仓储活动或开展仓储业务而发生的各种间接费用，包括仓库设备的保险费、办公费、人员培训费、差旅费、招待费、营销费、水电费等。

7. 仓储损失

仓储损失是指保管过程中货物因损坏而需要仓储企业赔付的费用。造成货物损失的原因一般有仓库本身的保管条件、管理人员的人为因素、货物本身的物理和化学性能、搬运过程中的机械损坏等。在实际中，应根据具体情况，按照企业的制度和标准分清责任，合理计入成本。

（二）仓储成本的计算

为了合理计算仓储成本，有效监控仓储过程中发生的费用来源，可以选择不同的仓储成本计算方式。

1. 按支付形态计算仓储成本

把仓储成本分为仓储搬运费、仓储保管费、材料消耗费、人工费、仓储管理费、仓储占用资金利息等支付形态，就可以计算出仓储成本的总额。这样就可以了解花费最多的项目，从而确定仓储成本管理的重点。

这种计算方法是从财务月度损益表中“管理费用”“财务费用”“营业费用”等各个项目中，提取一定数值乘以一定的比率（物流部门比率，分别按人数平均、台数平均、面积平均、时间平均等计算出来）算出仓储部门的费用，再将仓储成本总额与上一年度的数值做比较，弄清楚增减的原因，从而制订整改方案。

2. 按仓储活动项目计算仓储成本

按仓储活动项目计算仓储成本，即将仓库中的各个运作环节发生的成本，如入库费用、出库费用、分拣费用、检查费用、盘点费用等，分别进行统计。在仓库数量众多的情况下，采用按活动项目计算仓储成本的方法比较容易进行相互之间的比较，从而达到有效管理的目的。

3. 按适用对象计算仓储成本

按适用对象计算仓储成本，即按产品、地区的不同分别计算仓储成本，一般结合 ABC 分类法对不同对象进行重点管理和控制。

课堂讨论

你能理解仓储成本的含义吗？仓储成本与服务水平之间存在什么关系？

二、仓储成本分析

（一）仓储成本分析的意义

1. 仓储成本分析为企业制订仓储经营管理计划提供依据

仓储经营管理计划是仓储企业为适应经营环境变化，通过决策程序和方案选择，对仓储经营活动的内容、方法和步骤进行明确化、具体化的设想和安排。在制订经营管理计划时，企业必须考虑自身的经营能力，仓储成本正是仓储经营能力的重要指标。因此，通过仓储成本的分析，能帮助企业对不同经营方案进行比较，通过选择成本最低、收益最大的方案制订经营计划，进而开展经营。

2. 仓储成本分析为仓储产品定价提供依据

仓储企业的根本目的依然是追求利润最大化。仓储企业在为社会提供仓储产品（服务）时，需要有明确的产品价格，即仓储费。从长远来看，必须保证仓储费高于仓储成本，才能保证仓储企业的生存与发展。

3. 仓储成本分析有利于加速仓储企业的现代化建设

仓储成本分析有利于推动仓储技术革新，充分挖掘仓库的潜力，为仓储设施设备改造提供依据。仓储企业要提高仓储能力和仓储效率，必然要进行技术革新，改造设施设备。但是，仓储设施设备的投入必须获得相应的产出回报，必须在准确的成本核算和预测的基础上才能提供保证。

4. 仓储成本分析为仓储企业的劳动管理提供依据

劳动力成本本身就是仓储成本的重要组成部分，但是劳动力成本与其他成本之间可能存在替代关系，也可能存在互补关系，因而确定劳动力的使用的决定性因素是收益，一般以能够获得总成本最低或者总收入增加为原则确定劳动力的使用量。同时，成本因素也是劳动考核、岗位设置的依据和决定劳动报酬的参考依据。

总之，通过仓储成本分析，有利于提高仓储企业的经济效益，降低仓储生产经营中的各种浪费，同时可以将企业的经济利益与职工的经济利益紧密地联系起来，提高企业经营者的自觉性，从而提高企业仓储经营管理水平和经济效益。

知识拓展

物流成本削减的乘法效应

一位物流学者专门算了一笔账：当一家企业的销售额是 1 000 万元时，物流成本约占销售额的 10%，即 100 万元。这意味着，只要降低 10% 的物流成本，就可以增加 10 万元的利润。如果该企业的销售利润率为 2%，则创造 10 万元的利润需要增加 500 万元的销售额。也就是说，降低 10% 的物流成本所起的作用，相当于增加 50% 的销售额。这个理论类似于物理学中的杠杆原理，物理成本的下降通过一定的支点，可以使销售额获得成倍的增长。

（二）仓储成本的类型

1. 仓储空间成本

仓储空间成本是指产品占用存储建筑内的立体空间，以及将产品运进、运出仓库所发生的成本。仓储空间成本是随库存数量变动而变动的成本。

仓储空间成本通常和 4 类常见设施有关，即工厂仓库（Factory Warehouse）、公共仓库（Public Warehouse）、租用仓库（Lease Warehouse）、公司自营或私人仓库（Company-owned or Private Warehouse）。在这 4 种仓储条件下，仓储空间成本是不同的。

（1）工厂仓库。在这种仓库条件下，仓储空间成本可以忽略不计。因为使用工厂仓库，仓库成本并不随库存水平的变动而变动，即使有的成本是变动的，通常也是随着产品数量的变动而变动，与库存水平无关；而且，固定成本和配置成本与库存策略的制定无关。

（2）公共仓库。公共仓库不同于工厂仓库，其费用通常是基于运进、运出仓库的产品数量（搬运费用）和储存的库存数量（储存费用）来计算的。在这种仓库条件下，搬运费用应被认为产量成本，不属于库存持有成本。只有用于仓库储存的费用才包含在库存持有成本之中，因为它是与库存水平有关的那一部分。

（3）租用仓库。租用仓库是指通过签约占用别人的仓库。租用仓库的数量根据合同规定期间的最大储存需求来定，仓库租用成本并不随库存水平的改变而频繁波动，尽管租用率可能会在每月或每年因新合同的签订而有所不同，但大部分成本，如租用费、管理者薪酬、安全成本和维修费等，在短期内是固定的。另外，有些费用，如劳动力和设备的运转费用，随产量的变化而变化。在合同期内，很少有成本随库存数的变化而变化。因此，租用仓库的成本应计入仓储成本，而不应计入库存持有成本。但是，如果是因改变库存水平而产生的仓租，如因销售旺季而需额外租用仓库发生的成本，则要计入库存持有成本。

（4）公司自营或私人仓库。在这种仓库条件下，一般直接计算库存物资的库存持有成本。

2. 仓储资金成本

仓储资金成本是指库存商品占用了可以用于其他投资的资金，不管这种资金是从企业内部筹集还是从外部筹集，对于企业而言，都因保持库存而丧失了进行其他投资的机会，所以应以使用资金的机会成本来计算仓储中的资金成本。

3. 仓储服务成本

仓储服务成本由按货物金额计算的税金和为维持库存而产生的火灾和盗窃保险组成。一般情况下，税金因库存水平的不同而不同。

4. 库存风险成本

（1）废弃成本。废弃成本是指因不能以正常的价格出售而必须处理掉的成本。

（2）损坏成本。损坏成本是指因仓库营运过程中发生的产品损毁而丧失使用价值的那一部分产品成本。

（3）损耗成本。损耗成本是指因为盗窃造成的产品缺失而损失的那一部分产品成本。

（4）移仓成本。移仓成本是指为避免废弃而将库存从一个仓库所在地运至另一个仓库所在地时产生的成本。

（三）影响仓储成本的因素

（1）商品的堆存期。商品在仓库的堆存时间是影响仓储成本的一个因素，商品在仓库堆存的时间越长，累计占用的仓库面积越大，仓储成本就越高。

（2）商品的堆存量。商品在仓库堆存的数量越多，占用的仓库面积就越大，入库、出库的工作量就越大，仓储成本也就越高；如果商品的堆存高度越高，占用的仓库面积就越小，但会影响到仓储成本。

（3）商品的周转率。在库商品的周转率越低，商品在仓库的平均堆存天数越多，占用仓库的面积就越多，占用仓库的时间就越长，仓库的利用率就越低，仓储成本会也就越高。

（4）商品的积载因数。商品的积载因数影响仓库的利用率，商品的积载因数越大，表示每吨货物所需占用的库容量也就越大，从而导致仓库的利用率降低、仓储成本升高。

（5）商品的品种。商品的品种越多，需要的码垛就越多，实际占用仓库的面积就越大，仓库的利用率就越低，仓储成本也就越高。

（6）商品的保管条件。按照商品不同的保管要求，有些商品对温度要求很高，如奶制品、熟食品等，需要仓库配备相应的冷藏措施；有些商品对湿度也有要求，如糕点、饼干类产品，要求仓库通风性强，并保持干燥。仓库为满足不同客户的商品储存要求，需配备相应的设施设备，仓储成本会随之升高。

三、降低仓储成本的途径

（一）ABC 分类法

对储存物进行 ABC 分类法分析，确定重点管理和一般管理的分类。ABC 分类法是实施储存合理化的基础分析，在此基础上可以进一步解决各类的结构关系、储存量、重点管理、技术措施等合理化问题。在 ABC 分类法分析的基础上实施重点管理，分门别类地进行仓储操作和保管，可以达到控制仓储成本的目的。

（二）追求规模经济，适度集中库存

适度集中库存就是利用储存规模优势，以适度集中储存代替分散的小规模储存来实现合理化。集中库存有利于采用机械化、自动化的方式，有利于形成一定批量的干线运输，有利于成为支线运输的始发站而使得仓储以外的运输费用降低，进而降低仓储总成本。

（三）加速周转，提高仓容利用率

仓储现代化的重要方向是将静态储存变为动态储存，周转速度一快，就会带来一系列的好处，如资金周转快、资本效益高、货损货差小、仓库吞吐能力增加、成本下降等。诸如采用单元集装存储、建立快速分拣系统等具体做法，都有利于实现快进快出、大进大出。

（四）采用“先进先出”方式

“先进先出”是一种有效的方式，能够保证每件仓储物的储存期不至于过长，减少了仓储物的保管风险，也是仓储管理的准则之一。有效的“先进先出”方式主要如下：

（1）贯通式货架系统。利用货架每层形成的贯通通道，从一端存入物品，从另一端取出物品，物品在通道中自行按先后顺序排队，不会出现越位等现象。贯通式货架系统能够有效地保证“先进先出”。

（2）“双仓法”储存。给每种仓储物都准备两个仓位或货位，轮换进行存取，再配以必须在一个货位中取光后才可以补充的规定，则可以保证实现“先进先出”。

（3）计算机存取系统。采用计算机管理，在存货时往计算机输入时间记录，编入一个简单地按时间顺序输出的程序，取货时计算机按时间给予指示，以保证“先进先出”。这种计算机存取系统还能将保证“先进先出”而不做超长时间的储存和快进快出结合起来，即在保证一定的“先进先出”的前提下，将周转快的仓储物随即存放在便于存储之处，以加快周转，减少劳动消耗。

（五）提高储存密度，充分利用仓容

提高储存密度的主要目的是减少储存设施的投资，提高单位存储面积的利用率，以降低成本、减少土地占用。其具体有下列 3 种方法：

（1）采取高垛方法，增加储存的高度。具体方法有采用高层货架仓库、集装箱等，都可比一般的储存方法能增加储存高度。

（2）缩小库内通道宽度，增加储存有效面积。具体方法有采用窄巷道式通道，配以轨道式装卸车辆，以减少车辆运行宽度要求；采用侧叉车、推拉式叉车，以减少叉车转弯所需的宽度。

（3）减少库内通道数量，增加有效储存面积。具体方法有采用密集型货架、不依靠通道可进出的可卸式货架、各种贯通式货架、不依靠通道的桥式起重机等。

（六）采用有效的储存定位系统

储存定位是指对仓储物位置的确定。如果定位系统有效，那么能大大节约寻找、存放、取出的时间，节约不少物化劳动和活劳动，而且能防止差错，便于清点和实行订货点

等管理方式。储存定位系统可采取一般的人工管理，也可采取先进的计算机管理。其行之有效的方式主要如下：

（1）“四号定位”方式。这是用一组四位数字来确定存取位置的固定货位方法，是人工管理采用的科学方法。这4个号码分别是库号、架号、层号、位号，每一个货位都有一个组号，在物资入库时，按规划要求对物资进行编号，并记录在账卡上，提货时按四位数字的指示，很容易将货物拣选出来。这种定位方式可对仓库存货区事先做出规划，并能很快地存取货物，有利于提高速度、减少差错。

（2）计算机定位系统。计算机定位系统利用计算机储存容量大、检索迅速的优势，入库时将存放货位输入计算机。出库时向计算机发出指令，并按计算机的指示进行人工或自动寻址，找到存放货、选择取货的方式。一般采取自由货位方式，计算机指示入库货物存放在就近易于存取之处，或根据入库货物的存放时间和特点指示合适的货位，取货时也可就近就便。这种方式可以充分利用每一个货位，而不需要专位待货，有利于提高仓库的储存能力，尤其是当吞吐量相当时，可比一般的仓库能减少建筑面积。

（七）采用有效的监测清点方式

对仓储物数量和质量的监测有利于掌握仓储的基本情况，也有利于科学地控制库存。在实际工作中，稍有差错就会使账物不符，必须及时准确地掌握实际储存情况，经常与账卡核对，确保仓储物的完好无损，这是人工管理或计算机管理不可忽视的。此外，经常监测也是掌握仓储物数量状况的重要工作。监测清点的有效方式主要如下：

（1）“五五化”堆码。这也是人工管理采用的一种科学方法。仓储物堆垛时，以“五”为基本计数单位，堆成总量为“五”的倍数的垛形，如梅花五、重叠五等。堆码后，有经验者可过目成数，大大加快了人工点数的速度，而且很少出现差错。

（2）光电识别系统。在货位上设置光电识别装置，通过该装置对仓储物的条形码或其他识别装置进行扫描，可将准确数目自动显示出来。这种方式不需人工清点，就能准确掌握库存的实有数量。

（3）计算机监控系统。用计算机指示存取，可以避免人工存取容易出现差错的弊端。如果在仓储物上采用条形码技术，每存取一件物品时，识别装置自动识别条形码并将其输入计算机，计算机会自动进行存取记录。这样只需要通过计算机查询，就可了解仓储物的准确情况，就不需要再建立一套对仓储物实有数的监测系统，从而减少查货、清点工作。

（八）充分利用现代仓储技术和设备

虽说现代技术和设备的使用意味着一笔巨大的投资，但现代技术和设备在减少差错、提高效率、提高仓库利用率、降低残损、减少人员劳动强度、防止人身伤害等方面，都会为仓储企业带来长远的利益。例如，采用计算机管理技术、条形码技术、现代化货架、专用作业设备、叉车、新型托盘等，都可提高仓储作业效率。

（九）盘活资产和合理使用外协

仓储设施设备的巨大投入，只有在充分利用的情况下才能获得收益；如果不能投入使用或者只是低效率使用，则会造成成本的增加。仓储企业应及时决策，采取出租、借用、出售等方式盘活这些资产。而对于自身不擅长运作的仓储活动，仓储企业也可充分利用社会服务，通过外协的方式，让更具有优势的其他企业提供服务，如运输环节、重型起吊、信息服务等，从而使企业充分获得市场竞争的机会。

（十）加强劳动管理，降低经营管理成本

工资支出是仓储成本的重要组成部分，合理使用劳动力，是控制人员工资的基本原

则。我国是具有劳动力优势的国家，较多使用劳动力是合理的选择。但是，对劳动力进行有效管理，避免人浮于事、出工不出力或者效率低下也是成本管理的重要方面。

经营管理成本是指企业经营活动和管理活动的费用和成本支出，包括管理费、业务费、交易成本等。加强这类成本管理，减少不必要支出，也能实现成本降低。当然，经营管理成本费用的支出时常不能产生直接的收益和回报，但也不能完全取消，加强管理是很有必要的。

（十一）从物流管理的层面考虑降低仓储成本

物流管理最重要的目的就是降低产品的最终成本。独立的仓储经营活动也是构成物流的重要环节，仓储经营人应该站在全程物流的层面，通过调整其他物流环节和改变仓储运作，参与降低整体成本的工作。

四、仓储成本的预测与决策

（一）成本预测的概念与作用

1. 成本预测的概念

成本预测是以预测理论为指导，根据有关历史成本资料、成本信息数据，在分析当前技术经济条件、市场经济环境等内外条件变化的基础上，对未来成本水平和发展趋势所做的定性描述、定量估计和逻辑推断。

2. 成本预测的作用

成本预测是企业经济预测的重要组成部分，是成本管理的重要环节。在市场经济环境下，由于行业竞争激烈，所以企业进行有效的成本预测，对提高经济效益、降低成本，以及在竞争中求得生存和发展，起着十分重要的作用。

（1）成本预测是成本决策的依据。成本预测是对成本变动趋势做出的一种估计，回答“将如何”的问题，提供被选方案；成本决策是对成本预测方案的选择，回答“如何办”的问题，确定备选方案。预测的要点在于揭示和描述经济变动趋势，从而为确定经营目标和方向提供依据。但预测本身并不是目的，其目的在于提供反映未来状况的情况，以便做出尽可能合理的定性分析和尽可能精确的定量分析，为成本决策提供有科学依据和有说服力的数据。通过成本预测，对未来经营活动中可能出现的有利和不利因素，进行全面、系统、尽可能准确的分析，可以避免成本决策的片面性和局限性，将未来不确定性的程度降到最低限度。

（2）成本预测是成本计划的基础。计划是对未来的具体要求和部署，预测是对未来事件的描述，两者通过决策环节相联结。预测提出可行的备选方案，决策从备选方案中确定最佳的可行方案，计划则是对决策确定的最佳方案做出实施的具体规划。因此，成本预测是企业编制成本计划过程中必不可少的科学分析阶段，是成本计划的基础工作。没有成本预测，也就无所谓成本决策，更谈不上对决策所选方案进行成本计划。

（3）成本预测是市场经济和企业管理的必然要求。在市场经济环境下，生产的社会性日趋强烈，企业外部环境处于急剧变化之中。企业为了增强自身的竞争能力和适应能力，必然要通过成本预测分析企业产品在市场竞争中的地位和获利水平，并不断地将预测数据与企业的实际状况相比较，以克服盲目性，增强竞争能力。实践证明，市场经济越发展，成本预测就越重要。

从企业内部管理出发，企业一方面要不断对历史成本资料进行测算，结合当前状况，寻求降低成本的途径；另一方面，要不断对未来经济、技术情况做出适当的估计，不断开拓新产品，并预计其成本水平，加强企业的生存能力。

（二）成本决策的概念与作用

1. 成本决策的概念

决策就是为达到所期望的目标，根据事物现状、环境条件和有关信息，对未来可能采取的行为做出选择的过程。在日常工作和生活中，人们无时无刻不在做出决策，以规划自己的行为。正确的决策产生正确的行为，得出满意的结果；反之，一旦决策失误，将造成无可挽回的损失。因此，决策的作用在于保证行为的合理有效性。

成本决策一般不需要记录在账本上，只是在决策过程中，为了分析和评价不同的备选方案而必须对重要因素加以考虑。这也是成本管理的一个重要环节。

2. 成本决策的作用

（1）成本决策是现代化成本管理的重要特征。现代化成本管理由成本决策、成本控制、成本分析等环节构成。成本决策是现代化成本管理的前提环节，决定了成本目标计划的先进性和成本目标实施的可能性，直接影响企业经营管理水平和经济效益的高低。成本决策具有较大的综合性，它对其他经营决策起着指导性作用。

（2）成本决策是经营环境和经济效益的客观要求。市场经济越发展，社会分工就越来越细，再加上企业与外界联系日趋复杂，影响决策的因素也日趋增多，决策的影响作用也就越大。企业必须不扩大市场和降低成本，在市场竞争中以提高经济效益求生存，加强自身的竞争能力和适应能力，这一切都依赖于科学的成本决策。决策的产生和完善，标志着企业经营管理已由过去经验式的定性管理发展到科学的定量管理。

（三）成本预测与成本决策的基本程序

1. 成本预测的基本程序

预测并不是空想和臆造。科学的预测，首先要对预测对象进行充分的调查研究，收集和利用尽可能全面的信息资料；其次，使用科学的方法和手段，去寻求预测对象的内部和外部联系、演变逻辑和发展规律，并利用这种联系和规律去得出正确的结论。成本预测的基本程序一般步骤如下：

（1）确定预测目标。首先，要确定预测对象，即要求对什么事物进行预测，是对总成本还是对单位成本进行预测？是要求预测社会总体成本的变动趋势还是本行业的成本水平？等等；其次，要确定对预测有哪些要求，是要求定性化的趋向预测还是定量化的数据预测？对预测结果的精确程度有什么要求？等等。

（2）收集处理信息资料。要得到比较准确的预测结果，就必须有能揭示本质的足够的资料信息。根据预测的需要，应该收集成本预测对象本身的历史资料和进行预测所需的其他资料，这些资料主要是对预测对象起影响作用的各种因素的历史资料和在计划期内这些因素可能发生变化的资料。在收集资料时，除了应注意与预测对象直接相关的因素以外，还应注意可能对预测对象的未来造成较大影响的间接因素。在收集资料的过程中，应随时分析资料的完整性和可靠性，补充必要的资料，剔除虚假因素和偶然因素，保证预测结果的精确度和可靠性。

（3）建立预测模型。影响成本的因素是多方面的，为了准确地进行预测，应当建立预测模型，使预测规范化和科学化。对于定性预测，需要设定一些逻辑思维和推理程序；对于定量预测，则需要建立数学模型，然后根据这些推理和模型进行成本预测。预测模型是对被预测事物过去和现在发展规律的模拟，它是否与实际相符将直接关系到预测结果的精确程度。

（4）利用模型预测。成本预测模型建立后，就可以将有关成本历史资料或变动因素置于预测模型中进行成本预算。不过，预测模型是在一定条件下建立起来的，其应用也需要一定条件。因此，必须对预测期内的具体条件加以分析，在确认该时期模型具备的应用条件之后才能将模型用于预测，去进行计算和推测。同时，需要假设和判断过去和现在的发展规律性，才能延续到需要预测的时期，即认为预测对象的发展规律在这期间内依然起作用；否则，也就没有必要利用模型去进行预测了。

（5）分析预测结果。运用预测模型测算出的结果并不能直接使用，还必须进行分析并修正，因为制定的模型和利用的资料是过去和现状的反映，所预测的未来只是近似于该模型反映的情况。而且，在计算和推测过程中又会产生一些误差，再加上模型本身又是在许多假定条件下建立起来的，因而预测的结果假定程度较高。这样，每次得到预测结果后，都应对预测的结果加以分析和评价。分析和评价的内容有两个方面：一是根据经验和常识去检查和判断预测结果是否合理，是否可能与实际存在较大的误差，并判断未来的条件变化会对预测结果产生多大的影响；二是在预测方案实施后，及时与实际结果进行比较，以检验预测结果是否准确，即误差大小。如果误差较大，则应建立新的预测模型，或采用多种预测方法对同一对象进行预测，比较并修正预测结果。

在上述基本程序中，关键在于处理和分析环节：一是对收集的信息资料进行筛选和处理；二是对模型的预测结果进行分析和修正。前者直接决定后面接力的模型是否符合事物发展的客观规律，而后者则限定了提供给成本决策和成本计划使用的预测结果的质量。这两个步骤所涉及的大多数复杂的不确定因素，不像其余步骤那样有章可循。预测是一种技巧和艺术，而预测方法只是工具，使用效果的好坏取决于使用者的运用情况。

2. 成本决策的基本程序

科学的决策程序贯穿于决策的全过程，也是决策顺利进行的基本保证。决策程序由若干相互联系的步骤组成。

（1）提出决策目标。决策目标是决策的出发点和归结点，没有明确的决策目标只会引起决策过程的混乱和决策的无效。成本决策的总目标是成本最低。在这个总目标下，要注意几点：一是需要与可能相结合；二是目标要具体明确，并尽可能量化；三是适当考虑目标的约束条件；四是正确处理多重目标之间的相互关系。

（2）拟订备选方案。备选方案是能保证决策目标实现的可行方案。拟订备选方案的过程实际上是根据决策目标的要求对预测资料及其他相关信息进行设想、分析的过程。一个成功的决策应有一套完备的可行方案作为保证。因此，一定要在可靠的充足的预测资料前提下，制订多个可行的备选方案。在拟订备选方案时，还应注意：一是保持备选方案的全面完整性；二是满足备选方案之间的相互排斥性。

（3）选择最优方案。拟订各种备选方案之后，就应对备选方案进行分析评价、效果对比，论证各方案所达到的成本水平和经济效果。选择最优方案的关键是评价标准是否适当，特别是在多目标决策中，更应注意择优标准的多重性和综合性。

（4）方案的实施准备。方案确定后，还要考虑其他不可计量的因素，如国家产业政策、社会生态环境等。只有充分考虑了其他不可计量的因素后，才能作为最后方案加以实施。在实施前，还应根据所选定的方案，拟订实施方案各环节的措施，以保证达到决策目标。

任务二　仓储绩效管理认知

仓储绩效管理是对仓储成本管理的一种考核和检验，也是成本管理结果的体现。绩效指标可以形成一个体系，用来体现或者控制仓储各项活动和作业的效率、效益或成本。

一、仓储绩效分析的标准

（一）仓储绩效评价标准

仓储绩效评价标准是对评价对象进行分析评价的标尺，是评价工作的准绳和前提。

1. 计划（预算）标准

计划（预算）标准是仓储绩效评价的基本标准，是指以事先制订的计划、预算和预期目标为评价标准，将仓储绩效实际达到的水平与其进行对比。该标准反映了仓储绩效计划的完成情况，并在一定程度上代表了现代企业经营管理水平。但是，该标准人为因素较强，主观性较大，需要科学合理地制定才能取得较好的激励效果。

2. 历史标准

历史标准是指以历史同期水平或历史最好水平作为衡量标准，将仓储绩效实际达到的水平与自身历史水平进行纵向比较。这种比较能够反映仓储绩效的发展动态和方向，为进一步提升仓储绩效提供决策依据。但是，该标准的评价结果缺乏横向可比性，具有排他性。

3. 客观标准

客观标准是指以国内外同行业绩效状况作为评价本企业仓储绩效的标准。采用这一评价标准，评价结果较为真实且具有横向可比性，便于了解企业自身在行业中所处的位置，有助于企业制定仓储发展战略。

4. 客户标准

客户标准是指以客户来衡量企业的仓储绩效。以客户的满意程度来评价仓储企业运作服务水平的关键要素，也是企业改进和提高仓储水平的重要依据。

（二）绩效评价指标制定原则

在进行仓储绩效评价时，必须要有一套衡量标准，即评价指标体系。评价指标体系是在对系统评价的影响因素进行分析和研究的基础上，按照影响因素的主次之分，对各个因素具体化的结果。由于评价对象的复杂性，导致系统评价指标的多样性，同时各指标之间还相互制约、相互影响，所以建立一个层次清晰、关系合理的评价指标体系，是保证系统评价的前提。在建立系统评价指标体系时，应遵循以下原则：

（1）科学性原则。科学性原则要求设计的指标体系能够客观地反映仓储管理的实际水平，对实践具有指导意义。

（2）系统性原则。评价指标体系应能全面地反映被评价对象的综合情况，从中抓住主要因素，使评价指标既能反映系统的直接效果，又能反映系统的间接效果，以保证综合评价的全面性和可信度。

（3）可行性原则。评价指标体系必须要有良好的可操作性，才能保证准确、快速地获取评价值，使现有人员能够快速灵活地掌握和运用。

（4）简明性原则。评价指标体系应当条理清楚、层次分明，避免其中显见的包含关系、隐含的相互关系，要在模型中采用适当的方法加以消除。同时，评价标准应该简单明确，以便于应用和推广。

（5）定性与定量相结合的原则。仓储绩效分析是一个非常复杂的过程，受到众多因素的影响，有些因素可以量化，而有些因素不能量化。因此，在综合评价的时候，只有将定性和定量指标相结合，才能达到全面性的要求。

（6）稳定性原则。评价指标体系一旦确定之后，应在一定的时间内保持相对稳定，不宜经常变动、频繁修改。但在指标体系执行一段时间之后，可以通过总结不断地进行改进和完善。

知识拓展

仓储绩效考核指标设定的 SMART 原则

S: Specific，代表“明确可行”。
M: Measurable，代表“可衡量”。
A: Attainable，代表“可达成”。
R: Relevant，代表“与关键职责相关”。
T: Timebound，代表“有时间限制”。

二、选择仓储绩效评价指标

仓储的绩效如何，需要用绩效评价指标来分析和评价。仓储绩效考核的指标是由多方面的指标所构成的指标体系，主要包括资源利用程度方面的指标、服务水平方面的指标、能力与质量方面的指标、库存管理效率方面的指标、库存经济指标等。

（一）资源利用程度方面的指标

1. 仓库面积利用指标

仓库面积利用指标用于衡量仓库面积利用率的高低，主要包括仓库面积利用率、仓容利用率、单位面积存储量等。

（1）仓库面积利用率是衡量和考核仓库利用程度的指标。仓库面积利用率越大，表明仓库面积的有效使用情况越好。

$$\text{仓库面积利用率}=\frac{\text{仓库可利用面积}}{\text{仓库建筑面积}}\times 100\%$$

（2）仓容利用率是衡量仓库利用程度的另一个指标。仓容利用率越大，表明仓库的利用率越高。

$$\text{仓容利用率}=\frac{\text{库存商品实际数量或容积}}{\text{仓库应存数量或容积}}\times 100\%$$

（3）单位面积存储量反映了仓库的平面利用效率。它一方面与仓库规划有关，另一方面与货物的储位规划和堆放有关。

$$\text{单位面积存储量}=\frac{\text{日平均存储量}}{\text{库房或货场使用面积}}\times 100\%$$

仓库面积利用指标是反映仓库管理工作水平的主要经济指标之一。评估这项指标，可以反映商品储存面积的仓库实际面积的对比关系及仓库面积的利用程度，可以为提高仓库面积的有效利用率提供依据。

2. 设备利用指标

设备利用指标主要是通过仓库设备利用率的高低来反映仓储管理水平。对于多台设备而言，设备利用指标可以采用加权平均数来计数，主要包括设备完好率、设备利用率、设备作业能力利用率、设备工作日利用率、装卸设备起重量利用率等指标。

（1）设备完好率是指处于良好状态、随时能投入使用的设备占全部设备的百分比。

$$\text{设备完好率}=\frac{\text{计划期内设备完好台日数}}{\text{同期设备总台日数}}\times 100\%$$

（2）设备利用率是指考核运输、装卸搬运、加工、分拣等设备利用程度的指标。

$$\text{设备利用率}=\frac{\text{全部设备实际工作时数}}{\text{同期设备日历工作时数}}\times 100\%$$

（3）设备作业能力利用率是指计划期内设备实际作业能力与技术作业能力的比值，反映设备的技术作业能力被利用的程度。

$$设备作业能力利用率 = \frac{计划期内设备作业能力}{计划期内设备技术作业能力} \times 100\%$$

（4）设备工作日利用率是指计划期内装卸、运输等设备实际工作天数与计划工作天数的比值，反映各类设备在计划期内工作日被利用程度。

$$设备工作日利用率 = \frac{计划期内设备实际工作天数}{计划期内计划工作天数} \times 100\%$$

（5）装卸设备起重量利用率指标反映各种起重机、叉车、堆垛机等的额定起重量被利用的程度，也反映了装卸设备与仓库装卸作业量的适配程度。

$$装卸设备起重量利用率 = \frac{计划期内设备每次平均起重量}{设备额定起重量} \times 100\%$$

3. 资金利用指标

资金利用指标反映资金的利用水平、资金的周转和资金使用的经济效果。这类指标包括单位商品固定资金平均占用量、单位商品流动资金平均占用量、流动资金周转次数和流动资金周转天数等。

$$单位商品固定资金平均占用量 = \frac{计划期内固定资金平均占用额}{计划期内平均货物存储量}$$

$$单位商品流动资金平均占用量 = \frac{计划期内流动资金平均占用额}{计划期内平均货物存储量}$$

$$流动资金周转次数 = \frac{全年仓储业务收入总额}{全年流动资金平均占用额}$$

$$流动资金周转天数 = \frac{360}{流动资金周转次数}$$

其中，流动资金每周转一次就会给仓储企业带来利润，因为流动资金周转次数越多，通常表明仓储企业的经济效益就越好。如果流动资金周转次数越多，则流动资金周转一次所需的天数就越少。

4. 其他方面的利用指标

（1）劳动生产率。劳动生产率的高低是反映仓储企业经营管理水平的重要指标，是指劳动投入与收益的比值，通常以平均每人所完成的工作量或创造的利润额来表示。企业管理者的能力、员工的精神面貌、人员安排的合理程度、机械化的利用情况等，都是影响劳动生产率的重要因素。

$$劳动生产率 = \frac{利润总额}{同期平均全员人数} \times 100\%$$

（2）工时利用率。工时利用率是指在工作日内，完全用于生产劳动并能创造出劳动价值的工时与制度工时或计划工时之比。对工时利用率进行分析，可以揭示整个工作过程组织的合理性与有效性，也可以体现并明确哪些工时消耗是必要的、有效的，哪些工时消耗是不合理的、无效的，从而更加充分合理地利用工作时间，克服时间上的浪费现象，挖掘工作潜力，改进工作方法，提高工作效率。

$$工时利用率 = \frac{设备每日实际工作时间}{设备每日计划工作时间} \times 100\%$$

（二）服务水平方面的指标

物流作为第三产业服务业，主要是为其他企业服务。因此，仓储服务水平指标就显得特别重要，包括客户满意程度、缺货率、准时交货率、货损货差赔偿费率4个指标。

（1）客户满意程度。客户满意程度是衡量企业竞争力的重要指标，客户满意与否不仅影响企业经营业绩，而且影响企业的形象。考核这项指标不仅反映出企业服务水平的高低，而且可以衡量企业竞争力的大小。

$$\text{客户满意程度}=\frac{\text{满足客户要求数量}}{\text{客户要求数量}}\times 100\%$$

（2）缺货率。缺货率是对仓储商品可得性的衡量尺度。将全部商品所发生的缺货次数汇总起来与客户订货次数进行比较，就可以反映一家企业实现其服务承诺的状况。

$$\text{缺货率}=\frac{\text{缺货次数}}{\text{客户订货资料}}\times 100\%$$

（3）准时交货率。准时交货率是满足客户需求的考核指标。

$$\text{准时交货率}=\frac{\text{准时交货次数}}{\text{总交货次数}}\times 100\%$$

（4）货损货差赔偿费率。货损货差赔偿费率反映仓库在整个收发保管作业过程中作业质量的综合指标。

$$\text{货损货差赔偿费率}=\frac{\text{货损货差赔偿费总额}}{\text{同期业务收入总额}}\times 100\%$$

（三）能力与质量方面的指标

能力与质量方面的指标是用来反映仓库存储数量和货物存储工作质量的。通过这类指标的核算，可以全面反映存储工作质量、费用高低等情况，促进仓库保管员挖掘潜力，提高仓库使用效能。

（1）货物吞吐量。货物吞吐量是指计划期内进出库货物的总量，一般以“t”为单位。货物吞吐量常以“年”为时间单位进行计算。

$$\text{货物吞吐量}=\text{期间货物总进库量}+\text{期间货物总出库量}+\text{期间货物直拨量}$$

其中，期间货物总进库量是指验收后入库的货物数量；期间货物总出库量是指按调拨计划、销售计划发出的货物数量；期间货物直拨量是指从港口、车站直接拨给用户或货运专线未经卸车直接拨给用户的货物数量。货物吞吐量是反映仓储工作的数量指标，是仓储工作考核中的主要指标，也是计算其他指标的基础。

（2）账货相符率。账货相符率是指在货物盘点时，仓库货物保管账面上的货物存储数量与相应库存实有数量的相互符合程度，也称盘点准确率。通过这类指标的核算，可以衡量仓库账面与货物真实的差异程度，反映保管工作的管理水平。

$$\text{账货相符率}=\frac{\text{账货相符笔数}}{\text{库存货物总笔数}}\times 100\%$$

账货相符率可以采用记录差异的笔数来计算，也可以采用金额来计算。但是，在采用金额计算时，要注意金额的正负，不能正负抵消。

（3）进发货准确率。进发货准确率是仓储管理的重要质量指标，进发货的准确与否关系仓储服务质量的高低，应严格考核进发货准确率指标。

$$\text{进发货准确率}=\frac{\text{期内货物吞吐量}-\text{进发货差错总量}}{\text{期内货物吞吐量}}\times 100\%$$

（4）商品损耗率。商品损耗的主要原因有两个：一是保管损失，即因保管养护不善造成的损失；二是自然损耗，即因商品挥发、失重或破碎所造成的损耗。这类指标反映商品保管与养护的实际状况。

$$商品损耗率=\frac{期内商品损耗量}{期内库存商品总量}\times 100\%$$

商品损耗率指标主要用于对那些易挥发、失重或破碎的商品制定一个相应的损耗限度。通过分析商品损耗率，凡是超过限度的，则意味着无谓损失；反之，则反映仓库管理很有成效，从而促使商品的自然损耗率降到最低点。

（5）平均存储费用率。平均存储费用是指保管每吨货物每月平均所需的费用开支。在货物保管过程中，消耗一定数量的活劳动和物化劳动的货币形式即为各项仓储费用。这些费用包括在货物出入库、验收、存储和搬运过程中消耗的材料、燃料、人工工资和福利费、固定资产折旧、修理费、照明费、租赁费、应分摊的管理费等，这些费用的总和构成仓库总的费用。

平均存储费用率是仓库经济核算的主要经济指标之一，可以综合地反映仓库的经济成果、劳动生产率、技术设备利用率、材料和燃料节约情况、管理水平等。

$$平均存储费用率=\frac{每月存储费用总额}{每月存储费用总额}\times 100\%$$

（四）库存管理效率方面的指标

库存管理效率方面的指标主要是以库存周转率来反映。库存周转率是评价仓库管理状况的综合性指标，反映一定时期内库存商品的周转速度。

1. 库存周转率的概念

库存周转率是在一定时期内销售成本与平均库存的比率，用时间表示库存周转率就是库存周转天数，是反映仓储企业库存管理水平高低的重要指标。对于库存周转率，没有绝对的评价标准，通常是同行业相互比较，或在企业内部进行比较。库存周转率也是库存绩效评价和分析的重要内容。

在货物总需求量一定的情况下，如果要降低仓库的货物储备量，其周转的速度就要提高。从降低流动资金占用和提高仓储利用效率的要求出发，就应当减少仓库的货物储备量，但若一味地减少库存，就有可能影响货物的供应。因此，仓库的货物储备量应该建立在一个合理的基础上，做到在保证供应需求的前提下尽量地降低库存量，从而加快货物的周转速度。

2. 库存周转率的表示方法

（1）基本表示方法。

$$货物年周转次数=\frac{年发货总量}{年货物平均存储量}$$

$$货物周转天数=\frac{365}{货物年周转次数}$$

其中，年货物平均存储量通常采用每月月初货物存储量的平均数。货物年周转次数越少，则周转天数越多，表明货物周转越慢，周转效率就越低；反之，则周转效率就越高。

（2）库存数量表示方法。

$$库存周转率=\frac{使用数量}{库存数量}\times 100\%$$

使用数量并不等于出库数量，在实际经营中一般认为使用数量包含一部分备用数量，因此，用使用数量为对象计算库存周转率更合理。

（3）库存金额表示方法。如果将数量用金额表示出来，则库存周转率的计算公式为

$$库存周转率 = \frac{使用金额}{库存金额} \times 100\%$$

计算库存周转率的方法，根据需要可以采取周单位、旬单位、月单位、半年单位、年单位等，一般企业所采取的是月单位或年单位，大多数以年单位来计算，只有零售企业常使用月单位或周单位。

3. 商品周转率

商品周转率是一定期间的平均库存额去除该期间的销售额计算而得，表示商品的周转情形，可以用来区分“销路极佳的商品”和“销路不佳的商品”。这类指标能提供适宜而正确的库存管理所需的基本资料。

$$商品周转率 = \frac{计划期内的销售额}{计划期内的平均库存额} \times 100\%$$

由于使用周转率的目的不同，所以可以通过变更分子的销售额和分母的平均库存额来计算库存周转率。

$$商品周转率 = \frac{销售成本}{平均库存额（按成本）} \times 100\%$$

$$商品周转率 = \frac{销售数量}{平均库存量} \times 100\%$$

$$商品周转率 = \frac{销售金额}{平均库存额} \times 100\%$$

（五）库存经济指标

1. 仓储收入

仓储收入的高低直接影响仓储企业的经济效益，是计划期内仓储各项收入的总和。

仓储收入 = 商品进出库装卸收入 + 商品储存保管收入 + 商品加工等收入

2. 利润总额

利润总额是指仓储企业在一定时期内已实现的全部利润。

利润总额 = 期间仓库总收入 − 同期仓库总支出
= 仓库营业收入 + 营业外收入 + 投资净损益 −
仓库营业支出 − 营业外支出 − 税金

其中，营业外收入是指与仓储企业生产无直接联系的收入，如罚款的净收入、逾期包装物的押金没收收入等；营业外支出是指与仓储企业生产无直接关系的一些支出，如企业搬迁费、编外人员的生活费、停工损失、生活困难补助等；投资净损益是指仓库利用各种资源在企业外投资取得的收益或损失。

3. 资金利润率

资金利润率是指仓储企业在一定时期内实现的利润总额占全部资金的比率，常用来反映仓储企业的资金利用效果。

$$资金利润率 = \frac{利润总额}{固定资产平均占用额+流动资金平均占用额} \times 100\%$$

从上式可以看出，资金利润率与全部资金平均占用额成反比关系，与利润总额成正比关系。因此，要提高仓储企业的资金利润率有两条途径：一是在资金占用额一定的条件下，仓储企业要努力增加利润总额；二是在利润总额一定的前提下，要妥善管理，挖掘潜力，节约材料，尽可能减少资金的占用额。

4. 收入利润率

收入利润率用仓库在营业时间利润占总收入的比值来表示，可以用来分析仓储企业营业收入与利润之间的关系，受储存商品的费率和结构、储存单位成本等因素的影响。

$$收入利润率=\frac{利润总额}{仓库营业收入}\times 100\%$$

5. 每吨货物保管利润率

每吨货物保管利润率用计划期内仓库利润总额与同期间货物的储存总量的比值来表示，主要反映仓库在每吨货物上的获利情况。

$$每吨货物保管利润率=\frac{计划期内仓库利润总额}{计划期内货物储存总量}\times 100\%$$

其中，计划期内货物储存总量一般是指出库的货物总量，而不是入库的商品总量。

6. 人均实现利润率

人均实现利润率是指计划期内仓储企业平均每人实现的利润率，是计划期内利润总额与全员平均人数之比，通常以年为计算时期。

$$人均实现利润率=\frac{计划期内利润总额}{计划期内全员平均人数}\times 100\%$$

三、运用考核指标体系分析仓库绩效

仓储活动担负着生产经营所需各种货物的收发、储存、保管、保养、控制、监督和保证生产需要等多项业务职能，而这些职能都与生产经营及其经济效益密切联系。仓储活动的各项考核指标是仓储管理成果的集中反映，是衡量仓储管理水平高低的尺度，也是考核和评估仓库各方面工作和各作业环节工作成绩的重要手段。因此，利用指标考核管理手段，对加强仓储管理工作、提高管理的业务和技术水平来说，是十分有必要的。

（一）仓储绩效考核指标的分析方法

通过对各项指标的分析，能够全面了解仓储企业各项业务工作的完成情况和取得的绩效，发现存在的问题和薄弱环节，可以全面了解仓储企业设施设备的利用程度和潜力，也可以掌握客户对仓储企业的满意程度和服务水平，还可以认识仓储企业的运营能力、运营质量和运营效率，从而不断改进各项业务工作，并找出规律，为仓储企业的发展规划提供依据。

1. 对比分析法

对比分析法是指将两个或两个以上有内在联系的、可比性的指标（或数量）进行对比分析，从而认识仓储企业的现状及其规律性。对比分析法是绩效考核指标分析法中使用最普遍、最简单和最有效的方法。

运用对比分析法对指标进行对比分析时，一般都应选定对比标志来衡量指标的完成程度。根据分析问题的需要，其主要有以下几种对比方法：

（1）计划完成情况的对比分析。计划完成情况的对比分析是指将同类指标的实际完成数或预计完成数与计划数进行对比分析，从而反映计划完成的绝对数和程度，分析计划完成或未完成的具体原因，并总结经验、找出差距、提出措施。

（2）纵向对比分析。纵向对比分析是指将仓储企业的同类有关指标在不同时间上进行对比，如本期与基期（或上期）对比、与历史平均水平对比、与历史最高水平对比等。这种对比反映事物的发展方向和速度，说明当前状态的纵向动态，分析增长或降低的原因，并提出建议。

（3）横向对比分析。横向对比分析是指将仓储企业的有关指标在同一时期相同类型的不同空间条件下进行的对比分析。对比单位的选择一般是同类企业中的先进企业，可以是国内的，也可以是国外的。通过横向对比，往往能起到“清醒剂”的作用，企业能够找出差距，采取措施，赶超先进。

（4）结构对比分析。结构对比分析是指将总体分为不同性质的几个部分，然后以部门数值与总体数值之比来反映事物内部构成的情况，一般用百分数表示。例如，在货物保管损失中，可以计算和分析因保管养护不善造成的霉变残损、丢失短少、不按规定验收、错收错付而发生的损失等各占的比重为多少。通过指标的结构对比，可以研究各组成部分的比重和变化情况，从而加深认识仓储企业工作中各个部分的问题及其对总体的影响。

应用对比分析法进行对比分析时，首先，要注意所对比的指标或现象之间的可比性。在进行纵向对比分析时，主要考虑指标所包括的范围、内容、计算方法、计量单位、所属时间等相互适应，彼此协调。在进行横向对比分析时，主要考虑对比单位之间经济职能、经济活动性质、经营规模等基本相同，否则就缺乏可比性。其次，要结合使用各种对比分析方法，每个对比指标只能从一个侧面来反映情况，若仅仅进行单项指标的对比，则难免会产生片面性，有时甚至会得出误导性的分析结果。最后，需要正确选择对比的基数。对比基数的选择应根据不同的分析和目的进行，一般应选择具有代表性的标志作为基数，这样的对比分析才具有现实意义，因为与数据过高或过低的年份所做的对比都达不到预期的目的和效果。

2. 因素分析法

因素分析法用来分析影响指标变化的各个因素及其对指标各自的影响程度。因素分析法的基本做法是，在影响指标变化的诸因素之中，在分析某因素变动对总指标变动的影响时，假定只有这一因素在变动，而其余因素都必须是同度量因素（即固定因素），对单独变化的因素逐个进行替代，就可以得到每种因素对该指标的影响程度。

在采用因素分析法时，应注意将各因素按合理的顺序排列，并注意对前后因素按合理逻辑的衔接原则进行处理。如果顺序改变，各因素变动影响程度之积（或和）虽仍等于总指标的变动数，但各因素的影响值就会发生变化，得出不同的答案。

在进行两因素分析时，一般数量因素在前，质量因素在后。在分析数量因素时，质量因素的同度量因素固定在基期（或计划）指标；在分析质量因素时，数量因素的同度量因素固定在报告期（或实际）指标。在进行多因素分析时，同度量因素的选择要按顺序依次进行，即当分析第一个因素时，其他因素均以基期（或计划）指标作为同度量因素，而在分析第二个因素时，则在第一个因素已经改变的基础上进行，即第一个因素以报告期（或实际）指标作为同度量因素，其他以此类推。

3. 价值分析法

要提高仓储的经营效益，无非是采用开源或节流的方法，以降低成本。在降低成本开支的分析方法中，价值分析法是一种较为有效的方法。所谓价值分析法，就是通过综合分析系统的功能与成本的相互关系寻求系统整体最优化途径的一项技术经济分析方法。采用价值分析法主要是通过对功能和成本的分析，力图以最低的寿命周期成本可靠地实现系统的必要功能。

价值分析法的基本原则是：一要消除浪费，排除无用的环节和工作；二要尽可能采用标准化和规范化的方法；三要经常分析有无更好的方法可以替代现行的方法。在这 3 条基本原则下，需要对以下 5 个问题进行考察：一是现在采用的方法是什么？二是其作用（或功能）是什么？三是采用这种方法的成本是多少？四是是否存在其他可以完成同样工作的方法？五是如果存在，则其成本开支是多少？

（二）仓储绩效管理考核

仓储绩效管理考核主要依据绩效考核指标进行，从仓库生产率、服务质量和程序效率等方面的测定考核入手，有效地提高仓储绩效管理水平。

1. 仓库生产率

仓库生产率是仓库实际产出与实际投入的比率，可以测定在仓库生产过程中满足需求的效率。提高仓库生产率的途径有以下 3 种：

（1）利用好现有资源。许多仓库的设计容量都远大于需求，当一个设计存储 2 万个托盘的仓库中，实际只存放了 1 万个托盘时，多余空间的成本必须分摊开来，从而使每件通过仓库的物品的成本增加。因此，要使仓库容量更好地得到利用，计划非常关键，仓库空间管理追求的就是满库存的目标。

（2）重新设计程序。程序的选择在很大程度上决定了生产效率水平，仓库可以在现有设计上进行一些调整，如重新分配仓库的空间。但是，重新设计会导致用于改装设备、重新分配或培训人员的支出增大。

（3）改进问题突出的工作环节。在一些仓库中，某些工作环节的绩效常与目标相去甚远，如分拣差错、包装破损等情况，仓库保管员需要分析这些情况出现的原因，以提高仓库生产率。

2. 服务质量

服务质量的测定考核可以通过识别、追踪、消除仓库作业流程中的不稳定、不合理的问题和环节，整合流程以降低不确定因素的干扰和影响来实现。要测定考核仓库服务质量，提高服务水平，可以采用以下方式来进行：其一，通过结果观察仓库现有服务质量，要回答“目前做得怎么样”等问题；其二，通过诊断，进一步观察服务低于（或高于）目标的原因；其三，通过产生的影响追溯服务质量的直接成本和间接成本。

3. 程序效率

程序效率是一种测定考核内部顾客服务的方法，在仓库绩效管理中运用广泛。只要有形产品或信息从一个人或部门传到另一个人或部门，接收者就是内部顾客。这种供应商与内部顾客之间的关系是很重要的，会直接影响企业对最终顾客的服务水平。内部服务失败发生得越多，外部或最终顾客看到这种绩效为伪劣服务的可能性就越大。因此，运用程序效率分析工具既能巩固物流程序满足顾客需求的效力（物流的服务质量方面），又能提高程序的效率（物流的生产率方面），最终结果是顾客得到更超值的服务。

课堂讨论

企业职工奖金和什么相关？仓储绩效考核如何进行？这两项工作是否矛盾？是否可以一同进行？

四、仓库管理关键绩效指标考核法

关键绩效指标考核法（Key Performance Indicator，KPI）把对绩效的评估简化为对几个关键指标的考核，将关键指标当作评估标准，在一定程度上可以说是目标管理法与帕累托定律的有效结合。KPI 的理论基础是“80/20”原理，是由意大利经济学家帕累托提出的一个经济学原理，即一家企业在价值创造过程中，每个部门和每一位员工的80%的工作任务是由20%的关键行为完成的，抓住20%的关键，就抓住了主体。基于关键绩效考核体系与一般绩效评估体系的区别见表9–1。

表9–1　基于关键绩效考核体系与一般绩效评估体系的区别

比较项目	基于关键绩效考核体系	一般绩效评估体系
假设前提	假定人们会采取一切积极的行动努力达到事先确定的目标	假定人们不会主动采取行动以实现目标，假定人们不清楚应采取什么行动来实现目标，假定制定和实施战略与一般员工无关
考核目的	以战略为中心，指标体系的设计与运用都为组织战略目标的达成服务	以控制为中心，指标体系的设计与运用来源于控制的意图，也是更为有效的控制个人的行为服务
指标产生	基于组织内部自上而下地对战略目标进行层层分解	通常是自下而上地根据个人以往的绩效与目标产生
指标来源	基于组织战略目标与竞争要求的各项增值性工作产出	来源于特定的程序，即对过去行为与绩效的修改
指标构成及作用	通过财务与非财务指标相结合，体现了关注短期效益、兼顾长期发展的原则；指标本身不仅传达了结果，而且传递了产生结果的过程	以财务指标为主、非财务指标为辅，注重对过去绩效的评价，且指导绩效改进的出发点是过去的绩效存在的问题，绩效改进行动与战略需求脱钩

（一）仓库管理的KPI指标

1. 库存周转率

库存周转率是销售（出货）数量与库存平均数量的比率，一般指在特定周期内的商品周转情况，如年度周转次数等。库存周转周期是库存平均数量与每天平均出货数量的比率。库存周转周期越短，说明在特定周期内商品周转次数越多，商品进出就越频繁。

对于制造企业来说，库存周转率是一个表示资金利用效率的指标，周转越快，说明相同存货、相同资金产生的销售收入越大。库存周转率主要在同行业相互之间评价考量，或在企业内部不同周期间进行比较。库存周转率和经济效益之间，由于市场客观状况、经营策略与管理水平的差异，也存在负相关的情况。同时，在管理水平一定的情况下，由于市场销售计划和内部生产计划的非可控性，制造企业产成品的周转率一般不能自己控制。

对于针对客户进行存货管理服务的第三方物流企业而言，由于第三方物流企业与制造企业等客户之间是服务合作的合同关系，在不同的计价方式、不同的操作模式的前提下，客户存货的库存周转率对第三方物流企业的效益会产生正相关或负相关的情况。

例如，仓储费用计价方式为2元/（天·米^2），含进出仓库作业要求，这是目前几种主要的计价方式之一。此时，第三方物流企业提供一定面积的库房，其仓储费的收入在一定周期内是额定的，那么进出仓库频率越高，第三方物流企业的支出成本就越高，其利润率也就会降低。此外，其他计价方式对第三方物流企业的收益也存在一定影响。由此可以看出，在企业物流管理外包方式中，选择合理的计价方式将对供求双方的利益产生巨大影响。

2. 物料呆滞率

当前，关于呆滞物料的标准并不统一，说法各异，有的说超过3个月不流动就算呆滞，也有的说超过1年不流动才算呆滞。总之，物料存量过多，耗用量极少，而库存周转率极低的物料就是呆滞物料。每家企业的划分标准不同，例如，有的企业规定：对于质量（规格、材质）不符合标准的原材料、外购件和外协件，存储超过 1 个月，已无使用机会，或虽有使用机会但用料极少的，都算作呆滞物料；对于良好状态的原材料、外购件和外协件，存储超过 3 个月，在以后的生产中没有机会使用或者很少使用的，都算作呆滞物料；对于成品、半成品，凡因质量不符合标准、在制或制成后客户取消订单、过多库存等因素影响，储存超过 1 年以上的，都算作呆滞物料。

呆滞物料产生的原因很复杂，可以分为外部原因和内部原因。外部原因包括客户更改或取消订单、供应商送货质量问题、客户退货等；内部原因就是企业自身的问题，主要有工程变更、过量采购或错误采购、试验或生产材料剩余等。对于产生呆滞物料来说，不能简单地划清是外部原因还是内部原因，很可能先是一种原因导致另一种原因，才最终产生呆滞。分析呆滞物料产生的原因，可为采取相应的措施提供依据。

（二）仓库管理 KPI 指标的改善对策

1. 提高库存周转率的改善对策

（1）仓储工作到位。

① 全员参与“6S”工作。所有仓储人员，以及物流系统的相关员工，都必须参与仓储的“6S”工作，按整理、整顿、清扫、清洁、素养和安全 6 个方面不同的要求开展工作，最后达到“收发自如，无碍观瞻”的效果标准。同时，必须将“6S”工作提到企业日常工作的高度，并对这一工作坚持不懈，每个星期都进行检查，掌握工作执行力度。

② 确立目视管理制度。做好“6S”工作后，立即开展目视管理工作，规划好仓库的空间，设计出仓库平面坐标图，做好标识牌，登记好货卡，使得每一个人只要凭图、牌、卡就可以立即找到货。物流部相关人员每天必须巡视，发现问题，现场解决。

③ 全面盘点。在以上两个方面工作做好以后，立即进行盘点。盘点流程按“一盘、二复、三抽查”运行，确保盘点准确率 100%。

（2）完善配送工作。配送处按销售订单到仓储领货，双方在领货单上签名确认。配送处验货无误后，将有关单据交送货司机排序，司机排好序后，配送处按“重不压轻，先发后装”的原则装货上车。配送处开好有关单据，如放行条、托运明细单等，交司机签名。司机送完货后，必须取得一联客户回单，托运处将托运明细单的一联交物流部，司机将客户回单交物流部，物流部备案后将客户回单转相关部门。一个完整的配送流程包括领料、配货、验货、排序、装运、单据处理、送货和单据传递 8 个方面。

（3）加强信息工作的核心地位。物流信息包括订单信息、库存信息、采购信息、配送信息和管理信息 5 个方面。客服部订单到物流部后，物流部马上核实库存量，确立采购交期、综合仓储和配送环节，并回复客服部完成该订单的时间。在物流一体化中，信息中心是枢纽，任何物流一体化都必须达到这种标准：到了进仓时间，物料情况怎样？到了出货时间，物料情况又怎样？

（4）提高物流管理执行力度。物流管理就是对物流资源的计划、组织、指挥、协调和控制，保证物料流通到终端的及时性和有效性。另外，流程的再造、机构的优化、信息的共享是平衡物流管理环节的要求。在这个大环境中，实行现场管理的 7 个基本模式，即形象再造、早会制、“6S”工作日常制、导师制、目视制、现场办公、售后反馈，从而提高物流人员的整体素质，打造一支团结和高效的物流队伍，使日常工作的开展顺畅有效。

2. 降低物料呆滞率的改善对策

（1）工艺更改、设计变更产生的呆滞物料。例如，电子元器件更新换代很快，这是因为科技的发展，也可能是因为政策的变化，一项新政的推出会使很多不符合标准的物料立刻被取代。又如，设计开发部因为工艺或客户的需要，对企业产品进行变更，变更时必须填制工程变更通知书，由 PMC 部（PMC 是 Production Material Control 的简写，即生产及物料控制）确认该物料是否有库存或在途。采购接到工程变更通知书后，第一时间通知相关供应商，全面停止这类物料的生产。同时，PMC 部在填制呆滞物料处理清单前，组织设计开发部、生产部、市场部、物料部开碰头会，制定呆滞物料的处理措施。对于工程变更后有库存的呆滞物料，尽量在以后开发或生产时能够改造使用或替换使用。

（2）预测不准或订单变更产生的呆滞物料。由于市场千变万化，很多制造企业都是采取面向订单的生产方式，计划往往赶不上客户需求的变化。当客户改变或订单取消时，销售部门要在第一时间通知物料部、生产部，由物料部、生产部统计将会产生呆滞物料的数量，包括库存数量、在制数量、在途数量、委外加工数量。销售部门要根据统计出来的物料的成本，第一时间与客户沟通，并负责收回客户赔款。PMC 部取消订单并发出退仓通知，生产部完成退仓，仓库填制呆滞物料处理清单，送生产总经理做出处理意见，并依此意见由仓库负责暂存或报废。

如果是因为销售人员预测不准，企业多订或者错订一些物料造成呆滞，应改进预测方法。滚动计划法利用“近细远粗”的原则，定期修正计划，是一种不错的方法。这种方法并不是万能的，重点是通过客户的历史销售数据、经营能力、库存情况、市场变化等情况，对市场需求做出预测。为此，客户经理要加强对客户的订货进展情况进行分析，及时做好相关的沟通、督促和指导工作，以确保客户能按照预测数量进行订货，提高订单履约率和预测准确率。另外，企业营销策略和每日库存应及时告知客户经理，确保客户经理在采集市场需求订单时不会盲目，积极开展市场需求预测工作，不断调整计划合同，使计划方式逐步向市场方式靠拢，使市场需求预测量更加贴近实际需求量。

（3）客户退货产生的呆滞成品。对于客户退货的成品，市场部应第一时间通知物料部和财务部。物料部负责办理退货数量的清点和入仓，并将确认的数量送交市场部。只需要返修即可再次发货的，PMC 部应安排生产返修，并由成品仓办理出库、入库、发货。客户不再订购此类货物的，PMC 部应在其他客户订单中优先消化。没有可以消化的订单，且积压超过 3 个月，需要物料部填制呆滞物料处理单，送总经理给出处理意见，并由仓库负责落实。

（4）采购宽量、安全库存量引起的呆滞物料。呆滞物料采购宽量由 PMC 部来制定并适时更改，只能对常用件、易损件、通用件、价格波动大的物料设定采购宽量，其目的是补充安全库存量。PMC 部至少每月检讨和排查一次采购宽量和安全库存量，确保系统数据准确。这是避免采购时多采或错采物料而导致呆滞的前提。其他物料一律不设采购宽量，也不得设安全库存量。

对于采购宽量或安全库存量的物料，必须遵循“先进先出”的原则，使该物料优先出库。如果采购宽量和安全库存量一直未能消化而变成呆滞物料，存放时间超过 6 个月，则由 PMC 部填制呆滞物料处理清单，送总经理审批，由仓库执行并存档。

总之，对呆滞物料的产生需要追根溯源，做到提前预防和发现呆滞。如果是供应商的原因，就需要加强对供应商的监督考核，派人驻厂监控物料质量和发运；如果是客户的原因，就需要与客户协商处理，对于客户专用料在采购前应与客户签订协议，这是规避因客户改变或取消订单而产生呆滞物料的方法之一。对于已经产生的呆滞物料，要想办法调剂处理，将损失降到最低。其处理的方式无外乎拆用、修改再用，如整形、重镀等；在不影响功能、安全和主要外观的前提下，代用类似物料；和供应商协调退换甚至打折退换；找机会转让给其他供应商和客户；实在不行的，还可以作为废品变卖。

项目小结

仓储成本与绩效管理工作是仓储企业实现企业经营目标——利润目标的重要手段，贯穿于仓储企业经营管理活动的全过程。仓储成本是指仓储企业在储存物品过程中，包括装卸搬运、存储保管、货物分拣、流通加工、收发物品等各项环节，以及建造、购置仓库等设施设备所消耗的人力、物力、财力及风险成本的总和。仓储经营的效果可以用一系列的指标进行衡量，如仓储作业效率指标、仓储作业效益指标、设施利用程度指标、作业消耗指标、作业质量指标和安全性指标等。

习题与思考

一、单选题

【项目九参考答案】

1. 在车站、码头、机场供货单位等提货点办理完提货手续后，直接将物品从提货点分拨转运给用户的货物数量称为(　　)。

A. 吞吐量　　B. 入库量　　C. 出库量　　D. 直拨量

2. 在反映仓库生产成果数量的指标中，(　　)更能体现仓库空间的利用程度和流动资金的周转速度。

A. 存货周转率　　B. 吞吐量　　C. 库存量　　D. 库存品种

3. (　　)反映了仓库实际发生作业与任务之间的关系，其理想数值为 1。

A. 仓容利用率　　B. 作业量系数　　C. 账实相符率　　D. 收发正确率

4. 绩效管理指标分析法中使用最普遍、最简单、最有效的方法是(　　)。

A. 因素分析法　　B. 平衡分析法　　C. 对比分析法　　D. 帕累托图法

5. 改进程序框架中需要投入人员对 3 个关键问题（变化的实行与计划相符吗？预期目标达到了吗？应实行什么补救行动？）进行检查的阶段是(　　)。

A. 计划阶段　　B. 实施阶段　　C. 检查阶段　　D. 改进阶段

二、多选题

1. 仓库生产绩效考核对仓库内部的意义在于(　　)。

A. 有利于提高仓库管理水平　　B. 有利于落实岗位责任制

C. 有利于仓库设施设备的现代化改造　　D. 有利于提高仓储经济效益

2. 仓库生产绩效考核对仓库外部的意义在于(　　)。

A. 提高仓库的管理水平　　B. 有利于说服客户和扩大市场占有率

C. 有利于仓库设施设备的现代化改造　　D. 有利于稳定客户关系

3. 仓库生产绩效考核指标制定应遵循的原则包括(　　)。

A. 科学性　　B. 可行性　　C. 协调性　　D. 可比性　　E. 稳定性

4. 仓库生产绩效考核指标的管理包括(　　)。

A. 编制业务计划　　B. 实行指标的归口管理

C. 分解指标，落实到人　　D. 开展指标分析，实施奖惩

5. 反映仓库生产成果数量的指标主要是(　　)。

A. 吞吐量　　B. 库存量　　C. 存货周转率　　D. 库存品种

三、判断题

1. 在通常情况下，不论仓库规模是大还是小，也不论是自用还是经营仓库，都应设置包括综合计划、运输调运、作业管理、库房管理、技术管理、设备管理和财务管理在内的机构或岗位。(　　)

2. 仓库生产绩效考核的意义在于对内加强管理、降低仓储成本，对外接受货主定期评价。(　　)

3. 库存量是指仓库内所有纳入仓库经济技术管理范围的全部本单位和代存单位的物品数量，也包括待处理、待验收的物品数量。(　　)

4. 吞吐量是指计划期内仓库中周转供应物品的总量，包括入库量和出库量两个部分。(　　)

5. 收发差错率是仓库管理的重要质量指标，通常应控制在 5% 的范围以内。(　　)

四、思考题

1. 影响仓储成本的因素有哪些？
2. 降低仓储成本的途径有哪些？
3. 简述仓储成本的类型。
4. 选择仓库绩效评价的指标都有哪些？
5. 简述仓储绩效评价的意义。

五、实训与考核

实训一 仓储成本构成分析

实训目的

1. 认知仓储成本的构成。
2. 对仓储成本进行分析。

任务描述

城北物流公司现有仓库面积 10 000m^2，建造费用 6 000 万元。有 4 个独立的仓库，分别是 1 号、2 号、3 号和 4 号仓库，仓库面积分别是 2 000m^2、3 000m^2、2 000m^2 和 3 000m^2，按照 40 年折旧；大型设备 2 台，每台购置费用 450 万元，按照 15 年折旧；电动叉车 2 台，其他操作工具多部，合计 50 万元，按照 5 年折旧；另外，公司长期租赁仓库 10 000m^2，租金每天每平方米 0.5 元（全年按 360 天核算）；员工数量 100 名，平均每人每月基本工资 1 500 元，平均每人每月加班 10h，每小时加班费为 20 元；本年度发生的设施设备维护维修费用为建造和购置费的 0.5%，维护维修零部件的费用为 10 万元。

分析该公司在仓储管理过程中使用和消耗了哪些资源（人、财、物），并填写表 9–2。

表 9–2 仓储管理成本构成分析表

人力资源	仓储过程中使用的物品	仓储过程中消耗的物品	仓储过程中发生的损失

任务驱动

完成此任务，需要明确以下几个问题：
1. 什么是仓储成本？仓储成本的构成内容是什么？
2. 对仓储成本构成进行分析。

任务操作

对资料进行分析，填制仓储管理成本构成分析表。

任务考评

1. 分析资料中提到的仓储成本的构成，以及各个成本的组成部分，要求分析清楚，并形成文字。（30 分）
2. 完成仓储管理成本构成分析表的填制。（70 分）

实训二 仓储成本计算与绩效分析

实训目的

1. 正确计算经济订货批量、进货次数、进货周期和进货总费用。
2. 区分不同的绩效考核指标并进行计算。
3. 对仓储绩效进行分析。

任务描述

1. 某企业购进某种商品，全年进货总量为 20 000 件，每次采购费用为 2 000 元，单位商品储存费用为 5 元。请计算该商品的经济订货批量、进货次数、进货周期和进货总费用。

2. 某企业本年到库物资共 2 000t，出库 1 500t，年初库存 500t，全年错发错收 20t、丢失 2t、损毁 5t、赔偿 10 000 元，另因消防不合格被罚款 5 000 元。全年营业收入 300 000 元。请计算该企业的吞吐量、年平均库存量、物资收发差错率、物资完好率和业务赔偿率，并根据计算结果对企业仓储绩效进行分析，提出改善建议。

任务驱动

完成此任务，需要明确以下几个问题：

1. 结合书中的计算公式进行计算。
2. 针对第二个任务提出改进方案。

任务操作

根据已学知识针对各任务进行演算，核对每个人的结果，找出差别，并推选出最优方案。

任务考评

1. 计算公式选择无差错。（20 分）
2. 得到正确结果。（20 分）
3. 针对第二个任务操作，比较评出最优方案。（30 分）
4. 实训报告完整。（30 分）

参考文献

北京中物联物流采购培训中心，2019. 物流管理职业技能等级认证教材（中级）[M]. 南京：江苏凤凰教育出版社 .

花永剑，2012. 现代仓储管理实务 [M]. 杭州：浙江大学出版社 .

李志勇，2011. 仓储物流实训任务书 [M]. 北京：北京理工大学出版社 .

刘春斌，王凌洪，2012. 现代仓储管理实务 [M]. 长沙：湖南大学出版社 .

马骏，刘亮，2015. 仓储实务 [M]. 2 版 . 北京：中国财富出版社 .

钱芝网，2015. 仓储管理实务 [M]. 3 版 . 北京：电子工业出版社 .

人力资源和社会保障部职业技能鉴定中心，2010. 物流师（仓储管理）——国家题库技能实训指导手册 [M]. 北京：科学出版社 .

滕宝红，2011. 图说工厂仓储管理 [M]. 北京：人民邮电出版社 .

闫春荣，陈领会，2016. 新编仓储管理实务 [M]. 2 版 . 北京：电子工业出版社 .

曾益坤，2011. 采购与仓储实务 [M]. 北京：清华大学出版社 .

郑丽，2014. 仓储与配送管理实务 [M]. 北京：清华大学出版社 .

周云，2014. 采购成本控制与供应商管理 [M]. 2 版 . 北京：机械工业出版社 .